U0857633

"十二五"
国家重点图书出版规划项目

人口老龄化社会法制建设

积极老龄化法律对策与法制体系研究

肖金明 主编

山东大学出版社

图书在版编目(CIP)数据

积极老龄化法律对策与法制体系研究/肖金明主编. —济南：山东大学出版社，2015. 10

(人口老龄化社会法制建设)

ISBN 978-7-5607-5391-1

Ⅰ. ①积… Ⅱ. ①肖… Ⅲ. ①老年人—社会保障—行政法—研究—中国②老年人权益保障法—研究—中国 Ⅳ. ①D922. 182. 84 ②D923. 84

中国版本图书馆 CIP 数据核字(2015)第 263455 号

责任策划 尹凤桐
责任编辑 陈 珊
封面设计 牛 钧

出版发行 山东大学出版社
社 址 山东省济南市山大南路 20 号
邮 编 250100
电 话 市场部(0531)88364466

经 销:山东省新华书店
印 刷:山东新华印务有限责任公司
规 格:720 毫米×1000 毫米 1/16
22. 75 印张 395 千字
版 次:2015 年 10 月第 1 版
印 次:2015 年 10 月第 1 次印刷
定 价:32. 00 元

目　录

导 论

一、积极老龄化的基本理论

20 世纪 50 年代以来，受物质财富丰富、医疗水平提高、卫生和营养条件改善以及出生率下降等多种因素的影响，人类的平均预期寿命显著延长，老年人口所占人口比例迅速提高，多数国家相继进入老龄化社会。人口结构的变化对人类社会的影响是根本性和全局性的。它既对世界经济、政治、社会、文化产生了深刻影响，也对国家、社区、家庭以及个人生活的各个方面产生了全面影响。作为社会意识层面的老龄观显然也受到了属于社会存在范畴的人口老龄化的结构性影响。

传统上，受"脱离理论"的深刻影响，人们习惯于持一种消极的老龄观，将老年视为衰退和无用，将老年人等同于包袱和累赘，将老龄社会看作是人类发展危机，进而将老年人视为对象和客体，排斥、忽视甚至歧视老年人，害怕、恐惧老龄社会的到来。尽管"脱离理论"从自然和本质层面概括了老龄化的本质预设——老龄化是生理和心理衰退的过程，但在人口老龄化的现实背景下，随着物质生活水平的提高和医疗卫生条件的普遍改善，老年人的预期生命不断延长，脱离原工作岗位并不等于脱离社会，仍然可以以其他方式继续扮演特定社会角色。实际上，并非所有老年人都愿意主动脱离工作。

有很多老年人一生都愿意保持一种积极向上的姿态，愿意发挥余热，贡献社会。他们不是社会的负担，而是社会发展的重要资源。事实上，那些积极参与社会的老年人比那些独处的老年人身心更加健康，对生活的满意度也更高。另外，将老年人视为客体和对象，忽视老年人权，也不符合以人为本、权利本位的后现代思潮。超越"脱离理论"的社会现实说明传统老龄观既不符合人口老龄化的现实情形，也不能有效回应人口老龄化带来的种种问题。传统老龄观已经逐渐淡出人们的视野。

面对人口老龄化带来的各种挑战以及传统老龄观的日渐式微，人们逐渐提出了与"脱离理论"持相反观点的"活跃理论"。"活跃理论"认为，社会活动是社会生活的基础，人们对社会生活的体验是与其承担的社会角色、参与的社会活动紧密关联的，而社会活动的基础对各个年龄组人口来说大致相同，社会和个人的关系在中年期和老年期没有截然的不同。个体在社会中的角色并不会因进入老年期而减弱，老年人只要力所能及，便可以扮演一定的角色，继续服务社会。老年人的社会角色减弱、活动范围变小，是由于国家通过制度安排剥夺了其继续扮演社会角色的机会。[①] 在"活跃理论"的影响下，人们相继提出了"成功老龄化""生产性老龄化""健康老龄化"以及"积极老龄化"等新的老龄观。

持成功老龄化观的学者认为，老年人应当通过寻找原有角色的替代物来维持活动模式，尤其应当在身体方面保持活动状态，其目标是：老年人在日常生活生理能力方面没有问题，在一般体力活动方面没有太大困难，在认知能力测验中取得高分，健康自评状况很好或较好。毫无疑问，以活动为标准衡量老龄化的理念有助于反驳"脱离理论"的消极影响，能够使多数老年人获益。持生产性老龄化观的学者认为，老年人可以继续就业，参与公益事业；可以在照顾家人、社区服务等方面发挥积极作用；也可以继续参与经济活动和商品生产，从而成为具有"产出性"的人。与生产性老龄化的理念相似，人们在 20 世纪 90 年代后期又提出了"效率老龄化"。所谓效率老龄化是指老年人仍然能够从事力所能及的工作，以鼓励老年人为社会、经济的发展做出贡献，并最大限度地利用老年人力资源。健康老龄化这一观点认为，老年人不仅要长寿，还要保持身心健康；老年应当是健康与长寿的统一，其

① 参见周玉萍等：《老年社会工作》，知识产权出版社 2008 年版，第 116～117 页。

中健康是长寿的前提，并且认为健康是一生的事情，是一个连续的动态过程，在人生的每一阶段都应关注健康。

到20世纪90年代初期，受后现代思潮和积极心理学运动的影响，西方国家掀起了一场积极老龄化运动。美国学者格根夫妇指出："历史不是命运，我们正处于这样一个关键时期：一个用全新的理念、概念与实践改变传统老龄化图景的时代。老龄化黑暗时代已经让位于新的老龄化时代，积极老龄化的时代已经到来。"[①]在综合批判吸收健康老龄化、成功老龄化、效率老龄化理念的基础上，人们把老龄化的重点从"以需求为基础"转到"以权利为基础"，认识到健康之外的因素是如何影响老年人群体和个体的，将关注视角从老年群体扩展到更为广阔的经济、社会、文化系统。积极老龄化观念摒弃了对老年人和老龄社会刻板形象和传统偏见，充分认识到了老年人和老龄社会的无限可能性；吸收了成功老龄化、生产性老龄化、健康老龄化的精髓，表达了比前三者更为丰富的内涵。2002年，联合国将"积极老龄化"一词写进了《马德里政治宣言》——这被普遍认为是积极老龄化成型的基本标志。根据世界卫生组织的界定，积极老龄化是指"人到老年时，为了提高生活质量，使健康、参与和保障的机会尽可能发挥最大效益的过程"。

对于积极老龄化而言，健康、参与和保障构成其三大支柱。其中，健康是前提，没有健康也就无所谓参与。与传统老龄观关于健康的界定不同，在积极老龄化概念框架下，健康不仅仅是指没有疾病，而是指身体、心理与社会适应的完好状态。参与是积极老龄化政策框架的核心，是积极老龄化区别于传统老龄观的根本标志。如果离开参与，积极老龄化也不能称之为"积极"老龄化。参与既包括对体力活动的参与，也包括对社会、经济、文化、精神和公益事务的参与。在积极老龄化框架下，老年人的参与是一种以老年人权利为基础、以"愿望—能力—行为"为逻辑的体系。根据参与领域的不同，可以将老年人参与分为经济参与、政治参与、公益参与等。保障是指对老年人提供社会、经济、人身等全方位的保障，保证老年人的安全和尊严，它是积极老龄化的关键一环。需要特别指出的是，在积极老龄化概念框架下，

---

① K. J. Gergen, & M. Gergen, "Positive Ageing: New Images for a New Age," *Ageing International*, 2001-2002, Winter, 2000, p. 5.（转引自郭爱妹、石盈：《"积极老龄化"：一种社会建构论观点》，载《江海学刊》2006年第5期）

保障区别于传统的福利式的保障方式，是一种以自我实现为前提面向老年人的担保式保障。

事实上，积极老龄化既是学者提出的一种理论体系，也是国际社会为应对人口老龄化而提出的一种政策框架和行动指南。积极老龄化概念的提出与国际社会的努力是分不开的，换句话说，积极老龄化是国际社会通过召开会议、颁发文件、签订公约等方式逐步发展起来的。根据政策发展阶段不同，可以将积极老龄化的政策演变史划分为孕育期、成型期和发展期。1948年，《世界人权宣言》对包括老年人在内的所有人的人格尊严权、平等权、就业权、社会保障权等进行了系统规定，为积极老龄化播下了人权的种子。1966年“人权两公约”的颁布，细化、深化并扩大了《世界人权宣言》的内容和影响力，其中关于自我发展权的内容使得积极老龄化的人权之种得以滋润。为促进较高的生活水准、充分就业和经济与社会的进步和发展，重申对于人权和基本自由、人的尊严与价值以及社会公平的各项原则的信念，1969年，联合国通过的《社会进步和发展宣言》对社会进步的原则、目标、方式和手段进行了全面规定，强调了充分利用所有人力资源、突出人人参与对于社会进步与发展的重要意义，为积极老龄化的人权之种复制了显性的参与基因。

自20世纪70年代末开始，应对人口老龄化逐渐被联合国提上专项议事日程，积极老龄化的概念框架也逐渐成形。1982年，第一届世界老龄大会在维也纳召开，研究通过了《维也纳老龄问题国际行动计划》，重申《世界人权宣言》所载的不可剥夺的基本权利应充分地、不折不扣地适用于老年人；强调生活质量的重要性并不亚于长寿，应当尽可能地让老年人能够在自己的家庭和社会中享受生活，这种生活被珍视为社会整体一部分，是一种充实、健康、有保障和令人心满意足的生活。在第一届老龄问题世界大会成果的基础上，1991年，联合国大会通过了《联合国老年人原则》，鼓励各国政府尽可能将“独立”“参与”“照顾”“自我充实”“尊严”等原则纳入本国国家方案，从而明确了积极老龄化的权利体系，为从“以需求为基础”向“以权利为基础”观念的转变奠定了基础。随着1982年《维也纳老龄问题国际行动计划》的深入实施，尤其是《联合国老年人原则》的颁布施行，联合国相关机构愈发认识到建立新的老龄化“结构”并推广到全世界的重要性，遂于1992年议定1999年为“国际老年人年”，并决定将“不分年龄人人共享的社会”作为老年人年的主题。1999年国际老年人年将老龄问题置于人类社会发展的宏大历史背景之下，凝练了积极老龄化的要义，提升了应对老龄问题的理论品格，深化了老年人发展、参与、老年人生活质量、社会融入等积极老龄化的支柱命题。为帮助各国政府进行政策规划，并考虑新世纪的社会、文化、经济和人口方面的实际情况，以“建立不分年龄人人共享的社会”为目的，联合国于2002年在马德里召开了第二届老龄问题世界大会，通过了《马德里政治宣言》和《马德里国际行动计划》，将“积极”的概念正式写进政治文件，描述了积极老龄化的基本面貌。其后，积极老龄化的理念和政策通过联合国老年人年以及在各国和地区的实践等方式不断深化，目前已经发展为世界多数国家普遍接受的应对人口老龄化的最为根本的工具。作为一个极富包容性的概念，积极老龄化的内涵和外延也将随着人口老龄化的进程不断发展变化。

积极老龄化的终极目标是要为世界人口老龄化寻找崭新的答案。为此，应当确立积极应对人口老龄化国家长期战略。即以世界人口老龄化的客观现实和发展趋势为依据，以老年人权利和政府、社会、家庭责任为主线，树立积极的观念，制定积极的政策，采取积极的行动，实现积极老龄化的制度目标。在推进积极应对人口老龄化国家长期战略过程中，应当以积极的观念为先导，以积极的政策为基础，以积极的行动为关键：一是积极的观念。国际社会和世界各国应当充分认识人口老龄化的严峻性和不可逆性，及时转变对老年、老年人以及老龄社会的传统偏见，树立积极的老龄观念；既要看到人口老龄化的挑战，也要看到人口老龄化的机遇。面对人口老龄化，我们既不能盲目乐观，更不能过度悲观。二是积极的政策。积极老龄化政策是由国际政策、区域政策和国家政策有机构成的政策体系，它以老年人权为中心，围绕健康、参与和保障，涵盖家庭赡养、社会福利、养老保险、医疗保险、社会救助、社会优待、社会照料、社会参与、老年服务设施、法律责任等内容。三是积极的行动。我们应当以搞好宣传教育、营造积极氛围、建立健全积极老龄化体制机制、加强积极老龄化的制度建设为契机，主动应对人口老龄化面临的新情况，认真解决新形势下出现的新问题，积极地推进老龄事业的发展。

二、积极老龄化的国家战略

新中国成立以来，我国老龄政策法律制度经历了一系列发展变化，大体可以划分为起步、调整、快速发展三个阶段。伴随社会老龄化进程的加快，老龄政策也在不断调适、升格。对我国老龄政策发展脉络进行梳理，不难发现这样的规律：政策侧重上呈现出从以社会救济、救助为中心的老年人生存关照为重心向以权益保障为重心转变；制度建设上呈现出从政策主导、分散立法向政策与法律协作共治发展；观念上呈现出从被动应对向积极规划，把握机遇，迎接挑战发展。在发展进程中，老龄政策理念逐渐成熟，并接近国际共识，老龄制度体系不断充实完善。尤其是新世纪以来，以《中国老龄事业发展"十二五"规划》和《中华人民共和国老年人权益保障法》为政策、法律支撑，老龄社会政策体系快速发展完善。积极老龄化的观念也为国家和社会广泛接受。新修订的《老年人权益保障法》充分反映了积极老龄化的理念，并将积极应对人口老龄化确立为国家长期战略，这是《老年人权益保障法》的重大贡献。对于积极应对人口老龄化这一国家长期战略，可以从老年人权利发展与政府和社会责任两个高度关联的维度加以阐释。

一是积极老龄观战略中的老年人权利发展。实践表明，在不同国家、不同社会、不同历史时期，老年人权利内容和实现程度受制于诸多因素，最为基础的当属一个国家和社会中的老龄观，即国家和社会对老年人群所持有的观念和看法，以及在所持有的观念的基础上对老龄问题所采取的态度和行动。大致说来，老龄观主要表现为两种倾向：消极倾向的老龄观和积极倾向的老龄观。消极倾向的老龄观在主观上先入为主地将老龄人口界定为生理和精神双重层面的弱势人群，表现在生理上孱弱多病，需要照料；精神上相对脆弱保守乃至与外部社会脱节，需要高度关怀甚至刻意顺从；经济上很难或不再创造经济价值，只能成为社会资源的消耗者和社会生活中的被关照者。消极倾向的老龄观较长时间主导着我们的老龄政策、老龄工作、老年理论的基本观念。当然，这种观念指导下的行动并非一味忽视或人为弱化甚至牺牲老年人的权益、需求。基于"社会主体"的自觉，大部分情况下会充分考虑老年人的部分权益和需求，并提供相对充足的保障。因而，消极老龄观中的"消极"主要指直面老龄化现象时的悲观情绪和被动应对，而非字面意义上对待老年人的态度消极。积极倾向的老龄观强调要针对人口老龄化对社会经济的影响进行辩证的分析。一方面，它承认人口结构的宽幅变化、人口老龄化快速发展的趋势会对经济社会文化等各领域产生全方位的影响，是对社会未来发展的一个考验，需要人们认真对待，并统筹规划应对方案；另一方面，它也认为"危机"之下生"机"盎然。人口老龄化带给社会的影响不都是消极负面的，我们应当坚持更积极乐观的态度。

在积极老龄化战略指引下，以《老年人权益保障法》为基础，老年人权利体系建设应当有以下侧重：第一，平等权。在我国，老年人的平等权分为形式平等和实质平等，二者意义分别如下：在形式平等层面，老年人的平等权有两个方面的要求，即老年人与尚未进入老龄阶段的人之间的平等、老年人之间的平等。在实质平等层面，老年人的平等权意味着在形式平等的基础上，要对特定的弱势群体给予必要的尊重和保护。第二，人格尊严。《老年人权益保障法》中没有关于老年人人格尊严的规定，这不得不说是修订《老年人权益保障法》的一大遗憾。尊重老年人人格，保障老年人人格尊严不受侵犯，应当成为老龄政策法治建设的基本原则。尊重和保护老年人人格尊严，首先依赖于国家、社会和家庭对老年人的尊重。老年人应当拥有独立思想和独立见解，拥有自主的社会生活和家庭生活，拥有进一步健全、发展个人人格的权利和机会。老年人的正常生活秩序和状态不应受任何非法干预。其次，国家应当积极创造实现老年人尊严的各种制度和物质保障条件。最后，老龄政策法律应当从反面角度保障老年人尊严，即对侵犯老年人人格尊严的行为要通过立法设定严厉的法律责任来防范和制裁。只有塑造一个宽松、和谐的社会环境，让老年人的生活处于安全、平和的状态，才能保证老年人有尊严地活着和有尊严地老去。第三，社会保障权。社会保障不仅仅指获得物质帮助，在内容上，它还包括退休人员生活保障权、特殊人群享受社会优抚权等。老年人是社会保障权领域需要特别关注的一类群体。未来的社会保障制度发展，不仅要提高标准、提升水平，也要基于前述平等权的考量，逐步实现均衡化、平等化。在积极老龄化战略背景下，老年人获得充分的社会保障，不再是政府的“恩赐”，而是基于独立、有尊严、与他人平等的个体理应享有的权利。在社会保障政策法制发展方面，应当通过启动法律解释程序实现对社会保障权的扩大解释，在保持基本立法稳定的前提下让更多的老年人受益于社会保障权的实现。应当加快对《宪法》《老年人权益保障法》中社会保障条款的立法细化，落实《宪法》和《老年人权益保障法》的规定。应当积极促进国际人权文件中有关规定的国内转化。第四，社会参与权。老年人社会参与权其实是一组权利的集合，包括四类权利，即政治参与权、经济参与权、公益参与权与组织参与权。它们具有共性，相互衔接并形成逻辑。根据《宪法》规定，政治参与包括消极意义上的政治自由（如言论、出版、集会、结社、游行和示威自由等)和具有积极意义的选举权与被选举权以及知情权、参与权、监督权等内容。老年人的社会参与权要想得到更有效的保障,就应当完善以反年龄歧视为核心的法律与政策,完善以前述四个具体领域促进措施为核心的法律和政策,完善以优化具体设施环境为核心的法律与政策。第五,社会优待权。获得社会优待是老年人的一项法定权利,其实现依赖于政府、社会的积极作为。就内容而言,老年人的社会优待既包括在公共生活中老年人的事务得到优先处理,也包括老年人得到物质上的优惠待遇,还包括一些义务的豁免。2012 年,修订后的《老年人权益保障法》,在老年人获得社会优待方面有所创新,规定了"对常住在本行政区域内的外埠老年人给予同等优待",一定程度上改良了以户籍制度为基本管理手段的社会优待制度,表现了一个地域的开放性和包容性。除此之外,老年人优待制度还可以在城乡老年人平等优待、老年人在社会优待政策中的年龄划分等问题的细节上有所提升,以显示更充分的人文关怀。

二是积极老龄化战略中的政府和社会责任。积极老龄化战略的推进实质上是一场变革。在变革中,各类社会主体的角色、相互关系和权利义务都受到来自积极老龄化理念和政策调整的影响。在老龄化社会状态下,政府、社会以及家庭都将重新定位。积极老龄化战略中,政府与社会的定位取决于老年人权益的性质和保障方式的需求。对于自由权而言,自然是要求政府与社会给予权利人宽松的、不干预的环境。但在社会权方面,政府与社会的角色相对多面。对于"主观权利"意义上的社会权,政府、国家和社会有两种基本的角色:对基本权利保持尊重以及通过给付保障社会权利。对于"客观法"意义上的社会权,相对应的国家义务、社会义务则主要包括提供制度保障、组织程序保障以及免于第三方侵害的保护等方面。积极老龄化战略中,政府要同社会组织形成合力,各自担负相应的职责。

具体而言,政府应当承担的责任可分为:第一,政治责任。在应对老龄化问题上,政治责任的实质就是角色责任和道义责任,即基于政府角色而产生的天然义务。这种政治责任与公共权力密切相关,即政府主导老龄社会应对大局,组织制定符合民意的老龄公共政策并且推动其实施。实现政治责任是一个实践问题,即政治责任主体按照法律、法规和政策程序行使权力,使老年人和社会公众有效了解决策的产生条件和过程并且加以监督,使政府活动符合老年人和社会公众的要求。第二,管理责任。包括在政府组织内部的不同部门间分配管理职能，形成一套系统的管理、执法体制，为健全的老龄工作体系和高效的执行能力提供保障，为全社会做好应对老龄化的公共财物管理以及对相关社会活动进行有效监管。第三，政策责任。政策责任首先意味着政府要为老龄化社会做好宏观顶层设计。顶层设计的基本结构为“国家级别的战略（或基本国策）＋中长期规划＋健全的政策法律＋科学高效的老龄工作体制”；其次意味着要建立维护完备、协调的老龄事业制度体系，将老龄社会相关制度资源作有效的清理、整合，注重内在协调性、衔接性、呼应性，加快相关立法速度，使《宪法》和《老年人权益保障法》确定的老年人权益得以实现。另外还意味着政府要调动资源，出台促进老龄事业的各种专项政策。第四，法律责任。政府的法律责任是指在行政活动中责任主体因违反法定义务而应当承受的由专门国家机关依法确认并强制承受的合理负担。积极老龄化战略下，政府的法律责任集中体现在《老年人权益保障法》及相关立法的“法律责任”规定中。

政府之外，社会主体也是积极应对老龄化的重要力量，所谓社会义务主要是指社会组织的义务。社会组织根据不同标准可以分为很多类型：以是否以营利为目的可以分为市场主体与非市场主体。它们分别在老龄化社会进程中履行各自的义务，发挥各自的功能。第一，老龄化社会中的市场主体。推动老龄化社会中养老问题市场化，科学发挥市场主体作用是世界范围内不可回避的政策选择。作为积极老龄化战略中的重要一环，市场主体的责任主要体现在：积极布局、探索“老龄市场”、老龄相关产业；充分重视高龄劳动者价值，促进老年人创业、就业；维护老年人合法权益，主动承担社会责任。第二，老龄化社会中的社会组织。此处所称的“社会组织”是不以营利为目的的非政府组织。这些组织在社会治理结构不断完善、政府职能不断优化的过程中承接大量的老龄工作。主要承担以下几个方面的社会责任：志愿服务与慈善活动；维护老年人合法权益，凝聚老年人主张和意愿，参与形成老年政策和立法；丰富老龄人口的生活，开展各种社会活动；开展老年社会相关理论研究，为积极应对老龄社会提供智力支持。老龄化社会是人类历史上尚未经历过的社会状态，人口结构的变化必然带来整个社会形态的变化，老龄社会的积极应对需要有更加丰富、科学的理论指导，探索积极应对人口老龄化的规律和路径，逐渐形成治理经验。这些努力也主要通过充满责任意识的社会组织来完成。

三、我国积极老龄化面临的挑战

党的十七届五中全会提出了“优先发展社会养老服务”的方针，国家《“十二五”规划纲要》进一步明确了建立“以居家为基础、社区为依托、机构为支撑的养老服务体系”的目标。《中国老龄事业发展“十二五”规划》和《社会养老服务体系建设规划(2011～2015)》作为指导老龄化建设和社会养老服务发展的纲领性文件，将社会对老龄事业的关注和热情提升到了一个前所未有的高度。《纲要》中指出，到 2015 年基本形成“制度完善、组织健全、规模适度、运营良好、服务优良、监管到位、可持续发展的社会养老服务体系，发展适度普惠型的老年福利事业”。这是新时期老龄化进程不断加快，在老龄社会的各项矛盾、冲突日渐展开、新生问题、遗存问题叠加汇集的现实背景下，我国从强化顶层设计、充实体系框架、丰富发展内涵、完善法律规范等方面，切实提升国家应对人口老龄化驾驭管控能力的战略部署，也是在合理吸纳欧美发达国家成熟经验的基础上考量我国国情进行本土化改良后所应用的重大决策，体现了“积极老龄化”语境下以“健康、参与、保障”为核心的三大支柱和注重“生产性老龄化”“适度积极社会参与”等宏观意旨下重视老年人的尊严、价值和主体意义的全新视野。

从“现实、政策、制度、体系”四个维度，解构和分析我国现阶段在实践积极老龄化进程中所遭遇的困难和挑战。从中，我们发现目前存在的问题有：对现状认识不充分、政策推行不匹配、制度建设不健全和保障体系不完善等。以老龄化发展趋势、未富先老现实、城乡分布倒置格局和传统养老观与居家养老功能弱化为研究对象，可以概括当前我国老龄化的发展进程及其典型特征；以传统养老认定政策、老年教育实施政策和老年医疗保障政策为分析对象，可以了解我国积极老龄化政策推行面临的真实困境；从养老照料制度、养老医疗制度和养老法律制度三方面切入，可以发现制度建设不足对老龄化社会发展的负面效应；着眼于保障体系的不完善，从城乡养老保障体系、政策与资金保障体系、老年志愿服务体系、老年社会参与机制体系、老年“银发”产业保障体系等角度，可以发现我国养老保障体系的积弊。

聚焦积极老龄化下我国面临的现实困难和挑战，应该首先明确的一个基本原则是，要对老年人口步入老龄社会后的内在心理、精神状态、身体健康和外在行为进行全面关注、理解、支持与保障。具体而言，包括老年教育、老年医疗、老年照护、老年志愿服务、老年权益法制建设、老年社会参与、老年经济产业等各个领域，统筹囊括了关注行为层面的“老有所为”，关注心理层面的“老有所用”，以及价值层面的“老有所成”。总之，要通过体系、制度和法规建设构筑起的一个多元化、多支柱、多功能的综合式养老服务与保障格局。当前，人口老龄化高速发展的演化速度与积极老龄化战略实施之间隐含着比较激烈的矛盾与冲突。导致这一矛盾与冲突的原因有三方面：一是政府、市场资本、社会机构、行业力量等养老保障领域的利益相关者还未形成各司其职、分工清晰、责任明确、监管到位的配合与协作机制；在应对老龄化挑战的过程中，经常因经验不足、职责不清和趋向不明而显得混乱。而我国“未富先老”“未备先老”的老龄化国情和存量大、增量多的老龄人口形势又进一步放大了相关因素的影响。二是改革开放三十多年来，总量庞大的国家财富和财富的不平等分配造成贫富差距日渐拉大。这一点在养老保障领域反映得尤其明显。因为它关乎特殊群体享有社会资源的程度及重点人员基本保障条件的落实情况。三是家庭结构改变与传统观念未变之间的冲突，加剧了老龄化的应对难度。由于计划生育政策和大规模人员流动，城市内以“四二一”为特点的小型化、核心化家庭成为主流，而农村大量适龄劳动人口外流，遗留下大量空巢、失能和高龄老人，造成农村老龄化比重高于城市。但家庭结构的变化只是表象因素，抵触、排斥接受专业化养老服务的传统观念依旧根深蒂固，制约和影响着老年人不愿主动选择专业养老机构。“养儿防老”“靠子女养老”依然是大多数中国老人自发的养老选择。同时，社会大格局未给老年人投身志愿服务、社会参与和老年产业等活动创设宽松、平和、支持的外在氛围，蕴含其中的年龄歧视和对老年人价值的否定致使很多老人不自觉地产生困惑、迷茫、焦虑的情绪。他们无所适从，不知该以何种方式度过老年生活，无法正视自身价值，也找不到晚年参与社会活动、展示个人价值的路径。

在中国经济高速发展、大力推进城镇化的施政方针下，空前庞大的经济体量和显著增强的国力背后是贫富差距的拉大、群体阶层的固化和法规建设的虚置。其中城乡差距在我国老龄化进程中体现得尤其明显，这一点在第三章各部分的阐述中涉及较多，已成为影响我国推进积极老龄化战略、解决各种显性问题的关键制约。除了普遍意义上的城乡区域间和城镇居民与农村村民在享有养老服务和保障水平上的差异外，几类需要重点关注的特殊群体——像城市里的企业下岗职工、因经营效益不佳提前内退人员和“老一代”老民工——在现行养老政策下的处境显得更加尴尬。他们一方面受困于较为窘迫的经济现状有寻求养老保障扶持的迫切诉求,另一方面又因体制残缺、机制不全和相关制度樊篱的限制,长期接受水平低、覆盖面窄、保障基准差的养老服务。在 2015 年全国“两会”上,“提高城乡居民基础养老金标准,鼓励社会力量兴办养老设施,方便农民就近城镇化”等内容被写入了《政府工作报告》。尽快缩小城乡养老服务差距,调适和缓和城乡、区域间发展上的对抗与矛盾,有针对性地重点保障和关注特殊群体的养老权益,这是实现老龄人口“老有所依”的根本保证。作为一个上下联动、密切协作、广泛动员的系统工程,我国养老保障服务体系有赖政府、社会、市场和家庭的多方努力,要求因地制宜,因势利导,逐步探索出一条适合我国老龄化实情和发展特色的调整之路。

2013 年,国务院发布的《关于加快发展养老服务业的若干意见》中提出,要加快民间资本、社会力量兴办、注资建设专业养老机构的步伐。在传统“家本位”和“居家养老”为主的生活习惯、消费习惯的影响下,社会资本投办的养老院作为一种有益补充,是改善型养老需求者的一个新选择,也是释放和提升市场潜力,迎合与满足老年人差异化需求的战略选择。目前,在养老服务与保障基础较好的国内一线城市,已初步通过出台规划、建章立制的形式勾勒出了未来几年内社会化养老服务机构的发展格局。上海市政府曾在国内率先提出“9073”的养老服务格局,即 90%的老人居家养老,7%的老人社区养老,3%的老人机构养老。2010 年,北京市民政局提出了“9064”养老服务新模式,即到 2020 年达到 90%的老年人家庭养老,6%的老年人社区养老,4%的老年人机构养老。广州市在《广州市养老服务机构设施布局规划(2013～2020 年)》中也提出了落实“9064”分布格局的具体实施计划,特别明确了每千名户籍老年人要拥有 40 张养老床位,机构养老在整个养老体系中要起到支撑和兜底的作用。目前,广州市 140 万老年人口,拥有 4.3 万张养老床位,到 2020 年,180 万老年人口将需要 7.2 万张养老床位,其中民营与公办比例将达到 7∶3。

未来养老服务机构,作为具体承担养老服务职责的专业机构和推进养老服务与保障的重要载体,它的走向直接关乎我国老龄社会的发展形态和行进演变。因此,将展望的落脚点放在养老机构的性质界定、转型升级、运营管理、政策支持和法律保障上，是我国应对老龄化社会困难与挑战的坚实支撑。在提升老年人的用户体验方面，机构养老服务的关键在于“去机构化”。简单讲，就是要尽量淡化机构管理的行政化、模式化和机械化，让老年人在养老机构中的生活更加趋近于一般的社区生活、家庭生活，尽可能减少陌生感和疏离感，从而消除老年人及子女在心理、态度和行为上对机构养老的抵触和排斥，方便他们接受和享用机构养老的专业化服务，这也对养老服务的活动组织提出了更高要求。例如，对老人们进行教学、培训，鼓励老人们发挥所长；周末、节假日送老人回家，让子女定期探望老人，双向互动；提供心理护理与治疗、临终关怀等精神层面的服务等。

在中央“八项规定”和高压惩治贪腐的施政背景下，社会风气得到有效净化，很多原来专为机关、企事业单位开设的度假村、培训中心、招待所、疗养院等都陷入了“生意荒”。这些机构往往拥有非常不错的区位优势、齐全的服务设施、优美的自然风光、成型的服务梯队和充足的工作经验。应对这些机构进行法律规定和行业规范，将它们有序地引导转型为养老机构、民间照料中心、敬老院等养老服务机构；同时，应加大力支持民间资本对企业厂房、商业设施及其他可利用的社会资源进行整合和改造，以衔接和对应养老服务的社会化需求；还要鼓励将政府投资举办的养老机构特别是新建机构，在明晰产权的基础上，通过公开招投标，以承包、联营、合资、合作等方式，交由社会力量来运营，实现运行机制市场化。下一步，要加大完善投融资政策、落实税费优惠政策、加强人才保障、满足用地需求的工作力度，整合资源、动员各方力量支持民办养老机构的发展。

政府作为发布政策，提供指引、规范和保障的行政机构，在推进积极老龄化战略的过程中要摆正自身位置，发挥自身功能。第一，政府除了履行必备的监督、指导、规范、管理等职能外，还要发挥好保障者、服务者的作用，要从关注老龄群体的食、住、行、医等与其切身利益相关的方面入手，将触角渐次向外延伸，重点关注老年人的心理健康状况，尤其是高龄、空巢、失能、患病等特殊群体老年人的养老服务和专项保障。第二，政府要进一步发挥财政转移支付的机制优势，解决好流入地和流出地在财政支持上的联系、联结，帮助在异地打工的农民工有更便利、更体己的养老选择。第三，政府要通过合理增加老年教育经费投入、规范办学流程和扩充人才队伍等形式，鼓励为老年人家庭成员提供多元、实用的教育项目和培训支持，充分发挥家庭成员对老年人给予精神关爱和心理支持的作用。

养老服务、养老保障建设是当下的热点、难点和焦点，在推进和实施积极老龄化进程中，更显得紧迫而必需。但养老服务和养老保障建设有自身的演变和发展规律，不可操之过急。具体而言要做到以下几点：一是要立足于我国基本国情，从我国养老现状和实情出发；二是要从西方老龄先发国家和国外成熟经验中汲取经验，摆脱视域上和认知上的局限；三是要把老龄事业建设与持续推进经济发展、社会稳定、人民幸福的“中国梦”伟大征程相结合，抓住老年人反映最集中、要求最迫切、现实表征最明显的突出问题，注重机制创新、制度革新、体系完善和法规建设，厘清政府、市场、社会等相关力量的关系，不断推进养老活动法制化、规范化、市场化。总之，要在依法治国施政方针的指引下，逐步形成政府引导、市场驱动、社会支持、法制保障的综合性养老服务保障和服务体系，以不断满足积极老龄化战略的内在需求，顺应和把握我国老龄社会演进的趋势走向。

四、积极老龄化的域外经验

当前，人口老龄化是人类社会最重大的成就之一，同时又是一个全世界都在共同面临的最严峻的挑战。人口老龄化问题出现得较早，但发展至今它仍然是一个值得不断研究的新议题，人类社会对于老龄化问题仍然缺乏广泛而深刻的认知。特别是对于我国来讲，相比欧洲国家的百年的老龄化进程，我国自 2000 年进入人口老龄化社会至今只有短短十五年时间。因而，各种组织和民众对人口老龄问题的认知程度较为浅显，尚未意识到人口老龄化对于国家乃至世界所具有的严峻性、特殊性和巨大影响力，对于妥善、从容、科学解决人口老龄化问题或者合理利用老年资源均缺乏积极性、责任感和战略性。在老龄化问题已经成为世界性议题、发达国家在应对老龄化挑战已经有百年经验时，我国目前的老龄问题的相关研究与实际经验还十分欠缺，无论是广度还是深度，无论是宏观还是微观，都留有着十分广阔的探索空间与潜力。因此，在解决中国老龄化问题的战略选择上，应当在积极借鉴国外发达国家先进经验的基础之上，探索有中国特色的应对老龄化之路。

不可否认的是，老龄化犹如一把“双刃剑”。它在给社会带来挑战与威胁的同时，也给国家带来了新的经济增长点、社会改革点甚至是全新的理念冲击。进入 21 世纪以后，全球老龄化给所有国家带来更多的社会经济需求。与此同时，人们也越来越意识到，老年人群体是一份宝贵的资源，他们在推动社会文明向更高位阶行进的过程中发挥着巨大作用。

当前，人口老龄化已成为全球现象。这一现象清晰地预示着社会群体和结构将出现重大改变，经济结构和运行方式将面临巨大冲击。国际社会也纷纷采取了不同的应对措施，积极老龄化的理论和实践也一直行进在不断探索与创新的路途之中。本书第四章在分析全球老龄化趋势的基础之上，选取了德国、英国、美国、日本和中国香港、中国台湾六个具有典型代表的国家及地区，详细解读在应对老龄化问题的侵袭时，各国和地区如何采取积极老龄化战略予以应对，以期对我国未来积极老龄化研究及其政策推进提供一个有力的经验铺垫与战略展望。

关于全球人口老龄化的现实图景与未来展望。老龄化现象出现于 19 世纪后期，起因与结果似乎都可以归结为人口出生率和死亡率高低不均衡现象的产生。这种出生率低于死亡率的现象首先出现于发达国家，继而蔓延至发展中国家，并从此加速发展成为一种全球化现象。老龄化现象的出现牵引着一系列的变动，如社会人口规模的变动、人口结构和区域的分布变化，而这些变动也在清晰描绘着老龄化问题延展的脉络。从全球视角看，经过 17～18 世纪人均预期寿命和生育率的平稳发展，人口规模逐渐扩大。伴随人口状况的转变，全球总人口数在经历急剧增长后缓慢增加。而到了 19 世纪后期，欧洲一些发达国家的生育率率先进入持续下降的阶段，老龄化现象开始在部分国家出现。20 世纪 70 年代以来，老龄化超越国别和地区成为全球现象，部分国家进入超老龄化阶段。进入 21 世纪，全球老龄化速度加快，预计 65 岁以上人口占总人口的比重将从 2000 年的 7%迅速提高到 2050 年的 16%、2100 年的 22%。数据统计显示，在 20 世纪里，人口平均预期寿命从 1950 年延长了二十年，已达到 66 岁，预计到 2050 年会将再延长十年。目前，在某些发达国家，人均寿命或已超过 80 岁。21 世纪上半叶，人口的迅速增长，意味着 60 岁以上的人口将从 2000 年的大约 6 亿增加到 2050 年的将近 20 亿，老年人口占总人口的比率将从 1998 年的 10%增加到 2025 年的 15%。相较于发达国家，这种态势在发展中国家增长幅度更大、速度更快。预计今后五十年里这些国家的老年人口将增长 4 倍。而这种人口结构分布，在发达国家和发展中国家之间也存有重要区别；特别是老年人口居住地区的分布。目前在发达国家，绝大多数老年人生活在城镇地区；但在发展中国家，多数老年人生活在农村地区。据预测，到2025年，发达国家82%的人口将生活在城镇；而发展中国家生活在城镇的人口不到其人口比例的一半。毫无疑问，全球性的人口显著变化必然会对个人、社区、社会、国家乃至国际生活产生广泛而深刻的影响。人类所涉及的每一方面——社会、经济、政治、文化、心理和精神，都将会因此而产生巨大的改变。[①]

与此同时，女性的生育率持续走低加剧了老龄化现象。全球平均每位女性的生育率从2005～2010年的2.53，下降到2045～2050年的2.24；到2095～2100年，将会进一步下降到1.99。在世界上老龄化最严重的国家，如日本、西欧和北欧的大多数国家，每位女性的生育率甚至低于1.5。另外，由于女性预期寿命高于男性，因此，老龄女性数量将会超过男性。而超过越多，人口性别不平衡现象就越显著。因此，在采取应对老龄化问题时还需要充分考虑到女性的境况。只有这样，才能保证男女地位充分平等以及制定的措施更加有效、合乎人性。

在分析老龄化现象的国家差别中可以清晰发现，欧洲国家无论是老龄化程度问题还是数量问题都是非常典型的地区，甚至在欧洲的不少小国都已经出现了比较严重的老龄化。就全球总人口超过100万的国家来看，1950年，只有9个欧洲国家的65岁以上老龄人口比重超过10%；但到了1975年，就有26个国家65岁以上老龄人口比重超过10%，其中占据前20位的除美国外都是欧洲国家。除欧洲国家外，美国和日本也居于前20位。预计到2050年，将有105个国家的老龄人口比超过10%。近些年来，老龄化现象从欧洲逐渐向亚洲扩散，特别是伴随着日本、新加坡、韩国、中国等国家的发展，在未来十年内，东亚部分国家将会成为像欧洲一样老龄化严重的地区。其中，日本65岁以上老龄人口比重将会达到28.9%，成为世界上老龄化最严重的国家。到2025年，几乎所有本世纪初的老龄化国家超过65岁的人口比例将超过1/4，其中欧洲和东亚的11个国家将会迈入“高度老龄化”行列；至2100年，预计将有198个国家老龄化人口占总人口比重超过

---

① 参见《老龄化问题概况》，http://www.un.org/chinese/esa/ageing/introduction.htm.

10%。老龄化问题势不可挡,已成为当下各个国家亟须解决的首要问题。[①]

五、各国积极老龄化策略

德国是世界上最早建立福利制度,也是最早开始系统应对老龄化的国家之一。在德国,超过 1/5 的人口为 65 岁以上的老年人。日益庞大的老年人口使得德国被称为“欧洲养老院”。据德国联邦统计局数据显示,德国已成为欧洲人口老龄化程度最高的国家;在世界范围内,德国也仅次于日本,老龄化程度位居世界第二。德国在采取积极老龄化政策时,选择以制度为突破口,即通过改革养老制度,推行弹性退休制度,在政府层面主导下来寻求给德国老年人更加安全可靠的制度保障。在社会服务方面,德国丰富了多种养老模式,不断推广老年人社会参与项目,并且还通过科学研究来推动老龄化问题的解决进程,成为欧盟国家的典范。

英国是世界上第一个工业化国家。工业化浪潮所带来的巨大进步改变了整个国家和世界的面貌。然而不可避免的是,英国同德国一样,早已步入了老龄社会,面临着日益严峻人口老龄化的危机。作为世界上最早建立社会保障制度和社会服务制度的国家之一,英国在应对老龄化问题上积累了丰富经验,最具特色的当属英国的社区照顾制度。作为首先在英国产生的社区照顾制度可谓享誉全球,也是英国养老立法产生的最有特色的制度。这种制度有其明显的优越性,表现在:第一,这种制度超脱了纯粹公权力的束缚,是一种能够充分调动全社会共同参与老年人服务事业的新型模式。第二,这种融于社会中的养老方式可以让老年人的晚年生活不再孤独,让老年人不仅享受到全面的照料,而且促进老年人积极参与到社区生活中,更可以赋予他们一片展现自我的空间。在这里,老年人可以继续发挥他们的才智、经验与能力,这无疑是一种积极养老的现代模式。

早在 20 世纪 40 年代,美国就开始进入了人口老龄化社会。由于老龄化问题严重制约着美国经济和社会发展,所以政府高度关注并着力解决老龄化问题。首先,制定一系列的法律法规、方针和政策积极推动解决国家老龄化问题。例如,设立了专门管理老年人问题的机构,包括老人问题管理

---

① 参见刘文、焦佩:《国际视野中的积极老龄化研究》,载《中山大学学报(社会科学版)》2015 年第 1 期。

署、政府老龄问题顾问委员会和社会保障总署。其中政府积极发挥主导作用，从联邦政府到各级地方政府都在养老方面做出巨大投入。此外，通过资金投入、兴盛老年社区等方式不断充实、完善着积极老龄化的政策。

日本是世界上老龄化问题最严重的国家之一。自20世纪70年代，日本步入老龄化国家，成为亚洲最早进入人口老龄化社会的国家；到2000年，日本基本上超过了欧美等国家。发展至今的日本人口现状可谓是“超老”。三十多年来，日本政府在应对人口老龄化问题的过程中，不仅建立了较为完善有效的法律体系，而且采取了一系列应对措施，如理论研究，开发老年人力资源，促进老年就业，推动老年人社会参与，等等，在养老方面积累了丰富的经验，成为亚洲国家特别是我国参考学习的典范。

我国香港地区作为世界金融中心，近些年来国际地位有所下降，其中人口老龄化是削弱香港国际竞争力的重要原因之一。相比于欧、美、日等经济发达国家，中国香港进入人口老龄化社会的时间相对比较晚。在经历了20世纪60年代以来二十多年的经济高速增长之后，香港在1986年正式迈入人口老龄化社会。面对人口日益萎缩和老龄化的局面，香港果断采取了一系列积极老龄化政策，其中最有代表性的是“长者学苑”计划。这是一个以跨界合作和跨代共融的模式运作的老年学习计划。它作为积极老龄化的重要实现途径，能够确保老年人身心健康和提升老年人应对老龄挑战的能力，并且有利于老年人与时共进、参与社区服务和继续为社会做出贡献。

在我国台湾地区，高龄化社会已成为重大议题，其所产生的现象与问题也慢慢凸显。台湾地区目前已经处在“高龄化社会”，在不久的将来会迈入“高龄社会”。对此，台湾地区政府不断完善老年福利法规体系，在养老机构的运作中特别注重多元力量的融入，并充分发挥政府的作用，促使台湾的养老事业朝专业化、标准化、现代化、个性化而又符合老年人需求的高品质方向发展。

六、域外经验对我国应对老龄化问题的启示

人口老龄化是全世界全人类面临的共同挑战。我国进入老龄化社会已十余年，并且伴随着这一现象的加剧，人口老龄化将成为我国的基本国情。由于人口老龄化进程不可避免地要与经济、社会、政治、文化、环境之间产生深远而持久的相互影响和作用，因此，新修订的《老年人权益保障法》确定

“应对人口老龄化是我国的一项长期战略任务”。这预示着在我国应对老龄化问题时,无论是在思维、规划、准备以及对策方面都要做好长期的打算。人口老龄化是个老问题,但是它所带来的影响又会引发一个全新的社会形态,加之人口结构变化的长周期性与复杂性,所以,我国在制定战略措施时,应该具有一定的战略高度和长远角度,进行全面规划,从制度和政策法规层面来进行顶层设计,制定适应我国国情和经济社会发展规律的应对人口老龄化的国家战略和行动纲领。

人口寿命的延长是人类社会文明进步的表现,是国家进步、经济社会发展的必然结果。在“积极老龄化”概念提出之前,人们对于老龄化持消极悲观的态度,认为老年人过多会造成国家的老化,意味着劳动力质量和素质的退化,家庭和社会的负担过重,继而会引起社会的倒退,不利于经济蓬勃发展。在联合国提出“积极老龄化”的概念之后,人们才慢慢意识到老年人身上所蕴含的巨大的财富与能量,才意识到老年产业亦可成为社会的一个新的经济增长点。最主要的是,人们能够重新审视老年人群体。老年人不再是社会和家庭的负担,而是依然可以活跃在属于他们的舞台上,成为社会的参与者和建设者。因此,老龄化带给各个国家的不仅仅是挑战与威胁,更多的还有机遇。积极老龄化要求我们树立“积极”的姿态,以积极的心态、积极的政策和积极的行动去推动,老年人这个曾经的夕阳产业转化成为富有新鲜生命活力的朝阳产业。要充分发掘老年群体的消费需求,更要考虑到老龄化过程中老年人的一系列心理和精神上的变化,在制定政策的时候要给予一定程度的考量。随着老年人受教育水平的提高,老年人有知识、经验、技能等方面的优势,要调整社会政策,化解影响老年人发挥作用的体制机制障碍,吸纳更多老年人参与社会发展,给予并创造发挥老年人独特作用的机会。

积极老龄化是一个世界性的议题,它对于任何国家来讲都不是一朝一夕的事情,其影响是深远的、长久的和全方位的。因此,各国的应对老龄化战略都必将是一项富有战略性、全局性的长远系统工程。同时,它也不会是政府方面单一的责任,而是需要市场、社会、家庭、民众等多元主体共同参与完成的使命;它不仅仅需要制度上的保障,还需要完善的社会服务体系与更加富有人性关怀的良性环境。其中,政府在制度建立、体系完善、公共服务提供、市场规范等方面发挥主要作用,同时要赋予市场在资源配置中的决定性作用，给予市场一定的空间与自由度，集中社会所有力量共同应对老龄化的挑战。对于我国而言，敬老爱老向来都是中华民族的优良传统。每一个热爱祖国热爱家人的中国人，都应该积极营造敬老爱老的社会氛围，将我国的传统继续发扬光大。不仅是成年人要树立好敬老爱老的榜样，青少年更是应该从小培养其尊老的意识与行动。只有这样，才能形成上下团结一致的良好的养老氛围。在借鉴西方积极老龄化政策的过程中，有一点需要有清醒的认知，即中西方文化与国情不同。在西方发达国家，老年人独立自主，子女并无赡养老人的义务；而我国《宪法》中就明确规定子女有赡养、扶助老人的责任与义务，这不仅仅是法律要求公民需要履行的职责，更是我国几千年文化沉淀的传统与美德。因此，我国在未来应对老龄化时，要继续弘扬家庭养老的优秀传统，不能削弱家庭养老的责任。家庭养老是我国传统的养老方式，在我国的历史上老年人养老也是主要依靠家庭。今天，尽管我国的国力日益强大，政府责任强化，社会化养老服务发达，但都不可能动摇家庭养老的基础性作用。家庭仍然是养老的第一居所，老年人安度晚年的幸福源泉仍来自于家庭，家庭提供的生活护理、精神慰藉、亲情关爱等是其他方式无法替代的。

七、构建积极老龄化的法制体系

积极老龄化既是一种理念，更是实践中的行动方案。积极老龄化在实践中的落实是一项复杂的系统工程，需要社会各个方面的准备和应对。尤其在建设法治国家和法治社会的背景下，积极老龄化的贯彻落实需要运用法治思维在法治的轨道下进行，更是需要明确而具体的法律法规作为实施的依据和保障。构建积极老龄化法制体系，必须创新理念和制度，构建包括老年人健康法制、老年人参与法制和老年人保障法制在内的完整的法律制度体系，并完善积极老龄化法制体系的实施机制。

（一）关于构建积极人口老龄化法制体系的理念创新

我国的人口老龄化超前于现代化，即养老的相关配套服务尚存在不少欠缺与不足，远远落后于现代生活水平的完善与便捷；“未富先老”和“未备先老”的特征日益凸显，老年人面临着贫困、疾病、失能、服务、照料、精神关爱等诸多困难和问题。因此对于我国而言，积极应对人口老龄化，应当加大制度供给，把解决单纯的养老问题提升到全面应对人口老龄化问题的高度上来,同时要加快发展老龄事业和产业,满足老年人日益增长的多元化需求。这既是我国未来应对老龄化的战略部署,更是全社会民众的共同期待。

构建科学合理的积极老龄化法制体系,应以保障老年人合法权益为根本出发点。在严峻的老龄化形势下,保障老年人的基本权益成为积极老龄化的理念起点。无论是在制度、政策还是机制各个方面,都应处处体现出保护老年人合法权益的原则,重视他们的合法权益,以创建更好的养老环境。构建科学合理的积极老龄化法制体系,应以代际公平和谐为基本准则,代际公平作为可持续发展战略的重要原则,主要是指当代人和后代人在利用自然资源、满足自身利益、谋求生存与发展上权利均等。即当代人必须留给后代人生存和发展的必要环境资源和自然资源。而放置在中国当前养老问题的语境下,代际公平和谐则更进一步指明了占有优势地位的当代人(年轻人)与处于弱势地位的上代人(老年人)之间和谐关系,这既体现在物质利益上,也体现在精神上的公平与和谐。在代际公平和谐的视角下,如何公平善待老年人,维系本代人与上代人之间的公平和谐的平衡,已然成为法学界、社会学界乃至伦理学界共同关注的议题。而在具体实践的过程中,则需要一个采取法律的、行政的以及道德的手段同步探索与维护的过程。构建科学合理的积极老龄化法制体系,应以制度和观念创新作为突破口。我国老龄化最大的特点就是"未富先老",而这一点就决定了我国应在人口老龄化问题,特别是在养老问题上必须走有中国特色的道路。因此,指导中国老龄工作的总战略必须立足于总结中国国情和经验来进行观念创新。

立足于中国当下,可以从以下几个方面进行制度创新:第一,政府要逐渐减轻老年人养老保险的负担,通过其他途径丰富养老保障方式;第二,进行制度创新,建立灵活的退休机制;第三,利用市场机制,发挥市场的调节作用;第四,构建科学合理的积极老龄化法制体系,形成政府、社会、家庭和个人多位一体的新型多元养老模式。在我国,虽然养老事业的公益性以及复杂性决定了政府主导责无旁贷,然而,由于我国人口老龄化程度不断加深、老年人口规模日益扩大,尤其是养老保障系统覆盖不完全,导致养老服务供给严重匮乏,未来社会的养老需求早已超过政府单一主体的承受能力。而以往政府垄断式传统模式下的老年社会福利、经济保障和生活服务也已经难以满足老年人日益多元和个性化的需求。在此背景之下,迫切需要形成一个由非政府组织、非营利机构、营利性公司、私营机构、家庭和个人等共同投入老年社会福利的多元化养老新格局。由于积极老龄化包括健康、参与和保障三个方面的内涵，因此，我国构建积极老龄化法制体系应着重从老年人健康法制、老年人参与法制和老年人保障法制三个方面进行开展。

一是老年人健康法制。老年人健康法制包括老年人健康保障、老年人健康教育和老年人健康产业三个方面的法制体系。构建老年人健康保障法制体系首先要制定合理的老年人健康保障目标，确立健康保障的责任主体；其次要建立和完善老年人健康保障体系，实现老有所医；再次要加大财政支持责任，增强老年人卫生服务保障的可及性；最后要建设多方参与、可负担的老年人健康服务体系。中国未来的老年人健康服务体系应该是一个家庭、政府、社会共同参与的体系，公共部门和私营部门形成伙伴关系，提供方便可及、灵活多样的服务。老年人健康教育离不开包括政治、经济、社会环境等在内的各种支持，尤其是需要政府提供物质和制度保障，而其中的法律和政策措施对于保证老年人健康教育的有效进行至关重要。我国当前要完善并切实实施老年人健康教育法律与政策支持体系。在“健康促进”理念下，从健康教育学的观点出发，着手对老年人的健康问题进行解决，不仅可以实实在在地推进老年人健康教育，而且可以全面而有效地提高老年人的综合素质。构建老年人健康法制还要做好老年人健康产业发展规划，而建立老年人健康产业法制体系的重点则是建立老年人照护法制体系。

二是老年人参与法制。老年人参与包括老年人政治参与、经济参与、文化参与和社会参与。老年人政治参与包括两个层面：一是与老年人利益密切关联的老龄政策与方案的制订与执行；二是老年人对一般的政治生活的参与。就第一个层面而言，政府有关老年人的政策制定应当着重听取老年人的意见，畅通听取意见的渠道。全国人大制定有关老年人的法律、作出有关老年人的决议、进行有关老年人事项的执法检查时也应当更多地鼓励法律和政策涉及的老年人发表意见。就第二个层面而言，主要体现在：第一，保障老年人的选举权与被选举权。应当重视流动票箱的运用，将其深入老年居户家中，以方便老年人投票。第二，保障老年人参与政治渠道畅通。全国人民代表大会制度、政治协商制度应当为老年人参政议政提供特别的优待措施。第三，提高老年人的政治参与能力。要加强对老年人的政策宣导，建立相应的培训机构，健全老年大学对于老年人政治参与课程的设置等。老年人经济参与法制的构建主要包括实施弹性退休制度和建立健全老年人再就业机制。老年人文化参与法制体系构建主要包括完善终身教育体系、完善老年人技能和知识培训体系、创新老年教育的教学内容和形式以及规范老年教育办学体制。政治和经济一直是人类社会参与的主题，但是随着公民社会的发育，社会建设的发展，社会组织、第三部门的新兴，在政治和经济领域之间的社会领域越来越大，纯粹基于公益的参与而非政治与经济目的的行为也逐渐增多，其中老年人已经成为社会领域参与的重要主体。老年人社会参与最重要的领域便是公益参与。老年人社会公益参与权保障包括保障老年人的公益选择权和老年人公益参与权，同时要搭建老年人志愿服务平台，以更好地引导老年人发挥余热，通过公益事业为社会继续做出贡献。

三是老年人保障法制。在养老和医疗保障相对完善的背景下，老龄化社会面临的最重要的问题便是失能、半失能老年人的照护问题。因此，老年人照护法律制度的构建是积极老龄化法制体系的核心内容。政府应当积极筹划构建有效的老年人长期照护服务体系，这是政府承担的人权保障义务和为社会提供公共服务义务的本质要求。我国政府已经认识到构建老年人长期照护制度的必要性和紧迫性，在新修订的《老年人权益保障法》中规定建立和完善以居家为基础、社区为依托、机构为支撑的社会养老服务体系。该法还对家庭养老支持政策、长期护理保障工作、发展城乡社区养老以及养老服务标准和养老机构管理等问题作了原则性和倡导性规定。但现有的这些规定存在诸多问题，如社会养老政策有效性不足，社会养老法律体系性不够，相关法律责任不明确，实施机制不完善等。[①] 必须通过法规和政策将《老年人权益保障法》的原则性和倡导性规定具体化，只有这样，才能建立起真正有效的老年人长期照护服务体系。老年人长期照护法制体系的构建首先要注意协调家庭、社会和政府在老年人照护中的责任。尽管政府作为人权保障的责任主体，理所应当承担失能老年人的生存权保障义务，但这并不意味着失能老年人的照护责任完全由政府来承担，家庭和社会同样应当承担老年人的照护责任。因此，要建立老年人家庭照护的税收补贴机制，构建老年人社区照护法律制度，完善老年人机构照护法律制度。老年人长期照护需要大量的照护机构和照护专业人员，需要有专门的法律法规来规范照护

---

① 参见肖金明:《老年人权益保障法律制度研究》，山东大学出版社 2013 年版，第 9 页。

机构的设立和管理以及照护专业人员的资质条件。

老年人长期照护问题实际上已经成为一种社会风险,而不仅仅是个人问题,因此需要社会共同应对。发达国家如荷兰、德国以及日本和韩国都建立了专门的老年人长期照护保险,以应对老年人照护问题可能引发的社会危机,并产生了良好的社会效果。长期照护保险制度是一项涉及面非常广的一揽子计划,需要对保险提供者、受益目标人口和受益资格、受益资格的评定、保险待遇、法定计划的具体操作实施、资金筹集、覆盖面的确定、费用的控制等方面作出清晰的规定,为确保该制度的权威性和法定性,有必要通过专门的立法对其具体内容作出明确的规定。

(二)关于积极老龄化法制体系实施机制的完善

完善积极老龄化法律体系的实施机制,形成政策和法制协作机制,能够有效地动员、利用和分配各种社会资源,真正保障老年人的政治、经济和社会权利。十八届四中全会提出全面推进依法治国,这就要求在积极老龄化政策和法律的协作过程中,必须保证政策制定过程和政策制定内容的合法性和规范性,避免政策的制定与法治精神背道而驰,减少政策实施与现行法律的冲突。应以法律为主导规范老龄事业的运作和发展,在相关政策实施成熟和稳定的基础上,选择经过验证成功的积极老龄化政策内容,在合适的时机将其上升为国家法律。其中,应当重点考虑将积极老龄化中的政策保障措施如经费支持、条件保障、制度保障和责任保障等转变为法律保障,上升到政策法、责任法和社会法的高度。以责任推进政策的实施,以法律保证责任的落实,有利于构建完善的积极老龄化法制体系。积极老龄化法制体系实施机制的完善需要构建政府与社会的责任共担机制。老年人社会参与、老年人健康和老年人安全保障等社会问题日益凸显,继续依靠主体功能同构、资源供给单一的政府已经远远无法满足积极老龄化的需求。在积极老龄化的过程中,政府应当从社会管理体系、社会服务体系和社会保障体系等多个方面着手,发挥其主导作用并承担管理与服务的责任,同时广泛动员社会各界力量,发挥多元主体在积极老龄化过程中的作用,构建老年人的多元社会支持体系。积极老龄化法制体系实施机制的完善还需要建立中央与地方的协同机制。当代社会发展是一个系统性的整体发展过程,积极老龄化战略的推进需要中央系统和地方系统之间密切的合作。只有相互联系的各系统均良好运转,整体的老龄化战略才能以最低的成本产生最大的收益。

中央和地方协同机制要求在积极老龄化过程中，中央提供强有力的合作纽带，强势主导老龄化的总体进程，最大限度地发挥中央机构的作用；同时，地方政府在尊重中央政府权威的前提下发挥其主动性，在努力执行中央部署的同时实现自身在积极老龄化工作中的创新，接受中央的监督，推动本地老龄化事业的发展。

第一章

积极老龄化基本理论

老龄观是人们看待老龄化、老年人以及老龄社会的观念和理论体系。它深受经济、政治、社会发展水平、医疗和卫生水平以及人口结构状况等多种因素的影响。20世纪50年代以来，受工业文明进步、医疗水平提升、卫生和营养条件改善以及出生率下降等因素的影响，许多国家相继进入老龄化社会。[①] 放眼未来，人口老龄化的进程将逐渐加快，人口老龄化大潮将席卷全球。预计到21世纪中叶，60岁以上的老年人将占世界人口总数的1/5。在这样的背景下，任何国家和地区均与人口老龄化带来的各种挑战难脱干系。与工业化、信息化、全球化一样，人口老龄化对人类社会发展的影响无疑是深刻的。

传统上，人们将老龄化等同于衰退和无用，常常忽视、歧视甚至遗弃老年人，恐惧老龄社会的到来，认为人口老龄化将导致社会保障制度的崩溃。这种以“脱离理论”为基础的、相对消极的老龄观，既不符合老龄化社会的客观现实，也不能解决人口老龄化带来的各种问题，相反还会成为应对人口老龄化的理论羁绊。为此，人们提出了与“脱离理论”观点相左的“活跃理论”。

---

① 按国际标准，当一个国家或地区60岁以上老年人口占人口总数的10%，或者65岁以上老年人口占人口总数的7%时，即意味着这个国家或地区进入老龄化社会。

在“活跃理论”的持续影响下，国际社会在成功老龄化、生产性老龄化、健康老龄化的基础上，逐渐提出了积极老龄化的政策框架。自确立以来，积极老龄化政策框架就被国际社会极力推崇，并被诸多国家所接受。构建适合本国国情的积极老龄化法律对策和法制体系已经成为各国的普遍选择。

面对人口老龄化，我们既要有“不变老”的意识、“不服老”的精神以及“不怕老”的勇气，更要有“应对老”“解决老”的智慧和策略。明确积极老龄化的内涵和外延，梳理积极老龄化的理论和政策发展，分析积极老龄化的政策框架，探究积极老龄化的制度逻辑，对于构建有中国特色的积极老龄化法律对策和法制体系具有重要意义。

第一节　积极老龄化的提出及其含义

“研究任何制度或任何法律，都不忽略其结构背后的概念，否则是无法了解那制度或法律的，至多只知其然而不知其所以然。”[①]作为应对人口老龄化的观念体系、政策框架和行动指南，积极老龄化的丰富内涵只有结合人口老龄化的宏观背景，在与成功老龄化、生产性老龄化、健康老龄化的比较中才能被理解。

一、人口老龄化的挑战

根据历史唯物主义的观点，社会基础决定社会意识。作为社会意识范畴的老龄观是由特定的社会存在所决定的。这种社会存在主要是指人口老龄化状况。人口老龄化状况决定着人们的老龄观，有什么样的人口老龄化状况就有或者应当有与之相适应的老龄观。

20 世纪中叶以来，受物质财富富足、医疗水平提高、卫生和营养条件改善以及出生率下降等多种因素的影响，人们的平均预期寿命显著延长，老年人口所占人口比例迅速提高，从而导致了世界范围内的人口老龄化。据统计，1950～2000 年，人们的平均预期寿命延长了 20 岁，达到 66 岁；预计到 2050 年将再延长 10 岁，达到 76 岁。老年人口从 1950 年的 2 亿增加到 2000 年的 6 亿，到 2050 年将会增加到 20 亿。老年人口比例从 1950 年的 8％增

① 瞿同祖：《中国法律与中国社会》，中华书局 1981 年版，第 1 页。

加到2000年的10%,预计到2050年将达到21%。[①] 进入新世纪以来,人口老龄化的速度变得更快、幅度变得更大。据联合国1998年的数据,1998～2025年,亚洲和拉丁美洲老年人的比例将从8%增加到15%,欧洲老年人的比例将从20%增加到28%,北美洲老年人的比例将从16%增加到26%,非洲老年人的比例将从5%增加到6%;到2050年,这一比例将增加1倍。[②] 从整体来看,截至20世纪的最后一年,世界范围内诸多国家相继进入老龄化社会,使得人类社会从整体上进入了老龄化阶段。实际上,早在1992年,联合国就决定将1999年定为国际老年人年。就个别国家而言,法国早在18世纪中叶就进入了老龄化社会,瑞典、挪威两国于20世纪初进入老龄化社会,之后德国、英国、美国、瑞士、比利时等也相继进入老龄化社会。到20世纪后叶,日本、韩国、中国香港以及台湾地区等也相继进入老龄化社会。可见,人口老龄化已经成为不以人的意志为转移的客观现实,并且呈现出普遍性、长期性等特征。不仅如此,人类社会的老龄化程度和速度都将会随着时间的推移而不断加剧。预计到2050年,人口老龄化国家将超过150个。[③]

毫无疑问,这场空前的人口老龄化对人类社会的影响是根本的、全局的和深刻的。正如有的学者所言:"人口老龄化继续发展下去所产生的冲击将不亚于全球化、城市化、工业化等人类历史上任何一次伟大的经济与社会革命。"[④]一方面,人口老龄化程度是衡量某一国家或地区发展水平的重要标志,是衡量人类社会文明程度的根本标尺。老龄化社会的出现意味着人类预期生命在不断延长、人类社会的文明程度在不断提高,是人类社会的一项重要成就。另一方面,人口老龄化对人类社会的结构、功能和进一步发展又会产生广泛且深刻的影响。人口老龄化不仅会对一国政治结构、阶层结构、产业结构、分配结构、消费结构等宏观要素产生影响,也会对家庭结构、就业结构等微观要素产生影响。事实上,人口老龄化已经从经济、政治、社会、文化等诸多方面对老年人自身、家庭、社区、国家和国际生活等产生了深刻影响,从根本上导致了传统老龄观和老龄社会理论的变革。

---

① 参见《世界人口老龄化:1950～2000》,http://www.un.org/chinese/esa/ageing/trends.htm.

② 参见《老龄问题概况》,http://www.un.org/chinese/esa/ageing/introduction.htm.

③ 参见胡湛、彭希哲:《老龄社会与公共政策转变》,载《社会科学研究》2012年第3期。

④ A. Pifer, L. Bronte, "Introduction: Squaring the Pyramid," in Alan Pifer and Lydia Bronte (eds.), *Our Aging Society: Paradox and Promise*, New York: W. W. Norton, 1986, p. 3.

二、传统老龄观的式微

“脱离理论”是早期影响人们老龄观念、指导老龄工作实践的重要理论，1961年提出。该理论认为，人的能力尤其是身体机能会随着年龄的增长而衰退，老年期是一个不可避免的角色退出期。一方面，老年人应主动脱离；另一方面，社会通过制度安排（如强制退休制度）强制老年人退出，使老年人脱离工作。社会对老年人的最佳态度就是让他们在适当的时候以适当的方式脱离工作，老年人的角色退出既有利于老年人个体，也有利于社会经济的发展。受此理论影响，人们普遍将老龄化等同于衰退和无用，将老年人看作负担，认为老年人无能、无力。正如马格利斯指出的那样：“人们将被局限于家庭的脆弱的老年人口看作是被动的，是他们自己疾病的囚徒。”[①]由此导致严重的忽视、歧视甚至遗弃老年人的现象。虽然“脱离理论”也主张对老年人提供“福利式”的社会保障，但由于忽视了老年人的主体性，将老年人视为被照顾的客体，偏离了老年人的真正需求，不仅浪费了宝贵的社会资源，加重了国家的社会保障负担，也不利于老年人的自我实现和发展，在北欧有些国家还造成了严重的“懒人国”现象。

尽管“脱离理论”从自然和本质层面概括了老龄化的本质——老龄化是生理和心理衰退的过程，具有一定的合理性，但在人口老龄化的现实背景下却遭到了多数人的反对。反对的理由主要有：(1)随着物质生活水平的提高和医疗条件的普遍改善，老年人的预期生命不断延长，在离开工作岗位后仍可生活20～30年甚至更长的时间，脱离工作岗位并不等于脱离社会。(2)并非所有老年人都愿意主动脱离工作，有很多老年人一生都愿意保持一种积极向上的姿态，愿意发挥余热，贡献社会，他们不是社会的负担，而是社会发展的重要资源，甚至有些老年人脱离工作是对社会的巨大损失。(3)衰老具有个性差异。有些人在进入老年期后，与年轻人一样很有活力，能够继续在社会中担任某种角色。实践证明，那些积极参与社会的老年人比那些独处的老人身心更加健康，对生活的满意度也更高。[②] 不仅如此，“脱离理论”也不符合人权保障的现代思潮。1982年，《老龄问题维也纳国际行动计

---

① R. J. Margolis, *Risking Old Age in America*, Boulder, CO: Westview Press, 1990, p. 112.

② 参见周玉萍等：《老年社会工作》，知识产权出版社2008年版，第115～116页。

划》对“脱离理论”进行了官方反驳，指出：“单以人们的年龄长幼来判断是否达到老龄阶段，同时人们一旦丧失了就业身份就可能被完全置于其社会的次要地位的这类做法是某些国家社会—经济发展过程中可悲的矛盾现象。”因此，“脱离理论”越来越显示出理论构造者的“假想性”，不能正确描述老龄化社会的客观现实，也不能有效应对人口老龄化带来的严重挑战，反而成为人们解决老龄社会问题的思想和理论羁绊。面对空前的人口老龄化，理论界并没有袖手旁观，学者们（主要是老年学领域的学者）提出了诸多新的老龄化社会理论，如“连续性理论”“社会交换理论”“社会定型理论”等，其中影响最大者当数“活跃理论”。

在“脱离理论”日渐式微的现实背景下，美国学者罗伯特·哈维格斯特等于 1963 年提出了与“脱离理论”观点相左的“活跃理论”。“活跃理论”认为，社会活动是社会生活的基础，人们对社会生活的体验是与其承担的社会角色、参与的社会活动紧密关联的，而社会活动的基础对各个年龄组人口来说大致相同，社会和个人的关系在中年期和老年期没有截然的不同。个体在社会中的角色并不会因进入老年期而减弱，老年人只要力所能及，便可以扮演一定的角色，继续服务社会。老年人的社会角色减弱、活动范围变小，并非一定是其不愿或不能，而是由于国家通过制度安排剥夺了其继续扮演社会角色的机会。因而，一方面，社会不仅应当在态度上鼓励老年人积极参与与其能力相当的社会活动，还应当通过制度安排提供多样式的机会，以便老年人继续扮演社会角色；另一方面，老年人也应该尽可能地保持中年人的生活方式，以否定老年的存在，消除老年的心理影响，主动扮演新的社会角色，从而把自身与社会的距离缩小到最低程度。①

三、新老龄观的提出及其嬗变

在“活跃理论”等的影响下，人们相继提出了成功老龄化、生产性老龄化、健康老龄化以及积极老龄化的观念。

（一）成功老龄化

20 世纪 60 年代早期，“活跃理论”以成功老龄化的观念呈现。顾名思义，成功老龄化就是以“成功”作为衡量老龄化的标尺，认为通过为旧的状态

① 参见周玉萍等：《老年社会工作》，知识产权出版社 2008 年版，第 116～117 页。

或角色寻找替代物以维持活动模式与价值观，是实现成功老龄化的基础。成功的标准就是老年人在日常生活、生理能力方面没有问题，在一般体力活动方面没有太大困难，在认知能力测验中取得高分，健康自评状况很好或较好，是“生物—心理—社会”概念上的健康老年人。①

成功老龄化自提出以来，心理学、社会学等领域的学者设计了多种“成功模型”。有学者认为，成功老龄化就是要使老龄化过程中的外在因素抵消老龄化本身带来的功能衰减，从而使老年人各方面的功能没有下降或只有很少下降。② 也有学者认为，成功老龄化的基点是维系老年人个体和外部世界的平衡关系或者说良性的互动关系，并在这个过程中使老年人的价值实现最大化——从“老有所为”到“老有所用”进而到“老有所成”③，进而构建一个开放的“成功模型”。这部分学者认为成功老龄化包括“健康老龄化、积极老龄化、和谐老龄化、适度老龄化、有保障的老龄化等内容，在老年人与社会共融共进、共建共享的前提下，全面把握和引领人口老龄化的过程，尽可能保持老年人的健康、自强、参与、贡献、尊严和快乐，同时创造和扩大人口老龄化的机遇和正能量，控制和转化人口老龄化的不良影响”④。还有学者认为，成功老龄化是一个综合性的概念，其内涵丰富，是健康老龄化、积极老龄化、和谐老龄化的交集，具有广泛的应用性。⑤ 由于成功老龄化的持久影响，香港等地区至今仍然使用“成功老龄化”的概念。在众多的“成功模型”中，以心理学领域的 SOC 模型为代表。SOC 模型是强调老年人在面对损失的同时，如何通过潜在的成长来实现个人目标，使个人想要的结果最大化、不想要的结果最小化。⑥

尽管学者设计了诸多不同的人口老龄化“成功模型”，甚至有些学者还对成功老龄化的内涵进行了扩大，但从根本上来说，成功老龄化侧重于通过活动使老年人功能正常化，强调通过外因的正向影响抵消老龄化本身的负向影响，以维持老人身体功能的正常化。它没有充分注意到“成功模型”能

---

① 参见朱建宏：《成功老龄化的研究概况》，载《中国老年学杂志》2008 年第 7 期。

② 参见杜鹏等：《成功老龄化研究——以北京老年人为例》，载《人口研究》2003 年第 3 期。

③ 参见穆光宗：《论“和谐老龄化”》，载 2007 年 4 月 3 日《光明日报》。

④ 穆光宗：《“成功老龄化”应成为老龄治理的基本策略》，载 2014 年 12 月 15 日《光明日报》。

⑤ 参见梁博娇、陈功：《老年人主体地位的诉求与实现》，载《劳动保障世界》2012 年第 8 期。

⑥ 参见王叶梅等：《成功老龄化的 SOC 模型研究综述》，载《心理科学》2007 年第 2 期。

否实现的问题，即没有充分注意到正向影响与负向影响能否抵消的问题。实际上，为活动而活动不一定有效，甚至可能产生负面效应，因为一些老年人更喜欢安静。

（二）生产性老龄化

到了20世纪80年代，“活跃理论”又以生产性老龄化的面貌呈现。所谓生产性老龄化是指老年人从事有报酬或者无报酬的生产性活动。生产性老龄化反对将老龄化等同于衰退和无用，反对将老年人视为“依赖者”，反对“以年龄论英雄”；主张能力本位论，认为老年人只要有能力就可以继续就业，参与公益事业，或在照顾家人、社区服务等方面发挥积极作用，成为具有“产出性”的人。生产性老龄化“包括了两种面向的活动：一是‘外向性’活动，包括继续就业、做义工、照料他人等；二是‘内向性’活动，如继续学习、发展能力、自我实现等”[①]。“外向性”活动是生产性活动的显性方式，“内向性”活动可以为老年人参与生产性活动创造条件。与生产性老龄化的理念相似，人们在20世纪90年代后期又提出了“效率老龄化”的口号。效率老龄化认为，老年群体仍然是一个活力群体，鼓励老年人继续为社会、经济发展做出贡献，最大限度地开发、利用老年人力资源。

（三）健康老龄化

20世纪80年代末期，国际社会提出了“健康老龄化”的口号。1987年5月，世界卫生大会把“健康老龄化的决定因素”列为老龄问题的研究项目；1990年9月，世界卫生组织在丹麦哥本哈根会议上正式提出将健康老龄化作为全球战略目标；1993年7月，第15届国际老年学学术年会将“科学要为健康老龄化服务”作为大会主题，使得“健康老龄化”成为流行一时的应对人口老龄化的口号。

健康老龄化是指通过全社会的共同努力，以老年人的健康为核心考量，改善老龄个体和群体的生活和生命质量，使老年人健康幸福地度过晚年，实现健康老龄化社会。健康老龄化至少有两方面的含义：一方面，要使进入老龄化的社会依然保持健康发展的状态，也就是说，尽管人口结构压力较大，但应当想办法使得社会依然可以科学、协调、健康地发展；另一方面，要使老龄化社会中的老龄人口群体在生理、心理以及社会功能方面处于健康状态，

---

① 赵怀娟、朱艳松：《老龄化研究新视角及其政策因应》，载《中国老年学杂志》2012年第9期。

拥有文明、健康、有尊严的生活方式和生存状态。因此，这种健康既有人口寿命延长的意味，也有生命质量提升的考量；既意指身体健康，又远不限于此，还包括老龄人口心理、社会功能以及社会环境的良性建设。健康老龄化的提出无疑将老年人群的生存状态提升到全社会共同关注和努力的高度。同时，作为解决老龄化问题的元政策，它还引导出完善老年人卫生服务、健全老年人医疗保障体系、关注老年人心理健康、提升老年人社会功能等一系列政策措施，形成一个富有逻辑的政策体系。需要特别强调的是，在健康老龄化的概念框架下：(1)健康是长寿的前提，如果没有健康，长寿则没有任何生命意义。(2)健康是一生的事情，是一个连续的动态过程，是生命的全过程。人生的每一阶段都应关注健康问题。(3)健康不仅仅指没有疾病，而且指躯体、心理和社会功能的完好状态。① 尽管健康老龄化的理念具有相当的科学性，但在一定时期仍更多处于理念层面，没能充分转化为有效的国家行动，表现出目标相对明确，但行动力不足的缺憾。

(四)积极老龄化

到20世纪90年代初期，受后现代思潮和积极心理学运动的影响，西方国家掀起了一场积极老龄化运动。美国学者格根夫妇指出："历史不是命运，我们正处于这样一个关键时期：一个用全新的理念、概念与实践改变传统老龄化图景的时代。老龄化黑暗时代已经让位于新的老龄化时代，积极老龄化的时代已经到来。"②联合国及其组成部门尤其是世界卫生组织以及理论界经过多年的探索，逐步更新人口老龄化观念、创新人口老龄化制度，在综合批判吸收成功老龄化、生产性老龄化尤其是健康老龄化合理内核的基础上，把老龄化的重点从"以需求为基础"转到"以权利为基础"，认识到健康之外的因素是如何影响老年人个体和群体的，将对人口老龄化的关注视

---

① 邬沧萍教授也概括了健康老龄化五个方面的要点：第一，健康老龄化的目标是大多数老年人达到健康长寿的境界。第二，健康老龄化的健康是一个多维概念，包括躯体、精神和社会人的完美状态。第三，健康老龄化不仅仅是一个口号和愿望，而是建立在科学基础上的行动目标。第四，健康老龄化并不意味着老年人不会得病，而是应将重点放在预防上。第五，健康老龄化绝不是把希望寄托在老年人的保健上，而是强调人们在进入老年期前就处于健康的状态。(参见邬沧萍：《社会老年学》，中国人民大学出版社1999年版，第483～484页)

② K. J. Gergen, & M. Gergen, "Positive ageing: New Images for a New Age," *Ageing International*, *2001－2002*, Winter, 2000, p. 5.(转引自郭爱妹、石盈：《"积极老龄化"：一种社会建构论观点》，载《江海学刊》2006年第5期)

角从老年群体本身扩展到更为广阔的经济、社会、文化系统，对健康概念及其价值指向作了充实、修正和发展，将关注点从健康扩展到生理、心理及社会方式上的自我提高、社会关系网络的扩展以及广泛的社会参与中，提出“积极老龄化”的新主张。2002年，联合国将“积极老龄化”写进《马德里政治宣言》和《马德里老龄问题国际行动计划》，使积极老龄化成为官方话语。

四、积极老龄化的内涵及其超越

（一）积极老龄化的内涵

根据世界卫生组织的界定，积极老龄化是指“人到老年时，为了提高生活质量，使健康、参与和保障的机会尽可能发挥最大效益的过程”。这种界定被理论界和社会所普遍接受。世界卫生组织还强调：第一，“积极”强调的是继续参与社会、经济、文化、精神和公益事务，而不仅仅是体力活动的参与。第二，积极老龄化以承认老年人的人权和联合国关于独立、参与、尊严、照料、自我实现的原则为基础，把老龄社会战略计划从“以需要为基础”转变为“以权利为基础”，表达了一个比健康老龄化内涵更为广泛的启示，并且认识到健康之外的因素是如何影响老年人个体和群体的。第三，积极老龄化既适用于老年人个体，也适用于老年人群体。它容许老年人发挥自身潜力，按照自己的需要、愿望和能力继续参与社会，同时在自己需要救助时，能够获得充分、及时的照料。第四，积极老龄化的目的在于使所有老年人，包括体弱病残者，都能够提高健康的预期寿命和生活质量。据此，有学者将积极老龄化概括为“五性”。一是积极性，即“继续参与社会、经济、文化、精神和公益事务，而不仅仅是体力活动的能力或参加劳动队伍”，强调“老年人仍然是他们家属、亲友、社区和国家的积极贡献者”。二是目的性，即“使所有进入老年的人，包括那些虚弱残疾和需要照料的人，都能提高健康的预期寿命和生活质量”。三是完整性，即积极老龄化的主要内容包括对老年人的认可和促进老年人的健康、参与和保障。其中健康是基础，参与是重点，保障则是老年人健康、参与的必要条件，三者是一个有机统一的整体。四是效益性，即积极老龄化旨在“发展最大效益”，而不是“一般效益”。五是动态性，即实施积极老龄化的战略是一个变化发展的动态过程。[①] 也有学者从认识、行为、环境、政策等四个层面对积极老龄化进行了解读。从认识层面上讲，积极老龄化归根到底是一场思想文化的变革。从行为层面上讲，积极老龄化体现了“老有所为，老有所乐，老有所用，老有所成”。从环境层面上讲，老年人不是生活的终结，而是人生新的转折和开始，是生命和生活体验的发展期；老年人群蕴藏着巨大的发展潜能；老年人群不仅是社会发展的受益者，更是社会发展的参与者。从政策层面上讲，老龄政策解决的不仅是老年人的问题，而且是代际关系网络中所有非老年人的问题，是整个社会发展和进步的问题，必须从代际均衡的角度来解决老年人的问题。[②]

我们认为，积极老龄化是人类社会为应对人口老龄化，以老年人人权为核心，旨在使老年健康、参与和保障的机会尽可能发挥最大效益的观念体系、政策框架和行动指南。对于此一概念，需要特别强调如下几点：第一，积极老龄化以承认世界人口老龄化的客观现实和尊重并保障老年人人权为前提。第二，健康、参与和保障是积极老龄化的三大支柱，积极老龄化的实质目标就是要使老年人健康、参与和保障获得最大效益的实现。第三，积极老龄化是国际社会为解决人口老龄化而提出的全新的观念体系、政策框架和行动指南，其形式目标是建立一个“不分年龄，人人共享的社会”。

作为人类社会应对人口老龄化的最新成果，积极老龄化具有多重性质，是多种性质的“统一体”。第一，积极老龄化是理论性和实践性的统一。积极老龄化是国际社会为应对人口老龄化而提出的多学科的理论体系，涉及人口学、社会学、政治学、经济学、管理学、法学等多学科领域，这是其理论性之所在。同时，积极老龄化又是一种战略选择、政策框架和行动指南，旨在指引人类社会科学理性地应对老龄社会，这是其实践性所在。第二，积极老龄化是目的性和过程性的统一。就目的而言，积极老龄化的目的是使所有老年人（包括体弱病残者）的健康、参与和保障得到最大程度的实现。[③] 同

---

① 参见林子利：《树立积极老龄化观念，实施积极老龄化战略》，载《第八届亚洲/大洋洲地区老年学和老年医学大会“积极老龄化”中文论坛论文专辑》，2007年。

② 参见《科技智囊》专题研究小组：《积极老龄化：从战略到行动》，载《科技智囊》2011年第10期。

③ 根据世界卫生组织的政策框架，积极老龄化要实现如下具体目标：(1)处于具有高生产能力的生命阶段的人，早死者很少；(2)在老年阶段因慢性病致残者很少；(3)越来越多的人进入老年后享有良好的生活质量；(4)越来越多的人进入老年后积极参与社会、文化、经济和政治生活；(5)医疗和照料的支出减少。

时，人口老龄化是一个动态变化的过程，积极老龄化也将是一个动态发展的过程。第三，积极老龄化是传承性与前瞻性的统一。积极老龄化是在合理吸收成功老龄化、健康老龄化理念的基础上建立起来的理论体系，同时积极老龄化又是一种面向未来的行动指南。也就是说，积极老龄化既具有历史传承性，又具有未来指向性。第四，积极老龄化是国际性与国家性的统一。积极老龄化是国际社会提出的一项战略选择，国际性是其重要特征。同时，积极老龄化国际战略又必须在主权国家内得以落实，故而又体现出国别性的特征。换言之，积极老龄化是一种国际"战略"，同时是一项国家"策略"。不同的国家应在人口老龄化的国际框架内选择与本国国情相适应的积极老龄化策略。

（二）积极老龄化的超越

积极老龄化摒弃了对老年人和老龄社会的传统偏见，充分认识到老年人和老龄社会的无限可能性，吸收了成功老龄化、生产性老龄化、健康老龄化的精髓，扩放了成功老龄化、生产性老龄化和健康老龄化的内涵，坚持同时规划老龄社会应对目标与行动纲领，表达了比另外三者更为丰富的内容，使应对人口老龄化由一个物理命题跃升为一个哲学命题。积极老龄化不仅关注老年人的健康等有形命题，还关注老年人的人生观、世界观和价值观等无形命题；不仅关注老年人的物质需求，还关注老年人的精神需求。从成功老龄化到生产性老龄化，到健康老龄化，再到积极老龄化，尤其是从健康老龄化到积极老龄化，体现了国际社会在应对全球范围内无可回避的老龄化挑战过程中思想认识和行动方案的转变，掀开了世界老龄社会研究的新视野、新篇章。在四种老龄化口号当中，健康老龄化和积极老龄化更具有官方性，影响也更加广泛，二者有着显而易见的传承性。前者以后者为基础，并对后者作了深化和完善，在内涵上也远远超越对老年人健康的追求。积极老龄化对健康老龄化的超越性体现在以下三方面：

第一，在对老龄化社会的基本认识和对老年人的定位上，积极老龄化相较健康老龄化，心态更加积极，更倾向认为老龄化社会是一种全球化的社会形态，而尽量不将其看作社会"问题"来消极对待。积极老龄化认为老人是经济社会发展的宝贵资源，而不仅仅是要扶助的对象，更非社会发展的"包袱"。老年人群是社会结构中必不可少的一个版块，与尚未进入老年的人各归其位、各司其职，共同创造社会文化和社会财富，推动社会发展。因此，积极老龄化主张保持老年人在各方面的良好状态，使得老龄人群体理所当然地作为社会的主体而存在。

第二，在应对老龄社会的基本方法上，积极老龄化也比健康老龄化更显积极。积极老龄化强调关注生命的全程性，主张从人们进入老年阶段之前，通过积极干预，使个体保持身心状态和社会适应能力的健康性，并将这种良好的状态尽量长久地延续到老龄阶段；主张通过每个人的自身努力和外界环境的改善，尽可能地在生命全程中发挥各种潜能，最大限度地提升生命品质。因此提前介入、积极应对是积极老龄化的基本方法。这远超越了健康的概念。

第三，在政策和制度实践上，积极老龄化比健康老龄化更富有行动力，健康本身只是价值和目标，而积极则包含“积极应对”和“积极行动”的含义。事实上，积极老龄化的确是作为一个行动方案被提出的。它有官方给出的、在国际社会达成普遍共识的定义和政策框架，也有非常具体有效的措施，如发展预防医学，拓展继续教育，通过灵活工作时间促进老年就业等等。总体而言，积极老龄化比健康老龄化在实践效果上更值得期待，这也是该理念获得各国认同的原因。

概括来说，成功老龄化、生产性老龄化、健康老龄化、积极老龄化既有联系，又存在本质区别。从联系上讲，四者都强调健康的重要性，都以老年人健康作为前提和基础存在。从区别上讲，成功老龄化侧重于通过创造各种条件让老年人参与社会。生产性老龄化侧重于让老年人继续为社会做贡献。健康老龄化更多地强调健康因素的重要性，对健康之外的其他因素关注不够，相对消极、被动地接受老龄化带来的困扰。[①] 积极老龄化以老年人和社会的有机融合为基本考虑，具有鲜明的主动性和积极性，旨在使健康、参与和保障的机会发挥最大效益，涵盖了成功老龄化、生产性老龄化和健康老龄化的全部内容。积极老龄化不仅关注老年人力资源、身体机能等问题，更关注老年人心理、社会适应、参与和保障等问题。积极老龄化不仅是一种价值选择，更是一种行动策略。

---

① 参见王育忠：《关于健康老龄化和积极老龄化的思考》，载《积极老龄化研究之一——老龄问题研究论文集（九）》，2006年。

五、积极老龄化的支柱

积极老龄化旨在使老年人的健康、参与和保障获得最大程度的实现，健康、参与和保障构成其三大支柱。其中健康是前提，参与是核心，保障是关键。

（一）健康是积极老龄化的前提

健康对于任何人的意义都是不言而喻的，没有健康就没有一切。在积极老龄化概念框架中，健康是积极老龄化的先决条件，也是老年人参与社会的基本前提。如果老年人群体整体呈现不健康的状态，积极老龄化的核心要义——参与——也就不可能实现。

包括积极老龄观在内的所有老龄观，都将健康作为老龄化的前提，都强调老年人不仅要长寿，还要健康。然而在不同的老龄观概念框架中，健康的内涵并不完全相同。在传统老龄观概念框架中，健康主要是指躯体健康。而在积极老龄化概念框架中，健康不仅包括躯体健康，还包括心理及社会适应等方面的健康。其中，躯体健康是指老年人身体没有疾病，不受高血压、冠心病、糖尿病、痴呆等老年常见病的影响，它是健康的底层标准；心理健康是指心理状态和心理活动与外部环境相协调，它是健康的中层标准；社会适应健康是指老年人的心理和思维没有脱离社会，它是健康的高层标准。

积极老龄化的健康目标就是要实现生命长度和生命质量的同步提高，即“不仅赋予生命以岁月，而且要给岁月以生命”[①]。为此，世界卫生组织制定了老年人健康的具体标准，可概括为“五快”和“三好”。“五快”侧重于老年人的躯体健康，是指食得快，讲得快，排泄得快，走得快，睡得快；“三好”侧重于老年人的心理健康和社会适应的健康，是指性格好，人际关系好，处世方法好。在积极老龄化的概念框架下，心理健康和社会适应的健康具有特别重要的意义。为此，世界卫生组织还制定了心理健康（包括社会适应健康）的标准，具体包括智力正常、情绪稳定、自我意识发展良好、心理行为与

---

① 穆光宗：《老年发展论——21 世纪成功老龄化战略的基本框架》，载《人口研究》2002 年第6 期。

年龄和性别相适应、人际关系和谐、意志品质优良等六项标准。[①] 科学合理的老年人健康标准不仅对老年人树立科学的健康观念、形成良好的生活方式具有重要意义,而且对国家健康政策选择也具有重要价值。应当特别强调的是,在积极老龄化概念框架中,健康是老年人的一项基本权利,对应着国家的积极保障义务。各国应当根据本国实际情况采取多样化的措施(如建立健全医疗保险、长期照护保险、医疗救助、加强预防医学建设等),确保老年人健康的全面实现。

(二)参与是积极老龄化的核心

1. 老年人参与的意义

参与是积极老龄化的核心,也是积极老龄化区别于传统老龄观的根本标志。离开参与,积极老龄化政策框架难以称为是“积极的”。老年人参与意义重大,表现在以下几个方面。

第一,老年人参与可以减轻家庭和社会的养老压力。尽管老年人的生理机能会有所下降,但老年人仍然是宝贵的社会财富,因为单就时间来讲,人在进入老年后,平均有近二十年的生命历程。不仅如此,教育、医疗、卫生等行业的老年人还掌握相应领域的专门知识,是社会不可或缺的宝贵资源。通过老年人参与,可以实现“自我养老”,进而可以降低家庭养老和社会保障的压力。

第二,老年人参与可以拓展老年人活动空间,促进老年人身心健康。生命在于运动,老年人社会参与会对老年人的健康产生积极影响。不能否认,进入老年期后,人的生理功能和心理适应都会发生变化,如身体外形走样、生理功能减退、情感情绪低落、自我意识减弱等。就生理层面而言,参与可以继续激发老年人活力,延缓生理衰退过程。就心理层面而言,参与可以通过继续扮演某种社会角色,降低老年人的孤独感,提高老年人的自我意识(自我认同、自我评价、自我分析)。总之,参与可以拓展老年人的活动空间,缓解老年人因年龄增长而带来的身体功能的衰竭和心理意识的减退,甚至

---

① 当然,老年人心理健康有多种标准。例如,有学者就概括了老年人心理健康的十项标准,具体包括:(1)充分的安全感;(2)充分地了解自己;(3)生活目标切合实际;(4)与外界环境保持接触;(5)保持个性的完整与和谐;(6)具有一定的学习能力;(7)保持良好的人际关系;(8)能够适度地表达和控制情绪;(9)有限度地发挥自己的才能、兴趣和爱好;(10)个人的基本需求得以合理满足。(参见周玉萍:《老年社会工作》,知识产权出版社 2008 年版,第 63～65 页)

减少慢性疾病，从而实现躯体、心理和社会适应的完好状态。

第三，老年人参与可以彰显老年人的主体地位。从社会学的视角来看，人们的社会地位是由其所掌握的社会资源所决定的。现实中导致人们忽视、排斥、歧视甚至遗弃老年人的一个重要原因，就是老年人因角色退出导致的主体地位的弱化以及因衰退和老化而导致的“使用价值”的降低。根据社会交换理论代表人物之一彼得·布劳的观点，人与人之间的交往是一种物质和非物质的交换关系。人与人之间的社会交换开始于社会吸引——与别人交往的倾向性，社会吸引过程导致社会交换过程。互相提供报酬将维持人们之间的相互吸引与继续交往。但是，并不是所有的社会交换都是对等的，是以相互吸引、平等交换为基础的；失衡的社会交往会使一方获得权力，而另一方则会失去社会独立性。在传统老龄观下，由于老年人的角色退出，其所掌握的社会资源必然减少，从而导致老年人与社会之间交换的失衡状态，使其在交换中失去独立性和主体性而成为依赖者和服从者。老年人社会参与可以使老年人继续担任社会角色、掌握社会资源，在交换过程中维持一种相对平衡的状态，确保自身在交换中的主体地位，维护个人的独立和尊严，尤其是维护在子女面前的积极形象。

第四，老年人参与可以促进老年人发展权的有效实现。生存权和发展权保障是老龄工作的两大基础板块。《发展权利宣言》指出：“发展权利是一项不可剥夺的人权，由于这种权利，每个人和所有各国人民均有权参与、促进并享受经济、社会、文化和政治发展，在这种发展中，所有人权和基本自由都能获得充分实现。”“人是发展的主体，因此，人应成为发展权利的积极参与者和受益者。”与传统老龄观不同，积极老龄化不仅注重老年人生存权的保障，更注重老年人发展权的实现，甚至主张通过实现老年人发展权来促进其生存权的自我保障；而积极老龄化构筑的参与框架就是老年人发展权实现的基本途径，《马德里老龄问题国际行动计划》甚至将“老年人和发展”作为首要的优先行动方向。

2. 老年人参与体系

健康、长寿的现实为老年人参与社会提供了“潜在可能”。积极老龄化不仅要实现这种“潜在可能”，也注重将这种“潜在可能”转变为“实际行动”，认为仅仅健康、长寿还不是老龄化的全部，具备条件的老年人还应该在力所能及的范围内继续发光发热以实现人生价值。不过需要强调的是，尽管国际社会特别强调老年人参与的重要意义，甚至明确规定参与社会是老年人的“义务”，但在积极老龄化概念框架下，参与是老年人的一项基本权利，老年人参与的制度安排必须以老年人权利、能力、喜好、愿望等为逻辑前提和基本考虑。在老年人参与的事项上，既包括体力活动的参与，也包括继续参与社会、经济、文化、精神和公益事务。《维也纳老龄问题国际行动计划》强调，老年人可以根据愿望和能力继续参与家庭和亲属联系，自愿为社区服务，通过正式和非正式学习继续增长知识，在艺术和手工艺方面自我发挥，参加社区组织和老年人组织、宗教活动、娱乐和旅行、非全日工作，以及作为见闻广博的公民参与政治活动等。可见，在积极老龄化概念框架下，老年人的参与是一种全方位的参与，是一种依循“愿望—能力—行为”的逻辑而构建起来的参与体系。根据参与领域的不同，可以将老年人参与分为经济参与、政治参与和公益参与。

第一，经济参与。经济参与是指老年人对经济活动的参与。对于老年人自身而言，经济参与可以增加收入，确保老年人的经济独立，实现自我养老。对于农村老年人而言，经济参与是其基本的收入来源；对于城市老年人而言，通过再就业等方式继续参与经济活动，也是其重要的收入来源；对于国家而言，老年人经济参与可以有效减轻社会保障的压力。根据欧洲委员会的估算，退休年龄每延后一年，公共养老金支出占 GDP 的比重就会下降 0.6～1 个百分点。1991～2003 年，提前退休开支占 GDP 的比重，在德国从 0.3％降至 0.04％；在法国从 0.47％降至 0.1％，在意大利从 0.42％降至 0.28％。[①]

老年人就业是老年人经济参与的基本方式。国家应当通过弹性退休、灵活就业等制度安排，促进老年人就业。然而在实践中，老年人就业存在不少问题。例如，老年人力资源未被充分利用，老年人就业率普遍较低。调查显示，60～69 岁的老年人具有较强的就业愿望，70～79 岁的老年人仍有部分还能够继续为社会服务，尤其是知识分子。但老年人整体的就业率仅为 35％左右。[②] 可见，老年人就业率有待进一步提升，老年人力资源有待进一

① 参见赵怀娟：《“生产性老龄化”的实践与启示》，载《安徽师范大学学报（人文社会科学版）》2010 年第 3 期。

② 参见王红漫：《老年人再就业状况及影响因素分析》，载《市场与人口分析》2001 年第 1 期。

步开发。又如,老年人就业歧视比较严重,没能实现就业领域的包容性增长。① 在积极老龄化概念框架下,包容性增长意味着不能以牺牲老年人的经济参与为代价追求经济的片面发展,而应平等对待老年人的经济参与,为老年人就业创造条件。如果忽视老年人的经济参与,将他们置于被供养者的地位,则是人力资源的巨大浪费,最终也会拖累经济的增长。不少人认为,老年人就业是与年轻人抢饭碗。但从实践来看,市场经济为人们的择业提供了无限的可能性,老年人所就之"业"主要是年轻人不能胜任或者不愿从事的职业。因此,老年人就业不仅不会与年轻人抢饭碗,而且还会实现不同群体之间的错位竞争和发展。就经济参与的保障措施而言,由于经济组织的逐利性,我们不能苛求所有企业均承担起老年人就业的社会责任,而应当以积极灵活的老年人就业政策来实现老年人的再就业。

第二,政治参与。政治参与是"普通公民通过各种方式参加政治生活,并影响政治体系的构成、运作方式、运行规则和政策过程的行为"②。老年人政治参与在老年人参与的体系中居于重要地位。它可以从制度上维护老年人与其他群体的力量均衡,并关乎老年人经济参与和公益参与的最终实现。老年人只有通过政治参与,特别是通过直接参与老年政策和法律制定等过程,才能更有效地夯实自身权利体系。国家制定涉及老年人权益的法律和政策时,应当充分听取老年人的意见和建议。

第三,公益参与。公益参与是指人们按照自愿原则参与社会公益事业的活动。公益参与对于激发老年人活力、促进社会和谐、推动社会成长具有重要意义,因而各国均将公益事业建设作为国家建设的重要内容。毫无疑问,老年人公益参与的意义是不言而喻的。一方面,老年人通过扮演一定的角色参与社会活动,既能有效避免老年期的孤独、消极情绪,延缓衰老,又能够体现老年人的自我价值,实现老年人身心健康。另一方面,凭借经验优势和熟练技能,老年人公益参与能够为社会公益提供强大的智力和经验支撑,有利于社会公益事业的发展。从世界范围内来看,老年人已经成为国家公益事业建设的重要力量,并且越来越显示出其重要性。例如,在美国,65 岁

---

① 包容性增长是经济领域一个全新的时代命题,它体现了增长方式的变化,反对相互之间的排斥,共享发展成果。关于包容性增长,可参见《"包容性增长",一个全新的时代命题》,http://news.xinhuanet.com/politics/2010-10/14/c_12657879.htm.

② 王浦劬:《政治学基础》,北京大学出版社 1995 年版,第 207 页。

及其以上的老年人从事志愿服务的比例已从1974年的14.5%增至2008年的23.5%，其年服务时间的均值为96小时，比其他年龄组高出17个小时。在澳大利亚，2006年就有27%的老年人参与了有组织的志愿工作，为社区提供了大约1.6亿小时的服务。据估算，仅老年人志愿服务一项，一年就能为澳大利亚国内生产总值做出20亿美元的贡献。[①] 就公益参与的事项而言，老年人可以传授文化和科技知识，参与社会公益事业，参与调解民间纠纷，参与维护社会治安以及对青少年和儿童进行优良传统教育等。

（三）保障是积极老龄化的关键

不论生活质量、健康状况还是参与力度，老年人都不可能自我决定，必须借助“外力”才能实现，这种“外力”就是国家和社会的保障。在积极老龄化概念框架下，保障是指在老年人生活不能自理或者自我保护能力不足时，政府、社区和家庭为老年人提供所需要的帮助和支持。这是积极老龄化的关键一环。没有保障，老年人的健康和参与将成为“无源之水”，甚至老年人的生活质量也将成为“空中楼阁”。尽管积极老龄化强调老年人的积极性、主动性和创造性，注重发挥老年人的余热和潜能，但这并不意味着国家可以借此推卸生存照顾的保障责任，因为积极老龄化是以老年人人权（生存权和发展权）为前提的。也就是说，当老年人生活不能得到满足、健康不能得到保障、参与不能得到实现时，国家应当承担起具有基本义务性质的担保责任。进一步讲，国家应当采取积极的措施，防止老年人的生活无着落、健康无保障、参与无机会。在积极老龄化概念框架下，保障是一种面向老年人人权的全方位的制度体系。概括来说，积极老龄化框架下的保障应当包括但不限于如下五个面向：

第一个面向是老年人生活。在老年人生活低于适当生活水准时，国家和社会应当为其提供救助。国际社会普遍赞同获得生活保障、维持适当生活水准是公民的一项基本权利。根据《世界人权宣言》第25条的规定，人人有权享受为维持他本人健康和福利所需的生活水准；在遭到失业、疾病、残废、守寡、衰老或在其他不能控制的情况下丧失谋生能力时，有权享受保障。《经济社会文化国际公约》第11条进一步指出，人人有权为他自己和家庭获

---

① 参见赵怀娟：《“生产性老龄化”的实践与启示》，载《安徽师范大学学报（人文社会科学版）》2010年第3期。

得相当的生活水准,包括足够的食物、衣着和住房,并能不断改进生活条件。因此,国家和社会应当通过基本养老保险、家庭经济供养、多元化(居家、社区、机构)照料、生活(住房)救助、社会优待、高龄优待等多种方式保障老年人生活质量。需要重点说明,积极老龄化框架下的生活保障并不是一种"福利式"的保障,而是一种在老年人充分自我实现基础上的"担保式"保障。

第二个面向是老年人人身。多数老年人能够通过参与社会彰显自身价值和主体地位,在社会交换中保持应有的平衡,但有些老年人由于健康、能力或者愿望等原因,在社会交换中往往处于弱势地位,成为被歧视、虐待甚至遗弃的对象。积极老龄化是一项全面的政策框架,它既关注(或者说特别强调)健康、参与等要素,也同样关注老年人人身安全这一传统要素。国家应当通过政策与法律(包括公法、私法和社会法)的合力,创新老年人人身权保护制度(如老年虐待强制报告),保障老年人不被歧视、虐待和遗弃,维护老年人人身权益。

第三个面向是老年人财产。财产权对于老年人发展的意义是不言而喻的,但在实践中,老年人财产权能不完整、侵犯老年人财产权的现象比比皆是。尤其是深受"儿大不由爷"文化(退出文化)影响的中国,老年人财产权受侵害的现象更为严重。实践中,赡养义务人侵犯老年人财产、老年人理财、再婚老年人的财产分配等现实案例已经显示出保护老年人财产权的迫切性,因而国家应当通过创新老年监护等制度来保障老年人财产权益。

第四个面向是老年人健康。生命的意义比长度更为重要。《经济社会文化国际公约》第 12 条指出,人人有权享有能达到的最高的体质和心理健康的标准;国家应当创造保证人人在患病时能得到医疗照顾的条件。世界卫生组织也指出:"当慢性病和机能下降的风险因素(包括环境和行为)降低而保障因素提高时,人们将享受时间更长、质量更高的生活。进入老年后,大部分老年人仍然能够保持健康和生活自理,较少老年人需要昂贵的医疗和照料服务。"需要特别强调,在积极老龄化概念框架下,健康不仅指没有疾病,而且指身体、心理和社会适应的完好状态,是一种综合的健康观。健康权是一项重要的基本权利,国家有义务积极采取措施保障老年人健康。因而国家应当多管齐下,通过基本医疗保险、长期照护保险、精神慰藉以及加强预防医学建设等多种方式保障老年人健康。

第五个面向是老年人参与。老年人参与是积极老龄化的核心,但在老年人参与实践中,参与歧视是一个非常严重的问题。因而国家和社会应当创造条件,通过弹性退休、志愿服务、老年就业、老年人力资源开发、老年教育等方式,保障老年人参与政治、经济、社会和文化活动,尤其应当通过政策和法律措施消除老年人参与歧视,保障老年人有序、有效参与。

第二节 积极老龄化的政策演变

积极老龄化是在成功老龄化、生产性老龄化、健康老龄化基础上逐步发展起来的理论体系,同时它还是国际社会应对人口老龄化的政策框架。上文已就积极老龄化的理论发展进行了介绍。要想真正理解和把握积极老龄化的政策要义,还必须梳理该政策框架形成的历史发展。积极老龄化的政策框架不是在一夜间成型的,而是经历了很长一段时间。就发展方式而言,它主要是国际社会尤其是联合国及其组成部门通过召开会议、颁发文件、签署公约等方式逐步发展起来的。根据对积极老龄化政策框架的形成作用不同,可以将积极老龄化的政策演变分为孕育期、成型期与发展期。

一、孕育期(1948～1982 年)

较其他老龄观,积极老龄化最根本的特征就在于“积极”二字。积极包括积极的观念、积极的政策以及积极的行动,而它们都是以老年人人权为前提的。如果不承认并尊重老年人(也包括所有人)人权,就不可能有积极的观念、积极的政策以及积极的行动;即便有,也不会是真正的“积极”,而是一种国家主义立场的、功利主义的“积极”。也就是说,对老年人人权的承认和尊重是积极老龄化政策框架的前提。或者可以这样说:如果没有对老年人人权的承认和尊重,就不可能有积极老龄化政策框架的提出。从人权的视角来看,积极老龄化就是一种以生存权和发展权为主体,涵盖平等权、人格尊严权、社会保障权、社会参与权以及社会优待权等老年人人权体系为核心而构建起来的政策框架。理解积极老龄化政策框架必须首先了解老年人人权发展的客观历史。从国际上来看,人类人权事业的起源要远早于人口老龄化的历史。[①] 但人权文件对人口老龄化策略选择真正产生影响的历史，大致可以追溯到1948年《世界人权宣言》的颁布。下面以《世界人权宣言》《经济社会文化国际公约》《公民权利和政治权利国际公约》《社会进步和发展宣言》《世界人口行动计划》为样本，分析积极老龄化人权之种的孕育过程。

（一）1948年《世界人权宣言》

受两次世界大战尤其是第二次世界大战的影响，人们越来越认识到人权保障的重要性。尽管《联合国宪章》中有关于人权的规定，并把“对全体人类之人权及基本自由之尊重”列为联合国的基本宗旨，但国际社会普遍认为，为凸显人权保障重要价值，应当制定关于人权的专门性文件。在这样的背景下，1948年12月10日，联合国大会通过第217A(III)号决议，颁布《世界人权宣言》(以下简称《人权宣言》)。尽管不具有强制约束力，但《人权宣言》对于国家建设、国际秩序以及人类文明的进步均产生了重要影响，是现代人类人权事业的纲领性文件，是人权发展史上一座重要的里程碑。就对积极老龄化政策框架的影响而言，《人权宣言》明确了包括老年人在内的所有人的人格尊严权、平等权、社会保障权、就业权等内容，为实施积极老龄化政策播下了人权之种。

首先，对人格尊严权的规定彰显了老年人的主体性。《人权宣言》在序言中指出：“对人类家庭所有成员的固有尊严及其平等的和不移的权利的承认，乃是世界自由、正义与和平的基础。”在第26条第2项中强调：“教育的目的在于充分发展人的个性。”人格是指一个人在与社会环境的相互作用中表现出的一种异于他人的行为模式、思维模式和情绪反应。人格尊严权是指一个人应当受到最起码的尊重的权利。它具有两个指向：一是指向他人，意味着私人之间的相互尊重；二是指向国家，意味着国家对公民的尊重。老年人人格尊严权意味着国家和社会必须尊重老年人的人格，其中就包括尊重老年个体所展现出来的老龄化个体差异性以及老年群体所展现出来的老龄化群体差异性；还意味着国家和社会必须尊重老年人的主体地位，将老年人视为社会的一分子，将老年群体视为社会的重要组成部分。

① 从宽泛意义上说，一部人类史就是一部人权事业的发展史。从实定法层面来讲，人权的历史可以追溯到1215年《自由大宪章》。即便从严格意义上来说，17～18世纪，欧洲资产阶级革命过程中就提出了系统的人权理论。而大规模的人口老龄化只是20世纪中叶以来才发生的事情。

其次，对平等权的规定弱化了老年人歧视。平等权是一项重要的基本权利，它意指人人依法同等享有权利和履行义务，包括形式平等和实质平等两个层面的内容。其中形式平等就是“法律面前人人平等”，实质平等是基于正当理由、能够被容许的差别对待。《人权宣言》第 7 条指出：“在法律之前人人平等，并有权享受法律的平等保护，不受任何歧视。人人有权享受平等保护，以免受违反本宣言的任何歧视行为以及煽动这种歧视的任何行为之害。”过去，人们将老年人视为“依赖者”，认为老年人与年轻人在能力、资源等方面具有质的差别。基于这种前提判断，歧视老年人是常见现象。又由于缺乏明确的禁止性规范，甚至使得歧视老年人“合法化”。可以说，《人权宣言》在多个条款中对老年人平等享有政治、经济、文化权利的规定，对于弱化老年人歧视起到了非常重要的作用。

再次，对社会保障权的规定奠定了新老龄观的基础。社会保障权是 20 世纪初随着福利国家的出现而提出并被逐渐接受的一项非常重要的人权。早在 1919 年，德国《魏玛宪法》就对社会保障权进行了规定。该法第 151 条第 1 款规定：“经济生活的秩序必须适合社会正义的原则，而所谓社会正义，则在于保障所有社会成员能够过上体现人的价值、体现人的尊严的生活。”在各国实践的基础上，《人权宣言》第 22 条指出：“每个人，作为社会的一员，有权享受社会保障，并有权享受他的个人尊严和人格的自由发展所必需的经济、社会和文化方面各种权利的实现。”第 25 条第 1 项指出：“人人有权享受为维持他本人和家属的健康和福利所需的生活水准，包括食物、衣着、住房、医疗和必要的社会服务；在遭到失业、疾病、残废、守寡、衰老或在其他不能控制的情况下丧失谋生能力时，有权享受保障。”作为一项重要的基本权利，社会保障权是由社会保险权、社会福利权、社会救助权和社会优抚权等构成的权利体系。过去，国家虽然也注重对老年人的生活、医疗等方面的照顾，但往往侧重于“救助”，且“施舍”色彩比较浓厚。《人权宣言》对社会保障权的规定使得国家的生存照顾成为一项基本义务，使得老年生活有了厚实的国家保障，深刻影响了新的老龄观，奠定了积极老龄化的基础——生活质量保障。

最后，对就业权的规定划定了老年人经济参与的“主战场”。如上文所述，老年人经济参与的意义是不言而喻的，而经济参与的基本方式就是就业。《人权宣言》第 23 条第 1 项规定：“人人有权工作、自由选择职业、享受公正和合适的工作条件并享受免于失业的保障。”同条第 3、4 项还对“同工同酬""禁止就业歧视""参加工会"等进行了规定,完善了老年人就业权的制度保障。不仅如此,《人权宣言》第29条第1项还指出:"只有在社会中他的个性才可得到自由和充分的发展。"从老年人发展权的高度进一步阐明了老年人社会参与的重要价值。

(二)1966年"人权两公约"

为贯彻落实《人权宣言》,联合国人权委员会于1954年先后起草完成《经济、社会及文化权利国际公约》(简称《经社文公约》)和《公民权利和政治权利国际公约》(简称《政治公约》)。经过十余年的审议,1966年12月16日,第21届联大最终通过上述两项公约(又称"人权两公约")。两公约重申、细化、更新了《人权宣言》的有关内容,相比较《人权宣言》仅规定人权目标,两公约还明示了达成相应目标的路线图和行动方案。与《人权宣言》的倡议性质不同,两公约一经签署,除非明示对有关条款的拒绝,否则就会对缔约国产生强制约束力,从而使得两公约的有关规定由静态义务变为国家行动。两公约(主要是《经社文公约》)在如下方面对积极老龄化政策框架的形成产生了重要影响。

首先,重申并细化了工作权的内容。《经社文公约》不仅重申了"人人享有工作权",还规定了国家应当采取技术的和职业的指导和训练、就业计划、政策和技术等措施来保障就业权的实现。另外,国家要保障公正和良好的工作条件,包括同工同酬不歧视(尤其是男女同工同酬)、安全和卫生、工作晋升不受除资历和能力外的其他限制、带薪休假等。

其次,重申并深化了社会保障权的内容。《经社文公约》对于社会保障权的细化表现在两个方面:一方面是将社会保障权具体化为社会保险权。《经社文公约》第9条规定:"人人享有社会保障权,包括社会保险权。"另一方面是将社会保障权具体化为适当生活水准权和免于饥饿的权利。《经社文公约》第11条规定:"人人有权为他自己和家庭获得相当的生活水准,包括足够的食物、衣着和住房";"人人享有免于饥饿的基本权利",并强调,为实现上述权利应当加强国际合作。

再次,创设健康权并规定了实现步骤。健康是积极老龄化的三大支柱之一,积极老龄化就是要追求长寿与健康的同步提升。《经社文公约》第12条规定:"人人有权享有最佳的体质和心理健康",并强调应站在生命的全过程看待健康问题。如使儿童得到健康的发育,改善环境和工业卫生,预防、治疗和控制疾病等，并得创造条件确保“人人在患病时能得到医疗照顾”。

最后，创设自决权并设定了行动方案。传统老龄观认为，老龄化意味着“衰化”，老年者就是“依赖者”，老年人不是生活的“舵手”，老年人生活是“被决定的”。在这样的观念的指引下，老年人很难有或者不应当有自主性和自决权。而积极老龄化的最终目标就是要让“老年人以船主的心态做舵手”。《经社文公约》和《政治公约》均在第1条规定：(1)所有人民都有自决权。他们凭这种权利自由决定他们的政治地位，并自由谋求他们的经济、社会和文化的发展。(2)所有人得为他们自己的目的自由处置他们的天然财富和资源，在任何情况下都不得剥夺每一个人的生存手段。(3)各国应在符合《联合国宪章》的条件下，促进自决权的实现。这样的规定无疑构成积极老龄化人权基因中重要的显性染色体。

另外，《经社文公约》还重申：“教育应鼓励人的个性和尊严的充分发展，加强对人权和基本自由的尊重，并应使所有的人能有效地参加自由社会。”《政治公约》对“思想、良心和宗教自由”“人人有权持有主张并自由发表意见”“和平集会结社”“参与公共事务”等公民权和政治权进行了系统规定，与上述规定一起，描绘了积极老龄化的人权脸谱。

(三)1969年《社会进步和发展宣言》

为实现较高的生活水准、充分就业和经济与社会的进步和发展，重申对于人权保障的重要意义，促使《人权宣言》和人权两公约的有关规定转变为国家行动，1969年12月11日，联大第2542(ⅩⅣ)号决议通过《社会进步和发展宣言》(简称《发展宣言》)，对社会进步和发展的原则、目标、方式和手段进行了全面规定。不论是原则部分关于人人共享社会发展、鼓励所有人的创造精神和参与意识、平等就业权的规定，还是目标部分关于提高物质和精神生活质量、最低生活水准权、权利获得平等保护的规定，抑或方式和手段部分关于人人参与国家决策，参与经济、社会、文化、政治生活，充分利用国家人力资源、继续教育全体居民的规定，都与积极老龄化目标和行动相契合。

首先，申明人力资源的充分利用和人人享有工作权对社会进步的重要价值。积极老龄化的理念之一就是把老年人视为社会的宝贵资源，主张充分发挥老年人的主动性和创造性，充分促进老年人就业，认为老年人应当成为应对人口老龄化的重要主体。《发展宣言》第1条指出，人人有权享受社会进步的成果,但他们本身应对此做出贡献。第5条指出,社会进步和发展要求对人力资源的充分利用,并特别强调"鼓励创造性的主动精神"以及"保证处于不利地位或边缘地位的那部分人对社会和经济的进步享有平等的机会"。第6条指出:"社会发展要求保证人人有工作的权利和就业的自由。社会进步和发展要求社会一切成员参加生产性的和有益于社会的劳动。"第16条指出:"(应当)最大限度地动员一切国家资源并加以合理的和有效的利用。"毫无疑问,上述条款对于促进国家和社会转变对老年人的传统偏见,促进老年就业具有重要推动作用。

其次,进一步细化了社会保障权的有关内容。《发展宣言》在"目标"部分指出,社会进步和发展的总目标就是在尊重人权的前提下,不断提高所有社会成员的物质和精神生活水准。《发展宣言》以多个条款规定了为此应当采取的措施,其中对积极老龄化政策框架有直接影响的如下:(1)提供全面的社会保障计划和社会福利事业,为包括老年人在内的谋生能力不足的人制定和改进社会保障和保险方案;(2)对包括老年人在内的身体或精神方面处于不利状态的人提供保护;(3)提供免费的医疗卫生服务;(4)通过立法、行政等措施执行社会保障计划与社会福利规划;(5)通过提供治疗和专门用具、教育、职业指导和社会指导、训练和有选择地安置工作以及其他必需的帮助,使精神或身体残疾的人恢复正常生活,以便他们能在最大可能的程度上成为有用的社会成员;(6)创造社会条件,使有缺陷的人不因其丧失劳动能力而受到歧视。通过上述措施,包括老年人在内的所有人的物质和精神生活水准得到了比较全面的保障,使积极老龄化的保障内容进一步丰富和完善。

再次,进一步明确了政治参与的实现方式。政治参与是老年人社会参与的重要内容,对老年人经济参与和公益参与具有一定的决定作用。《发展宣言》第15条指出,保证一切社会成员有效地参加国家经济和社会发展的规划和计划的拟订和执行,采取措施使居民中越来越多的人通过政府机关、非政府组织、工会组织等参加国家经济、社会、文化和政治生活。

最后,强调教育对于社会进步和发展的重要性。《发展宣言》第21条指出,各国应当发展普通教育、职业教育、技术教育等多种形式的教育类型,并以继续教育的形式促进全体人民参加社会发展活动,建设性地利用人们的空闲时间。老年人教育是积极老龄化政策框架的重要内容,多种形式的老年人教育能够对老年人增长知识、丰富生活、促进健康、陶冶情操、融入社会起到助推作用。

(四)1974年《世界人口行动计划》

考虑到迅速的人口变化,尤其是老年人的人数和比例的迅速增加所带来的后果、人口状况与社会经济发展之间的相互关系以及人类对更好的生活质量和社会经济迅速发展的愿望,1974年8月30日,布加勒斯特世界人口会议通过《世界人口行动计划》(简称《人口行动计划》)。《人口行动计划》充分注意到了人口结构变化对国际、国家、社区、家庭、个人生活造成的各种现实影响以及未来的可能风险,将人口老龄化置于国家发展的大背景下来审视,认为人口政策与其他经济社会政策高度关联,国家在制定政策时应充分考虑老年人口的增多,督促政府实行人性化的老年人社会保障方案,并特别强调了家庭在人口老龄化过程中的作用。这与积极老龄化基于老年人而又跳出老年人的视角和思路是一致的。《人口行动计划》的如下内容对于积极老龄化政策框架的形成产生了重要作用。

首先,强调人口因素是社会进步的原动力。《人口行动计划》指出,人口是社会创造力的来源和社会进步的决定性因素,"世界一切事物中,人是最宝贵的。人在控制自己及其环境方面的知识和能力将不断增长。人类的未来会变得无限光明";"在规划协调人口趋势和社会经济变革的措施时,人不仅应被视为是消费者,并且也应被视为是生产者"。

其次,强调人口结构对社会发展的影响。《人口行动计划》指出,人口与发展是彼此相关的,人口变数影响发展变数,但也受发展变数的影响,"发展需要消除一切形式的歧视并承认个人的尊严,重视人格和自觉"。

再次,强调各国应当制定应对老龄化的国家行动。所有国家政府在制定发展政策和计划时,应充分考虑老年人的人数和比例变化所产生的影响。所有国家都应该实行全面的、人道主义的和公平的老年人社会保障方案。凡是没有实施老年人社会保障和保健方案的国家都迫切需要制定这种方案。并特别强调,促进发展和提高生活质量需要人口政策与其他社会经济领域政策的联动。

最后,强调各国应加大保健和教育投入。《人口行动计划》指出,对保健和教育的投资有助于生产力的提高。各国经济和社会发展计划以及相关的国际援助计划应该把着重点放在保健和教育两个部门。教育对个人和社会进步起到重要作用,各国应进一步制定正规和非正规的教育方案。

上述宣言、公约以及计划虽然不是专门针对老年人而颁布的,但这并不影响它们孕育了积极老龄化的人权种子,并赋予这粒种子长成参天大树的应有能量。如果说《人权宣言》连同人权两公约为积极老龄编制下了人权基因的话,《发展宣言》和《人口行动计划》则为人类认识老龄社会拓展了更为广阔的视角,丰富并强化了积极老龄化的内涵。

二、成型期(1982～2002年)

自20世纪50年代以来,面对老年人口不断增多带来的困扰,国际社会曾在多个场合对老年人问题进行过讨论;加之上述《人权宣言》、两公约以及《国际人口行动计划》的颁布实施,国际社会应对人口老龄化的步伐和力度在不断加大,适时地将老龄问题提上专门议事日程并采取了专项行动。也正是在这个过程中,积极老龄化的三大支柱——健康、参与、保障逐渐清晰,积极老龄化政策框架逐渐成形。

(一)1982年《维也纳老龄问题国际行动计划》

为了加强各国应对人口老龄化的能力,保证老年人能够获得经济、社会和文化保障,保证老年人共享国家发展的机会,国际社会一致认为应当采取老龄化问题专项行动。为此,联合国大会于1978年12月14日决定召开第一届老龄问题世界大会。1982年,第一届世界老龄问题大会在维也纳召开,研究通过了《维也纳老龄问题国际行动计划》(简称《维也纳行动计划》)。该行动计划分别用目标、原则和行动三个板块对老龄问题国际行动方案进行了规定。其诸多内容,如对老年人人权尤其是发展权的强调、对老年人和老龄社会的认识、对老年人参与的具体化规定,初步描绘了积极老龄化的基本框架。

首先,重申老年人人权,强调发展的目标是为了人人共享。积极老龄化是以老年人人权为核心、以老年与社会有机互动为目标的政策框架。一方面,《维也纳行动计划》重申《世界人权宣言》所载的不可剥夺的基本权利应充分地、不折不扣地适用于老年人。另一方面,《维也纳行动计划》指出,发展的目标就是实现一个不分年龄、融为一体的社会。在这个社会里,不同年龄组的人平等分享社会资源、权利并且平等分担责任。每个人不论年龄长幼、性别或信仰,都应该各尽所能、各得所需,充分参与发展过程。

其次，站在生命的全过程看待老龄化现象，强调预防政策和老年人生活质量对于应对老龄化的重要性。积极老龄化政策框架就是要站在生命的全过程看待老龄化现象，认为应对老龄化是一生的事情，因此预防政策尤其是老年人生活质量对于应对人口老龄化具有重要价值。《维也纳行动计划》指出，老龄化是贯穿整个人生的过程。所有人都会变老，老年人应被视为人口的一个组成部分。老龄社会的政策是与整个社会都密切相关的重要问题，应对人口老龄化需要采取全面的预防政策。同时，《维也纳行动计划》还注重生命长度与生活质量同步提升。它强调生活质量的重要性并不亚于长寿，应当尽可能地让老年人享受充实、健康、有保障和令人满意的生活，保证老年人生活充满意义，不会因年老而变得无足轻重。

再次，认为老年人是社会的财富，老龄社会既是挑战也是机遇，应当重视老年人力资源的开发和利用。《维也纳行动计划》指出，应当充分认识到老年人为经济社会发展做出的重要贡献；年老是每个人的生命、事业和经验的自然延续，而他的需要、能力和潜力在整个生命期间都一直存在；老年人不仅是经验与智慧的象征，而且还能根据自己的能力和愿望取得更大的成就。同时《维也纳行动计划》指出，社会逐渐老龄化既不是出乎意料或不能预见的事情，也不是国家和国际发展努力的偶然结果，老龄化是个可资利用的机会。为此，全社会应当从根本上改变老龄化的传统观点，以便认识到老龄问题不仅是保护和照顾老年人健康的问题，而且也是满足老年人参与权利的问题。老龄政策必须促使老年人个人目标、愿望和潜力得到满足，尤其应当提供满足老年人自我建树的机会，能够促使老年人有机会自己发挥其力所能及并有益于社会的各种作用，并且，老年人还应当积极参与政策的制定和执行，包括对他们有影响的政策。

最后，将人口老龄化置于国家经济、社会、文化发展的大背景下来考虑，强调应对老龄化采取系统行动。《维也纳行动计划》指出，老龄化问题应当放在世界社会、经济、文化和精神发展趋势这个更广泛的范围之内来考虑，各国政府和地方当局、各非政府组织、各志愿组织等应当为老年人提供支援和照顾。

(二)1991 年《联合国老年人原则》

在第一届老龄问题世界大会成果的基础上，1991 年，联合国大会通过了《联合国老年人原则》(简称《老年人原则》)，鼓励各国政府尽可能将独立、参与、照顾、自我充实、尊严等原则纳入国家行动方案，明确了积极老龄化的权利体系和行动目标，为“以需求为基础”向“以权利为基础”观念的转变奠定了基础。下面对《老年人原则》所规定的五项具体原则分别予以介绍。

首先是独立原则。在积极老龄化政策框架中，独立具有重要价值。没有独立，老年人的主体地位就难以彰显。独立主要是指经济独立。为了实现独立，《老年人原则》规定：(1)老年人应能通过提供收入、家庭和社会资助以及自助，享有足够的食物、住房、衣着和保健；(2)有工作机会或其他创造收入的机会；(3)应能参与决定退出劳动力队伍的时间和节奏；(4)应能参加适当的教育和培训方案；(5)应能生活在安全且适合个人选择和能力变化的环境；(6)应能尽可能长期在家居住。

其次是参与原则。参与是积极老龄化的核心所在，缺少参与支撑的老龄化不能称作“积极”老龄化。为了实现参与，《老年人原则》规定：(1)老年人应始终融合于社会，积极参与制定和执行直接影响其福祉的政策；(2)应能寻求和发展为社会服务的机会，并非以志愿工作者身份担任与其兴趣和能力相称的职务；(3)应能组织老年人运动或组织协会。

再次是照顾原则。尽管积极老龄化强调乐观的态度和积极的方法，但这并不意味着它忽视老龄化的客观现实——存在生活不能自理、健康出现问题的老年人，因而照顾是积极老龄化的不可或缺的内容。为此，《老年人原则》规定：(1)老年人应按照每个社会的文化价值体系，享有家庭和社区的照顾和保护；(2)应享有保健服务、法律服务以及其他服务；(3)老年人有权选择照顾方式和生活品质。

最后是尊严和自我充实原则。尊严和自我充实是积极老龄化的高级目标。积极老龄化在保障独立、参与、照顾的前提下，应该促使老年人的生活有尊严、有保障，且不受剥削和身心虐待；促使老年人享用社会的教育、文化、精神和文娱资源，充分发挥自己潜力。

(三)1992 年《老龄问题宣言》

随着人口老龄化影响的持续深化，国家政策不得不作出根本性变革。为此，1992 年第 47 届联合国大会举行了老龄问题特别会议，讨论通过了《老龄问题宣言》，重申了《维也纳行动计划》《老年人原则》的重要意义，并对国际社会和各国政府应对人口老龄化的行动提出了政治要求，使得积极老龄化的理念、原则和目标进一步清晰。

首先，促请国际社会：(1)认清老龄问题的严峻性，并认识到人口老龄化是一种充满希望的社会、经济和文化现象；(2)确认老龄化现象是一生的过程，为老年作准备须从孩童时开始，并终身行之；(3)希望老年人对经济、社会和文化的发展做出越来越多的贡献，广泛参与联合国老龄问题方案；(4)促进人们走向健康、创收和新的形式的有建树的老年。

其次，促请各国政府：(1)将老年人视为对社会有贡献的人而不是负担，将老龄政策视为国家总体发展战略的组成部分；(2)鼓励老年人的社区参与意识，充分发挥余热和潜能；(3)制定适应老年妇女的特性、需要和能力的政策和方案，支持老年妇女对经济和社会福祉做出贡献。

(四)1999年“不分年龄人人共享的社会”

随着《维也纳国际行动计划》的深入实施，尤其是《老年人原则》的颁布施行，联合国愈发认识到建立“新的老龄化结构”并推广到全世界的重要性，遂于1992年议定1999年为“国际老年人年”，并决定将“不分年龄人人共享的社会”作为该年主题。其后，联合国大会对“不分年龄人人共享的社会”的实质内容和范围进行了界定，并致力于创造“不分年龄人人共享的社会”的良好环境。到1995年，“不分年龄人人共享的社会”理论框架成型。作为社会融合的基本目标，“不分年龄人人共享的社会”是指社会中“每位享有权力和责任的成员，都能积极发挥作用”；“在互惠、公平的原则指导下，各代人互相投资，互相受益”[①]。联合国秘书长安南指出：“将20世纪的最后一年(1999年)定为‘国际老年人年’，并将‘建立不分年龄人人共享的社会’作为该年的主题是合适的。‘不分年龄人人共享的社会’不再把老年人看作领退休金的人，而是社会发展进步的主体和受益人。”

1999年，国际老人年以“不分年龄人人共享的社会”为主题，对个人终身发展、多代关系、人口老龄化与发展之间的关系以及老年人处境等内容进行了强调，将老龄问题置于人类社会发展的宏大历史背景之下，凝练了积极老龄化的要义，提升了应对老龄问题的理论品格，深化了老年人发展、参与、老年人生活质量、社会融入等积极老龄化的基础命题。

(五)2002年《马德里政治宣言》和《马德里国际行动计划》

自1982年召开第一届老龄问题世界大会，二十年来，世界人口老龄化

---

① 参见《联合国老龄化议题》，http://www.un.org/chinese/esa/ageing/society.htm.

现象日益严重。为帮助各国政府进行政策规划，确保老年人继续各尽其能，为社会做出有益贡献，并考虑新世纪的社会、文化、经济和人口方面的实际情况，联合国于2002年在马德里召开了第二届老龄问题世界大会，通过了《马德里政治宣言》(简称《马德里宣言》)和《马德里国际行动计划》(简称《马德里行动计划》)，对老龄化、老年人、老龄社会的认识逐渐到位，对健康、参与、保障的政策体系日渐系统，对国际社会和主权国家的行动要求愈发明确，对积极老龄化理念、政策和行动的理解日益科学，全面描述了积极老龄化的政策框架。

首先，《马德里宣言》进一步明确了对老年人、老龄社会的认识，确立了积极的老龄观念，强化了老年人人权，升华了健康的内涵，深化了参与的领域，细化了保障的策略，指明了应对老龄化的路径和方向。一方面，《马德里宣言》阐释了健康、参与和保障的内涵和标准。对于健康而言，《马德里宣言》指出，必须逐步实现人人享受最高水平身心健康权利的目标，应向老年人提供普遍、平等的保健和身心健康服务。对于参与而言，《马德里宣言》指出，应当充分融入和参与社会，积极参加经济、社会、文化和政治生活，为社区和社会发展做出贡献。老年人只要愿意并有能力，应有机会从事令其满意的生产性工作，同时有机会获得教育和培训。对于保障而言，《马德里宣言》指出，必须增进和保护老年人的人权和基本自由，保障老年人享受充实、健康和有保障的生活，不断改善老年人所需要的照顾、生活机会和质量以及基本社会服务，消灭老龄歧视，消除对老年人的一切形式的歧视、虐待和暴力。另一方面，《马德里宣言》明确了“观念—政策—行动”的积极老龄化的内在逻辑。就观念而言，《马德里宣言》指出，预期寿命的提高是人类的一项可喜成就。老年人是社会的宝贵财富，人口老龄化将促进更多的机会，尤其是促进老年人参与各方面生活的机会。就政策而言，《马德里宣言》指出，政府担负着主要责任，应当将老龄问题纳入社会和经济的战略、政策和行动中。因经济、社会、文化条件的不同，各国在制定应对人口老龄化的政策时要有所区分。另外，在制定政策时，必须注意到老年群体中的弱势群体，尤其是必须将性别观点纳入政策方案，应当特别关注老年妇女权益保护问题。就行动而言，《马德里宣言》指出，应对老龄化需要各个方面的共同努力。联合国必须与地方当局、民间社会包括非政府组织、私营部门、志愿者和志愿组织、老年人自己、老年人协会以及家庭和社区进行联合，共同努力。有必要加强各代人之间的团结和伙伴关系，并鼓励各代人建立相互照顾的关系。在行动的优先顺位上，《马德里宣言》指出，各国应当根据自身国情在老年人与发展、提高老龄健康和福祉以及确保有利和支助性的环境等三个方面采取行动，致力于实现“不分年龄人人共享的社会”。

其次，与以往宣言、行动计划一脉相承，《马德里行动计划》的目标在于呼吁各部门改变态度、政策和做法，挖掘21世纪老龄化的巨大潜力，确保全世界所有人都能够有保障、有尊严地步入老年，并享有充分的参与社会的权利。《马德里行动计划》涉及了人权保障、生活保障、自我实现等中心主题，并提出了相应的目标(见表1-1)。

表1-1 《马德里行动计划》涉及的主要中心主题及要求

中心主题	要　求
人权保障	充分实现所有老年人的所有人权和基本自由，确保老年人充分享有经济、社会、文化以及公民和政治权利
生活保障	使老年生活安全无虞
社会适应	提供老年人所需的保健和支助以及诸如预防和康复性保健等社会保护；家庭、世代相互依存、团结和互惠
社会参与	使老年人能够通过就业和志愿服务等方式充分和有效地参与经济、政治和社会生活
自我实现	使老年人通过终生学习、参与社区生活等方式实现自我发展，但同时应认识到老年人个体之间的差异性
老年人歧视	消除一切形式的老年人暴力和歧视，通过消除性别等方面的歧视来确保老年人的性别平等

作为一个旨在使各国有效应对人口老龄化的行动计划，《马德里行动计划》对《马德里宣言》提出的宏观目标进行了分解和细化，在老年人和发展、促进老年人的健康和福祉以及确立有利的支助性环境等三个方面分别确立了具体目标，并且针对每个具体目标提出了操作性较强的行动措施，使得积极老龄化在扩展“面”的同时，突出了“点”的重要性。

其一，在老年人和发展方面。《马德里行动计划》在老年人力资源、老年参与、老年人教育、社会保障等方面设定了具体目标。对于老年人力资源，《马德里行动计划》指出，要承认老年人在社会、文化、经济和政治方面的贡献，承认老年人与年龄俱增的经验的益处，充分利用各年龄阶段人们的潜力和知识。对于老年人参与，《马德里行动计划》指出，老年人必须充分参与发展进程，参与各级决策进程，享有充分的就业机会以及发展进程的种种好处。对于老年人教育，《马德里行动计划》指出，包括老年人在内的所有人在成人教育、培训和进修、职业指导和职业介绍方面机会平等。对于社会保障，《马德里行动计划》指出，要通过多种措施使所有人都能够获得基本的社会保护（养老金、伤残保险和保健福利等）；改善农村地区的生活条件和基础设施，减少老年人的贫穷；确保老年人在自然灾害等紧急状况下有同等机会获得食物、住所和医疗及其他服务；通过世代之间的平等互惠，加强世代之间的团结。

其二，促进老年人的健康和福祉方面。《马德里行动计划》在健康和福祉、保健服务、老年人与残疾（艾滋病）等方面设定了具体目标。对于健康和福祉，《马德里行动计划》指出，所有老年人都能得到食物和足够的营养，国家应制定政策预防老年人健康不良。对于保健服务，《马德里行动计划》指出，发展和加强初级保健、长期保健、持续性保健以及综合性精神保健（包括预防和早期干预、提供治疗服务和老年人精神健康问题的防治）服务，保证老年人平等而普遍地享有保健服务，并为保健专业人员和辅助性专业人员提供关于老年人特殊需要的信息和培训。对于老年人与疾病，《马德里行动计划》指出，应当减少引发老年人疾病的种种因素，改善艾滋病对老年人健康影响的评估；促进人们终生维持最佳机能，并促进残疾老年人充分参与。

其三，确保建立有利的支助性环境方面。《马德里行动计划》在住房和生活环境、照顾和对照顾者的支助、老年人虐待、老年人形象等方面设定了具体目标。对于住房和生活环境，《马德里行动计划》指出，应当充分考虑老年人的个人喜好和负担得起的住房选择，促进在社区内"就地养老"；以老年人（特别是残疾老年人）的需要为出发点，改善住房和环境设计，促进老人独立生活的能力；更好地为老年人提供便于使用和负担得起的交通服务。对于照顾和对照顾者的支助，《马德里行动计划》指出，应当通过各种渠道为老年人提供各类照顾和服务，支持老年人特别是老年妇女所提供的照顾作用。对于老年人虐待，《马德里行动计划》指出，消除对老年人一切形式的歧视、虐待和暴力行为，建立支助服务，处理虐待老年人问题。对于老年人形象，《马德里行动计划》指出，应当促使公众认识到老年人的权威、智慧、生产力和其他重要贡献。

(六)2003年《积极老龄化：政策框架》

世界卫生组织在积极老龄化提出的过程中功不可没，或者可以这样说，正是在世界卫生组织的推动下，“积极老龄化”的口号才得以提出。2001年，世界卫生组织为向第二届世界老龄大会介绍促进健康老龄化的政策和行动计划，撰写了《健康与老龄化(讨论稿)》，后经来自21个国家的29名代表参加的专家会议修改为《积极老龄化：从论证到行动》。2002年，经瓦伦西亚国际老年学论坛讨论后送联合国第二届世界老龄大会，大会接受了有关建议，并将“积极老龄化”写进了《马德里政治宣言》。2003年，世界卫生组织出版了《积极老龄化：政策框架》，对世界人口老龄化的背景及其挑战进行了介绍，对积极老龄化的概念、性质、决定因素等进行了探讨，并提出了积极老龄化的政策框架，兼具理论意义和实践价值，使得积极老龄化以一个清晰的体系性面貌呈现在世人面前。

三、发展期(2002年至今)

积极老龄化政策框架在《积极老龄化：政策框架》中一经正式确立，就对各国和地区应对人口老龄化的理论和实践产生了重要影响。积极老龄化也因各个国家和地区的实践而逐渐发展完善。另外，每年一度的国际老年人日也对积极老龄化的发展起到了重要助推作用。

(一)积极老龄化的国家和地区实践

毫无疑问，积极老龄化理念与制度的影响是巨大的。自2002年提出以来，很多国家加入国际公约，转变传统老龄观念，将积极老龄化上升为国家战略，制定了专门的老年人权益保障法，加强了配套制度建设。在积极老龄化理念的指导下，很多国家创新老年人法制，不断重视老年参与，发展老龄产业，丰富养老模式，重构养老体制。不仅老龄化及其应对先进国家(如美国、德国、英国、瑞典等)继续通过多种方式完善提升老龄社会应对的理念和对策，老龄化及其应对相对后进的国家和地区(如韩国、我国的香港和台湾地区等)也不断通过各种方式深入实践积极老龄化的理念和制度，使得积极老龄化的国际战略在不同的国家和地区呈现出各具特色的本土化面貌。下面以瑞典的老年人就业促进政策、韩国长期疗养保险制度以及我国香港地区的老年人教育制度、台湾地区的老年人法制为例，简要介绍积极老龄化在国家和地区层面的发展情况。

1. 瑞典老年人就业促进政策

瑞典是典型的“老年人王国”。面临老龄化的压力，瑞典政府近年来推行了养老金和税收制度改革，通过经济激励措施达到控制提前退休、鼓励延迟退休的目的；推行终身教育和职业培训，提升老年人的就业能力和降低技能差距；加强就业立法，保护老年人的合法权益，禁止年龄歧视；同时实施积极的劳动力市场政策，改善老年人的就业环境，提高老龄工人对雇主的吸引力。①

2. 韩国长期疗养保险制度

20 世纪 90 年代末期，随着老龄化进程的日益加速，韩国政府开始将解决老年人长期疗养问题正式纳入其政策议题。1999 年 5 月，各级政府增设了老年人保健科。2000 年 1 月，正式成立了由相关公务员和专家组成的老年人长期疗养保护政策研究会。同年 8 月，金大中总统在国庆致辞中指出，引进老年人疗养保险制度是政府的主要工作任务。2002 年 7 月，国务会议报告提出了公共老年人疗养保护体系的构建及实施方案。从 2003 年 3 月起，卢武铉政府的公共老年人疗养保障促进委员会通过近一年的讨论和专家论证。2004 年 2 月，拟定了《老年人照料保障法草案》；2005 年 9 月组织了《老年人照料保障法草案》的公开听证；2007 年 4 月，该法案正式通过并定于 2008 年 7 月 1 日起实施，但法案的名称由原来的《老年人照料保障法》更改为《老年人长期疗养保险法》。②

3. 我国香港地区老年人教育制度

人生的各个阶段都需要学习。积极老龄化政策要求各国采取积极的措施推动老年人教育的发展。我国香港地区面临巨大的老龄化压力，回归后的香港政府采取各种措施推动老年教育的发展，尤其以长者学苑的设立最为引人注目，形成有香港地区特色的老年人教育方式。长者学苑的目的在于推广终身学习，保证身心健康，实现老有所为，有效利用现有资源，推动长

---

① 参见肖金明：《老年人权益保障立法研究》，山东大学出版社 2013 年版，第 77 页。

② 参见林宗浩：《韩国老年人长期疗养保险立法的经验与启示》，载《法学论坛》2013 年第 3 期。

幼共融，加强公民教育和推动跨界共融。他们为老年人在正式的学校环境下学习和与青少年学生沟通交流提供了一个平台，同时减轻了政府的负担和老年人的学习费用。随着长者学苑的进一步发展，跨领域、跨职业、跨区域合作与代际融合的趋势更为突出。另外，在香港地区，老年人还可通过内置于正规教育中学习项目模式、第三龄学苑、网络电台和电视台、网络在线等方式进行学习。①

4. 我国台湾地区系统的老年人立法

自 1980 年以来，台湾地区积极探索制定老年人权益保护诸领域的政策措施，在法律规范层面上，形成了以《老人福利法》与《老人福利法实施细则》为基础，以《中低收入老人津贴发给办法》《中低收入老人特别照顾津贴发给办法》等特殊老年人保护规范为主体，以《老人福利机构设立标准》等相关配套措施为关节，以《社会救助法》《家庭暴力防治法》等老年人权益保护相关法为补充的老年人权益保障的规范体系。上述规范涉及老年人经济安全、生活照顾、健康维护、老年人特殊保护、老年人住宅、心理及社会适应、教育及休闲、社会优待、社会参与等福利项目。为此，台湾地区实施一系列老年人福利与服务措施。近年来，台湾地区又相继推出了《加强老年人安养服务方案》《老年人长期照护三年计划》《提升社区照顾质量计划》《长期照护示范先导计划》《照顾服务福利与产业发展方案》《长期照顾十年计划》等有效推进积极老龄化的行动措施。②

(二)国际老年人日

为增强国际社会对人口老龄化的重视程度，1990 年 12 月 14 日，联合国大会通过决议，决定将每年的 10 月 1 日定为“国际老年人日”。自确立以来，国际老年人日对应对人口老龄化起到了非常重要的作用。积极老龄化政策框架的提出就显著受到了 1999 年国际老人日主题“不分年龄人人共享的社会”的深刻影响。自积极老龄化政策框架确立以来，国际老年人日的主题，以“建立不分年龄人人共享的社会”为基本目标，既有对老龄问题的挑战和机遇等综合主题的关照，也有对老年人参与、老年人生活质量的相对微观主题的考虑；既有对老龄社会现实问题的解决策略，也有对老龄社会未来问

---

① 参见肖金明：《老年人权益保障立法研究》，山东大学出版社 2013 年版，第 83 页。

② 参见相焕伟：《台湾地区老人福利法制及其借鉴》，载《法学论坛》2013 年第 3 期。

题的预备方案;既有对国家和社会行动的客观要求,也有对老年人心声的切实了解,对于宣扬积极老龄化的理念、丰富积极老龄化的内涵、扩展积极老龄化的外延、提高积极老龄化的影响力起到了重要作用。1999 年以来,国际老年人日的主题如表 1-2 所示。

表 1-2　　国际老年人日主题(1999～2014 年)

年份	主题	年份	主题
1999	建立不分年龄人人共享的社会	2009	庆祝国际老年人日十周年,建立不分年龄人人共享的社会
2002	让老年人融入社会发展进程中去	2010	老年人和实现千年发展目标
2004	任何年龄都有未来	2011	启动马德里+10:全球老龄化的机遇与挑战日增
2005	新千年的老龄化问题(重点在贫困、老年妇女和发展)	2012	长寿:塑造未来
2006	提高老年人生活质量:促进联合国全球战略	2013	我们期望的未来:老年人的心声
2007	关注老龄问题的挑战和机遇	2014	不丢下一个人:促进一个人人共享的社会
2008	为老年人服务与老年人社会参与		

积极老龄化的发展过程是理论探索和实践探索的双重过程,同时是积极老龄化国际战略的完善和国家策略实践的过程。作为一个极富包容性的概念,积极老龄化的内涵和外延也将随着人口老龄化的进程不断发展变化。

第三节　积极老龄化的制度逻辑

积极老龄化不仅是一种理论体系,更是一种行动指南;不仅注重理论美感,更注重现实体感。积极老龄化的政策目标是要为世界人口老龄化寻找崭新的答案。为此,应当以世界人口老龄化的客观现实为基础,以老年人权为核心,树立积极的观念,制定积极的政策,采取积极的行动,实现积极老龄化的制度目标。其中,"积极的观念是前提,它是制定积极的政策和采取积极的行动的先导;积极的政策是重点,它决定着积极行动的方向和力度;积极的行动是关键,是积极观念和积极政策的具体体现和落脚点"①。

一、观念:积极老龄化的先导

观念是制度的核心与内在,制度是观念的载体和外衣。积极老龄化是人类应对人口老龄化的一种崭新的工具,它要求人们树立全新的理念。世界人口老龄化带来的不仅仅是对社会能力的有形挑战,还包括对人们观念的无形挑战。面对前所未有的世界人口老龄化,我们的首要任务是在观念上进行"哥白尼式的范式转换",要用一种全新的思维来审视和应对。只有这样,才有可能制定科学的政策并采取正确的行动。正如胡利娅·塔·德阿尔瓦雷斯大使于1998年10月1日在国际老年人年发起大会上所说:"当我们用'世界是平面的'这一概念去解释所有事物的时候,人们以为世界就是平面的。而当世界被证明是圆球的时候,新的思维、结构、术语和形象就开始发展。同理,把老龄化看作是一个终身的、全社会的现象——不只是和老年人相关的现象——也需要思维的转换。"国际社会、国家、社区、个人都必须充分认识到人口老龄化的严峻性,及时转变对老龄化、老年人和老龄社会的传统偏见。

(一)应当充分认识到人口老龄化的严峻性和不可逆性

20世纪50年代始,随着第二次世界大战的结束,工业文明的进步,世界主要发达国家相继进入老龄化社会;自80年代开始,世界人口老龄化的速度逐渐加快,导致20世纪最后一年被联合国议定为"国际老年人年";进入新世纪以来,人口老龄化大潮席卷全球,并呈现出新的特点,对国际和国内经济、政治、文化秩序产生了深刻影响。展望未来,这场世界范围的人口老龄化还将持续并将日趋严重,将会在更大范围、更深层次上影响人类社会。对此,我们必须要有清晰认识并给予高度重视,必须认识到人类社会已经进

① 陈国樑、潘德增:《积极老龄化行动浅谈》,载《第八届亚洲/大洋洲地区老年学和老年医学大会"积极老龄化"中文论坛论文专辑》,2007年。

入一个前所未有的、不可逆的老龄化社会。这就意味着试图改变人口结构变化的大趋势是徒劳的，人类社会必须学会主动适应老龄化社会的到来，尊重老龄化社会的内在规律，不能再抱持将老年人看作客体和对象、将其视为社会包袱和累赘、歧视和排斥老年人、恐惧老龄化社会的传统老龄观，而应发挥人类的聪明才智，全面认识老龄化和老龄社会的客观规律，创新老龄化社会理论，进行变更观念，探究应对老龄化社会的政策框架和行动指南。

(二)转变对老龄社会的传统观念

传统上，人们习惯将老龄化的前提预设为老年即意味着生理与心理的必然衰退，将老龄社会视为没有活力、充满“负能量”的社会，甚至将老龄社会看作“危机”，对老龄社会的到来充满恐惧，并试图通过调整人口政策来应对老龄社会。事实上并不是这样的。

(1)老龄社会的出现是人类文明的巨大进步，是经济社会进步、医疗卫生水平提高以及世界人权保障事业发展的逻辑结果。老龄社会不是短期现象，而是未来社会的常态特征。我们必须跳出老龄化本身的狭隘视角，站在人类发展的高度来看待人口老龄化。

(2)老龄社会并不意味着缺乏活力。传统老龄观从“问题”视角解读老龄化问题，遮蔽了老龄化所蕴含的巨大潜能。著名的生命周期学家纽伽顿早在 1980 年就指出:“几乎在 20 年前，我们已经慢慢地变成与年龄不相关的社会，这就是说，我们已经变得习惯于 28 岁的老市长……50 岁的退休者，一个学龄前儿童的 65 岁的老父亲以及 70 岁的学生。”[①]在社会建构论者看来，传统消极老龄观是“在特定文化中有着特定的假设与价值观的独特的职业群体的协作成果，这是一个典型的科学构建生命的过程”，而“我们描述与解释世界的方式并不是由世界本身的本质所决定，而是通过人们主动的协商与合作，这样一种理解是被建构的。科学中并不存在着唯一正确的描述世界的方式”[②]。也就是说，传统老龄化只是持有目的的人们主观的社会建构的结果，而事实上年老具有多种可能性，它并不必然意味着衰退。

(3)老龄社会就是“老年人的社会”，我们要树立不老的思维。对于年轻人来讲，应当树立这样的思维:这个世界既是我们的，也是你们的;对于老年

---

① B. Neugarten, “When age doesn't matter,” *Newsweek*, Aug. 11, 1980, p. 73.

② 郭爱妹、石盈:《“积极老龄化”:一种社会建构论观点》，载《江海学刊》2006 年第 5 期。

人来讲，应当树立这样的思维：这个世界既是你们的，但更是我们的。

（三）转变对老年人的传统观念

传统上，人们习惯于将老年人看作客体，将老年人等同于衰退和无用，将老年人视为负担和累赘，认为养老就是解决老年人的"衣食住行"，甚至形成了严重的老年人歧视现象。事实上并不是这样的。

（1）老年人从来都是社会发展的主体。一方面，没有过去就没有现在，也就不会有未来。老年人是社会的奠基人，他们曾为社会做出过基础性贡献，没有老年人就没有年轻人和现在的社会。另一方面，在人口老龄化的背景下，老年人还是社会发展和社会进步的重要动力。总之，老年人是社会进步的重要参与者和贡献者。正如联合国秘书长安南在第二届世界老龄大会上强调："老年人是过去、现在、未来的中介，他们的智慧和经验筑成了社会的生命线。21世纪仍然需要老年人！"对于年轻人而言，应当树立一种依赖老年人的思维；对于老年人而言，应当以船主的姿态做船长，继续参与社会。国际社会、国家、社区和个人都应当充分尊重老年人的人权和基本自由。联合国曾指出，促进和保护包括发展权在内的所有人权和基本自由，对于建立一个能包容所有年龄者并使老年人能充分、不受歧视而平等地参与的社会来说是必不可少的。制止基于年龄的歧视以及增进老年人的尊严，对于保证老年人受到应有尊重而言至关重要。

（2）老年人并不等同于衰退和无用。1982年《维也纳国际行动计划》指出："老年人只是每个人生命期事业和经验的延续，而他们的知识能力和潜力在整个生命期都是一直存在的。"科学研究也表明，人的智力会随年龄的增大而增长。丹麦大学霍恩教授认为，人的智力功能分为两类：一类是由人的生理结构所决定"液态智力"，包括记忆力、思维敏捷度、知觉整合力等；另一类是由人们的文化、知识、学习、经验等决定的"晶态智力"，包括知识广度、词汇掌握、判断能力。"液化智力"会随年龄增长而弱化，但"晶化智力"在人们成年后不但不会减弱，反而有所加强。[①] 事实上，老年人是可塑的。20世纪70年代，"国外发展心理学领域兴起了一种新观点——"毕生发展观"。其认为，人在一生中都有生长—衰退、获得—丧失两阶段。老年人认知功能不是只有减退，通过学习、训练还可以提高，因为老年人依然存在认

① 参见高志敏等：《终身教育、终身学习与学习化社会》，华东师范大学出版社2005年版，第56页。

知储备能力。[①] 霍华德·麦克拉斯基在1971年白宫老龄问题会议的开幕词中宣称:“对于所有年龄组的一切人来说,教育是一项基本权利,它是持续进行的,而且今后将成为老年人获得丰富的和富有意义的生活途径之一,是帮助他们发挥其潜力,使之成为改善社会的源泉的一种手段。”[②]老年不是生命的终结,而是人生的另一种开始。“没有必要因为不再年轻而充满着绝望,它可以是美丽的。我们还强调积极地生活并不意味着追求财富、强壮与健康,而是完全地把握自己,甚至对于那些看起来残疾或生病的人也是这样。”[③]

(3)老年人不是社会的包袱,他们是宝贵的社会财富。1996年,世界卫生组织在《关于健康和老龄化的巴西利亚宣言》中指出,健康的老年人仍然是家庭、社区及经济发展的宝贵资源。2002年,《马德里政治宣言》也指出:“老年人的潜力是未来发展的强有力的基础。社会依靠老年人的技能、经验和智慧,老年人不但首先改善他们自己的条件,而且还能积极参与全社会条件的改善。”随着社会发展,医疗、教育、社会保障条件的改善,受到良好教育且保持健康状态的老年人越来越多,老年人成为越来越重要的社会资源,尤其是特殊行业(如医学、科学研究)的老年人。世界卫生组织曾指出:“当劳务市场、就业、教育、卫生及社会政策和项目根据个人的基本人权、能力、需要和喜好支持老年人参与社会经济、文化和精神活动,人们在进入老年以后还可以通过收入性的和非收入性的活动为社会继续做出生产性的贡献。”老年人不仅不是社会的包袱,相反还能够给社会带来财富,减轻社会保障的压力。实际上,激发老年人的潜能、发挥老年人的效应、减轻社会养老负担,也是积极老龄化的目标之一。

(4)养老除了解决“老有所居,老有所养,老有所医”外,还应解决“老有所为,老有所学,老有所乐”。由于现在的老年是“青春老年”“活力老年”“魅力老年”,因此养老问题绝不仅仅是“衣食住行医”,还应当包括作为、学习、娱乐。我们应当以老年人权为核心,围绕健康、参与和保障这三大支柱,树立全面养老观,实现“老有所居,老有所养,老有所医,老有所为,老有所学,

---

① 参见吴振云:《老年心理学与积极老龄化——从心理学视角看待积极老龄化》,载《第八届亚洲大洋洲地区老年学和老年医学大会中文论坛讲演暨优秀论文摘要集》,2007年。

② [美]里查得·克伦塔尔:《老年学》,毕可生等译,甘肃人民出版社1986年版,第443页。

③ 郭爱妹、石盈:《“积极老龄化”:一种社会建构论观点》,载《江海学刊》2006年第5期。

老有所乐”的一体化建设。

(5)善待老年人就是善待自己。老年是人生的必经阶段,善待老年人就是善待自己。“事实上,家家都有老人,人人都会变老,每个人都是老龄化社会的组成部分,研究老龄化问题其实就是在研究我们自己。”[①]我们每个人都难以逃离人口老龄化的大潮,面对老年人,我们不能“事不关己,高高挂起”,更不得歧视老年人,而应当做到“老吾老以及人之老”。

总之,传统老龄观将老年人看作是被关怀、被照顾的对象,忽略了老年群体的能动性和创造性,忽视了老年群体对经济社会发展的巨大潜能。我们要抛弃“对人口老龄化社会持悲观思想,将老年人视为‘老朽’‘负担’,对社会日益老龄化感到恐惧,认为人类社会将面临人口危机和社会保障制度崩溃”的传统观念,消除对老年人的负面看法,反对一切形式的老年人歧视,树立全面的人口老龄化观念。“历史一次次地证明,机遇往往与挑战共存。如果我们以一种全新的理念看待人口老龄化并以创新的思维来应对它,那么人口老龄化将更多地体现为未来社会发展的机遇。”[②]

二、政策:积极老龄化的基础

“老年阶段”的生活及其意义不是命运和自然的结果,而是个人选择和社会政策的结果。[③] 因此,积极应对人口老龄化必须借助积极的政策才能实现。如果说观念是积极老龄化的先导,那么政策就是积极老龄化的基础。老龄社会应对是一项系统工程。老龄社会问题繁多且与其他社会问题交叉重叠,其中有些方面与其他社会问题还存在一定的紧张关系。如何协调、缓和这些冲突和紧张关系,是公共政策和立法必须面对的综合课题。对此,应当选择一种“系统”的政策模式才能真正落实积极老龄化的理念,才能有效应对人口老龄化。

积极老龄化政策的系统性可以从内容和形式两个方面来理解。从内容上来说,积极老龄化政策是以老年人权为核心,涵盖健康、参与和保障,涵盖家庭赡养、社会福利、养老保险、医疗保险、社会救助、社会优待、社会照料、

---

① [美]戴维·L·德克尔:《老年社会学》,沈健译,天津人民出版社1986年版,第8~9页。

② 彭希哲、胡湛:《公共政策视角下的中国人口老龄化》,载《中国社会科学》2011年第3期。

③ 参见成梅:《以生命历程范式浅析老年群体中的不平等现象》,载《人口研究》2004年第3期。

社会参与、老年服务设施、法律责任等内容的政策体系。从形式上来说，积极老龄化政策首先可以分为国际政策、区域政策和国家政策。其中，国际政策主要是指联合国出台的各类涉老宣言、公约、计划、原则等。区域政策主要是指欧盟等组织在特定地区颁布实施的涉老宣言、条约等。国家政策是指在主权国家内部颁布实施的涉老政策。在一国内部，积极老龄化政策在形式上的系统性可以从领域、部门和形式三个方面来理解。就领域而言，积极老龄化政策涵盖政治领域、经济领域、社会领域、文化领域、生态领域等。就部门而言，积极老龄化政策涉及医疗卫生部门、就业部门、教育部门、社会保障部门、人口和人事部门等多部门的政策。应对人口老龄化“仅仅调整人口政策不足以应对人口老龄化，仅仅调整对老年人的政策不足以应对人口老龄化，仅仅调整某一部门的政策不足以应对人口老龄化”[①]，需要上述部门的有机协调。就形式而言，积极老龄化政策是以宪法为龙头，由战略、规划、计划、立法、行政措施以及其他配套措施等形式构成的公共政策体系。其中，立法从横向上包括公法、私法和社会法，从纵向上包括中央立法和地方立法。

积极老龄化政策是由上述各级、各类、各部门、各层级的政策构成的体系。它必须以老年人的权利实现为出发点，贯彻落实积极老龄化的理念和原则，以系统的政策思维对国家、社区、个人提供政策指引，这是积极老龄化实现的基础和重点。积极老龄化的政策尤其应当遵循以下几项原则：

第一，人权保障原则。人权保障已经成为国际共识，而且越来越成为衡量社会文明程度的基本标尺。根据《人权宣言》、人权两公约的有关规定，人权可以分为经济、社会和文化权利以及公民权利和政治权利，老年人人权是其重要组成部分。积极老龄化政策框架必须以老年人人权保障为出发点和归宿，在战略选择、政策制定过程中应当首先贯彻人权保障的原则。

第二，公平正义原则。在积极老龄化的框架内，公平正义是一个非常重要的衡量标准和考核指标。公平正义包括代际公平和老年群体内部公平两个层面。代际公平是积极老龄化的核心要义，是“建立不分年龄人人共享社会”的基础，是指老年人和年轻人共享发展成果和发展机会。老年群体内部的公平是积极老龄化政策的重要内容，也是老年人权保障的逻

---

① 彭希哲、胡湛：《公共政策视角下的中国人口老龄化》，载《中国社会科学》2011 年第 3 期。

辑要求。代际公平要求各国采取措施使老年人与其他社会成员共享社会发展成果，将消除贫困、健全医疗和社会保障作为优先目标，不断提高老年人的生活水平，改善老年人的健康状况，提升老年人社会参与的实效。需要特别说明的是，这里的公平正义不是机械的和低层的，而是建立在发展基础之上的。

老年群体内部公平要求对老年人中的弱势群体采取优先的、特别的保护措施。老龄化具有个体和群体差异性。国家在制定政策时，应当认识到以下两点：一老年人的情况并不是完全一致的；二老年人在其生命的各个阶段有很多差别，通常处于极为不利地位的老年妇女的处境需要特别关注。[①]

第三，全面协调和可持续发展原则。相对于成功老龄化、生产性老龄化、健康老龄化分别以"老年人身体机能""老年人力资源""老年人健康"为基本考量，积极老龄化的内涵更为丰富，考量因素更为多元。积极老龄化旨在追求独立、参与、照顾、自我实现、尊严等综合目标的实现。尽管各国在应对人口老龄化时，可以设计不同的目标顺位，并采取不同的优先行动，但整体而言，积极老龄化政策框架必须树立"全面的理念"，综合考虑老年人独立、参与、照顾、自我实现、尊严的因素，实现健康、参与和保障的协调推进；不仅要解决"老有所养，老有所医"，还要解决"老有所为，老有所乐，老有所学"。积极老龄化还必须坚持可持续发展的原则。尽管积极老龄化强调积极的观念、政策和行动的重要性，但积极老龄化的最终目标是要实现健康、参与和保障获得最大效益（程度）的实现。说到底，这一目标的实现直接依赖于政府和社会的承担能力，最终依赖于国家的经济发展水平。因此，我们应当树立可持续发展的思维，进行社会资源的优势整合，大力发展经济尤其是发展老年经济，确保积极老龄化目标在高层次上实现。

三、行动：积极老龄化的关键

人口老龄化带来的冲击并不完全来自于老年人或者老龄化本身，更缘于现有的制度安排阻碍了我们采取及时有效的行动来应对其所带来的问

---

① 在这场人口老龄化大潮中，老年人口本身也在老龄化。增长相对快的年龄组是 80 岁以上者。到 2050 年，80 岁以上的人口总数将由 2000 年的 7000 万人增加 5 倍以上，将占到老年人口总数的 20%。女性老年人比男性老年人增长速度快，而年岁越高超过越多。（参见《世界人口老龄化：1950～2000》，http://www.un.org/chinese/esa/ageing/trends.htm.）

题,从而无法满足老龄社会的发展需求。[①] 世界卫生组织指出,只有政府、国际组织、民间团体和个人的合作行动,老年人健康、参与和保障才能获得最大程度的实现,国家才能够有效应对人口老龄化。因此,我们应当依循积极老龄化观念,按照积极老龄化的政策框架,及时采取如下行动来应对人口老龄化。

(一)搞好宣传教育,营造积极氛围

一般来讲,理念在前,行动在后。理念对于行动至关重要,持何种理念就会采取何种行动。然而,要改变既有观念也依赖积极的行动。建立一个健康、积极的老龄社会不单要有足以改变个体发展条件的具体政策,还要有能创造出支助性的社会、经济与文化环境。[②] 因此,积极老龄化理念的确立和政策实施首先应当通过宣传教育改变人们的传统观念,宣传积极的理念,普及积极的知识,营造积极的氛围。

根据现代社会学的重要理论流派之一"符号互动论"的观点,人的行动是有社会意义的,人们之间的互动是以各种各样的符号为中介进行的,人们通过解释代表行动者行动的符号所包含的意义而作出反应,从而实现他们之间的互动。自我是人们在与他人的互动过程中逐渐获得的,其中并无先天成分。人的思维过程很大程度上是主体的我(I)与客体的我(Me)之间的互动过程。就好像他人是一面镜子,我们在他人那看到了自己,并且认为那是真正的自己。国家、社会和个人怎么看待老年人将会对老年人的自我认知和定位产生影响,也将会对老年人的行为意识、方式和效果产生重要影响。当人们以消极的观点看待老年人,将其定位为衰退、无用、负担、包袱时,老年人也将产生消极的自我暗示,进而不利于老年人能力和潜力的自我激发和发挥。而当人们以一种积极的态度看待老龄化,描绘老年人,尊重老年人的主体地位,将其视为宝贵的社会财富时,老年人也将最大限度地发挥余热、贡献智慧、服务社会。世界卫生组织指出:"为了促进积极老龄化运动,所有的相关责任人都应该通过在政治舞台、教育部门、公共论坛和新闻媒体,如广播和电视节目的对话、讨论和争论来阐明和普及'积极老龄化'的概念。"因此,全社会应当改变将老年人视为无用、负担、包袱、累赘的传统偏见,改变将老龄社会视为负能量社会的传统认识,通过各种方式营造积极老

① 参见穆光宗:《老年发展论:21世纪成功老龄化战略的基本框架》,载《人口研究》2002年第6期。

② 参见邬沧萍、姜向群:《"健康老龄化"战略刍议》,载《中国社会科学》1996年第5期。

龄化的浓厚氛围，牢固树立积极老龄化的观念体系。全社会还应当广泛开展维护老年人合法权益的宣传教育活动，弘扬敬老、爱老的传统精神，树立尊重、关心、帮助老年人的社会风尚。

（二）建立健全积极老龄化的体制机制

没有健全的体制机制，积极老龄化的政策难以落实，积极老龄化的行动难以有序、有效。实施积极老龄化政策需要建立、健全如下体制机制：

一是国家（政府）、社会、家庭相结合的老龄社会应对总体制。国家积极老龄化战略的实施，需要国家（政府）、社会、家庭共同采取行动，缺少任何一个环节，积极老龄化的目标就难以实现。以老年人人权为核心构建起来的积极老龄化，对应于国家的生存照顾的宪法义务，国家应当采取积极的行动来应对人口老龄化，这是毫无疑问的。但是人口老龄化已经成为或者即将成为社会的常态，应对人口老龄化的任务异常艰巨，单靠国家（政府）的力量是不够的，还需借助社会家庭的力量。尤其是家庭。家庭在应对人口老龄化过程中的作用是无可替代的，几乎所有的关于应对人口老龄化的国际宣言、公约、计划等都强调家庭应对人口老龄化的重要性，并强调国家应当建立支持家庭养老制度。只有建立健全国家（政府）、社会、家庭三位一体的总体制，才能为积极老龄化提供体制保障。

二是政府的统筹协调机制。在积极老龄化政策框架下，应对人口老龄化需要社会保障部门、人口和人事部门、医疗卫生部门、就业部门、教育部门等多部门的共同行动。因此，建立健全政府部门的统筹协调机制就显得格外重要。正如有的学者指出，只有建立一个权威的常态统筹机构，从体制上强势整合人口计生、民政、卫生、社保等部门的相关职能与资源，对政策进行统一的规划、管理、调控与实施，才能有效推进公共政策体系在老龄化背景下实现积极的转变。①

三是积极老龄化的具体体制机制。在上述两种体制和机制的基础上，积极老龄化政策的落实还需要建立健全面向老年人健康、参与和保障的具体机制。例如，建立健全以家庭为核心、社区为辅助、机构为补充的养老体制，建立健全老年人就业协调机制、志愿服务机制、决策参与机制、老年人教育机制，建立健全多元化社会保险机制、社会救助机制、社会优待机制等等。

---

① 参见彭希哲、胡湛：《公共政策视角下的中国人口老龄化》，载《中国社会科学》2011年第3期。

(三)加强积极老龄化的制度建设

落实积极老龄化政策,实现积极老龄化目标,必须加强积极老龄化制度建设,创新并完善积极老龄化基本和具体制度体系。积极老龄化基本制度应当包括家庭保护制度、社会保险制度、社会照料制度、社会优待制度、社会救助制度、社会参与制度、法律责任制度、老龄事业财政预算制度以及老年人统计与调查制度等。它们构成积极老龄化的主体框架。在该主体框架下,还应当加强家庭保护、社区照料、就业制度、志愿服务制度、决策咨询制度、老年教育、长期照护、老年人才制度、退休制度、社会保险、社会救助、高龄津贴制度等积极老龄化具体制度建设。它们构成了积极老龄化制度的分支。积极老龄化制度体系见表 1-3。

表 1-3　　积极老龄化制度体系

基本制度	具体制度
家庭保护	经济供养制度、生活照料制度、精神慰藉制度、婚姻自由制度、人身权保障制度、财产权保障制度、老年监护制度
社会保险	基本养老保险、基本医疗保险、长期照护保险
社会照料	居家照料制度、社区照料制度、机构照料制度
社会优待	政务优待、医疗服务优待、住房优待、尊老优待、文教优待、高龄优待
社会救助	生活救助、医疗救助、住房救助、其他救助
社会参与	就业制度、志愿服务参与制度、立法参与制度、组织参与制度
其他	老龄事业财政预算制度、老年人统计与调查制度、福利机构监管与人员培训制度

上述制度建设是积极老龄化行动的重要内容,但是就行动策略上来讲,它们之间有个优先顺序的问题。根据《马德里国际行动计划》,各国应当在老年人和发展、促进老年人的健康和福祉以及确立有利的支助性环境等三个方面采取优先行动。按照这一行动策略,实施积极老龄化战略,尤其应当优先加强家庭保护、社区照料、就业制度、志愿服务、老年人教育、长期照护、老年人才队伍、弹性退休、社会保险、社会救助、高龄津贴制度、长期照护等具体制度的建设,逐步改善保障老年人生活、健康以及参与社会发展的条件,实现“老有所居,老有所养,老有所医,老有所学,老有所为,老有所乐”。

结　语

积极老龄化是国际社会提出的应对人口老龄化的政策框架，具有相当的普适性。但积极老龄化政策框架的实现，不仅依赖于国际社会的倡议推动，更依赖于主权国家的实际行动。实现积极老龄化由国际政策到国家行动的转变，需要主权国家将积极老龄化上升为国家战略，将积极老龄化视为国家战略体系中的一个重要组成部分，将老龄事业纳入国民经济和社会发展规划，制定老龄事业发展专门规划，使老龄事业与经济、社会协调发展。

几乎所有的战略、规划和政策都具有文化和历史根植性，积极老龄化也不例外。由于各国经济、政治、文化传统、人口数量、老龄化程度等方面的差异，各国（地区）应对人口老龄化的任务有轻重缓急的不同，采取的具体策略也不完全一样。例如，由于经济发展水平和老龄化进程①等方面的差异，发达国家和发展中国家采取的应对人口老龄化的策略就有所区别。事实上，各国老龄政策法规的制定都具有鲜明的本国特色，都是与本国的国情和具体实际相结合，经过不断探索而积累起来的。联合国也多次强调，国际社会不得干涉主权国家根据自身情况采取适合自己的积极老龄化策略。这就要求各主权国家在积极老龄化的国际政策框架内，综合本国老龄化国情、经济社会发展状况以及传统文化等多种因素，选择适合本国实际的积极老龄化策略。

---

① 目前在发达国家，绝大多数老年人生活在划定为城镇的地区；但在发展中国家，多数老年人生活在农村地区。对人口结构的预测表明，到2025年，发达国家82%的人口将生活在城镇，而发展中国家生活在城镇的人口不到其人口比例的一半。在发展中国家，农村老年人比率超过城镇地区老年人比率。关于老年人所生活的家庭形态，发达国家和发展中国家之间也存在着显著区别。（资料来源于《世界人口老龄化：1950～2000》，http://www.un.org/chinese/esa/ageing/trends.htm.）

第二章

积极老龄化的国家战略

人口老龄化问题在当下的全球经济社会发展过程中不容回避。从价值理念和宏观政策角度探索人口老龄化及其引发的各种社会问题的化解之道，尽量降低人口结构变化对社会发展带来的负面效应，是全世界、全人类共同思索的课题。新中国成立后，我国老龄事业和老龄工作历经几个阶段的发展，党和国家在老龄化社会应对问题上的认识不断深化，逐渐认同积极应对人口老龄化的国际共识。为此，我国作出相应的战略选择，提出积极老龄化的国家战略，并为《老年人权益保障法》所确认。实施积极老龄化的国家战略具有重要意义。首先，积极老龄化战略的实施意味着理念上的转变和突破，意味着我们要用全新的思维去认识老龄化社会及其带来的挑战。其次，实施积极老龄化国家战略深刻影响到老年人权利体系的发展，表明老年人的平等权、健康权、人格尊严、获得社会保障权、社会参与权以及获得社会优待权等权利需要给予侧重保障。最后，在积极老龄化战略实施过程中，政府和社会承担着共同或不同的责任，这些责任的切实履行是维护老年人权益，推动老龄事业、老龄工作不断发展的根本保障。

第一节　中国积极老龄化政策选择

新中国成立以来，随着我国人口结构的转变、老龄化进程的加快和政府在该领域观念的革新，国家的老龄政策法律制度经历了一些发展变化。在发展阶段上呈现为从起步、调整到快速发展，在侧重面上呈现为从以社会救济、救助为重心到以权益保障为重心，在方式上呈现为从政策主导、分散立法到政策与法律协作共治，在态度上呈现为从老龄社会被动应对到积极规划，在应对主体上呈现为从单一主体向多元主体发展。总之，老龄政策理念逐渐成熟，并接近国际共识，老龄制度体系不断充实完善。

一、中国老龄政策演变

中国老龄政策的演变发展可以大致分为如下几个阶段：

(一)1949～1978年：老龄政策起步发展时期

这一历史时期，新政权建立并逐步稳固，各项新的社会政策开始建立。客观地说，在这一阶段，政府在人口问题上关注的重点在于要不要控制人口数量、人口到底是发展的红利还是负担等问题，社会老龄化趋势尚不明显，问题既不突出，更没有受到重视。当时没有关于老年人和老龄社会的国家层面的专项立法。“五四宪法”中两个条款涉及老年人：一是明确了公民在年老时有从国家和社会获得物资帮助的权利，即“获得物资帮助权”；二是强调禁止虐待老人、妇女和儿童。除此之外，国家通过政策、文件的形式，逐步确立了适应当时计划经济体制和城乡严格二元制的社会保障制度。

这一阶段比较典型的政策文件有：1951年2月政务院颁布的《中华人民共和国劳动保险条例》，其中规定了退休金的领取制度，但该条例实际实施的范围并不广泛，仅在部分行业得到实施；1955年12月，国务院颁布《国家机关工作人员退休处理暂行办法》，从此建立国家机关工作人员的退休制度；1958年，国务院颁布实施《关于工人、职员退休处理的暂行规定》，这标志着除农村地区之外，在城市普遍实行退休制度，基本建立了城镇社会养老保障和医疗保障体系。不难看出，在高度城乡二元结构中，这些政策制度主要是围绕企业、事业单位和国家机关的工作人员展开的，主要包括退休、社会养老保障和医疗保障。这个时期，广大农村地区的老龄人口尚未受到广泛的国家制度关照，缺少基本的社会养老制度保障。国家只为少数处于特别状态下的农村老年人提供一些保障，如为农村中无劳动能力、无生活来源、无法定赡养抚养义务人或虽有法定赡养抚养义务人但无赡养抚养能力的老年人、残疾人和未成年人设立“五保”制度，即保吃、保穿、保医、保住、保葬（孤儿为保教）；1956 年的《高级农业合作社示范章程》和 1962 年的《农村人民公社工作条例修正草案》等对丧失劳动能力的职工的生活作了具体的规定。除此之外，农村一般老年人的社会保障和生活福利制度都没有作明确规定。“文化大革命”期间，中国老龄工作陷入停滞状态。尽管这一时期的老龄政策受政治环境影响较大，发展缓慢，同时缺乏远期规划，处于“走一步看一步”的粗放式状态，在公平公正方面亦值得反思，但也为后来的调整完善积累了宝贵经验。

（二）1979～1999 年：老龄政策调整发展时期

党的十一届三中全会开启了各项事业的新篇章，中国的老龄事业也以此为开端，重新进入正常轨道。

1980 年前后，国务院先后颁布实施了《关于安置老弱病残干部的暂行规定》《关于工人退休、退职的暂行规定》等六项规定。1982 年，正式成立中国老龄问题全国委员会，并提出著名的“老有所养，老有所医，老有所为，老有所学，老有所乐”的工作目标。老龄委这一专门机构的设置，为老龄工作的顺利开展奠定了基础。20 世纪 90 年代以后，老龄政策体系的建设加快。

党的十三大明确提出“要注意人口迅速老龄化的趋向，及时采取正确的对策”；十四大又提出要“重视研究人口老龄化问题，认真做好这方面的工作”。1994 年 12 月，民政部、财政部、全国老龄委等十部委联合发布《中国老龄工作七年发展纲要（1994～2000 年）》。这是我国老龄事业发展进程中第一个全面规划老龄工作和老龄事业发展的重要指导性文件，标志着我国老龄工作和老龄事业开始进入有计划的发展轨道，推动了老龄工作和事业的发展。该《纲要》明确提出几项至关重要的观念：人口老龄化是全世界面临的重大社会问题，已经引起国际社会的普遍关注；我国人口正在迅速老龄化，解决该问题具有复杂性和艰巨性；人口老龄化是人类社会发展的必然趋势，影响深远，做好老龄工作是党和政府乃至全社会的共同责任。同时也明确了老龄工作和老龄事业发展要坚持家庭养老与社会养老相结合、物质供养和心理调适相结合、法制和教育相结合等原则，特别强调要重视农村老龄工作的发展。正是在该《纲要》中,将积极推进老年立法、建立健全老年法规作为重要的任务目标。在此指引下,1996年8月,全国人大常委会审议通过了《中华人民共和国老年人权益保障法》。这是新中国第一部有关老年人权益保护的专项统一立法,具有老年人权益保障基本法的性质,也意味着老年人权益保障工作和老龄工作的开展走向法制化道路。

(三)2000年以来:老龄政策快速发展时期

进入21世纪,老龄政策迈入快速发展时期。老龄政策之所以发展迅速,一是源于思想认识的深化,二是由于汹涌而至的老龄化进程的敦促。

2000年,中共中央、国务院颁布了《关于加强老龄工作的决定》,确认人口年龄结构已经开始进入老龄化阶段,重申并强化了老龄工作在新时期的重大意义,继而明确提出未来老龄工作的指导思想、原则和目标。其中发展老龄事业要遵循的原则包括:坚持老龄事业与国民经济和社会发展相适应,坚持家庭养老与社会养老相结合,坚持政府引导与社会兴办相结合,坚持道德规范与法律约束相结合,坚持关心老年人生活以及老龄妇女的特殊问题与加强思想政治工作相结合,以及坚持统筹规划与分类指导相结合。将之后一个时期老龄事业发展的目标确定为:建立和完善有中国特色老年社会保障制度和社会互助制度;建立以家庭养老为基础、社区服务为依托、社会养老为补充的养老机制;逐步建立比较完善的以老年福利、生活照料、医疗保健、体育健身、文化教育和法律服务为主要内容的老年服务体系,切实提高老年人的物质和精神文化生活水平,基本实现老有所养,老有所医,老有所教,老有所学,老有所为,老有所乐。

2001年,国务院批准颁布了《中国老龄事业发展“十五”计划纲要(2001～2005年)》,力图把老龄事业推向“全面发展的新阶段”,为五年内的老龄事业发展制定了明确和具体的目标。尤其是提出要初步建立适应社会主义市场经济要求、体现城乡不同特点的城市和农村养老保障体系的工作目标。在具体内容上,开始建立起包括老年人的经济供养、医疗保健、照料服务、精神文化生活以及合法权益保障等在内的框架。

2002年4月,中国派员参加第二次世界老龄问题大会。在该次会议上,中国与各国政府讨论并通过了《马德里老龄问题世界行动计划》和《政治宣言》,向全世界作出中国政府积极迎接人口老龄化挑战的承诺,明确解决老龄问题的基本立场,并提出相应对策。此后几年相继发布了《关于加快发展养老服务业意见的通知》(2006)、《关于全面推进居家养老服务工作的意见》(2008),逐渐拓宽老龄化社会反映出的问题面及涵盖领域。

2011年,国务院印发了《中国老龄事业发展"十二五"规划》,对"十二五"时期老龄事业面临的形势作出了客观的预判,并制定了未来五年的主要任务。规划首次提出要建立健全老龄战略规划体系、社会养老保障体系、老年健康支持体系、老龄服务体系、老年宜居环境体系和老年群众工作体系等六大体系;坚持老龄工作与经济社会发展相适应、立足当前着眼长远、政府引导与社会参与、家庭养老与社会养老相结合、统筹协调与分类指导相结合以及道德规范与法律约束相结合的六项基本原则;描绘了在战略对策上要建立起应对人口老龄化战略体系的基本框架,制定实施老龄事业中长期规划,经济保障方面要建立覆盖城乡居民的社会养老保障体系的五年工作目标,以实现六个"老有",让广大老年人共享改革发展成果。这份规划是老龄事业发展过程中一个时期的纲领性文件,也是政府积极应对老龄化、统筹解决老龄问题的重大举措。

2012年起,随着老龄化速度加快和规划的指引,老龄政策的制定与出台也更加紧凑、密集。首先是《中华人民共和国老年人权益保障法》继1996年出台后首次修订,进一步完善了老龄事业和老龄工作基本法律制度。该次修订以"积极应对人口老龄化"作为法律修改的灵魂,提出"积极应对人口老龄化是国家的一项长期战略任务",这一定位贯穿整部法律,具有深远的意义。该法在老年人权益保障方面的突破还有:(1)重新定位家庭养老。将原法中的"老年人养老主要依靠家庭"修改为"老年人养老以居家为基础"。作为补充,明确提出国家应当建立健全家庭养老支持政策,包括支持家庭养老的免税、津贴、弹性就业等政策。(2)强调对老年人精神的关照,突出精神慰藉内容,提升老年人权益保障法的人文情怀。如"常回家看看"条款,回应了《老年人权益保障法》作为社会法的本质属性,体现了法律的倡导、指引和教育功能。(3)增加老年人"意定监护"制度。老年人在尚具有完全判断能力时,可以按照真实意愿选定监护人并与其签订委托监护合同,授权意定监护人在本身无法自主履行事务时,帮助处理生活、财产事务或进行身体照看等。另外,实施对监护人进行监督的制度。该制度对于保障老年人合法权益、保护老年人人格尊严具有重大意义。(4)提出国家开展长期护理保障工作,建立失能老人护理补贴制度,力图化解老年人面对的失能风险。(5)强调社会养老服务体系的结构化，即以居家为基础、以社区为依托、以机构为支撑，强化养老中的社会服务，以及政府在社会养老服务体系建设中的责任，通过建立养老机构准入制度和加强对养老服务行业的监督管理保障社会养老服务质量。

《老龄事业发展“十二五”规划》和修订后的《老年人权益保障法》无疑成为新的历史时期指引和支撑老龄工作的政策、法律基石，力图形成制度合力，搭建更系统、完善的老龄社会应对制度体系。以此为契机，2012 年以来的各项具体政策措施、地方立法呈现喷涌状态。如 2012 年，民政部发布的《关于鼓励和引导民间资本进入养老服务领域的实施意见》，旨在凝聚社会力量，缓解养老服务供需矛盾，实现养老服务投资多元化。2013 年，国务院发布的《关于加快发展养老服务业的若干意见》指出，充分发挥市场在资源配置中的基础性作用，逐步使社会力量成为养老服务业的主体，营造平等参与、公平竞争的市场环境，满足养老服务多样化、多层次需求。为落实《老年人权益保障法》要求，民政部于同年颁布了《养老机构设立许可办法》，填补了民办养老机构部门规章的空白，呈现出规范化和引导化的特点，也体现出政府构建“大社会、小政府”治理模式的努力。2014 年，国务院发布的《关于建立统一的城乡居民基本养老保险制度的意见》提出，到“十二五”末，在全国基本实现新型农村合作医疗保险和城镇居民基本医疗保险制度合并实施，并与职工基本养老保险制度相衔接；2020 年前，全面建成公平、统一、规范的城乡居民养老保险制度。至此，我国延续半个多世纪的城乡二元养老制度逐渐式微。

上述是进入新世纪以来，国家针对老龄事业发展和老龄工作作出的重要专项政策部署。值得特别说明的是，老龄事业和老龄工作绝不是一项孤立的事业和工作，它既是经济社会发展中一个重要的领域，也与其他各项事业有着千丝万缕的关系。因此，除了专项的老龄政策、立法之外，还有更为宏观的或交叉的政策法律关注老年人权益的实现和保障，如《国民经济和社会发展第十二个五年规划纲要》《国家基本公共服务体系“十二五”规划》《社会保障“十二五”规划纲要》《国家人口发展“十二五”规划》等。据不完全统计，进入新世纪以来，我国政府先后共制定的涉老政策、立法达 200 多件，反映出政府对老龄政策态度从初步重视到高度重视的转变，尤其是“十二五”期间政策的密集出台更反映了老龄问题的紧迫性以及政策取向初步向与民生相关的老龄领域倾斜的政策倾向。

二、中国老龄政策简评

经过半个多世纪的演变发展，我国老龄政策法制已经形成一个有内在逻辑的体系。这一发展过程汇入中国各项事业现代化的进程，表现出鲜明的时代性和特点。

第一，老龄政策制度体系总体发展较快，呈现出从政策主治到政策与法律协同共治的规律性。政策主治与法律主治在近年来的中国社会治理中主要呈现出承续性的特征。依靠政策来治理国家是我国新中国成立以后很长一段时期内主要的社会治理方式。大多社会领域的管理缺少基础性、统率性立法，主要靠党和政府的政策文件来推进。改革开放恢复法制建设以来，尤其是“依法治国，建设社会主义法治国家”治国方略实施以来，法律日渐走出政策的影子，发展为相对独立并日益重要的社会治理资源。同时立法的进程也不断加快。尤其是2012年《老年人权益保障法》修订以来，专项立法和地方立法快速涌现。但实践中政策与法治间的关系交错复杂，社会发展现实已然证实了二者从来不曾也无法互相替代的现实。政策并未因法治建设而减弱对中国社会的影响，从政策主治到法律主治的基本走势并没有压缩政策的生存空间、减弱其独特功能。有些宏观的老龄政策，如积极老龄化的战略布局、国民经济和社会发展总体规划以及老龄事业发展规划等，对老龄社会立法和具体政策的制定发挥着指引、引领作用，在老龄社会政策中处于基础性地位；有些中观的老龄政策，如《社会保障改革方案》、关于《加快发展养老服务业的若干意见》等与相关社会保障、养老服务立法并行推动具体老龄事业的发展；还有些具体的微观层面的政策，是对法律的有效补充和具体落实。例如《老年人权益保障法》有关于老年人获得社会优待的若干规定，各地、各领域依此陆续出台相应的优待老年人的具体方案，促进了法律效果的实现。但我们认为，为将老年人权益的实现和保障落到实处，凡涉及老年人具体权利义务、政府职权职责以及社会主体相关权利义务的问题，应当逐渐实现法制化，做到有法可依。目前，尽管修订后的《老年人权益保障法》拓展了老年人权益空间，明确了保障的责任主体，但囿于制度建设的渐进性，有些规定尚缺乏相应的实施细则。同时养老保险、老年医疗保健、老年福利等方面的配套法律法规有待完善，有些老龄基本政策和具体政策之间、老龄具体政策内部存在不一致的部分，还需要及时修改和完善。

第二,老龄政策内容越来越广泛,但功能和标准上主要处于生存保障的阶段。20 世纪 80 年代以前,我国老龄政策只涵盖养老与医疗保障两大板块,主要辐射城镇人口和少数需要特别关照的农村老年人。到 90 年代,为了应对逐步加快的人口老龄化形势,有关机关颁布了一系列与老龄问题有关的文件和法律法规。国家层面的有《老年人权益保障法》《老龄事业发展规划》等。地方政府在参考纲要性文件的基础上,陆续制定了适用于本区域的老龄政策,内容上逐渐囊括经济、政治、文化等各方面,关注点拓展到经济供养、医疗保障、精神文化生活等方面。但总体上来看,由于我国经济社会发展的不平衡,虽然老年人相关政策内容正处于从生存保障向实现生命价值、提升生命质量过渡的阶段,但更多的制度仍然倾向于老年人的生存保障方面。积极老龄化战略下,随着老年人的主体地位被逐渐认可,及其之于国家、社会和家庭的主要价值被充分发掘,老龄政策的内容也在不断完善。在宽度上,从老年人的生存关照向提高老年人社会参与、发展老龄社会相关产业等方面不断扩展。在广度上,除了关注老龄群体的权益,还会基于“生命全程”的理念辐射至尚未进入老年阶段的人。

第三,城乡二元化特征明显。延续至今的城乡二元分割体制深刻影响着老年人口的资源分配,城镇与农村之间存在着鸿沟般显著的差异,中国老龄政策体系也因此而具备明显的二元化特征。多数政策措施仅涉及或落实到城市,甚至有些仅仅涉及大中城市。对于广大农村地区的老年人而言,除数量不多的特殊人群(如“五保”户等)外,政策关照少之又少。通常只有些原则性的规定,如“统筹城乡发展”“协调区域发展”,以农村为受惠方的具体细则更是屈指可数。从结果上看,户籍差异使城乡老年人在老年待遇上差距有天壤之别。这虽然根源于我国历史形成的更加宏观、基础性的社会格局,也难免使老龄政策显得公平性明显不足。除城乡差异以外,也有声音质疑生存条件较好的老年人与弱势老年人之间的公平性,指出老年弱势群体没有得到的足够的政策关怀。老龄政策理应具有公平性。国家有责任缩小不同阶层、不同地区的差异,承担起覆盖全国老年人的政策责任,尤其是保障弱势群体的利益。随着晚近一段时期社会改革的推进和城镇化水平的提升,国家或地方开始践行这一理念。

第四,老龄事业发展的观念在不断革新提升。相当一段时期内,中国经济和社会发展面临的主要问题是人口过多,政策侧重点也集中在通过紧缩的生育政策化解人口过多与资源相对过少之间的矛盾上。在当时，人口老龄化并不是突出的问题，以至于国家对老龄政策的态度长时间处于就事论事、亡羊补牢式的应急策略状态，并没将其有作为重要的、系统的政策体系加以宏观规划。在观念层面，老龄工作常常被视为仅仅关涉老年人和人的老年阶段的工作。政策制定者倾向于将老龄问题界定为社会问题，把老龄工作视为改善弱势群体的社会福利工作，没有充分考虑到老龄政策产生的一系列经济、文化等影响。这种认识上的局限性、静态性使得老龄政策既与其他社会政策相隔离，又难以系统、全面的发展。随着可持续发展、科学发展等理念在各个社会领域的全面实践，积极老龄化理念在全球范围内的展开以及老龄化形势的日益严峻，国家老龄事业的发展思路也有了反思的契机。开始将人口老龄化作为严肃的时代命题放在经济社会发展的大环境下通盘考虑，将老龄事业和老龄工作置于国民经济和社会发展的宏观规划中加以布局，强调改进以往各部门各自为政的状态，转变为各相关部门、不同系统间，家庭、政府与社会间通力合作，尤其是通过立法将“积极应对人口老龄化”确定为一项长期战略任务。这预示着老龄事业和老龄工作的新视野、新高度。

第五，老龄社会应对主体从单一走向多元。与新中国成立之后较长时间的社会治理模式和计划经济体制有关，我国老龄事业的进展主要依靠政府推进，老年人权益保障的责任主要依托家庭完成。其他社会主体、社会组织发育不充分，也较少有适当的机会、途径参与到老龄事业、老龄工作中去。在政府职能不断调适转变、社会组织逐渐生长发育和市场经济发展的条件下，加之社会人口结构、家庭结构的变化，政府不再有能力承担所有的养老、助老和促进老龄事业发展的重任，家庭面临的养老形势也日益严峻。老龄社会的积极应对需要更多元主体的参与和贡献，市场化主体和非营利性的社会组织将在积极老龄化战略中发挥越来越重要的作用。《老年人权益保障法》和《老龄事业发展规划》等法律法规也将“政府主导、社会参与”确定为积极老龄化的基本原则。

第六，老年人在老龄政策体系中的角色定位逐渐变化。老年人无疑是老龄政策关涉的首要对象。由于将老龄政策简单定位为关照弱势群体的政策、社会福利政策，因此老年人主要是作为被关照、被保障、被优待的对象存在的。老年人作为一个庞大的社会群体，他们的社会主体性不强。外界所提供的关照，在伦理上基于源自中华传统和社会文明的"孝道"或尊老，在方式上主要表现为"给予"。这种观念和行动的直接结果就是忽视了老年人作为社会主体自身的各种需求，也没有体现出老年人需求满足和价值实现的本质关系，更没有明确挖掘出老年人在解决老龄问题上的地位和作用，老年人的主体意识和主体地位被隐没其间，使其似乎总是处于被动状态。积极老龄化作为政策体系和行动纲领转变了这种传统思维，积极老龄化思路下的老龄政策功能被寄予三种期待：可以有效应对人口老龄化的挑战，实现经济和社会的可持续发展；可以有效保障老龄人口的合法权益；可以促使作为社会个体的老年人以更加积极的心态和状态直面老龄时代。三种政策功能都需要将老年人看作和当作社会主体，唯此才能发挥老年人推动社会进步的建设性力量，避免老年人人力资源的闲置和浪费；才能让老年人有机会明确表达自己的权益需求——既包括生存性需求，也包括发展性和价值性需求，而非由政策制定者单方面揣度其权益需求；才能促使全民树立未雨绸缪意识，在生命前期为老年做好必要的体魄、心智及物质准备，正确对待年老和老年，真正实现"老有所为"和"老有所乐"；才能将政策重心从事后补救转移到事先筹划，积极应对。

第二节 积极老龄化与老年人权利发展

积极老龄化战略首先是一种积极应对老龄化社会的观念，即"积极老龄观"。与之相对的是"消极老龄观"。两种老龄观在诸多方面有着明显差异，不同观念指导下的路径选择将会对社会各类主体的权利义务产生迥异的影响。积极老龄化战略深刻关联着老年人权利体系的发展完善。在该战略下，老年人的权利体系将更加注重平等权、健康权、人格尊严权、社会保障权、社会参与权与社会优待权等方面的建设和保障。

一、积极老龄化战略中的老年人权观

老龄政策的实质和核心是全面保障和实现老龄人口的权益，促进老龄人口与全社会相互促进的协同发展。正是在这个意义上，我们将老龄政策法律体系的基石确定为《老年人权益保障法》，所有相关政策法律的目标始终围绕"老年人权益"的充分实现展开。实践表明，在不同国家、不同社会、

不同历史时期，老年人权利内容和实现程度受制于诸多因素，如经济发展水平、政治体制、文化传统甚至地理气候元素。但较之上述因素更为基础的当属一个国家和社会中的老龄观，即国家和社会对老年人群所持有的观念和看法，以及在所持有的观念的基础上对老龄问题所采取的态度和行动。老龄观是国家和社会对待老龄人口、对待一段特定生命历程、对待一种与以往不同但越来越真实临近的老龄化社会状态的态度和立场的集中反映，必然深刻影响国家行动和社会动作。简单地说，老龄观实质就是“认为老年人、老年阶段、人口老龄化社会到底意味着什么”。大致说来，老龄观主要表现为两种倾向：

（一）消极倾向的老龄观

这是较长时间主导我们老龄政策、老龄工作、老年理论的基本观念。这种观念的基本内容是，先入为主地将老龄人口界定为生理和精神双重层面的弱势人群：在生理上，老年人孱弱多病，需要照料；在精神上，老年人相对脆弱保守乃至与外部社会脱节，需要高度关怀甚至刻意顺从；在经济上，老年人很难或不再创造经济价值，只能成为社会资源的消耗者和社会生活中的被关照者。在这种带有歧视色彩的传统观念指引下，大到国家和社会，小到家庭和个人，思考和谈及人口老龄化现象时，首先想到的是随着老龄化社会一起到来的不便、挑战、压力和问题，以及对社会、经济等方面可能产生的其他负面效应——这无疑是必要的，同时也是我们将老龄话题视为“老龄问题”的思想基础。这种观念的实质是首先提出一个设定，即这个社会是由那些体魄强健、心智健全、真正能够创造社会财富的人掌控的，他们才是整个社会的主人。至于其他人，那些基于生理、心智、年龄、性别或者生活境遇等原因被排除在外的人，在社会生活中并非以真正的主体状态存在，很少有话语权和对社会资源的支配权。这并不等于说他们没有“权益”，只是他们的“权益”主要不是基于人自身的需要存在，而是基于拥有社会支配和主体地位的人的设定，即“被赋予”。由他们引发的问题，当然也由拥有社会支配权和主体地位的人来“解决”。这一行动逻辑主要指向维持老年人的生存和生活保障。

值得指出的是，这种观念指导下的行动并非一味忽视或人为弱化甚至牺牲老年人的权益、需求，有时恰恰相反，基于“社会主体”的自觉，他们反而会将老年人的部分权益和需求充分考虑，保障也未必不充足。在这个问题上，最典型的例证是，我国向来有尊老、敬老的传统，这种传统渗透在中华文明、政治伦理、社会文化、家庭观念和个人的道德血液里。我国最早的一部解释“孝道”词义的著作是《尔雅》，其对于“孝道”定义是“善事父母为孝”。汉代贾谊的《新书》界定为“子爱利亲谓之孝”。东汉许慎在《说文解字》的解释是“善事父母者，从老省、从子，子承老也”。许慎认为，“孝”字是由“老”字省去右下角的形体，和“子”字组合而成的一个会意字。因此，“孝”的古文字形与“善事父母”之义是吻合的，就是子女对父母的一种善行和美德，是家庭中晚辈在处理与长辈的关系时应该具有的道德品质和必须遵守的行为规范。再如前文论及，为缓解老龄社会压力而提出的“健康老龄化”策略，尽管从提出到现在已近三十年，其内涵和外延已经发生了巨大的变化，但是“健康老龄化”从本质上仍然是将老年群体看作是社会的弱势人群和边缘人群。其研究的出发点仍然是人口老龄化的消极影响，忽视了老年群体对社会的积极作用。因而消极老龄观中的“消极”，是指直面老龄化现象时的悲观情绪和被动应对，而非字面意义上对待老年人的态度消极。

（二）积极倾向的老龄观

1997年，西方七国首脑丹佛会议提出“积极老龄化”的主张。随后，这一主张迅速传播至世界各个国家。积极老龄化理念是典型的积极倾向的老龄观，也是国家和社会对人口老龄化趋势的一种乐观认识，更是一种积极对待老龄人口和老龄化趋势的态度和准则。积极倾向的老龄观强调要针对人口老龄化对社会经济的影响进行辩证的分析。一方面，它承认人口结构的宽幅变化。人口老龄化快速发展的趋势的确会对经济、社会、文化等各领域产生全方位的影响，是对社会未来发展的一个考验，需要认真对待，统筹规划应对方案。另一方面，人口老龄化带给社会的影响不都是消极负面的。我们不妨坚持更积极乐观的态度，通过政策引导，制度保障，既要尽可能减小可能发生的消极、负面影响，也要转变对老龄人口和老龄化趋势的基本认识。老年人有丰富的人生阅历、人生经验和财富积累，是经济、社会以及文化发展中不可替代的宝贵资源。老龄化进程也会为社会的经济发展、制度革新、文明进步带来新的契机。比如涉老产业在我国就是朝阳产业，有着广阔的发展空间。总体上讲，老龄化的影响是一把双刃剑，利弊兼有。实践中两种影响如何发挥和博弈，要取决于老年人自身的价值观念和行为模式，也要看社会和家庭如何回应、如何转化、如何导向。

在联合国老龄会议上，已形成了推动群体融合和淡化年龄标识的认识。1982 年，《联合国关于老龄问题的决议》和《维也纳国际行动计划》指出："年长者应被视为人口的一个组成部分。"[①]我们应该意识到，老年人应当是社会主体，不是"对象"；老年人是宝贵的社会资源，不应被视为负担；老龄化社会是我们要全面面对的一种社会状态，不是局部的社会问题；老年政策关涉社会生活中的每一个人，不仅是老年人；老年人受到良好社会对待的基础不仅仅是他们的昨天和贡献，而更多的是基于越来越充实完善的法定权利；老年人之于社会的关系不仅仅是"被"字当头的被关照、被尊重、被照料，更是主动参与，表达主张。这些都是积极倾向的老年观的基本主张。积极老龄化以承认老年人的人权和联合国关于健康、参与、保障、照料和自我实现的原则为基础，旨在形塑不分年龄、人人共享的社会，共享的不仅包括社会发展成果，还包括(或者说更包括)参与社会发展的机会和权利。

我国《老年人权益保障法》以及各级各类政策文件体现出三个方面的基本理念和价值倾向。第一，老年人及其权益保障的社会意义和价值被认识和强调。该法第 1 条明确指出："为保障老年人合法权益，发展老年事业，弘扬中华民族敬老、养老的美德，根据宪法，制定本法。"该法将保障老年人合法权益与弘扬传统美德相结合，并且注重了基本排序。第二，"养老"的观念在稳定中得以发展。在相关法律法规中，老年人主要被定位为"养"的对象。《老年人权益保障法》分设的各章节中，既注重了政府、社会、家庭对老年人权益的保障，也强调了老年人参与社会发展的权利和途径。这表明老年人的自主地位、基于自我发展和自我实现的人格尊严以及与此相关的人身、财产权利受到空前重视。老年人在社会生活中的定位发生改变。第三，"给付"仍是老年人权益实现的重要途径。"给付"老年人权益保障的重要方式。这种"给付"不是施舍和同情，而主要是对老年人权利实现的倾斜保护。通过政策和制度倾斜，使老年人获得维护尊严和基本生活条件的资源。这些变化和信号表明，我国的老龄政策正在由消极倾向的老龄观向积极倾向的老龄观转变，以老年人人权体系完善，老年人权利实现、保障为核心的老龄政策逐步完善。

---

① 谢联辉、宋玉华主编：《全球行动——迎接人口老龄化：联合国老龄话题文件总汇》，华龄出版社 1998 年版，第 18 页。

一个国家所确立的老龄观直接决定着老年人人权体系的成长和内容。老年人人权是我国老龄政策体系的终极价值。人权是人作为人理所应当享有的权利，是人的尊严和主体地位的体现和保障，也是其他主体行动的界限。关于人权的天然性，美国的《独立宣言》曾有过论述："我们认为以下真理是不言而喻的：人人生而自由，他们都从造物主那里被赋予了某些不可转让的权利。"其中包括生命权、自由权和追求幸福的权利。近代以来，人权与法律密切结合，内容日益丰满，体系愈发完整，保障和实现越来越充分。老年人的人权有着特别的意义，也有层次性。首先，他们是人权的主体，即"人"，有"人"的自然属性和社会属性，与社会其他群体一起构成人类社会，因此应当享有人权中具有普适性的那些权利，如人身权、财产权、政治权利等。其次，老年人还有别于其他人群。由于进入人生的一个特定阶段，老年人基于年龄、生理等原因在一定环境下会成为社会的弱势人群，弱势人群的权利保障更多依赖于外部力量的介入与扶助。19 世纪末 20 世纪初以来的百余年，各国进入现代化的过程中格外重视社会权利与法律的结合，越来越多的社会权利（如生存权、受教育权、劳动权、社会保障权等经济文化权利）被以法律的形式确认下来。这些社会权的本质是，对公民权利而言，不仅要排除非法侵害，更要求国家提供有效的积极作为。老年人因为客观的原因，其很多权益无法充分地自给自足，需要国家和社会的帮助、扶持。因此世界各国大都赋予包括老年人在内的弱势人群获得帮助的权利，在我国集中体现为《宪法》第 45 条："中华人民共和国公民在年老、疾病或者丧失劳动能力的情况下，有从国家和社会获得物质帮助的权利。国家发展为公民享受这些权利所需要的社会保险、社会救济和医疗卫生事业。"最后，由于积极老龄化观念的推动，老年人的社会参与权备受关注，社会参与权的保障和实现是使老年人充分融入社会生活、社会事务，确立社会主体地位，实现自身价值的基本途径。

二、积极老龄化战略中的老年人权利

我国《宪法》和《老年人权益保障法》是明确老年人权利的直接依据，《老年人权益保障法》更建立起老年人权益的大致谱系。这些权利中，有些是我国老龄事业和老龄工作中一直坚持和重视的，如获得物质帮助权；有些是作为基本权利的应有之义但并未得到足够重视的，如老年人的平等权和人格尊严;有些则是在观念转变、社会转型和政府治理模式转轨过程中增进老年人权利体系的,如社会参与权。我们认为,在积极老龄化战略指引下,老年人权利体系建设应当侧重于以下若干方面。

(一)平等权

人人平等是法治国家和法治社会追求的重要目标,平等权是一项极为重要的宪法权利,在权利体系中具有基石性地位。我国1954年制定的首部社会主义性质的《宪法》中规定:"中华人民共和国公民在法律上一律平等。"现行《宪法》条文中也有"中华人民共和国公民在法律面前人人平等""任何组织或者个人都不得有超越宪法和法律的特权"的明确表述。不仅中国,平等性原则也被广泛写入各国宪法,成为有普遍共识的基本权利和基本原则。比如早在1776年,美国《独立宣言》中就规定:"我们认为下面这些真理是不言而喻的:人人生而平等……"又如德国法学家拉德布鲁赫所言:"在任何程度上,法律面前平等和法律规范的一般性都是法律的本质。"1918年,《俄罗斯社会主义联邦苏维埃共和国宪法》首次将"公民不分种族及民族享有平等权利"作为社会主义国家法制的重要原则。之后联合国《世界人权宣言》《消除一切形式种族歧视国际公约》等法律文件明确提出,承认全体人类的天赋尊严和平等权利是世界自由、正义与和平的基础。

尽管确认公民的平等权是各国《宪法》共识,但对平等权具体含义的把握仍各有不同。平等权至少有形式意义上的平等与实质平等(又称"消极平等"与"积极平等")两种不同的理解。形式平等即机会平等,指每个人在各自权益实现过程中有大致相同的机会。对于这种平等权的实现,国家有不侵犯和干预公民享有并实现自身权利和自由的义务,如不得歧视,不得创造法外特权,不得无正当理由对公民区别对待等。年龄作为人的一种标签是常见的社会现象,由于年龄因素而受到不公正的差别对待的事例也毫不罕见。但20世纪后期以来,这种状况首先在西方社会发生改观。美国社会学家戴维·波普诺认为:"过去被认为适合于不同年龄组的特定行为,现在已经允许有更多的个人自由。例如,人们可以晚结婚,晚生孩子,也可以50岁去工作,60岁回到学校读书。看到母亲与女儿一样穿牛仔裤、一同听摇滚乐甚至在同一场舞会上起舞,人们并不会感到很奇怪。"①但这种起点公平意义

① [美]戴维·波普诺:《社会学》,李强等译,中国人民大学出版社1999年版,第327页。

上的平等权无法充分保障一些本身在获取社会资源过程中处于劣势的人的权利，由社会发展的不平衡和人生境遇的悬殊造成的鸿沟很难通过用国家的“不干预”填补。因而看似平等的对待，实则加剧了人与人之间的不平等。基于此，形式平等权的内涵开始向实质平等转变，即要求公共权力积极履行对特定人群的保护义务，保障他们与他人平等地享有权利，实现自由。实质平等权与形式平等权最大的差异在于是否承认人与人客观上存在的差异性。只有承认了这一差异，才会对相对弱势的群体进行倾斜保护。平等权对每一个公民都具有重要价值，特别是对于社会生活中相对弱势的群体而言，平等权在一定意义上可谓其首要权利。

在我国，对于老年人的平等权，形式平等和实质平等两个层面分别有其意义。

在形式平等层面，老年人的平等权又有两个方面的要求：第一，老年人与尚未进入老龄阶段的人之间的平等。它意味着作为社会成员，老年人同尚未进入老年阶段的其他公民有平等的宪法地位；无论人与人之间是否存在自然和社会差别，应当享有相同的价值和尊严；在政治、经济、社会权利方面，老年人与年轻人享有同等的发展机会，享有同等的享受社会发展成果的权利；老年人不会受到因年龄产生的各种歧视；对自己的权利，可以要求国家给予平等的保护，同时在防御公共权力的干预方面是平等的。第二，老年人之间的平等。即使同为老年人，其间的不平等也广泛存在。如基于城乡二元结构背景下的城镇老年人与农村老年人在社会保障方面的巨大差异，经济社会发达地区老年人与相对欠发达地区老年人之间在权益实现上的地区差距等。这些差距有些是与外部物质环境密切相关，难以在短时间内有重大改变；有些则是由于社会制度造成，可以通过改革发展逐步将不平等因素消除。强化该意义上的平等权，是回应“积极老龄化”理念中老年人主体地位的必需，也是从政策到立法再到社会道德，不再将老人“物化”“对象化”的必需。

在实质平等层面，老年人的平等权意味着在形式平等的基础上，要对特定的弱势群体给予必要的尊重和保护。我国《宪法》在“公民的基本权利和义务”一章，除了规定一般意义上的公民权利以外，还列举了某些特殊身份的公民的特别权利，使他们可以获得特殊保护，如妇女、儿童、老人、华侨等。从实质上看，这些权利仍属于公民的社会经济权利范畴。有关老年人的特别保护，体现在《宪法》第45条："公民在年老、疾病或者丧失劳动能力的情况下，有从国家和社会获得物质帮助的权利。国家发展为公民享受这些权利所需要的社会保险、社会救济和医疗卫生事业。"第49条："婚姻、家庭、母亲和儿童受国家的保护……成年子女有赡养扶助父母的义务。禁止破坏婚姻自由，禁止虐待老人、妇女和儿童。"在这个意义上，只有促进老年人权益实现在实质上的平等权，才可以推导出对老年人权益的特别保护，推导出公共权利在保障老年人顺利实现作为公民的各项权利过程中的责任。

（二）健康权

身心健康是公民生存和进行各种正常活动的前提条件，是公民应当享有的基本权利，更是公民享有其他权利的基础。如果健康权得不到保障，那么公民的其他权利就无法或者很难实现。对于老龄人口而言，由于生理机能下降，健康权在整个老年人的权利谱系中变得更加重要，是从事民事活动和社会活动的基础，也是实现其他权利的前提。《世界卫生组织法》序言规定："健康是身体、精神与社会的全部的美满的状态，而不仅是疾病或羸弱之消除。""享受可能获得的最高健康标准是每个人的基本权利之一，不因种族、宗教信仰、经济及社会条件而有区别。""在全世界人民中推广医学、心理学及其有关知识，对于充分获得健康是有必要的……各国政府对人民健康负有一定的责任。"《世界人权宣言》第25条规定："人人有享受其本人及其家属康乐所需之生活程度，举凡衣、食、住、医药及必要之社会服务均包括在内，且于失业、患病、残废、寡居、衰老或因不可抗力之事故致生活能力丧失时，有权享受保障。"联合国《经济社会文化权利公约》也有规定："缔约各国承认人人有权享有能达到的最高的体质和心理健康的标准。"我国《宪法》规定："国家发展医疗卫生事业，发展现代医药和我国传统医药，鼓励和支持农村集体经济组织、国家企业事业组织和街道组织举办各种医疗卫生设施，开展群众性的卫生活动，保护人民健康。"同时规定公民在年老、疾病或丧失劳动能力的情况下，有从国家和社会获得物质帮助的权利。《老年人权益保障法》则规定："国家和社会应当采取措施，健全保障老年人权益的各项制度，逐步改善保障老年人生活、健康、安全以及参与社会发展的条件，实现老有所养、老有所医、老有所为、老有所学、老有所乐。""国家通过基本医疗保险制度，保障老年人的基本医疗需要"，并在家庭护理、护理保障、社会服务等多个角度分别规定了各类社会主体促进老年人健康的具体责任和措施。此外,《婚姻法》《继承法》《刑法》等相关法律都有关于老年人健康权保障的相关规定,共同形成一个相对完善的规范体系。

从上述规定不难看出,老年人健康权的保障被国际社会广泛关注,也被国内立法高度重视。老年人健康权已经被视为老年人的一项重要基本权利。除此之外,我国还针对老年人的健康保障明确了三点:第一,老年人的健康不仅包括身体健康,也包括心理、精神健康。前者主要通过医疗、赡养、照料和救助等方式予以保障;后者的主要保障方式则包括:培育和倡导全社会尊老敬老的风尚,鼓励和促进老年人积极参与社会活动,实现自身价值,共享发展成果,家庭成员给予充分的精神关切,经常看望或问候老年人等。第二,老年人健康权包括消极和积极两个方面。消极意义上的健康权是指任何组织、个人有尊重、保护老年人的义务,不得侵害老年人的身心健康,即是排除一切不法侵害(如遗弃、虐待、人身伤害等)的权利;积极意义上的健康权是指国家、社会和家庭有创造医疗、健身、照顾等各种条件积极促进老年人身心健康的责任。积极老龄化理念在后一种意义上更具现实价值和实施空间。第三,老年人健康权的实现主要靠国家保障、社会保障和家庭保障等多元并举的外部力量。同时,积极老龄化的理念也倡导老年人进行自我保障,从未进入老龄阶段时就为自己的老年生活做充足的体质、思想以及物质储备。通过老年人的自律保持健康、良好的生活方式,提升生活和生命质量,同时也降低国家、社会和家庭维护老年人健康权的成本和压力。其中,家庭保障的主要责任有:(1)使患病的老年人及时得到治疗和护理。(2)对经济困难的老年人提供医疗费用。(3)对生活不能自理的老年人承担照料责任,不能亲自照料的,可按照老年人的意愿委托他人或者养老机构等照料。(4)关心老年人精神需求,不忽视、冷落老年人,禁止对老年人实施家庭暴力等等。政府和社会保障的主要责任有:(1)国家通过基本养老保险制度,保障老年人的基本生活。(2)通过基本医疗保险制度,保障老年人的基本医疗需要。(3)享受最低生活保障的老年人和符合条件的低收入家庭中的老年人参加新型农村合作医疗和城镇居民基本医疗保险所需个人缴费部分,由政府给予补贴。(4)逐步展开长期护理保障工作,保障老年人护理需求。(5)对经济困难、流浪乞讨以及遭受遗弃的老年人给予基本生活、医疗、居住或者其他救助。(6)将养老服务设施纳入城乡社区配套设施建设规划,建立适应老年人需要的生活服务、文化体育活动、日间照料、疾病护理与康复等服务设施和网点，就近为老年人提供服务。(7)将老年医疗卫生服务纳入城乡医疗卫生服务规划，将老年人健康管理和常见病预防等纳入国家基本公共卫生服务项目，为老年人提供保健、护理、临终关怀等服务。(8)医疗卫生机构应当开展老年人的健康服务和疾病防治工作。(9)加强老年医学的研究和人才培养，提高老年病的预防、治疗、科研水平，促进老年病的早期发现、诊断和治疗。(10)开展各种形式的健康教育，普及老年保健知识，增强老年人自我保健意识等。

(三)人格尊严

我国传统文化和老龄工作开展中强调“尊老”“敬老”，表明了社会对老年人的一种态度。但说到底，“尊老”“敬老”是从行为人的角度，而非以老年人的切实感受为标准的，这可能产生一种反差，即社会的“尊敬”行为与老年人的自身感受和判断之间并不完全一致。同时，只强调单向度的“尊敬”，尚不能充分回应积极老龄化理念下老年人主体地位和主体意识的要求。因此，老年人的人格尊严是积极老龄化战略背景下另一项有待强化的权利。人格尊严的保障、实现是老年人获得精神慰藉、凸显主体地位的根本保障。“发展过程必须提高人的尊严，使不同年龄组的人平等分享社会资源、权利并且平等分担责任。每个人，不论年龄长幼、性别或信仰，都应该各尽所能、各得所需。”①

我国1982年《宪法》第38条规定：“中华人民共和国公民的人格尊严不受侵犯。禁止用任何方法对公民进行侮辱、诽谤和诬告陷害。”这是我国《宪法》第一次关于人格尊严的规定。人格尊严是指人作为人、人作为权利义务主体的尊贵庄严的身份和地位。在内容上，宪法学界通常认为它是公民的名誉权、荣誉权、姓名权、肖像权、隐私权等一系列人格权利的总称。人格尊严是一项独立的公民权利，载入《宪法》或人权性文件的历史由来已久。早在1937年，《爱尔兰宪法》就在序言部分提及制定宪法的目的之一就是“使个人的尊严和自由得到保障”。1945年，《联合国宪章》在序言中宣布：“我们联合国人民决心，使今后世世代代的人们不再遭受我们这一代两度经历、给人类造成无穷痛苦的战争灾难，重申基本人权、人的尊严与价值、男女及大

---

① 谢联辉、宋玉华主编：《全球行动：迎接人口老龄化——联合国老龄话题文件总汇》，华龄出版社1998年版，第14页。

小各国平等权利的信念。”1948 年,《世界人权宣言》在序言中强调:“对人类家庭所有成员的固有尊严及其平等的和不可剥夺的权利的承认,乃是世界自由、正义与和平的基础。”1966 年,《公民权利和政治权利国际公约》也明确规定:“所有被剥夺自由的人应给予人道及尊重其固有尊严的待遇”,并将它列为不可克减的权利。1946 年,《日本宪法》规定:“所有国民,均作为个人而受到尊重。”1949 年,《德国基本法》规定:“人的尊严不可侵犯。尊重和保护人的尊严是所有国家机构的义务。”由此可见,人格尊严是近代以来各国宪法的共识性条款。

人格尊严不仅出现在《宪法》中。以《宪法》中的条款为基础,我国多部立法都有涉及人格尊严的规定。如 1986 年《民法通则》规定:“公民、法人享有名誉权,公民的人格尊严受法律保护,禁止用侮辱、诽谤等方式损害公民、法人的名誉。”《残疾人保障法》《未成年人保护法》《妇女权益保障法》等三部典型意义的特殊人群权益保护立法都有关于人格尊严的规定。如:“残疾人的公民权利和人格尊严受法律保护”“禁止歧视、侮辱、侵害残疾人”“保护未成年人的工作,应当遵循下列原则:……(二)尊重未成年人的人格尊严……”“妇女的名誉权和人格尊严受法律保护。禁止用侮辱、诽谤、宣扬隐私等方式损害妇女的名誉和人格”。此外,《消费者权益保护法》《刑事诉讼法》《预防未成年人犯罪法》等也都有相关的规定。

《老年人权益保障法》中没有关于老年人人格尊严的规定,不得不说这是修订《老年人权益保障法》的一大遗憾。我们认为,老龄政策和立法应当既全面保护老年人在政治、经济、文化和社会生活中的各项权利,同时也应当建立一些适应老年人生理、心理特点及其社会角色的特别的权益保障制度。尊重老年人人格尊严,保障老年人人格尊严不受侵犯,应当成为老龄政策法制和老年人权利体系建设完善的基本原则。老年人人格尊严受关注和受重视的程度,直接反映出一个国家对待老年人的态度和社会的文明程度。不关注、忽视甚至侵犯老年人人格尊严的国家制度和社会文化必然出现社会断裂,难以形成和谐、健康的“代际关系”。

首先,国家、社会和家庭对应当尊重和保护老年人人格尊严。老年人拥有独立思想和独立见解,拥有属于他们自己的社会生活和家庭生活,拥有进一步健全、发展个人人格的权利和机会,正常生活秩序和状态不受任何非法干预。其次,国家应当积极创造实现老年人尊严的各种制度和物质保障条件。必要的物质条件和社会制度是人格尊严的保障。赤贫状态、衣食成忧的状态、身患疾病无法得到治疗的状态、居无定所的状态等都难以使老年人的价值感和尊严感得到保障，满足必要的物质条件需要政府的积极作为。再次，老龄政策法律应当从反面角度保障老年人尊严，即侵犯老年人人格尊严的行为要受到制裁。老年人的尊严可能来自诸多方面的伤害，有些来自歧视，有些来自侮辱诽谤，有些来自家庭虐待，对于这些可能发生的状况，有必要通过立法设定严厉的法律责任来防范和制裁。总之，只有塑造一个宽松、和谐的社会环境，让老年人的生活处于安全、平和的状态，才能使老年人有尊严地活着和有尊严地老去。

（四）社会保障权

公民权利系统复杂，既包括生理意义上的生存权，也包括精神意义上的尊严权。对老年人而言，保障其生存条件，维护其人格尊严，需要强调其社会保障权。“社会保障权不仅保障人的生存，而且也维护人的人格尊严，给社会成员提供基本生活的安全感。”①

“社会保障”源自英文“social security”，德国在1883年颁布的《疾病保险法》开社会保障制度先河。社会保障制度指的是为保护个人免除因年老、疾病或丧失劳动能力而遭受损失的法律法规的统称，在西方一些国家，也叫作“济贫法”。作为基本权利的社会保障权是人在生存、发展过程中，因人的尊严而从国家和社会获得物质帮助和其他形式帮助的服务，以满足其维持基本生存、生活质量乃至享受社会普遍福利的需要的权利。社会保障权是现代社会公民的一项基本权利，是实现公民生存权和发展权的前提和基础，也是公民享有政治权利的前提和基础，对个人的生存和发展、社会的和谐与稳定，都具有重要的价值和作用。

在世界范围内，社会保障权已经为一系列人权文件所确认。1948年通过的《世界人权宣言》规定：“每个人，作为社会的一员，有权享受社会保障，并有权享受他的个人尊严和人格的自由发展所必需的经济、社会和文化方面各种权利的实现，这种实现是通过国家努力和国际合作并依照各国的组织和资源情况。”“人人有权享受其本人及其家属康乐所需之生活程度，举凡衣、食、住、医疗及必要之社会服务均包括在内，且于失业、患病、残疾、寡居、

① ［挪］艾德等：《经济、社会和文化的权利》，黄列译，中国社会科学出版社2003年版，第14页。

衰老或因不可抗力之事故致生活能力丧失时，有权享受保障。”该《宣言》明确了社会保障权的地位。1966年通过的《经济、社会和文化权利公约》进一步拓展了社会保障权的内容，同时强调了国家在权利实现中的义务，“本公约缔约国确认人人享有社会保障，包括社会保险”。“本公约缔约各国承认人人有权为他自己和家庭获得相当的生活水准，包括足够的食物、衣着和住房，并能不断改进生活条件。各缔约国将采取适当的步骤保证实现这一权利，并承认为此而实现基于自由同意的国际合作的重要性；本公约缔约各国既确认人人享有免予饥饿的基本权利。”“本公约缔约各国承认人人有权享有能达到的最高的体质和心理健康的标准；本公约缔约各国为充分实现这一权利而采取的步骤应包括为达到下列目标所需的步骤。”这表明社会保障权作为一项基本权利已成为国际社会的共识。

不仅如此，多数国家的《宪法》中亦有关于社会保障权的规定。1917年《墨西哥合众国宪法》是第一部有效确认社会保障权的宪法，而1919年德国的《魏玛宪法》中有关社会保障权的规定对后世产生的影响更为深远。《魏玛宪法》确立了生存权的宪法权利地位，对社会保险权、劳动权与失业保险及救济等权予以专门规定，建立起生存权与社会保障权的逻辑关系。此后，很多国家纷纷效仿。1946年《法国宪法》规定：“国家保障任何人，尤其是儿童、母亲及老年人，有享受健康、物质安全、休息及娱乐之保障，凡因年龄、身体或精神状态、经济状况不能工作者，由公共团体维持其生存之权利。”1946年《日本宪法》规定：“一切国民都享有维持最低限度的健康和有文化的生活权利。国家必须在生活的一切方面努力提高和增进社会福利、社会保障以及公共卫生事业。”《美国联邦宪法》文本中没有直接关于社会保障权的规定，但通过《判例法》的形式，确认了社会保障权的法律地位，社会保障方面的立法也有很多社会保障权方面的规定。

我国现行《宪法》第44条和45条分别规定了工作人员的退休制度，即“国家依照法律规定实行企业事业组织的职工和国家机关工作人员的退休制度。退休人员的生活受到国家和社会的保障”。2004年通过的《中华人民共和国宪法修正案》第23条规定：“国家建立健全同经济发展水平相适应的社会保障制度。”至此，“社会保障”一词在《宪法》中首次出现，成为受《宪法》保护、保障的基本社会制度。《老年人权益保障法》则规定：“国家建立多层次的社会保障体系，逐步提高对老年人的保障水平。国家建立和完善以居家为基础、社区为依托、机构为支撑的社会养老服务体系。倡导全社会优待老年人。”因此，社会保障不仅仅指获得物质帮助，还包括退休人员生活保障权、特殊人群享受社会优抚权等。尽管社会保障权并非老年人独有，其权利主体具有普遍性的特征，但老年人无疑是社会保障权领域需要特别关注的一类主体。目前，我国老年人社会保障权主要是通过一系列的社会保障制度实现的，如养老保险、医疗保险以及相关的社会救助与社会福利制度。我国的社会保障制度是在城乡二元经济社会结构背景下产生和发展的，由于城市与农村的社会资源严重不平衡，社会保障制度也呈现出在城市稳步发展、在农村踟蹰不前的现象，具有了二元结构的特点。

未来的社会保障制度发展，不仅要提高标准、提升水平，也要基于前述平等权的考量，逐步实现均衡化、平等化。在积极老龄化战略背景下，老年人获得充分的社会保障，不再是政府的“恩赐”，而是基于独立、有尊严、与他人平等的个体理应享有的权利。在社会保障政策法制发展方面，我们认为，既然将“积极应对人口老龄化”作为“国家的一项长期战略任务”，那么，与老年人的社会保障权相关的立法也应得到相应完善。完善相关立法应该做到以下几个方面。第一，可以通过启动法律解释程序实现对“社会保障权”的扩大解释，适应时代发展。比如退休制度，依据《宪法》，适用“退休”制度的对象是企业事业组织的职工和国家机关工作人员。但随着社会发展，“退休”制度可以拓展至所有的老年人，包括社会中的灵活就业人员、农村老龄人口等。再如，通过对平等条款的解释，矫正社会保障中的现实差异。第二，应当加快对《宪法》《老年人权益保障法》社会保障条款的立法细化，落实《宪法》和《老年人权益保障法》的规定。社会保障权在老年人的权益体系中十分重要，内容也极为广泛，有必要在《宪法》的指引下制定一部与《老年人权益保障法》相呼应的《社会保障法》，将社会保险、社会救济、社会福利以及社会优抚等内容囊括其中。第三，应当积极促进国际人权文件中有关规定的国内转化。人权公约确定了国家履行保障公民社会保障权义务的最主要手段是立法，缔约国的立法机关有责任将国际人权公约的规定转化为国内现实可行的法律，社会保障权相关内容也不例外。

（五）社会参与权

老年参与社会生活对一国的政治、经济和社会发展会产生重大影响。不同方式、不同领域的社会参与有不同的社会效果。如强化老年人的经济参与，可以减少社会保障体制的压力，发挥人力资源优势；保障老年人的政治和社会参与权，可以有效协调代际冲突，释放社会压力，促进政治社会稳定。社会参与可以建立老年人与外部社会生活的关联，关系老年人的独立和尊严；也可以体现老年人在家庭、组织、社会和国家中的积极形象。因此，老年人社会参与权是一种能够支撑老年人个人生存与发展的重要权利，老年人个人将在权利的保障中更好地度过晚年生活。

在国际层面，老年人社会参与权通过一系列政策文件体现出来。1982年，世界老龄问题大会通过《维也纳老龄问题国际行动计划》。该计划在“收入保障和就业”部分建议“各国政府应当为老年人参与社会经济生活提供便利”，包括老年人在适当的条件下继续工作、劳动力市场中老年工人不受歧视、老年工人的职业教育权利等。[①] 1991年，联合国通过《联合国老年人原则》，确立了“独立、参与、照顾、自我充实和尊严”等五项原则。其中参与原则要求老年人应能参与政策制定、向后代传播知识技能、参与志愿发展、组织老年协会等。此后，1992年的《2001年全球老龄目标》和《老龄问题宣言》，都包含了对老年人参与社会发展的要求。2002年，在马德里召开的第二次世界老龄问题大会上，通过了《马德里老龄问题国际行动计划》。这是新世纪以来针对老年人权利保障的一份基本纲领，其中提出的三个优先方向的第一个方向就是“老年人与发展”，包含了丰富的老年人社会参与方面的内容。

就国内的政策和法律而言，《宪法》中没有关于老年人社会参与权的专门规定，但将公民的平等权、劳动权以及经济社会政治权利等规定关联起来。由此也可以间接得出老年人享有同其他人平等的社会参与权的结论。早在20世纪80年代，我国为使离退休老人发挥余热，参加社会生活，就制定了一系列的政策规范文件。典型如《支持离退休专业技术人员继续发挥

---

① 参见《1982年老龄问题维也纳国际行动计划》，http://www.un.org/chinese/esa/ageing/vienna3_3.htm.

作用暂行规定》[①]。90 年代以来，老年人社会参与权保障上了一个新台阶，这主要体现为系统的老龄工作方针、较为全面的老年人社会参与政策表述和初步的老年社会参与权益保障立法。具体表现在以下方面。首先，党和政府提出五个“老有”的方针，即“老有所养，老有所医，老有所乐，老有所学，老有所为”。其中“老有所为”在 1994 年《中国老龄工作七年发展纲要(1994～2000 年)》中表述为“实现老有所为，发挥老年人的作用”，成为积极应对老龄化的重要措施。2000 年，《中共中央国务院关于加强老龄工作的决定》关于老年人社会参与的表述为：“重视发挥老年人的作用，坚持自愿和量力、社会需求同个人志趣相结合的原则，鼓励老年人从事关心教育下一代、传授科学文化知识、开展咨询服务、参与社会公益事业和社区精神文明建设等活动。”其次，还有众多的老龄规划、单项的退休人员返聘等促进措施、涉及老年社会参与的项目等。1996 年的《老年人权益保障法》及其 2012 年的修订法中均设专章规定老年人“参与社会发展”的权利。修订后的《老年人权益保障法》在该部分内容更加充实、具体、操作性强。比如明确了保障老年人参与经济、政治、文化和社会生活的权利，规定老年人可以通过老年组织开展活动等方式，应当强化保障老年人参与权的法律法规和公共政策，明确了老年人和老年组织在与自身权益相关问题上的意见建议权，补充了将老年人纳入终身教育体系的条款等。

老年人社会参与权其实是一组权利的集合，它们具有共性，相互衔接并形成逻辑。具体而言，包括四类权利，即政治参与权、经济参与权、公益参与权与组织参与权。根据《宪法》规定，政治参与包括政治自由(如言论、出版、集会、结社、游行和示威自由等)、选举权与被选举权、知情权、参与权、监督权等内容；经济参与既包括一般意义上的市场交易，也包括相对具体的经济创业和经济就业；公益参与是老年人社会参与的重要途径，主要包括治安巡

---

① 其全称是《中共中央组织部、中共中央宣传部、中共中央统战部、国家科委、劳动人事部、中国科协、中国人民解放军总政治部关于发挥离休退休专业技术人员作用的暂行规定》(1986 年 10 月 6 日中共中央办公厅、国务院办公厅转发)。该文件已经被《中共中央办公厅国务院办公厅转发〈中央组织部、中央宣传部、中央统战部、人事部、科技部、劳动保障部、解放军总政治部、中国科协关于进一步发挥离退休专业技术人员作用的意见〉的通知》(中办发[2005]9 号)所代替。(参见《对联合国秘书处关于老年人权益问题的答复》，联合国人权高专网站：http://www.ohchr.org/Documents/Issues/OlderPersons/Submissions/China.pdf.)

逻、义务劳动、志愿者活动、互助活动和青少年教育等;[①]组织参与则是老年人基于结社权享有的组建和参与老年人组织的权利。总体来说,尽管《老年人权益保障法》用更多的笔墨规定了老年人的社会参与,但实践中依然存在老年人社会参与程度偏低、权利意识较弱、行使参与权的渠道不够畅通、老年组织发育迟缓以及救济途径缺乏等诸多问题。

积极老龄化强调,为了提高人们的生活质量,应使健康、参与和保障的机会发挥到最大的程度。其中"积极"是指继续参与社会、经济、文化、精神和公益事务,而不仅仅局限于身体活动或者参与劳动。在该观念指引下,老年人社会参与权需要得到更有效的保障。首先,应当建立完善以反年龄歧视为核心的法律与政策,甚至应当推动制定统一的《反歧视法》(当然不仅仅针对老年人社会参与中的歧视),以有效减少老年人社会参与中的歧视问题。其次,应当完善以前述四个具体领域促进措施为核心的法律和政策。如学者所言:"创造有利于老年人口社会经济参与的制度环境与为老年人口提供良好的经济保障和社会服务同样是保障老年人口基本人权的重要方面。"[②]最后,应当完善以优化具体设施环境为核心的法律与政策。如完善老年人社会参与的数据信息系统,通过法律、政策对媒体进行规范引导以及建设便于老年人参与的宜居环境等。

(六)社会优待权

老年人的社会优待是指基于老年人自身特点,国家和社会给予的广泛关怀照顾及物质优惠。尊老、敬老、给予老年人社会优待,不仅是一个社会的良善之风,也是国家与社会的共同责任,更是有效维护、促进老年人权益的基本途径。这既是社会共识,也是不少国家或地区的制度选择。

在我国法制体系中,"优待"一词主要的适用对象是军人及其家属。在我国《宪法》中,"优待"出现一次,即第 45 条中的"国家和社会保障残废军人的生活,抚恤烈士家属,优待军人家属"。在我国现行有效的法律及行政法规中,专门针对"优待"的也只有 2004 年颁行的《军人抚恤优待条例》。就目前来看,老年人获得社会优待主要是从尊老、敬老的伦理要求加以定位和论

---

① 参见张恺悌、郭平:《中国人口老龄化与老年人状况蓝皮书》,中国社会出版社 2010 年版,第 237 页。

② 彭希哲、胡湛:《公共政策视角下的中国人口老龄化》,载《中国社会科学》2011 年第 3 期。

证的。如《山东省优待老年人规定》的立法目的被表述为:"为弘扬尊老敬老美德,体现党和政府及社会对老年人的关怀,使老年人共享社会发展成果……"这种定位无疑与政策推进式的制度现状有着高度的匹配性。但我们认为,随着社会经济文化发展水平的提升和应对老龄社会问题的严峻性增强,老年人获得社会优待不能仅从尊老敬老的社会伦理角度认识,更应将其界定为一项法律权利。这项权利首先源自社会主体权利的平等性。权利的平等原则是指人们在政治、经济、文化等各方面所处的同等地位和所享有的同样权利。由于不同的社会主体的客观条件与所处的社会关系各有不同,对一些特殊主体采取必要的保护措施,给予特殊保护,已经成为实现实质平等权的重要方式。这同时也是对妇女、残疾人、老年人等在社会环境中处于相对弱势的特殊人群的法律权利进行特别立法保护的逻辑基础。罗尔斯关于正义原则曾作出过两个层面的阐释:一是平等自由,"要求那些确定基本自由的制度规范平等地适用于每一个人,在这些规范面前人人平等"[①];二是差别对待,即在满足平等自由原则的基础上,社会和经济的不平等应该有利于社会"最不利成员"或"最少受惠者""正义原则所要求的各种(可允许的)不平等都应该使某种功能性分配有利于最不利者的期待"[②]。这种实质正义观无疑为包括老年人社会优待在内的社会保障制度提供了理论注脚。因此,老年人的社会优待本质上不是赋予老年人特权,而只是给予其倾斜保护,以体现权利的平等性和社会正义取向。老年人获得的社会优待权是一项复合型社会权利,属于积极权利的范畴,兼具福利权、(实质)平等权与获得物质帮助权的多重特性,兼具人身权与财产权的双重属性。它区别于以避免来自国家或他人的侵犯为要旨的传统权利,更多注重权利主体的发展性——至少是保障一定的生活水平和社会待遇。

"老年人社会优待"概念本身即表征着老年人在社会生活中与其他主体之间的关系形态。这也决定了该类权利的实现无法自给自足,需要外界主体的积极作为。权利视角下的老年人社会优待应当获得立法的关照,其实现更依赖于国家的积极作为。"由于公民在实现这一权利时不仅需要及时排除非法侵害,而且有权要求国家提供其实现的条件,这就否定了在公民权

---

① 何怀宏:《公平的正义——解读罗尔斯〈正义论〉》,山东人民出版社 2002 年版,第 79 页。

② [美]罗尔斯:《政治自由主义》,万俊人译,译林出版社 2000 年版,第 300 页。

利实现过程中的国家绝对不干涉主义。它表明，对于公民的某些权利，唯有国家积极参与，它们才能顺利实现。”[①]与之相对应，公民的福利权常被视为“积极权利”。如戴维·凯利认为，“福利权”具有不同于传统自由权的特征，它要求国家的积极保障。[②] 就内容而言，老年人的社会优待既包括在公共生活中老年人的事务得到优先处理，也包括老年人得到物质上的优惠待遇，还包括一些义务的豁免。这些内容实质上是在老年人与其他社会主体之间配置权利义务。总体上来讲，对老年人的社会优待是包括政府在内的全社会的责任。这些责任的履行既涉及社会主体权利实现次序的先后性，也涉及公共财政资源的合理配置，将这些责任以立法方式进行体系化、规范化建设，既有利于理清老年人社会优待的外延，化解不同主体间的权利冲突，也有益于老年人社会优待的保障落实。

2012 年，修订过的《老年人权益保障法》颁布。该法案在老年人获得社会优待方面有所创新，但老年人优待制度还可以在细节上进行进一步提升，以显示更充分的人文关怀。比如城乡二元结构造就的不均衡的公共服务和社会福利制度，在老年人社会优待方面表现尤其突出。尽管不少省份都针对性地特别规定了农村老年人的社会优待，如不承担筹劳义务、不承担兴办公益事业筹资义务等，但并未明确城市(镇)中的社会优待制度对农村老年人的开放程度。因此在关注本埠、外埠老年人享受社会优待时的均衡化乃至统一化的同时，宜充分考虑并依托制度确立农村老年人与城市老年人在享受社会优待制度方面的平等权。再如关于老年人社会优待方面的年龄界定。各地在不同的社会优待领域中为老年人设置了不同的年龄界限，但各地域在年龄节点上的选择并不统一，出现了 60 岁、65 岁、70 岁、80 岁、90 岁、95 岁、100 岁等诸多节点。2011 年颁布的《刑法修正案(八)》中规定的“审判的时候已满七十五周岁的人，不适用死刑，但以特别残忍手段致人死亡的除外”，又涉及 75 岁这一年龄点。这种规定方式一定程度上难免给人带来认知上的错乱，很难区分确定这些数据的标准，更难记忆和分清不同年龄段的老年人享受的社会优待的范围和水平。我们认为，这些表现差异的

---

① 《社会权——要求国家积极作为的权利》，http://www.china.com.cn/xxsb/txt/2004-06/21/content_5591185.htm.

② David Kelley, *A Life of One's Own: Individual Rights and the Welfare State*, Washington, D.C.: Cato Institute, 1999, p. 56.

年龄节点的确定不能凭想当然，应当建立在科学的统计、测算、评估基础之上和不断提升老年人社会优待水平的前提下，并逐渐将其简洁化和统一化。

第三节　积极老龄化战略中的政府责任和社会义务

政府和社会在积极老龄化战略中担负着重要使命，是推进、落实积极老龄化各项政策、保障老年人权益的关键力量。政府作为主导，在积极老龄化战略中承担着政治责任、政策责任、管理责任和法律责任，把握着战略发展的大方向。社会组织，包括市场主体和非营利组织也要承担各自的义务。对市场主体而言，要充分开拓老龄相关市场和产业，重视高龄劳动者的就业，提供优良服务以及给予老龄人口优待；对非营利组织而言，则应在开展老年人相关志愿与慈善服务、维护老年人合法权益、丰富老年人生活和促进老年人身心健康以及推进老龄社会相关科学研究等方面大有可为。当然，在积极老龄化战略中的社会功能上。市场主体与非营利组织很难作细致的割裂，二者需要相互协作、共同推进。

一、积极老龄化战略中政府和社会的定位

积极老龄化是一种积极倾向的老龄观，是一项应对人口老龄化的战略，同时也是各种制度建设、各类关系重新定位、调整的背景。积极老龄化不是孤立的理念，也不是一蹴而就的，它是政治、经济、社会、文化发展到一定程度时产生的，是社会老龄化发展到一定程度时产生的，是在总结吸取老龄事业发展和老龄工作开展中的各种经验教训后才被逐渐认识、提出、接受和实施的。因此，积极老龄化战略有着更加宏大的时代背景。就我国而言，这一背景与社会转型、政府改革、社会治理结构变化、社会组织发展以及法治成长等因素相关联。积极老龄化战略的推进实质上是一场变革。在变革中，各类社会主体的角色、相互关系和权利义务都受到来自积极老龄化理念和政策要求的调整。前文有述，老年人的社会角色、权利体系以及权益得到保障的程度都有变化。其实这些变化也不是孤立的，这意味着在老年人权益保障、老龄化社会状态下，政府、社会以及家庭都将被重新定位。我国《老年人权益保障法》第 7 条规定："保障老年人合法权益是全社会的共同责任。国家机关、社会团体、企业事业单位和其他组织应当按照各自职责，做好老

年人权益保障工作。基层群众性自治组织和依法设立的老年人组织应当反映老年人的要求，维护老年人合法权益，为老年人服务。提倡、鼓励义务为老年人服务。"这一规定是有原则性的，但也直观地将老龄事业和老龄工作做了主体意义上的结构性安排。

同其他社会主体一样，老年人的权利有消极权利和积极权利之分，有自由权与社会权之分。相对而言，带有消极属性的自由权，与其他主体的自由权在实现和保障上没有较大区别，都是尽力排除外部尤其是公共权力干预的自由，要求公共权力和其他个人、组织充分尊重个体自由。社会权尤其是社会保障权的充分实现对于老年人而言具有更重大、更特别的意义。在这个意义上，政府和社会需要做出更多的调整和努力。

社会保障权是公民基本权利。该项基本权利的实现无法自给自足，需要国家和社会履行相应的义务，在此意义上它区别于传统的自由权。但一组现实的矛盾是，国家限于经济水平、物质储备、思想观念以及政策法律等多重因素的制约，无法满足公民所有的不断生发的权利要求。因此，不难理解，政府和社会应当承担社会保障权，但如何厘定社会保障权实现过程中国家（政府）和社会的现实角色，以及保障的方式、程度仍是一个难题。对于这一问题，世界各国也在不断的探索调适之中。

这个问题的解决，或许可以从德国宪法中的基本权利双重性质理论上得到初步解释和解答。在当代德国宪法的理论与实践中，基本权利被认为具有"主观权利"和"客观法"的双重属性。在"个人得向国家主张"的意义上，基本权利是一种"主观权利"。同时，基本权利又被认为是德国宪法所确立的"客观价值秩序"，公权力必须自觉遵守这一价值秩序，尽一切可能去创造和维持有利于基本权利实现的条件。于是，权利主体的主张与责任主体的自觉履行构成社会保障权得以维护、实现的两项重要机制。这一理论在世界宪法学界均有很强的说服力。

（一）作为"主观权利"的社会权

主观权利的外在表现是权利人的主张和请求。主张和请求的对象主要是公共权力，也可以包括社会主体，如老年人生活贫困时请求的救助。再如，《德国基本法》规定，"任何人的权利受到公权力的侵犯，都可以向法院起诉"。尤其建立了可以由个人在具体案件审理过程中提请对违宪法律法规进行"具体审查制度"，甚至有时"宪法诉愿"制度也可以保障个人在穷尽了一切法律途径的情况下，向联邦宪法法院诉请保护基本权利的行为。对于这类“主观权利”，宏观上讲，政府/国家和社会有三种基本的角色：

第一，对基本权利保持尊重。从人类历史发展脉络上看，对个人权利产生侵害的可能性最大的还是公共权力。因而，基本权利的最初功能在于对抗国家权力，以国家的不作为为主要的价值诉求，因此以保护公民的生命、自由、财产免受国家公权力干涉的自由权构成了基本权利体系的主体。此即基本权利的防御权功能，对应着国家和社会的“尊重义务”或“不作为义务”。这种尊重首先表现为不干预、不侵害、不剥夺，是积极履行作为义务的前提和基础。通常意义上讲，公民权利和政治权利对应着国家的消极义务，但对于经济、社会及文化权利，国家也承担同样的不干涉、不侵犯的尊重义务。具体而言，这种尊重表现为：国家应当尊重公民平等地获得社会保障的机会，应当尽其资源能力对最低限度的生存权利予以尊重，应当尊重个人通过自己的努力获得生存资源和社会保障的权利，不对社会保障权的实现进行不适当的干预或阻止，对个人、家庭和社会在国家实行的社会保障之外而采取的实现社会保障权所作的努力不加干涉等。

第二，通过给付保障社会权利。社会权在适当条件下具有直接请求国家积极作为，以使个人享有某种利益，达成某种状态的受益权功能。受益权功能所对应的是国家的积极义务，这与社会保障权具有要求国家积极作为的价值诉求相契合。从这个意义上讲，社会权尤其是社会保障权是典型的受益权。社会权的受益权功能与前述的防御权功能是价值理念不同的概念：防御权功能旨在排除国家可能对包含自由权属性的社会保障权的侵害，要求的是国家的不作为，体现的是自由理念；而受益权功能的目的则是要求国家在社会权的实现中承担更为积极的角色，通过其积极作为，帮助社会保障权的实现，体现的是社会法治理念。

国家和社会对社会权的这种给付义务按照主体和方式不同又可分为行政给付、司法给付和社会给付。行政给付是指行政主体在公民失业、年老、疾病或丧失劳动能力等情况下或其他特殊情况下，依照有关法律、法规或政策的规定，由政府赋予其一定的物质权益或有关利益和服务的行政行为。给付不仅是金钱意义上的，还可能包括经济上、文化上、社会条件上的某种利益或服务。行政权不是公共权力体系中最后的权力，当行政机关拒绝作出行政给付时，多数国家设置了另一道防护机制，即司法机关的介入。法院可以对行政机关不履行或拒绝履行给付的行为作出司法判断，从而使公民的请求权、社会权得以实现和得到保障。社会给付是指社会组织和其他社会成员分担国家和政府对弱势人群的救助、生存保障义务等，参与社会权实现的机制，通常可以通过志愿服务或者慈善活动完成。

（二）作为“客观法”的社会权

基本权利除了是个人的权利之外，还会因此塑造个人与国家、社会之间的价值秩序，使得多元社会主体围绕公民社会权的实现而各有所安。一般认为，与“客观法”相对应的国家义务、社会义务包括制度保障、组织程序保障、免于第三方侵害的保护等方面。

第一，提供制度保障。基本权利的制度保障最早是由德国宪法学家施密特提出的。权利的实现依赖于法律制度的确认和系统性支持。这要求立法者积极立法，以主动形成保障基本权利的各项制度。政策主体也要积极、及时制定各种政策，与立法共同形成治理所需的制度资源。社会保障权的实现尤其需要国家构建一套健全的保障制度，包括立法机关与行政机关的立法，包括公法法律规范和私法法律规范的配套规定，还包括政策、道德、文化与法律的密切配合。另外，社会保障权的实现除了国家负主要责任外，其他的社会组织，如企业、社会团体、慈善机构、基金会等，也需要根据法律承担一定的社会保障义务。因此，社会权的实现尤其需要国家建立完善的社会保障制度，而且所建立的社会保障制度也应随着社会的进步而不断发展更新。

第二，提供组织与程序保障。基本权利只有在一定的组织和程序的背景之下才能得到充分的实现，这就要求国家提供这种组织和程序上的保障。社会权的实现需要国家和社会的积极作为，这需要以建立相应的国家机关或社会组织为前提。比如，社会保障权中社会救助的实现，需要建立有关的调查组织，对救助对象经济或身体状况进行调查，以主动确定符合条件的救助对象或核实主动提出申请者是否符合法定条件。同时，也需要建立事后的跟踪监督组织，以确定当前提供的救助是否满足受益人的需要、是否需要继续提供救助等。所以，国家在构建社会保障制度时，就应该通过立法规定社会保障工作机构的组织构成及分工任务，以此给予社会保障权以组织上的保障。

此外，对于法制而言，程序的完备与严格遵守有着重要的意义。社会权的实现还需要公正、正当的程序保障。立法机关仅仅宣示公民权利，确定其基本内涵远远不够，还应当同时规定权利的各种实现方法，在实现相关主体尤其是义务主体履行义务的法律要求时，以及权利无法实现或受到伤害时的救济机制。所以，在其间设定国家权力在保障公民社会权的过程中需要遵循的法定程序就非常必要。例如在行政给付中，相关的行政审批程序、给付程序、听证程序、回避程序以及时限要求等，对于公民获得物质帮助权的实现都有重要意义。国家在制定法律建立相关制度时，应该在程序上给予保障，这是基本权利作为“客观法”而科以国家的义务。

第三，保护公民免受第三方侵害。这里的“保护”，有广义和狭义两个层次。广义的保护是指与公民基本权利对应的国家和社会义务，比较宽泛。狭义的保护则指国家设立机制，保护公民免受来自第三方的侵害。传统的法学理论认为，宪法调整的是国家与公民的关系，宪法确定的基本权利规定仅仅是为了对抗、防范公权力，避免国家对公民个人自由的干涉，而非针对公民个体。从 19 世纪末起，在资本主义发展过程中出现了大企业、大工会、大众媒体等大规模的组织。此种社会性权力对私人权利的侵害，加上后来社会保障权的萌发，产生了私人间强者对弱者权利侵害的法律问题。这种现象和问题将传统的宪法学说引向一个新的领域，即基本权利对于第三人的效力问题。在学理发展的过程中，一种逐渐被广泛接受的观点认为，宪法意义上的基本权利拥有对抗第三人的效力，但需要启动相应的国家机制，国家需要通过行政的、司法的手段履行该项保护责任。

综上所述，国家和社会对老年人社会权的实现所负的责任是多方面、多层次的，只有采取一切可能的措施履行这几方面的责任，才能使老年人的权益得到充分的实现。对于我国而言，充分保障老年人权益，政府和社会在观念上实现从社会福利观向权利保障观的转化，找准政府、社会和个人的坐标至为重要。正如《经济、社会和文化权利国际公约》第 2 条第 1 款所规定的那样：“每一缔约国家应尽最大能力承担个别采取步骤，或经由国际援助和合作，特别是经济和技术方面的援助和合作，采取步骤，以便用一切适当方法，尤其包括用立法方法，逐渐达到本公约中所承认的权利的充分实现。”

二、积极老龄化战略中的政府责任

在西方国家老龄化社会应对和社会保障制度改革的理论中，政府在社会保障中的作用始终是其争论的焦点。但无论如何，政府在积极老龄化战略、老年人权益保障和社会保障制度变迁过程中责无旁贷。积极老龄化战略实质是一种新的社会制度安排，目的在于重新调整公共资源在人口结构各阶段的配置，促进总体公共利益的增加。其实施运行需要借助政府的强制力量，需要由政府承担主要的国家责任。

科学确定政府在积极老龄化战略中的责任应当遵循几项基本原则：第一，政府主导与全社会共同参与的原则。任何社会形态下，政府都是社会治理的主导力量，在选择治理模式、谋划治理方案、凝聚协调治理力量等方面无可替代。但老龄化不是一个社会领域的短暂性现象，而是将在较长时间存续并且所有人都要共同面对、无可回避的社会形态，直接或间接关涉到每一个社会成员的利益和对未来的安排，因此老龄化带来的挑战和机遇也应当由全体社会成员承担、共有。因此，积极老龄化战略中，政府的责任需要强化，政府的角色也必定会十分重要，但同时社会、家庭乃至老年人个人也都要责无旁贷地承担各自的责任。第二，政策制定、执行与监督相分离的原则。积极老龄化战略既需要调动巨量社会资源，甚至引起社会治理模式的调整，政府的权力既要有效发挥，也应当有所制约，这是制度文明和法治的应有之义。积极老龄化战略需要相应的制度资源、政策执行力量，同时也应当设定有效的权力监督机制，以防范权力的滥用、懈怠，以及对老年人权益保障不到位现象的产生。第三，财权与事权相统一的原则。积极老龄化战略确立和实施的关键有二：一是思想观念的转变，应当对老龄社会、老年人有科学、客观的认识和积极建设的心态；二是有充足的财力支持以提供有效的社会保障。在行政管理体制改革的过程中，财权与事权的不协调、不匹配一直是制约行政管理体制进一步优化、行政效能充分发挥的问题。不少领域中存在中央与地方事权划分不够清晰的弊端，造成中央委托地方的事权或者地方事权过多，财权相对较小的结果，只能通过专项转移支付方式解决，影响财政运行效率。因此，积极老龄化的国家战略，应当加强这方面的宏观布局、顶层设计，在各级政府事权和财权中作适当平衡，合理划分，使各级政府的财力与他们要办的事情相匹配。第四，政府权力有限与有效的原则。积极老龄化战略中要充分发挥政府的主导作用，促使全社会共同参与。政府与社会协作共赢的关键在于理清政府权力的界限，充分发掘社会的潜能。近些年来，一系列政府改革都是围绕转变政府职能、提高行政效能展开的，最典型的就是通过取消、下放行政许可、行政审批项目为政府权力作“减法”，改变过去政府事无巨细、大包大揽的状况，实现从“无限政府”模式下的无所不能、无所不管向“有限政府”模式下“有所为，有所不为”的目标转变，向社会放权，为市场松绑。“减权”“限权”不是政府改革的全部内容，它对应的一个方面是通过强化监督和责任机制，不断强化政府应当承担的经济调节、市场监管、社会管理和公共服务职能，集中行政资源提高行政效能。

具体而言，政府在积极老龄化战略中应当承担的责任可分为四个方面：

（一）政治责任

伴随政府的公共角色、公共性能被越来越深刻地认识和挖掘，“责任”也越来越成为行政领域乃至公共权力领域人们深切关注的关键词。从宏观视角观察，政府的政治责任与民主和法治理论存在内在的逻辑联系。[①] 从民主的意义上讲，近现代以来，人类社会强烈表达了建立民主政府的需要和愿望，民主政府贯彻“立政为公，行政为民”的思想和原则，人民的意愿和利益是政府存在和行政运作的原因和根据。在民主政府体制下，政府必须对人民负责。责任政府构成民主政府的基本特征，责任行政成为民主政府的基本要求。

现代政府权力由人民授予，这种民主特质表明政府在化解公共问题中的价值。具体的语境可以使抽象的民主原则变得直观并且易于把握。这里的“民主”至少包含这样两层含义：其一，政府的行政贴近“民意”和“民益”。近代以来的政府及其以执法为基本特征的权力来源于人民的直接或间接授权，这种授权是政府及其行动合法性的唯一来源。政府制定和执行公共政策，理应以表达人民的意志，维护公共利益为出发点和最高目的。近些年的行政实践及其相关理论的发展也不断论证、修正和完善着行政权力与公民

① 民主、宪政和法治都要求建立责任政府，但含义上存在一定的差别。比如，民主要求政府由人民并通过一定机制产生，对人民负责，对人民的意愿和利益负责，政府责任乃政治责任和道义责任的统一；宪政要求政府对宪法和政治制度负责，政府责任具有政治责任和法律责任的双重含义；法治更多地要求政府对自己的权力和行为负责，政府责任主要体现为法律责任。

权益之间的关系。[①] 其二,政策制定过程、行政过程渗透公民参与。公民行使民主权利一方面指在代议制政治中参与投票选举的活动,另一方面也指参与包括所有关于公民的公共利益、公共事务管理等方面的活动。在代议制只能提供有限的参与之时,公民在行政执法活动中直接参与公共决策的执行,正成为公民民主权利的主要内容。[②] 民主行政有助于完善民主制度下的政治责任链条。在欧文·休斯那里,公民与政府的关系可以看成是一种"委托—代理"关系,公民同意推举某人以其名义进行治理,但是行政必须满足公民的利益并且为公民服务。[③] 在关注自身权益实现的公民那里,认为行政变得越来越手段化,因而审视行政权力的目光也愈发犀利——民主行政在政府与公民之间架起直接的桥梁。民主行政不容许行政权力的运行背离民意和民益,并以设置相应的责任作为维护民主的重要机制。在近年来的行政法治实践中,我们可以明显觉察出行政民主化的明朗走向。例如从《行政诉讼法》到《行政处罚法》再到《行政许可法》,无一例外地规定了公民在行政行为过程中的直接参与权[④],同时规定了该种权利得不到有效实现的法律

---

① 长期以来的行政实践和相关理论发展促使人们达成如此的共识:公民权利和国家权力越来越紧密地在社会生活中"捆绑式"出现。这种捆绑表现有二:一是"权利"在一定语境下区别于通常在国家权力界限的意义上出现的"公民自由",它更多依赖国家的主动、积极行为创造条件方能实现,是一种具有依赖性的、不能完全自足的权利,如受教育权和劳动权。因此,权利的实现在很大程度上有赖权力,尤其是行政权力的积极作为。国家权力为公民权利的主张排除障碍和设置保障,为公民权利的主张、实现、丰富和发展提供资源和条件。在这种意义上,权力是作为权利的促成和保障机制出现的。二是社会主体的利益需求会导致权利自我扩张的趋势和倾向,权利的盲目或不节制的膨胀会扰乱已形成的社会关系或秩序,需要由权力加以规范或防范,如特定领域行政许可制度的设置。在这种意义上,权力是作为权利的控约因素存在的。而控约的价值在于,实现社会主体权利行使的秩序化和保障社会主体在秩序中行使权利。

② 近些年来,我国行政法民主化发展的制度表现丰富多彩,可以视为行政民主性逐步增强的成果。例如,被授权组织、受委托组织、特邀监察员等主体制度的发展,行政契约、行政指导等行为制度的发展,告知、听证、证据、公民参与等程序制度的发展,代表评议、行政申诉、行政复议、行政诉讼、国家赔偿等监督与救济制度的发展。这些制度或者直接赋予和保护公民的民主权利与其他合法权利,或者通过制约行政权力从而保护公民的民主权利与其他合法权利。这些行政法民主化进程的成果均为行政法制提供了具体的制度支撑。

③ 参见[澳]欧文·休斯:《公共管理导论》,彭和平译,中国人民大学出版社 2001 年版,第 217 页。

④ 这种直接参与权体现为行政过程中相对人的陈述、申辩、质辩、要求听证等具体的程序性权利。主张"平衡论"的行政法学者更是从这样一个角度论证公民民主参与的深刻意义:行政法律关系中主体双方天然的不对等性决定了行政主体在行政行为中居于优势地位,其实体权有着优先实现并为其他社会主体所尊重的权力;正是由于行政相对方的程序权利的充分行使,方可形成一种要求行政主体谨慎行使权力的外在约束力量,而对于行政主体而言,程序更多的是一种义务和职责。由此,在实体和程序两种意义上的行政法律关系双方主体权利义务的不对等状态呈现倒置的局面,从而达至权利、义务总量和总体的平衡状态。

后果。[①]

在应对老龄化问题上，政府的政治责任实质就是角色责任和道义责任，即基于政府角色而产生的天然义务。这种政治责任与公共权力密切相关，指政府主导老龄社会应对的大局，组织制定符合民意的老龄公共政策并且推动其实施的职责。实现政治责任是一个实践问题，即政治责任主体按照法律、法规和政策程序行使权力，使老年人和社会公众有效了解决策的产生条件和过程并且加以监督，使政府活动符合老年人和社会公众的要求。相对于法律责任而言，政治责任具有宏观性，它是一级政府的政治担当，未必由法律条文明确规定，也不直接对应明确的法律责任。但如果政治责任履行不到位，比如一个地域老年人权益保障政策或其执行出现严重偏差，或者出现老年人权益保障相关的重大责任事故等，相应的政府及其相关职能部门要承担相应的社会、组织负面评价，行政首长及相关负责人员要承担相应的纪律处分。在责任确认和追究方面，政治责任与法律责任并行不悖，但往往更具有优先性。

（二）政策责任

综观各国老龄政策的产生和发展历程，都是以制定老年人权益、老年人社会保障方面的政策、法律揭开序幕的。由于一系列主客观因素的限制，我国的老龄制度体系在实践中不断摸索前进，制度建设正在经历着从粗疏零散、单兵突进、缺乏体系性的政策推进逐步向注重立法、注重长远规划、注重各社会领域通力协调和注重政策与法律互动共治转变的发展过程。然而，在中国现有的行政管理体制下，目前以部门为主导而形成的各种与老龄化有关的公共政策仍不断呈现出碎片化的状态。不同的政府部门往往专注于各自的功能和职能定位，相关部门之间职责交叉但界限不明确的情况时有发生，政策之间相互制约乃至冲突的现象时有出现，这使老龄社会中公共政策转变的许多基础性工作难以开展，源头性问题难以解决。截至目前，据不完全统计，我国涉老政策文件和立法多达200多件。就数量而言，中国政府在政策法律制定方面承担着重要责任，扮演着不可替代的角色。但就制度

① 如《行政处罚法》第2条规定："公民、法人或者其他组织违反行政管理秩序的行为，应当给予行政处罚的，依照本法由法律、法规或者规章规定，并由行政机关依照本法规定的程序实施。没有法定依据或者不遵守法定程序的，行政处罚无效。"

品质和实施效果而言，作为回应老龄化社会应对议题的公共政策制定主体，政府在塑造更为系统、严密和精细的制度体系方面，还有很长的路要走。

1. 政策责任意味着政府担负着为老龄化社会做好宏观顶层设计的责任

我国人口老龄化的特殊性、严峻性，决定了必须从国家战略层面，通过权威科学的顶层设计，凝聚力量，积极应对挑战。政府有必要在长期发展和社会整合的基础上统筹考虑应对人口老龄化的战略规划，通过相关公共政策的改革与完善使中国社会尽快适应这种人口态势，以贯彻执政理念及实现发展目标。目前来看，积极老龄化战略的顶层设计应当包括至少四个方面：

第一，将积极老龄化政策提升至国家性的战略目标乃至基本国策层面，以便于统筹各种资源和力量。《老年人权益保障法》在 2012 年的修订过程中，在总则部分增加了"积极应对人口老龄化是国家的一项长期战略任务"的表述。以该领域基本立法的方式明确了积极老龄化的战略选择，这对今后其他相关政策和法律的制定有着直接的指导意义。但我们认为，积极应对人口老龄化带有全局性、系统性、综合性和紧迫性，有必要将其进一步提升至基本国策的高度，只有这样，才便于调动各种资源、力量积极应对，也才能够与我国另一项基本国策——计划生育政策形成互动。二者作为改良人口年龄结构、优化人口素质的两驾马车，从根本上缓解社会压力。

第二，应当制定老龄事业发展和老龄工作开展的中长期规划。中长期规划作为不同历史阶段老龄事业发展和老龄工作开展的总纲领，使老龄工作能够既有长远眼光又能兼顾当前，既能突出重点又能统筹规划，既能协调推进又能分步骤实施。《老年人权益保障法》要求"各级人民政府应当将老龄事业纳入国民经济和社会发展规划，将老龄事业经费列入财政预算"。目前，我国关于积极应对人口老龄化的国家政策部署主要体现在国民经济和社会发展总体规划即《"十二五"规划纲要》和相关专项规划、《中国老龄社会发展十二五规划》中。《"十二五"规划纲要》部署了"全面做好人口工作"的各项措施，包括加强计生服务、促进妇女全面发展、保障儿童优先发展、积极应对人口老龄化以及加快残疾人事业发展等方面，提出控制人口总量、提高人口素质、优化人口结构、促进人口长期均衡发展的人口政策目标。老龄社会发展专项规划则更细致、系统地明确了积极应对老龄化的指导思想、发展目标、基本原则以及主要任务等基本政策内容。

第三,通过立法和政策制定,建立健全各项涉老制度。如养老、医疗、照料服务、社会参与等基本制度,远未得到充分制度化,需要具体立法和政策的有效支撑,以建立完善的制度体系。其中涉及老年人基本权利义务的内容,应当通过立法来完成。

第四,建立科学、协调的老龄工作体制、机制,统筹政府、市场、社会共同行动,以健全的老龄工作体系和高效的执行能力作为保障。政府在应对人口老龄化中应首先寻求行政管理体制上的突破,这是推进公共政策转变的首要保障。建立一个权威的常态统筹机构,从体制上强势整合人口计生、民政、卫生、人力资源和社会保障等部门的相关职能与资源,在提供体制组织和资金保障的同时,对政策进行统一的规划、管理、调控与实施。只有这样,才能有效推进公共政策体系在老龄化背景下实现积极的转变。

2. 政策责任意味着要维护完备、协调的老龄事业制度体系

老龄社会的积极应对需要调动各种制度资源,包括大大小小的公共政策、国家和地方立法、人大及政府立法,宽泛意义上还包括社会伦理道德等资源。政府的责任无疑主要在于前者。尽管我国已经大致形成以《宪法》为纲领,以《老年人权益保障法》为基础,以各专项立法和相关立法为支撑,以地方立法和行政立法为拓展,辅以各项涉老公共政策以及国际公约的老龄制度体系,涉老制度在数量上已经达到相当的规模。但这一体系内部仍存在很多问题,主要表现为:《宪法》和《老年人权益保障法》已经宣示了老年人的各项权利,但将这些权利落到实处的支撑性立法仍没有同步,稍显滞后;现有政策和立法、各级各类立法之间的冲突和矛盾仍不鲜见;政策、立法在地域间发展极不平衡,导致不同地域和身份的老年人获得的权益保障的资源严重不均衡等。在这个意义上,履行政策责任,要将老龄社会相关制度资源进行有效的清理、补充、整合,注重内在协调性、衔接性、呼应性,加快相关立法速度,使《宪法》和《老年人权益保障法》确定的老年人权益得以实现。

3. 政策责任意味着政府要调动资源,出台促进老龄事业的各种专项政策

老龄事业是一项综合事业,涉及政治、经济、社会、文化等各个领域,老龄工作更需要多元主体、多项政策的配合。从目前社会现实需求角度看,有必要尽快确立的专项政策有:

第一,积极面向老龄化的财政政策。公共财政应向老龄人口适度倾斜,

为老龄事业发展提供财政支持。如《老年人权益保障法》规定:“各级人民政府应当……将老龄事业经费列入财政预算,建立稳定的经费保障机制,并鼓励社会各方面投入,使老龄事业与经济、社会协调发展。”

第二,积极面向老龄人口的各项社会政策。政府要大力发展社会互助网络,开展社区照顾。如《老年人权益保障法》规定:“国家建立多层次的社会保障体系,逐步提高对老年人的保障水平。国家建立和完善以居家为基础、社区为依托、机构为支撑的社会养老服务体系。倡导全社会优待老年人。”

第三,积极面向老龄化的产业政策。政府要通过发挥信息资源优势,引导、鼓励适应老龄化社会的各种产业快速发展。如《老年人权益保障法》规定:“国家采取措施,发展老龄产业,将老龄产业列入国家扶持行业目录。扶持和引导企业开发、生产、经营适应老年人需要的用品和提供相关的服务。”老龄事业发展“十二五”规划也要求研究制定、落实引导和扶持老龄产业发展的信贷、投资等支持政策。

第四,积极面向老龄化的文化政策。政府通过文化传播、价值引导等方式引领全社会的积极老龄观念,形成尊敬、善待老年人、保障老年人权益的正向社会风尚,为积极老龄化战略营造良好的社会环境。如《老年人权益保障法》规定:“各级人民政府和有关部门对维护老年人合法权益和敬老、养老、助老成绩显著的组织、家庭或者个人,对参与社会发展做出突出贡献的老年人,按照国家有关规定给予表彰或者奖励。”

(三)管理责任

政府管理责任的基础依旧是它主导、支配包括老龄事业在内的各项事业中几乎所有的社会资源。管理或者说执行是政府的天职,是运用国家权力对社会事务进行治理、管理和执行的社会活动。随着新兴社会领域的增加和政府职能的不断调适,行政管理的对象日益广泛,包括经济建设、文化教育、市政建设、社会秩序、公共卫生、环境保护等各个方面,老龄事业领域也不例外。

积极老龄化战略中政府的管理责任集中体现在三个方面:

第一,在政府及其相关部门之间分配管理职能,形成一套系统的管理、执法体制。应对人口老龄化需要统筹政府、市场、社会共同行动,以健全的老龄工作体系和高效的执行能力作为保障。联合国在 1982 年的《维也纳国际老龄问题行动计划》、2002年的《马德里国际老龄问题行动计划》以及后续行动计划中，都特别强调战略执行能力的重要性。《中国老龄事业发展“十二五”规划》提出的发展目标之一便是加强老年社会管理工作。要求各地成立老龄工作委员会，80%以上退休人员被纳入社区管理服务对象，基层老龄协会覆盖面达到80%以上，老年志愿者数量达到老年人口的10%以上。《老年人权益保障法》中也明确了“县级以上人民政府负责老龄工作机构，负责组织、协调、指导、督促有关部门做好老年人权益保障工作”。目前，根据法律要求和实际工作机制，县级以上人民政府担负着推进各项老龄事业和老龄工作的宏观责任，而具体工作由老龄工作委员会承担。全国及各地方的老龄工作委员会是国务院和地方人民政府主管老龄工作的议事协调机构。委员会通常由三部分单位组成：一是党的相关组织或工作部门，如组织部、宣传部、机关工委等；二是政府相关部门，如民政部门、财政部门、卫生计生部门、人力资源社会保障部门、公安部门等；三是相关人民团体、群众组织或社会组织，如工会、共青团、妇联、老龄协会等。老龄委主要职责包括研究制定相关重大政策，协调推动老年人权益保障的各项工作，推动开展有利于老年人身心健康的各种活动等。老龄工作委员会下设办公室，作为日常工作机构，通常设在民政部门。具体职责包括办理老龄委决定的事项，针对老龄工作发展方针政策和规划拟定实施办法，督促检查老龄委决定事项的实施情况等。客观来讲，目前我国老龄工作体系体制已经初步建成并顺畅运转，但由于长期以来形成的社会治理格局和传统的老龄工作观念，老龄委在治理体系中相对边缘。尽管有若干相关单位的参与，但其在实践中整合、调配社会资源的能力非常有限，这与应对人口老龄化的要求之间尚存在一定距离。我们认为，政府层面有必要强化和提升各级老龄工作委员会统筹规划、综合决策、组织协调、监督管理等各项职能，为积极应对老龄化奠定组织基础。

第二，老龄化社会最紧要的问题仍然是经济问题，充分的社会保障离不开相应的财力支撑。古今中外，政府在社会保障中均担负着不可推卸的财政责任，财政责任说到底是对社会财富的管理和分配。1998年《亚洲及太平洋老龄问题澳门行动计划》要求：“各政府将力求平衡老年人的要求与年轻人的需求，并拨出足够的资源，既满足老年人的要求，同时又照顾到所有社会群体。"[①]一定意义上讲，财富管理责任是政府在老龄化社会中的关键责任。目前政府对社会保障承担责任主要通过三种途径——政府财政直接列支、税费优惠以及其他途径（如福利彩票等），这些都直接涉及政府对公共财政的有效管理。《老年人权益保障法》要求各级人民政府将老龄事业经费列入财政预算，建立稳定的经费保障机制。政府积极应对老龄化在公共财政方面的倾斜政策主要有：完善投融资政策，安排财政资金支持养老服务体系建设；完善税费优惠政策，对养老机构减征或免征行政事业性收费；完善补贴支持政策，建立健全对高龄、失能等老年人的补贴制度。

第三，对社会活动的监管责任。面对汹涌而来的老龄化压力，政府无法单兵作战，需要社会力量、市场力量通力协作。政府在与市场、社会的关系中扮演监管者角色，引导市场、社会力量参与"银发事业"和"银龄产业"，并通过监管保障市场、社会主体依法开展老龄事业和老龄产业，从而服务于老年人生活品质的提升，保障老年人各项权益的充分实现。政府部门承担最主要的社会保障监管责任是国际普遍做法，即使在实行个人缴费、个人所有、完全积累、私人机构运营的养老金私有化改革，将政府责任降至最低的国家，政府仍没有放弃对整个社会保障系统的监管职责。我国发展"居家养老，社区养老，机构养老"相结合的多元化养老模式，鼓励社会各类主体接纳老年人的社会参与，营造老龄人口的宜居环境等，都是典型的社会行为或市场行为。政府扮演监管者的角色，对这些行为进行评估、考核，保证老年人享受到公平的公共服务，营造良好的老龄化社会环境。目前，我国参与老龄事业的主体既有政府机关，也有民间机构、半官方组织，还有市场主体和个人。按照不同领域，劳动和社会保障、民政、卫生、财政、审计、发改委等多部门均在自身职责范围内负有法定的监管职责。

（四）法律责任

从法治角度而言，行使什么样的权力就应承担与其相应的责任。权力无法脱离责任而单独存在；否则，这种权力就是非法的、不合理的。法治的目的之一就是要确保责任与权力随时相伴、不可分割。因为责任与权力共存的规则，能使权力的范围有正当的界限，从而使权力规范化、明晰化和合

---

① 全国老龄工作委员会办公室：《第二次老龄问题世界大会暨亚太地区后续行动会议文件选编》，华龄出版社 2003 年版，第 375 页。

法化。权力一旦越出合法的范围,相应的责任就是权力越界的必然代价。责任与权力共存的规则包含两方面的内容:一方面,在权力行使的每一环节中,必须以明确规定的责任为边界,只要越规,就会被责任制约,从而有效地抵制权力的非法扩张;另一方面,通过对权力的这种经常化的制约与保护,确保权力更加正当、合法,从而降低权力合法行使的成本。所以说责任与权力的相关共存原则,是法治的根本原则。政府权力法治命题中,责任无疑是一种支撑性的要素,从这个意义上讲,法治政府应当是责任政府。

如前所述,我国老龄制度体系经历了从政策主治到政策与法律共治的过程。1996 年 8 月,我国颁布的《中华人民共和国老年人权益保护法》,第一次以国家法律的形式明确了政府在老龄事业和老龄工作中的法律责任。从此,政府在该领域的责任不再仅仅是政治责任,在一定层面上转化为有法律后果作保障的法律责任。

政府在主导老龄社会应对的过程中,需要掌握、调动和分配巨量的社会资源,动用多种多样的公共权力手段。如果不为这种庞大的权力设置相应的法律责任,那么权力极易由于腐败、懈怠而难以达成目标,甚至产生负面效应。在该领域,政府的法律责任与其他领域并无二致,是在行政活动中有责主体因违反法定义务而应当承受的由专门国家机关依法确认并强制承受的合理负担。"政府"在行政法意义上是一个泛化的概念,它主要是外化为行政主体甚至是以政府的名义行使权力、承载行政权能的公务人员。因此,我们探讨的政府的法律责任主体也包括若干层次:作为整体意义上的政府、与具体的行政活动相关联的作为行政主体的行政组织以及相关的公务人员。

在老龄事务管理领域确立相应的法律责任有着非常重要的意义。首先,这是强化和深化政府责任意识的法律保障;其次,这是保护法律所确认的老年人合法权益得以实现的可靠法律手段;再次,政府法律责任是在法律体系范围内抵制和预防违法行为的重要法律形式。积极老龄化战略下,政府的法律责任集中体现在《老年人权益保障法》及相关立法的"法律责任"规定中。《老年人权益保障法》设定了两类主体的责任:一是针对不履行保护老年人合法权益职责的部门或者组织,其上级主管部门应当给予批评教育,责令改正。二是针对违法失职行为致使老年人合法权益受到损害的人员,由其所在单位或者上级机关责令改正,或者依法给予处分;构成犯罪的,依法追究刑事责任。

客观地讲，这种法律责任设定的方式，尽管一定程度上回应了行政机关及其工作人员在老龄工作中“有权无责”的问题，使追究相应法律责任有了基础性的法律依据，但仍然存在至少两个方面的缺憾：

一是在法律责任主体的完整性方面。理论上讲，只要承担着明确的法定职责和强制性法定义务的主体，都应当有相应的法律责任设定，这是法律规范逻辑中的当然之义。从《老年人权益保障法》的规定中不难看出，县级以上各级人民政府在积极老龄化战略中担负着中流砥柱的作用，“政府”一词在《老年人权益保障法》中共出现 28 次。对这一如此高频出现、行使诸多权力、承担大量职责的概念，立法并未为其设定相应的法律责任，也没有设定依据行政机关首长负责制原则可以推导出的负主要领导责任的行政首长责任，只是笼统地提出“有违法失职行为，致使老年人合法权益受到损害的”情形。这种权责失衡、不统一的状况，尽管不是《老年人权益保障法》独有现象，但仍不失为缺憾。

二是在具体责任形式方面。对组织仅仅规定了批评教育、责令改正，对相关国家工作人员仅仅规定了责令改正和处分，也失于粗陋。除了责令改正和处分，实践中也逐渐发展着新型的责任方式，值得制度关注。包括：(1)道歉。该责任形式在法律责任体系内鲜有提及，但近年来，政府公开道歉的新闻常见诸报道。如 2006 年，国务院副总理吴仪因为医疗卫生领域存在的诸多问题在大会上道歉，吉林省省长洪虎为长春“2·25”重大火灾公开道歉等。我们认为，政府公开道歉是走向责任政府的重要一步，是政治伦理和责任政府的共同要求，应当成为公共权力文化和制度的组成部分。在此意义上，道歉不仅仅是道义责任，也应依托立法转化为法律责任。(2)作检查。如果说道歉是一种外部责任，其针对的对象主要是相关人乃至社会公众，那么作检查则主要是一种行政系统内的内部责任，该项责任形式的基础是行政系统内的上下级间领导与被领导的关系。作检查的责任方式在学理上一直未被充分探讨和界定，一般将其作为行政体系内部的管理方式来看待。但我们认为，作检查不仅是行政内部管理方式之一，更应当被提升为一种法律责任并为法律所规范。作检查作为法律责任的基本逻辑是，行政机关由于自身行使职权履行职责的违法失职等行为，给社会生活或人民利益造成较大损害时，行政机关应当自身充分反思和总结，并基于对同级或上级人民政府负责、对人民负责的态度表达改正的决心以及作出修正的具体方案。这是对瑕疵行政活动的事后处理。一段时间以来，该项责任方式已经为不少行政机关所认识并实践。如四川省规定，年度内发生1起“死亡10人以上”特大安全事故时，或者发生5起“1次死亡3人以上”的重大安全事故时，发生的市(州)政府主要负责人要到省政府作出检查。从制度建设的角度来讲，将作检查作为一项法律责任纳入法制的范围，对行政机关及时、充分履行职责有重要的现实意义。

三、积极老龄化战略中的社会义务

“政府主导，社会参与”是积极老龄化战略中的重要内容，社会在老龄事业发展和老年人权益保障中被寄予新的期待。《中国老龄事业发展“十二五”规划》敏锐地指出，在快速发展的老龄化进程中，我国老龄事业和老龄工作相对滞后的主要表现是：社会养老保障制度尚不完善，公益性老龄服务设施、服务网络建设滞后，老龄服务市场发育不全、供给不足，老年社会管理工作相对薄弱，侵犯老年人权益的现象仍时有发生。针对这些问题，国家提出了政府引导与社会参与相结合、家庭养老与社会养老相结合的原则，要求按照社会主义市场经济的要求，积极发展老龄服务业。加强政策指导、资金支持、市场培育和监督管理，发挥市场机制在资源配置上的基础性作用，充分调动社会各方面力量积极参与老龄事业发展；充分发挥家庭和社区功能，着力巩固家庭养老地位，优先发展社会养老服务，构建居家为基础、社区为依托、机构为支撑的社会养老服务体系，创建有中国特色的新型养老模式。随后修订的《老年人权益保障法》也强调：“国家和社会应当采取措施，健全保障老年人权益的各项制度，逐步改善保障老年人生活、健康、安全以及参与社会发展的条件，实现老有所养，老有所医，老有所为，老有所学，老有所乐。”“保障老年人合法权益是全社会的共同责任。国家机关、社会团体、企业事业单位和其他组织应当按照各自职责，做好老年人权益保障工作。基层群众性自治组织和依法设立的老年人组织应当反映老年人的要求，维护老年人合法权益，为老年人服务。提倡、鼓励义务为老年人服务。”“国家建立多层次的社会保障体系，逐步提高对老年人的保障水平。国家建立和完善以居家为基础、社区为依托、机构为支撑的社会养老服务体系。倡导全社会优待老年人。”此外，还要求全社会开展敬老、养老、助老宣传教育，树立尊重、关心、帮助老年人的社会风尚。通过这些总括性的要求不难看出，在积极应对老龄化的进程中，没有旁观者，所有的社会主体都有责任和义务作出自己的努力。正如联合国社会发展委员会在第35届会议上的提醒：各会员国要铭记21世纪老龄化是人类前所未有的一项重大挑战。在《老年人权益保障法》的细则部分，尤其是社会服务、社会优待、创造宜居环境以及促进社会参与部分，更是明确了社会主体在保障老年人权益实现中的义务。

本书所称的“社会义务”主要是指社会组织的义务。社会组织根据不同标准可以分为很多类型，以是否以营利为目的可以分为市场主体与非市场主体，它们分别在老龄化社会进程中履行各自的义务，发挥各自的功能。

（一）老龄化社会中的市场主体

老龄化社会如果被称为“问题”，那么这一“问题”的本质是一个国家或社会人口结构的变化甚至失衡。这些变化或者失衡会导致劳动力不足，纯粹依靠家庭养老变得越来越不现实，一些国家或地区还会产生经济发展迟缓、国家财力不足等连锁反应。因此，推动老龄社会养老问题的市场化、科学发挥市场主体作用是世界范围内不可回避的政策选择。

在西方一些国家，随着社会保障制度的发展，高福利的保障制度普遍面临公共财政困难问题，市场化改革成为这些国家普遍采取的措施。多年来，美国形成了社会保障养老金计划、企业年金计划和个人退休金计划的养老保障体系。20世纪中期以来，养老保障制度改革过程中不断引入市场理念，通过合理考虑市场因素确保制度体系的可持续性。如20世纪80年代的改革，将基于个人工薪的社会保险缴纳额由联邦政府进行的收益支付转为缴纳盈余建立信托基金的制度，对专项信托基金投资，以保证盈余的实效化。90年代，为解决企业资金运转困难带来的基金亏空，政府加大了市场化改革的力度，采取了信托基金与企业资产分离的方式，使企业不得将养老保险基金用于本企业投资，而且建立了养老金福利担保公司，由企业向担保公司缴纳保险费。当企业的养老基金出现财务危机或企业破产时，由担保公司支付养老金，从而保证了企业员工的利益。日本由于老龄化的加剧和20世纪90年代以来经济的“滞胀”，之前的高福利政策使政府和企业越来越难以承受。政府从20世纪80年代开始，着手对现行的老年社会保障体制进行改革。改革的方向同样是弱化政府的权力，增强市场的作用，逐渐实现老年服务项目的市场化与商业化，以减轻政府和企业的负担。这也是当前日本养老法制改革的总体趋势。

《中国老龄事业发展“十二五”规划》指出，要不断完善老龄产业政策，把老龄产业纳入经济社会发展总体规划，列入国家扶持行业目录。《老年人权益保障法》也提出发展老龄产业的思路，要求政府扶持和引导企业开发、生产、经营适应老年人需要的用品和提供相关的服务。2015 年 8 月，为适应经济发展新常态，迎接人口老龄化挑战，政府在加强基本养老保险基金管理的同时，加快完善基金投资政策，拓宽投资渠道，开展养老基金的投资运营，力图实现基金的保值增值，增强养老基金的支撑能力。国务院发布的《基本养老保险基金投资管理办法》，明确了“养老金入市”的具体方案，也是政府通过财政管理积极应对老龄社会的典型例证。

市场主体对外界经济环境有着异于寻常的敏锐性。在老龄化社会来临之际，市场主体也有着无限机遇，“银发市场”“银发产业”展现出前所未有的宽广空间。作为积极老龄化战略中的重要一环，市场主体的义务主要体现在如下方面：

第一，积极布局，探索“老龄市场”、老龄相关产业。老龄化所催生的老龄产业，并不是夕阳产业，而是朝阳产业，这一判断已然成为市场共识。随着老年人实际可支配收入的不断增加，养老相关市场需要不断释放。发展养老服务业不仅惠及老年人，同时也有利于促进就业、拉动消费，从而推动经济发展。对于老龄人口来说，三大需求——生活照料、精神赡养以及医疗保健首当其冲。国家应对人口老龄化战略的相关研究也指出，完善养老保障体系的重点也在于养老保障、医疗服务和养老服务体系。与之相关的医疗健康、生活服务以及适合老年人的地产、旅游业等产业也成为老龄社会中需要重点发掘的市场。市场在服务老龄人口的领域所承担的责任不同于其他领域，要求更加注重老年人生存、生活质量的提升，保障老年人的安全性、便捷性，同时也要求在经济利润不高但老龄人口必需的市场领域有必要的布局。

第二，充分重视高龄劳动者价值，促进老年人创业、就业，营造环境让老年人乐业。英特尔(中国)《延续金色连线：分析中国老龄化的经济视角》报告指出，高龄人口存在明显的相对优势，老年人变得越来越有生产力、充满创造性和颇具企业家精神。并且，老年人在创办企业和驱动创新方面起着越来越重要的作用。因此，企业在高龄人力资源方面，应当改变观念。老龄人口中相当一部分是难得的人力资源，拥有丰富的人生经验和市场智慧，同时还具有相对人力资源成本较低的特点。市场主体应当与接纳、促进老年人参与社会生活、参与劳动市场的权利相结合,为老龄人口发挥市场作用提供条件,实现个人与企业共赢。

第三,维护老年人合法权益,主动承担社会责任。老龄化社会展现的商机是吸引企业关注的重要原因。市场主体作为积极老龄化战略中的重要一环,其社会责任不可或缺,尤其要抓住市场机遇,打造一个值得信任、信赖的品牌和企业。国内外知名大型企业无不把履行社会责任作为自己的发展战略和形象塑造的重点之一。据《企业社会责任蓝皮书:中国企业社会责任研究报告(2011)》称,2011 年,中国 100 强系列企业社会责任整体水平仍然较低。其中,国企社会责任指数领先于民企和外企,中央企业社会责任指数年度增幅最大,其次是外资企业,民营企业略有退步。但也有值得推广的榜样,如中国移动通信集团早在 2004 年即开始关注老龄化问题,并逐步实施助老活动。中国移动 2004 年在上海推出的"移动助老卡",除一般通话功能外,还特别开发了区域定位、区域咨询、区域求助等服务。在维护老年人权益方面,企业的积极行动还应当包括在老龄产业领域积极制定准入标准,规范产业可持续发展。在社会活动领域,应积极收集企业信息,搭建平台,既为企业履行社会责任提供信息支持和便利,也为老年人寻找开展各种活动的社会资源,引导企业更好地关注老龄化问题,帮助老年人。

第四,提供社会优待。"优待"这个概念本身即蕴含着一组社会关系的处理模式。善待、优待老年人,让老年人在社会生活中得到充分尊重和特别关照,不仅仅是政府和非营利组织的责任,也是市场主体的义务。它有充分的道德依据和法律依据。市场主体为老年人提供社会优待的领域主要有:医疗机构应当为老年人就医提供方便,对老年人就医予以优先照顾;日常生活密切相关的服务行业为老年人提供优先、优惠服务;城市公交等公共交通为老年人提供优待和照顾;美术馆、影剧院、体育场馆、旅游景点等场所对老年人免费或优惠开放;等等。

(二)老龄化社会中的非营利组织

老龄化社会中的非营利组织是指那些以服务社会、服务大众为宗旨,不以获取利润为目的,为社会公益或大众服务的组织。积极老龄化的总体目标是通过积极行动保障、不断改善老年人的生活、生命品质,增进公共福祉,使社会经济各项活动健康、稳定、有序进行。所以它不单纯是政府行动,也不单纯是市场活动，还需要有介于两者之间的社会组织的充分发育，以自己的方式弥补政府和市场各自的不足。社会组织在社会治理结构不断完善、政府职能不断优化的过程中承接大量的老龄工作。主要承担以下几个方面的社会责任：

第一，志愿服务与慈善活动。通过社会组织开展面向老龄人口的志愿服务和慈善活动是社会力量参与人口老龄化应对的重要途径，二者分别为有需要的老年人提供行动上或物质上的帮助。这里的社会组织既包括主要由社会公众组成的组织，也包括主要由老年人组成或参与的社会组织。随着志愿服务和慈善事业的不断开展，老龄服务已然成为开展公益的重要空间。

第二，维护老年人合法权益，凝聚老年人主张和意愿，参与形成老年政策和立法。老年人社会主体地位的凸显，一方面在于社会观念的转变和进步，将老年人视为国家、社会和家庭的宝贵资源；另一个重要的方面在于，老年人有规范、有效的制度通道来表达与自身相关的利益主张，即在公共场域有“话语权”。在该问题上，单个人的力量很难发出有力的声音。借助老年组织的力量，凝聚老年人的利益需求，通过民主机制参与到老年政策和立法的制定过程中，是社会组织的重要职责。正如《老年人权益保障法》规定：“制定法律、法规、规章和公共政策，涉及老年人权益重大问题的，应当听取老年人和老年人组织的意见。老年人和老年人组织有权向国家机关提出老年人权益保障、老龄事业发展等方面的意见和建议。”全国和各地方的老年协会，就担负着此类重任。

第三，丰富老龄人生活，开展各种社会活动，促进老年人身心健康。“老有所为”“老有所乐”是老年人理想的生活状态。帮助老龄人口走出一个人生特别阶段的孤寂，需要社会多方面的努力。实践中有些是老年人基于兴趣爱好自发形成的相对稳定的组织，有些是由公共部门引导形成的社会组织，还有些是社会力量形成的社会组织，它们在推进老年人过更有意义、更加健康的生活过程中发挥着重要作用。如中国老年保健协会，就是民政部批准、国家卫计委主管的全国性社会团体，旨在服务于全社会老年人的身心健康。

第四，开展老年社会相关理论研究，为积极应对老龄社会提供智力支持。老龄化社会是人类历史上尚未经历过的社会状态，这一人口结构的变化必然带来整个社会形态的变化。老龄社会的积极应对需要有更加丰富、科学的理论指导，探索积极应对人口老龄化的规律和路径，逐渐形成治理经验。这些努力也主要通过充满责任意识的社会组织来完成。

理论归纳固然重要，但事实上，随着人口结构和社会观念的发展，人们的养老方式发生了并正在发生着巨大变化。这种变化进程无法与政府、社会和家庭乃至个人的力量截然割裂，更遑论清晰界分市场主体与非市场主体的功能和应承担的责任，这从我国基本养老模式中不难发现。我国的养老基本模式，大致可以分成三个阶段：20 世纪 80 年代中期以前以私人或家庭养老为主的阶段；20 世纪 80 年代中期以后的单位或社会多元保障阶段；1995 年以后的“私人加单位与社会统筹相结合”阶段。在中国养老政策的发展中，私人或者家庭毫无疑问地成为养老的主要力量。“养儿防老”更是一种传统的私人养老、家庭养老观念，甚至直接影响到生育观念。1950 年以后，由于城市化与工业化的推动，养老政策也发生了各种变化，社会体制逐渐改变和影响着养老观念，促成它的变化。私人或者家庭养老向单位养老和集体、社会多元化养老发展。改革开放以来，才逐渐培育起由私人力量支撑的社会养老机制，出现越来越多的家庭保姆、护工等市场化的养老方式。我国于 1995 年开始企业职工养老保险制改革的试点工作。1995 年 3 月，国务院发布了《关于深化企业职工养老保险制度改革的通知》，明确提出了改革方向是实行私人、单位与社会统筹养老多种方式、多层养老渠道的有机结合，还提出了实行私人、单位与社会统筹养老方法两个具体实施办法，并建议各地结合本地实际情况选择合理试点。2003 年 10 月，党的十六届三中全会通过了《中共中央关于完善社会主义市场经济体制若干问题的决定》，要求农村养老政策的建设要以农村家庭建设加上社区的支持和国家最大的宏观调控支持相结合，形成名副其实的全方位、多元化的农村养老政策体系，从此开始缩短城乡养老的差距。

2005 年前后，中国社会基本养老保险覆盖范围已从城镇集体企业和国有企业职工，扩展到了其他所有制企业职工，惠及中国 12% 的人口。2000 年，作为养老储备的全国社保基金也得到了相应的扩大；到 2005 年 10 月底，总资产约有 1921 亿元人民币，而在机关事业单位退休制度的改革和农村养老保险改革方面也以试点的形式铺开。即使暂不改变城乡二元分离的模式，单是城镇人口的养老负担，已经让政府捉襟见肘。这一时期由企业等社会力量支持养老政策,支持养老保险从无到有,从小到大。经过了一系列的改革演变,我国的养老政策、养老体系得到了根本性的变革,并且取得了突飞猛进的演变。社会统筹养老政策性保险制度,形成包括企业支持养老保险、私人商业养老保险、社会基本养老保险三个层次的养老模式,并逐渐稳定、完善。

随着家庭小型化和空巢家庭的增多,家庭养老照料功能逐渐减弱,老年人日常生活照顾需要新的选择。到目前,除了传统的居家养老以外,人们越来越接纳的综合养老模式逐渐形成。这种模式的特点有:

一、老年人发扬自助互助精神,通过充分发挥老年人自己的能力和作用实现养老。老年人之间不仅可以交流沟通、聊天倾诉、排解烦恼、相互安慰,还可以参加健康向上的文化活动,丰富精神生活,陶冶情操,延缓衰老,获得社会的认同和子女的尊敬。

二、社区照顾给予依托。随着我国社区建设的不断推进,社区在养老中的作用越来越突出。社区照顾功能主要体现在建立健全社区养老服务网络。把为老年人服务的场所、设施建在社区,贴近老年人生活,便于其接受日间照料和健康指导等服务,方便其参与各类社会活动包括文体娱乐、老年互助服务。城市要有老年公寓、养老院、护理院、临终关怀医院,农村要有综合性老年福利服务中心。社区服务对象要涵盖所有需要照顾的社区老年人,为每位老人建立档案,提供服务。尤其是对生活不能自理的老年人,要为其提供服务呼叫终端,根据他们提出的需求随时提供上门服务。

三、以机构养老作为补充。养老服务机构包括老年公寓、老年福利院、敬老院、护理院、托老所、临终关怀医院等。其中,老年公寓是对社区内有生活自理能力但是身边无人照顾的老年人提供的一种照顾方式。

四、以国家和政府的法律法规和政策为保障。国家和政府的责任是制定法律法规,通过制度创新为实现健康老龄化创造良好的制度环境。我国政府对老年人精神保障问题已有很多探索,各级政府把关心老龄事业的宣传教育纳入了各个部门的工作中,积极营造全社会关心支持老龄事业的舆论氛围。尊老爱老是中华民族的优良传统,做好这项工作有利于实现社会稳定和长治久安。

这一模式的发展脉络和既有的发展成果表明:第一,政府、市场、社会在老龄化社会应对方面,需要越来越细致的分工和越来越密切的合作,以形成能够良性互动的结构化的老龄化社会治理模式，任何一方都无法割裂缺位。第二，在未来的养老模式中，社会主体发挥作用的空间和承担的责任将会越来越大，由于人口老龄化而给经济社会带来的发展机遇值得认真研究对待和发掘。

四、积极老龄化战略与人口政策调整

积极老龄化战略的直接目标是通过一系列积极的措施，应对人口老龄化趋势，既要使老龄人口得到各方面的充分关照，又要将人口老龄化给社会发展带来的负面效应降至最低；而积极老龄化的长远目标则是逐渐优化一个国家、地区范围内的人口结构，使其处于良性、健康、可持续的状态。因此，积极老龄化战略中的社会政策不仅仅限于面向老龄人口的政策，还包括更加宏观的人口政策和生育政策。从一定意义上讲，我国人口老龄化的状况与一个历史时期以来的人口与生育政策有着不可回避和不可分割的关联。人口老龄化是一个动态的过程。在积极老龄化战略下，人口与生育政策也应当随之动态调整，所谓“解铃还须系铃人”。应当说，人口与生育政策的调整属于前文所述政府“政策责任”的当然内容，但由于该问题在我国具有特别意义，因而作特别论述。

（一）我国人口政策的变迁

近些年来，我国在人口结构方面出现的老龄化进程加速、新生儿性别比失衡、劳动力结构老化和资源不足等问题，都指向对较长一个时期以来的人口与生育政策的反思。新中国成立以来，我国的人口与生育政策几经反复，经历了较为复杂的调整过程。新中国成立之初的几年，政府着力完成民主革命的任务，恢复和发展工农业生产。人口是宝贵的资源，尽管国家没有提出系统的人口和生育政策，但从若干文件中能看出其鼓励生育的基本立场。如1952年，卫生部制定的《限制节育及人工流产暂行办法》，在全社会中普遍适用。1953年，第一次人口普查的结果超出预期，国家决策者注意到人口与经济发展的关系，对人口过快增长的现实与资源有限性之间的矛盾产生了忧虑。1955年，针对卫生部党组提出的《关于节制生育问题报告》，中央指示“节制生育是关系广大人民生活的一项重大政策性问题”[①]，马寅初的《新

① 彭珮云：《中国计划生育全书》，中国人口出版社1997年版，第146页。

人口论》代表了当时在人口问题上深切忧虑的思想。然而随后的“大跃进”以及自然灾害较大程度地改变和阻断了节制生育的国家干预政策。20世纪60年代初期,“大跃进”失败和困难时期结束后,人口增长的压力成为决策者需要再次面对的重要命题。1962年12月,党中央、国务院发出《关于认真提倡计划生育的指示》,要求各级党委和政府把这项工作列入议事日程。但由于历史原因,政策并没有得到有效执行,人口仍处于自然增长状态。1969年,全国人口突破8亿大关,人口与经济、资源之间的矛盾愈发突出。在人口问题压力下,1971年,国务院批准《关于做好计划生育工作的报告》,首次将控制人口增长的指标纳入国民经济和社会发展计划。1975年,毛泽东作出“人口非控制不行”的批示,随后国家制定了“晚、稀、少”和“提倡一对夫妇生育子女数量最好一个,最多两个”的生育政策。1980年9月,五届全国人大三次会议正式通过计划生育政策,提出“争取全国总人口在本世纪末不超过十二亿”的政策目标。1981年3月,五届全国人大常委会会议决定设立国家计划生育委员会;同年11月,五届全国人大四次会议通过的《政府工作报告》中首次明确提出:“限制人口数量,提高人口素质,这就是我国的人口政策。”1982年,党的十二大将实行计划生育确定为我国的一项基本国策,同年12月将其写入《宪法》,标志着我国计划生育政策的正式出台和全面实施。这项政策在随后的实施中,内容几经补充、调整、修正,大致形成了“提倡晚婚晚育,少生优生,提倡一对夫妇只生育一个孩子;某些特殊情况,经过批准可以间隔几年生第二胎;杜绝第三胎”的基本要求。

进入新世纪以来,我国的生育政策调整较为频繁。2001年12月29日,九届全国人大常委会第二十五次会议通过《人口与计划生育法》,结束了我国人口与计划生育工作无法可依的状态。该法不仅重申了“我国是人口多的国家,实行计划生育是国家的基本国策”的基本立场,还明确授权省、自治区、直辖市人民代表大会或者其常务委员会制定“可以要求安排生育第二个子女”的具体办法。以此为依据,各省、市、区分别结合各地实际制定了相应的地方性法规,细化了“二孩条件”。其中“夫妇均为独生子女的”逐渐成为各地共同认可的条件,即“双独二孩”政策;多数省份农村地区实行“一孩半”政策,即第一个孩子为女孩且符合间隔年限的,可以生育第二个孩子。2007年开始,国家人口与计划生育委员会委托数家研究机构就进一步调整完善生育政策展开调研。2010年1月6日,国家人口与计划生育委员会下发《国家人口发展“十二五”规划思路(征求意见稿)》,提出要“稳妥开展实行‘夫妻一方为独生子女的家庭可以生育第二个孩子’的政策试点工作”。这个重大调整在2013年11月15日十八届三中全会通过的《中共中央关于全面深化改革若干重大问题的决定》中“坚持计划生育的基本国策,启动实施一方是独生子女的夫妇可生育两个孩子的政策”中得到确认。同年12月,中共中央、国务院印发《关于调整完善生育政策的意见》,标志着“单独二孩”政策正式落地。2015年10月29日,十八届五中全会会议公报正式发布,明确提出“促进人口均衡发展,坚持计划生育的基本国策,完善人口发展战略,全面实施一对夫妇可生育两个孩子政策,积极开展应对人口老龄化行动”,即“全面二孩”政策。这距“单独二孩”政策调整不足两年,是我国生育政策的又一次重大调整,也是党和政府首次将生育政策与积极老龄化战略紧密关联的一项重大举措。

(二)我国人口政策对老龄化的影响

计划生育政策实施以来的三十余年,正值中国社会全面改革开放、高速发展、快速城市(镇)化的重要历史阶段。该政策与若干叠加的政治、经济、社会政策结合而行,对中国社会结构产生了重大影响。就人口政策而言,计划生育政策与老龄化社会至少有三个层面的关系:

1. 人口政策对老龄化进程的影响

2000年,我国65岁以上年龄人口有8821万,占当年总人口的7.0%,是我国进入老龄化社会的标志。尽管中国社会人口结构的老龄化成因颇为复杂,但主要有两大直接因素,即出生率下降和公民寿命的显著延长。与相对发达国家的“先富后老”不同,中国社会的出生率下降与较长时期大力控制人口数量的政策驱动直接相关,以致呈现出“未富先老”的社会困局。[①] 人口预期寿命显著提高,人口生育水平不断下降,成为中国社会人口状况的基本特征。应当说,持续而严格的计划生育政策采取的降低出生率的措施,在客观上加速了新世纪以来老龄化社会的形成。但如果对这个问题作更长期和

① “未富先老”概念最早由中国人民大学人口研究所邬沧萍教授提出。他在1986年出版的《漫谈人口老化》一书中,介绍了人口老化有关概念,剖析了人口老化的成因以及在我国的特点。该书将我国人口老龄化和经济发展水平与发达国家进行了对比,认为发达国家的人口老化是在工业化、现代化出现以后,这些国家工业化程度、劳动生产率和人均国民收入都已达到相当高的水平,而中国却是“穷国得了富国的病”。

辩证的考察，不难发现，这一时期的控制生育政策在实施后的六十年左右，由于老龄人口的减少，客观上开始显现抑制和减缓老龄化的效应，尽管这未必是该政策制定和实施的直接目的。因此，应当重视已执行的生育政策对当前和未来一段时期人口年龄结构的动态影响，并在此基础上作出相关政策的调整。

2. 人口政策对养老内容与方式的影响

我国人口老龄化将成为未来一个时期的新常态，这是必须正视和回应的现实。严控数量的生育政策不仅导致全社会人口年龄结构的失调，更会造成诸多现实的养老问题。这直观地表现在供养内容、供养比和养老方式转变等方面。在我国传统社会形态中，养老不是最突出的社会问题，养老责任主要由家庭来承担。这有着深刻的社会、经济、文化基础，既源于尊老、敬老、助老的文化传统，老年人在家庭中通常拥有权威地位，也与老年人寿命水平较低、数量规模较小、供养内容以经济供养为主等因素有不容割裂的关系。我国当前阶段的老龄化状态是在人口政策高压和经济社会快速发展的背景下形成的。一定意义上讲，人口老龄化是经济发展和社会进步的结果。这个阶段在养老问题上呈现出新的特点，即老年人供养的内容更加多元，经济上的供养只是老年人的基本需求，而老年人在充实生活内容，提高生活质量，满足精神需求，参与社会活动，共享发展成果等方面的需求均日益高涨。具体到生活照料方面，在计划生育政策实施三十年后，供养比失调的问题渐渐浮出水面。独生子女、较小结构的家庭在照料老人尤其是照料患病或生活难以自理的老年人时遇到巨大难题。因此，现代意义上的养老，在内容和方式上正在经历着重大转变。尽管家庭供养仍然是现阶段养老的重要方式，但同时要求政府和社会更多地承担家庭力所不能及的养老责任。政府应通过积极的政策推动，提供越来越多的养老资源。

3. 人口政策适时、适当调整是积极老龄化战略的关键环节

人口增长变化由快变缓的过程中，沉淀在人口年龄结构中的劳动年龄人口在一个时期比例增大，劳动年龄人口抚养负担相对较小，这为经济快速发展提供人口机会窗口，这一现象通常被称为“人口红利”。中国的人口政策无疑为中国经济社会快速发展贡献了“人口红利”，为中国社会赢得了宝贵的发展机会。但同样的道理，如果长期维持这样的高压政策，“人口红利”不仅会呈现递减趋势，各种副效应也会陆续出现。一方面是人口基数依然

庞大，另一方面是人口老龄化成为重要的公共问题。中国社会面临着重要的人口政策调整的窗口。适时、适度地调整人口政策，不断优化人口年龄结构，保持人口数量、人口结构与经济社会发展的平衡关系成为积极老龄化战略的关键一环。新世纪以来，从“严限二孩”到“双独二孩”“单独二孩”再到“全面二孩”，相对频繁的制度调整也反映了国家在该问题上认识的不断深化。从这个意义上讲，《宪法》和法律中确认的“计划生育政策”，面临着对“计划”全面理解的问题。我们认为，作为基本国策的“计划生育”，是强调国家从经济社会持续、稳定、健康发展的高度对生育政策、人口数量进行的宏观调控，不能简单理解为“一孩制”“二孩制”或者限制生育政策；它是随着经济社会发展状况不断调整、变动的政策，不是僵化、保守、一成不变的政策；计划生育政策与积极老龄化战略不应是相互矛盾、多有冲突的政策，政府应当同时将二者置于基本国策的高度，建立二者之间密切的关系，通过调节生育政策积极应对老龄社会的到来。

结　语

国家统计局于2015年2月发布的《2014年国民经济和社会发展统计公报》显示，2014年年末，我国60周岁及以上的人口数为21242万，占我国总人口数量的15.5%，约占世界总人口的3%；65周岁及以上的人口数为13755万，占我国总人口数量的10.1%，首次突破10%，也预示着中国社会的老龄化程度进入新的阶段。老龄化本身是社会进步的产物，以积极老龄化的心态来应对老龄化问题是根本的出路。

北京大学人口学教授曾毅曾对中国人口老龄化作过总结，并归纳了“高速、高龄、老人数量大、老年抚养比大、地区差异大”几个特点。积极应对老龄化的共识已经形成，应当做好三个方面的积极准备，即思想、理论和观念的准备，必要的物质准备以及相关各种制度准备。在看到严峻的老龄化社会形势的同时，中国的积极老龄化战略还要充分认识和运用中国社会三个方面的独特优势。一是文化优势。中国有着长久的集体主义文化和尊老、敬老的传统，依托前者，可以开展独具特色的集体、社区及其他有组织的活动，作为丰富老年人生活、提升生命质量的重要途径；依托后者，可以优化老年人的家庭关系，为老年人营造良好的家庭环境。这些文化软实力的弘扬、传承和巩固坚韧地绵延续展，成为中国应对老龄化社会的宝贵财富。二是社会主义制度优势。社会主义的基本原则是保障每一个公民的社会权利。老年人权益保障自然是其中应有之义，国家的统筹规划、财政调控能力为老龄社会应对提供了可靠的制度保障。三是社会组织体系优势。许多地方积极探索，已经发展起以社区、基层自治组织为单位，有群众基础、政府支持的服务平台。这种以社区组织为依托、人民团体和其他社会组织广泛参与共同构成的庞大的社会组织网络，成为老年人权益实现的组织保障。此外，我国应对人口老龄化存在后发优势。当下我们处于人类物质文明、精神文明和科学技术空前发展的历史时期，可以吸取发达国家应对人口老龄化的经验教训和最新研究成果，扬长避短。

面对日益严峻的老龄化形势，十八届五中全会通过的《"十三五"规划建议》提出以全面开放二胎、渐进式延迟退休等积极应对老龄化的具体措施，积极老龄化战略的各项工作渐次推进。面对更加长远和值得期待的未来，中国在化解或缓解人口老龄化问题方面，无疑需要付出巨大的努力。

第三章

我国积极老龄化面临的困难与挑战

2002 年，联合国第二届世界老龄大会正式提出“积极老龄化”的概念。作为“健康老龄化”的升级版，它更顺应当今世界老龄化的发展趋势，更加契合老龄人口对老年生活的内在要求。“健康、参与、保障”作为构建和支撑积极老龄化战略的三大支柱，是最能体现积极老龄化内涵的关键要素。我国自 2000 年正式步入老龄化社会以来，在人均财富尚不足、社会贫富差距较大、阶层利益趋于固化、人口结构不尽合理的背景下，既要承担长期采取计划生育而产生的政策影响，又要在践行积极老龄化战略的框架下面临理念、思路、政策、法制、体系等各方面的调整、重构、冲击和考验，再考虑到我国“未富先老”的社会发展现实，大量失能、失独、空巢和高龄老人的生活处境与制度演进、体系建设、法治环境和机构职能的残缺滞后，这都给现阶段和未来一段时期内，我国应对人口老龄化的结构压力、消化庞大的人口存量埋设了不小的风险和挑战，也是国家在统筹经济、社会高速平稳发展的基础上推进积极老龄化战略中所必须直面和攻克的阻碍。如何在客观、全面、审慎把握我国老龄化现状的基础上，合理界定和判判政策认定及施行的影响，并以制度建设为理论内核，以体系完善为实践抓手，探索出一条适应国情特色、吸纳成功经验、兼具国际视野的变革之路，是探求和释读“我国积极老龄化面临的困难与挑战”所应达致的落脚点，也是保障和维护老年人权益，务求使老龄人口过上更充实、更富足、更有意义、更具尊严的晚年生活所需努力实现的进阶路向。

第一节 困难与挑战:积极老龄化现状认识不充分

当前,我国积极老龄化面临的现实状况是一切理论分析的逻辑起点。人口老龄化的演进和迭代不是短时内形成的,也非短期政策调整能迅速矫正见效,它受人口代际更替的自然规律、公共政策惯性和社会观念传统等多方面因素的综合影响。准确、理性、周全地了解和掌控我国老龄化现状,才能在知道"今天是怎么来"的这一重要基础上拿出前瞻性、适用性强的应对方案。反之,则会因对现状认识上的不充分,造成政策制定与执行、社会资源储备、应对能力和体系制度建设等一系列环节的错位。考量我国老龄化的现状,从发展趋势、社会现实到地域分布、传统思路,这都是与老龄化发展进程紧密关联的核心要素。对这类要素的理解和把握决定了我国眼下和未来应对老龄化的效率和水准。

一、我国老龄化发展趋势日益加快

(一)老龄化发展速度逐年递增

从2003～2013年这十年我国65岁以上老年人人口数量的发展趋势(图3-1)来看,该部分群体老年人数量呈逐年递增趋势,所占全国人口比重已从2003年的不足8%发展到2013年的接近10%。截至2014年底,65岁老年人所占比重达到10.1%,已突破10%的大关。而2014年,中国60周岁以上人口数量已达21242万人,占全国比重的15.5%;65岁以上人口数量达到13755万人,占10.1%。根据国际现行标准,我国老龄人口占总人口比重已远远超过国际认定标准的10%,步入较为严重的老龄化社会发展阶段。

关于人口老龄化的概念和对老龄人口的界定,可以从人口的宏观和微观两个角度来理解。就人口的宏观角度而言,老龄化就是老年(一般指65岁及以上)人口占总人口比重不断提高的过程。就人口的微观角度而言,老龄化则是个人生命时限(寿命)不断延长的过程,或者说就是个人的长寿化过程。而直接导致宏观角度人口老龄化的人口学动因主要可概括为两个方面:其一是少子化,即低生育率;其二是长寿化,即人的寿命的延长。科学技术的进步及经济社会的发展带来医疗、福利的改善及生活水平的总体提高，造成死亡率的下降与平均寿命的延长；同时，社会文明程度和个体对生存状况、生活质量的重新审视也引起人们婚育观念的变化，导致生育率的持续下降；另外，个人及家庭对待婚育的观念认识及生育状况同样深受一国文化、具体政策等因素的影响。因此，人口老龄化也不可避免地要受文化传统以及像计划生育政策这样的国家宏观人口调控政策的影响。从相关调查数据来看，伴随人类寿命的延长，60 岁以上人口从 2000 年的大约 6 亿人增加到 2050 年的近 20 亿人。毫无疑问，我国正处在快速人口老龄化的浪潮中，老龄社会越来越成为人类社会不断演化更替的正常社会形态。“按照国际通行标准，65 岁以上老年人口占总人口的比重达到 7％或 60 岁以上人口占总人口比重达到 10％即为老龄化社会。2010 年第六次全国人口普查主要数据公报显示，我国 60 岁及以上人口为 177648705 人，占 13.26％，其中 65 岁及以上人约 118831709 人，占 8.87％。”[①]根据国家统计局的数据，2014 年我国 60 岁及以上人口为 2.124 亿人，占总人口比重的 15.5％；65 岁及以上人口为 1.375 亿人，占总人口比重的 10.1％。分析 2010～2014 年的两组数据，我们可以看到我国老龄化人口正处在快速积累期。四年间，60 岁及以上人口数量增加近 5000 万，所占比重增长 2.3％；65 岁及以上人口数量增加近 2000 万，所占比重增加 1.2％。

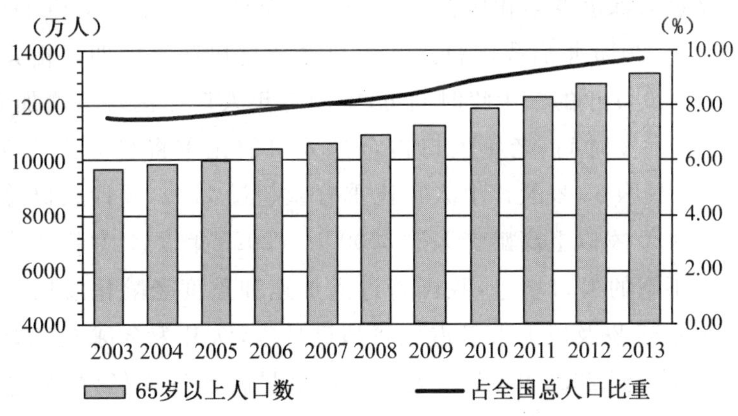

图 3-1　过去十年中国老年人口统计数据

资料来源：国家统计局，2014 年 1 月发布。

① 陈社英：《积极老龄化与中国：观点与问题透视》，载《南方人口》2010 年第 4 期。

衡量一国人口老龄化的发展速度，国际通例一般是通过观察其65岁及以上老年人口比重由7%升高到14%或由10%增加至20%所经历的年数得出明确判断。老年人口比重由7%增加至14%所经历的时间越长，人口老龄化发展的速度越缓慢，由此给一个国家或地区提供的用于应对人口老龄化以及由此带来的一系列社会经济问题的时间也越充分。从这个意义上说，我国面临的人口老龄化问题要比多数发达国家更为紧迫，社会所要承担的各方面压力也更大，因而特别需要我们对此给予更为充分的思想重视、行动应对和资源储备。一方面，积极研究我国人口老龄化的发展状况和特点；另一方面，也需要主动借鉴国外已经完成这一转变过程的先发国家所总结、汲取的经验教训，科学理性分析别国在此方面收获的成熟经验，并结合我国国情和社会发展现状进行本土化改良，以适应和衔接我国人口发展速度，符合经济社会发展的客观承受能力，从而在此基础上洋为中用，扬长抑短，提出契合我国应对人口老龄化实情的推进对策和实施路径。

根据联合国最新人口数据分析预测，2011年以后的三十年里，中国人口老龄化将呈现加速发展的趋势，60岁及以上人口占比将以年均增长16.55%的速度上升。到2040年，60岁及以上人口占总人口比重将达到28%。可以说，这三十年是中国全面步入老龄化社会、感受老龄挑战和威胁最集中的时段。而到2050年，60岁及以上老人占比将首次超过30%，这标志着我国将进入深度老龄化阶段。据经济合作与发展组织(OECD)发布的人口预测报告，2015年后我国将进入人口老龄化快速发展期。相关数据显示：在2015～2035年的二十年时间里，中国老年人口比例将会增加1倍，达到20%；此后一段时间，老年人口占全国人口的比重将趋近于1/5～1/4；2020年前后，我国60岁及以上人口比重有望超过17%，预计人口总量将达2.48亿，其中80岁以上高龄老人逾3000万。2020年以后，伴随庞大的人口存量和居高不下的人口增量，我国将进入加速和重度老龄化发展阶段。到2030年，我国65岁及以上人口占比将超过日本，跃升为全球人口老龄化程度最高的国家。到2050年，全国老年人口总量将超过4亿，高龄老人预计达到9500万，高龄老人占比将从目前的1/8增长到约1/4；随后的半个世纪里，即2051～2100年，我国老年人口比重将维持在30%以上，总量达到3～4

亿的老龄人口体量。[①] 以上述及的老年人口在不同时间区段的数量、占比，都清楚昭示着未来我国人口老龄化将持续稳定在高速增长的发展阶段，呈现出令人惊讶的老龄化增长速度，而随之产生的一系列风险与挑战也需要整个社会做好准备。

综上来看，无论从认定老龄化年龄分布区间的绝对数量、占总人口的比重，还是所占比重的增长速度，这些分析指标都呈快速跃进的趋势，我国已正式步入老龄化社会。这一基础性的“人口社情”是我们开展和推进此项问题研究的逻辑起点与基本国情。

（二）老龄化人口规模不断膨胀

2014 年，我国人口年龄比例构成，如表 3-1 所示。

表 3-1　　2014 年中国人口年龄比例构成表

指　标	年末数（万人）	比重（%）
0～15 岁（含不满 16 周岁）	23957	17.5
16～59 岁（含不满 60 周岁）	91583	67.0
60 周岁及以上	21242	15.5
65 周岁及以上	13755	10.1

（资料来源：《中国统计年鉴》，2014 年）

从往年人口比重的历史数据分析，2000 年起我国开始步入老龄化社会，与其他人口老龄化国家相比，由于我国人口基数巨大，即使是同速率的老龄化发展程度，因庞大的历史存量导致我国老年人口的绝对数量增长得非常迅猛，总量很大。2000 年，我国 60 岁及以上老年人口规模占全球老年人口总数的 21.4%，位居世界首位，这一人口规模大致相当于当时整个欧洲 60 岁及以上老年人口的总和。[②] 根据《中国人口老龄化发展趋势百年预测》，2020 年，老年人口将增加到 2.48 亿，占总人口的 17.2%；2037 年，我国老年人口总数将超过 4 亿；之后将一直增加，并于 2051 年达到最大值，此后将始

① 参见王桂新：《应对人口老龄化挑战的几点战略思考》，载《大家思考》2009 年第 12 期。

② 参见张松：《中国人口老龄化背景下的养老保险研究》，吉林大学博士学位论文，2009 年，第 42 页。

终保持在3亿～4亿的规模。至21世纪上半叶,即使我国总人口数可能在一定阶段退居世界第二位,但仍将是世界上老年人口最多的国家。老年人口数量和比重的持续增加会给我国社会经济的发展带来前所未有的巨大压力。如果应对不力,解决不当,很可能演变、衍生为社会危机。日益膨胀的高龄老人既产生了庞大的人口需求,也对社区环境承载力、社区服务和医疗保障条件提出了更高的要求。目前,中国80岁以上的高龄人口已由1982年的505万人增加到的2400万人,占60岁以上老年人口的22%;预计高龄人口将继续以每年5%的速度增长,到2050年将达到1.3亿左右。高龄人口对生活服务、保健护理服务尤其是精神保健服务的需求将大大增加。伴随我国长期实行的计划生育政策,"四二一"家庭成为中国大多数家庭的主流模式。少子化、生育率持续下降和人口老龄化比重的持续走高,给家庭照料和居家养老带来巨大压力。在居家养老功能不断弱化,高龄老人对家庭、社区依附性越来越强的时代背景下,客观上需要社区承担更多养老职责,分担社会压力,提供具有家庭环境、肩负养老职责的专业化养老机构、托老所服务和上门服务。但从目前看,中国社区服务事业依旧发展滞后,同迅速增长的需求矛盾日益突出。另外,中国老年人口数量可能在2015年超过少儿人口数量。如果结合少儿人口比例看中国人口老龄化的发展,另一个值得关注的现象是少儿比的急速下降,少儿人口比例与老年人口比例在迅速接近。"2010年0～14岁人口的比重是16.6%,比2000年下降6.29个百分点,而2010年60岁及以上人口的比重达到13.26%,比2000年上升了2.93个百分点,少儿人口比例与老年人口比例的差距已经从2000年的12.56%缩小到2010年的3.34%。"①今后几年,伴随两者的此消彼长,如果人口生育率没有显著变化,估计在2015年前后,中国老年人口数量就将超过少儿人口数量,这将比此前预测的超越时间至少提前6年。目前,像北京、上海、广州、深圳等国内一线城市和东部沿海经济发达地区的省、市老年人口数大多都已超过少儿人口数,未来少子化和老龄化的冲突也势必将深刻影响我国老龄化的发展进程。

分析我国老年人口数量快速增长的原因,可归纳为以下两项:一是社会经济的高速发展和生活水平的持续提高延长了人们的平均寿命,能够活到

---

① 杜鹏:《新时期的老龄问题我们应该如何面对》,载《人口与发展论坛》2011年第4期。

老年阶段的人口不断增加，且寿命越长意味着高龄老人的数量越多。二是历史人口生育高峰的影响。即 1949 年新中国成立后出现的第一次出生高峰，这批人正陆续进入老年阶段，且这一历史性的人口存量效应将在未来几年表现得更加明显。除了上述原因，我国老龄化规模不断扩大还要充分考虑人口总量增长速度逐渐放缓的现实。1950～2000 年，中国人口总量平均每十年增长近 1.2 亿人。2010 年普查数据显示，过去十年间人口总量的增长下降到 7390 万人，远小于以往的增长幅度，从而也在一定程度上推高了老年人口占总人口的比重。

从老年人抚养比的角度看，劳动力人口比重越高，相对抚养能力越大。基于此，老年人口比重越低，相对抚养负担越小，自然越有利于形成更充足的条件缓和老龄化压力，应对老龄化挑战，从而提升"老有所养"的实际水平。一个国家或地区的抚养能力，通常用劳动年龄人口占总人口的比重这一年龄结构系数表示。如果该比重在 50%以上，即一个以上的劳动力人口扶养一个被扶养人口（包括未参加工作的青少年人口），就称为有"人口红利"[①]。该比重越大，表示"人口红利"越大，劳动力越富足，抚养压力越小，老龄化对经济社会发展的影响越小越可控，人口对经济发展的贡献越积极；反之，该比重越小，表示"人口红利"越小，劳动力越不足，抚养压力越大，老龄化对经济社会发展的制约作用就会显露得更加明显。1953 年，我国第一次全国人口普查时，60 岁及以上老年人口抚养比为 12.98，65 岁及以上抚养比为 7.82。这一数据于 1964 年第二次全国人口普查时有所下降，分别降低至 11.53 和 6.69，但这两次普查阶段我国老年人口抚养比都并不高。此后的四次人口普查，老年人口的抚养比持续增加，其中 60 岁及以上人口抚养比由 1982 年的 12.96 增加为 2010 年的 18.91，65 岁及以上人口抚养比由 8.35 增加至 12.65，增长速度较快。尤其是我国进入人口老龄化国家之列的这十年，老年人口抚养比的增加比较迅速。这给我国未来更加有序、高效、科学地应对老龄化社会和实施积极老龄化战略，提供了良好的基础条件（见表 3-2）。

① 参见王桂新：《中国"未富先老"时代的"老有所养"》，载《上海城市管理》2010 年第 1 期。

表 3-2　　历次人口普查我国人口年龄结构及抚养比情况　　(单位:%)

年份	0～14 岁	15～59 岁	60 岁及以上	抚养比	65 岁及以上	抚养比
1953	36.28	56.4	7.32	12.98	4.41	7.82
1964	40.69	53.18	6.13	11.53	3.56	6.69
1982	33.59	59.79	7.62	12.96	4.91	8.35
1990	27.69	63.74	8.57	13.45	5.57	8.74
2000	22.89	66.78	10.33	15.47	6.96	10.42
2010	16.6	7014	13.26	18.91	8.87	12.65

(资料来源:我国历次人口普查资料数据结果)

(三)老龄化地区分布严重不均

1. 老龄化城乡分布格局

2014 年,我国人口总数及其城乡分布见表 3-3。

表 3-3　　2014 年中国人口总数及其城乡分布

指　标	年末数(万人)	比重(%)
全国总人口	136782	100.0
城镇	74916	54.77
60 周岁及以上	9866	46.4
65 周岁及以上	6459	46.9
乡村	61866	45.23
60 周岁及以上	11376	53.6
65 周岁及以上	7296	53.1

(资料来源:国家统计局,2015 年 1 月)

截至 2014 年底,我国 60 岁和 65 岁及以上两个衡量老龄化程度的年龄组段都呈现城镇少、乡村多、城乡倒置的分布格局。出现这一现象主要可归纳为以下两方面原因:一是农村青壮年人口大量外流。适龄劳动人口的离开,留下的基本都是孤苦无依的老人和孩子,在老龄人口数量逐年未减反增的情况下，人口总量的减少抬高了老龄化在农村所占的比重。二是近些年我国城市化战略的高速发展带来更多就业机会和外来人口生存空间，加之城市享有更优质的生活条件，更完善的社会保障和医疗、教育、卫生资源，吸引大量人口流入，增加了城市人口总量。而老年人的数量基本维持不变，从而拉低了城市老龄化的整体比重。二者因人口流向和总量的变化，导致我国老龄化出现表3-3中显示的城乡分布格局。

2. 老龄化地区分布格局

2010年，我国各地区中西南地区人口老龄化程度最高，60岁及以上老年人口比重为14.46%(65岁及以上9.78%)；其次为华东地区，这一比重为14.25%(65岁及以上9.62%)；比重最低的是华南地区，60岁及以上人口比重为10.80%(65岁及以上7.57%)，但其比重同样分别超过了10%和7%。从粗略的地区分布来看，我国各地区均已进入老龄化社会。

2010年，我国第六次人口普查数据显示，以65岁及以上老年人口计算，我国人口老龄化程度最高的三个省份是重庆、四川和江苏，其65岁及以上老年人口的比重分别为11.72%、10.95%和10.88%；这一比重最低的三个省份则为西藏、青海和宁夏，比重分别为5.09%、6.30%和6.39%。差别非常明显，这表明东南沿海经济发达地区聚集了更多老年人。从地域分布上看，我国老龄人口的分布呈现东南多、西北少，且由东至西逐步递减的状态。

从老年人口的地区分布和老龄化严重程度来看，在60岁及以上老年人口中，华东地区集中了我国大量的老年人口，其占全国比重最大，达到31.52%；其次是华中地区，老年人口占全国比重16.61%，两个地区老年人口合计接近全国老年人口总数的一半。老年人口分布比重最小的是西北地区，该地区仅分布了全国6.32%的老年人口。其中辽宁、江苏、安徽、四川、重庆五个省份的老龄化程度最高，是全国范围内积聚老龄人口最集中的区域。从65岁及以上老年人口的分布情况来看，各地区占全国比重的排名顺序依次为华东、华中、西南、华北、华南、东北和西北地区，这一排序与60岁及以上人口的分布格局也基本趋向一致(见表3-4)。

表 3-4 2010 年我国老年人口地区分布情况 (单位:万人,%)

地区	60 岁及以上人口	比重	65 岁及以上人口	比重
华北	2044	11.51	1330	11.19
东北	1537	8.65	998	8.40
华东	5598	31.52	3779	31.77
华中	2950	16.61	1948	16.38
华南	1717	9.67	1204	10.12
西南	2791	15.72	1887	15.87
西北	1123	6.32	746	6.27

(资料来源:第六次全国人口普查)

二、"未富先老"的发展现实带来巨大经济压力

(一)老龄化快速发展暴露经济发展短板

与发达国家在积累了充实的经济财富后因社会经济和医疗保健水平的提高而产生的人口老龄化不同,我国正在经历和未来即将应对的人口老龄化阶段属于"非典型"的"未富先老"。发达国家进入老龄化社会时,人均国内生产总值普遍都在 5000～10000 美元以上,积累了相对比较充实的物质财富,社会准备也比较充分;而我国 2000 年进入人口老龄化社会时,人均国内生产总值才刚超过 1000 美元,应对人口老龄化的经济实力和社会发展基础都非常薄弱。很显然,我国老龄化进程明显超前于社会经济的发展,是目前世界范围内唯一以较低收入进入老龄化社会的人口大国。除此之外,我国"未富显老"问题表征和外在体现还是全方位、多维度的,不仅人均 GDP 偏低,贫富差距较大,在城市化、文化教育水平、医疗卫生条件、经济产业结构、老年人收入结构和家庭构成等方面也都有较明显的缺陷和应对老龄化的短板。从政府到社会、从相关行业结构到老年人自身,都需要做好这一状况可能将一直延续至本世纪中叶的心理准备。人口老龄化已经成为我国社会转型期的一个非常典型的矛盾,也是具有中国国情和人口特色的阶段性矛盾。

当前我国人口的迅速老龄化，已成为制约经济、社会发展的一枚定时炸弹，存在很多未知、无法掌控的隐患和风险。相关专家也认为中国正在经历的是一场世界各国从未遭遇过的全新危机形态。据联合国估计，未来的半个世纪，中国的老龄化问题将比20世纪欧洲当时遭受的老龄化危机更为严重，其社会危害力、不可控性和产生的负面联动效应将是前所未有的。这意味着中国将在经济尚不发达的情况下，应对比欧洲国家更为严峻的人口老龄化问题，甚至从社会承受力和应对老龄化的物质基础、社会保障、政策条件、心理调适等方面都将更加凶险难测。也就是说，中国将在变富之前先变老。很多中国老年人缺乏社会养老保障，即便有保障的也是位于低水平的保障。尤其伴随近几年中国城市化的高速发展，导致人口迁移和分布格局出现较大变化，由农村外流到城市的青壮年人口成为城市规模扩张的主力军，而同时也在农村催生了一个新的群体——“空巢留守老人”。这部分老人既要面临没有青壮年赡养的压力，还要承担部分简单农活，帮助照看留在农村的留守儿童。他们更因长期缺乏儿女的陪伴，思想和精神上空虚、孤独、寂寞。由于农村经济发展本就落后，养老保障、医疗服务水准相较城市还有较为明显的差距，因此这一群体的老人在中国“未富先老”的老龄化发展进程中，所付出的成本和代价都是最大的。这也要求我国政府在应对老龄化挑战中，适度合理地将资金拨付和政策优惠向农村倾斜，优先保障农村困难老人的基本生活和养老需求，并在此基础上逐步探索和建立具备生产性、效益性、常态化的应对机制和解决路径。

英国人口研究专家弗洛里安·科尔巴赫在研究日本人口变化十一年后指出：“由于拥有14亿人口，中国的部分问题在于其庞大的人口底数和规模，而独生子女政策又放大了这种人口趋势，大大加速了老龄化进程。”① 这使中国在整个社会还没有做好充分准备的情况下便步入了较为严重的老龄化社会。此种情况，首当其冲考验的是中国的经济状况。经济与社会的发展能否给老龄化社会和各类与之相伴问题的解决带来针对性方案和实质性改善，这是政府、社会需要认真思考的。与日本老龄化发展趋势相比较，中国显然还没达到日本进入老龄化时的经济社会发展程度，因此中国是在整

---

① 徐小勇：《外媒称中国老年市场潜力达4万亿　巨大商机待挖掘》，网易新闻：http://news.163.com/15/0410/08/AMQVQSTT00014AEE.html.

个社会体系并未准备好的前提下十分仓促地被动接受人口老龄化的挑战。

（二）老龄化发展进程与地区经济基础不相适应

从前期社会调研收集的数据看，我国老龄化的地区发展程度与地方经济社会发展水平并不趋向一致，此处以 2014 年我国人均 GDP 数字作一分析。人均 GDP 最高的三个城市分别为天津（10.68 万元）、北京（10.08 万元）和上海（9.756 万元），而其人口老龄化程度排名却分别为第 15 位、第 6 位和第 12 位。同样，我国的经济大省广东，2014 年人均 GDP 为 6.37 万元，排名第 9 位，其 65 岁及以上老年人口的比重为 6.79%，排名仅为第 27 位。老龄化程度最高的重庆、四川和江苏，只有江苏省的人口老龄化程度与经济发展情况相当，其老年人口比重为 10.88%，排名第 3 位；人均 GDP 为 8.198 万元，排名第 4 位。而老年人口比重排名分列第 1、2 位的重庆市（11.72%）和四川省（10.95%），其人均 GDP 水平分别为 4.8 万元和 3.52 万元，分别排名第 12 位和第 23 位。目前，我国除了内蒙古、广东、海南、西藏、青海、宁夏和新疆这 7 个省、自治区外（其中内蒙古和海南两省的老龄化程度均为 6.9%，距离进入老龄化社会只有一步之遥），其他各个省区均已步入老龄化社会，面临着承接老龄化社会伴随而来的各种挑战和问题。

通过比较地方人均 GDP 排名和老龄化发展程度，总体来看，由于经济发展水平、交通条件和地形因素的限制，东部和中部地区的老龄化程度普遍要比西部地区高。但两组数据也清楚地显示了我国老龄化发展与地方经济发展水平不同步的现实：部分经济基础好，社会文明程度和养老、医疗、教育等保障水准较高地区的老龄化发展并不像预想的那么严重，或者说老龄化发展水平还没有达到与经济发展规模等量齐观的地步。像经济发展水平高、社会保障条件好的“北上广”地区，它们都不是人口老龄化程度最高的区域，主要得益于这些地区拥有更多就业机会、更充足保障资源和更完善基础设施，吸引了更多年轻人加入，在此就业、生活，从而极大缓解与稀释了这些地区的老龄压力；而伴随大量适龄劳动人口的迁出，中西部经济落后地区的老龄化发展速度却在日益加快。像 GDP 人均收入位居前列的地区，因其较雄厚的物质财力和较充足的社会准备能相对有效地控制老龄化带来的不利影响，减缓给经济、社会带来的冲击和震荡，已形成了较为完备的缓冲和调适机制。而西南部分地区经济发展水平较之东南沿海尚有不小差距，但老龄化程度却居高不下。相对而言，它们面临的是最为沉重的养老负担和最为严峻的老龄化形势。这种不平衡也是当今我国“未富先老”特点的集中缩影和典型例证。

三、城乡区域分布倒置，发展差异悬殊

发达国家在应对人口老龄化中所积累的经验表明，人口老龄化的演进速度大抵是与社会经济的发展水平相适应的。这说明在通常情况下，越是经济发达地区，其人口老龄化的程度可能越高。农村由于其生产方式的需要及人口生育政策的相对宽松，造成人口出生率高于城市，因此农村的人口老龄化程度一般低于城市。但是，我国的人口老龄化却呈现出与传统模式相反的现象。在我国的二元经济结构下，最初农村老年人口比重是低于城市的，但是这一状况上在 20 世纪 90 年代末发生了变化。1993 年，城市老年人口比重为 6.39%，农村则为 5.92%，农村较城市低 0.47 个百分点。1995 年，农村老年人口比重为 6.68%，城市为 6.96%，农村老龄化程度开始接近城市。到了 2000 年，这两个数据则变为 6.30%和 7.33%，农村老年人口比重首次超过城市。此后农村老龄化程度高于城市状况便固定下来，一直延续至今。农村人口老龄化程度高于城市这一现象与农村大量劳动年龄人口向城市迁移有关。大量劳动力迁移、外流使得农村人口中劳动年龄人口大量减少，从而使得老年人口的比重相对增加。而同时，作为农村人口迁入地的城市则增加了大量适龄劳动力，扩大了人口总数，降低了老龄化比重。此消彼长，形成了老龄化城乡间区域分布倒置的局面。根据有关数据预测和前瞻分析，我国人口老龄化城乡倒置的现象预计会持续到 2040 年，此后城市人口老龄化程度才会开始逐步超过农村。

（一）城乡区域间老龄事业投入机制不健全

老龄事业的财政投入机制尚未建立，某些地方并没有把老龄事业发展经费列入当地财政预算，致使老龄事业发展举步维艰，出现资金短缺的困难。据统计，“我国广西壮族自治区有 30 个县（区）未将老龄业务经费列入当地财政预算，有 21 个市、县（区）年度老龄工作业务经费预算不足 1 万元。”[①]由于老龄事业财政投入缺乏硬性约束，很多地方的老龄事业投入方式缺乏科学论证。由于东部地区经济社会发展程度较好，政府财政充裕，对养

---

① 王汝洋：《我国社会养老服务法律问题研究》，山东大学硕士学位论文，2012 年，第 10 页。

老事业投入较多，且公民社会发育较早，社会养老事业得到了较快发展。与之形成鲜明对比的是广大中西部地区。因所处区位和保障资源、养老服务社会化水平等层面的限制，造成老龄事业发展迟缓停滞。以往政策推行中隐含的城乡分制更导致了城乡社会养老事业发展的不同步、不均衡，社会养老事业发展多集中于东部沿海城市，农村地区则因缺乏政府投入、养老保障基础差，养老事业的发展更加艰难。以河南省为例，河南省每年外出务工人员超过2000万人，农村留守老人和"空巢"老人，约占老人总数的36%。农村家庭养老功能明显弱化，许多留守老人不仅要继续从事农业劳动，还承担着照料留守儿童、维持家庭基本生活需要的职责，基本享受不到成体系的养老服务。而与城市相比，农村的养老服务设施建设也明显滞后，老年人生活照料、精神慰藉等问题更为突出。

目前，我国老龄化城乡倒置的发展格局表现在，农村老龄化快于城市，且农村养老的资金、政策和保障水准都严重落后于城市养老。人口流动极大地改变了中国人口老龄化城乡、地域分布格局。截至2014年，我国流动人口数量超过了2.45亿人，已占人口总数的1/6，城镇化率达到50%。由于农村青年劳动力成为人口流入的主力军，这一变化趋势将进一步拉大城市和农村人口老龄化发展的差异。1982年人口普查，农村人口老龄化程度首次超过城市。在此后的三十余年，这一现象始终存在，显露出非常明显的人口老龄化城乡倒置特征。2014年人口普查结果显示，我国农村人口老龄化的程度已达15.4%，高于城市老龄化程度的12.7%，高出全国13.26%的平均水平2.14个百分点。这表明，农村人口老龄化的发展速度快于城市的现象仍未改变。根据人口数据预测，这一现象还将长期存在。未来伴随中国二、三线城市规模扩张和城镇化战略的深入推进，农村与城市人口老龄化的倒置格局可能还将维持一段时期。

农村青壮年劳动力进入城市工作生活，给城市和农村带来了双重影响：一方面，城市人口老龄化过程中面临的劳动力短缺和激增的养老服务人员需求因农村年轻劳动力的加入而得到缓解，在老龄人口数保持相对稳定的前提下，总人口的增加使城市老龄化速度放缓，大量适龄劳动力的加入有效地促进了城市社会经济的发展。例如，北京市2000～2010年十年间老年人口比例维持在12.5%，如果没有704万外来人口的加入，北京市老年人口比例将会比现在高出至少两个百分点。[①] 流动人口延缓人口老龄化的效应在上海则表现得更加突出。由于有将近900万流动人口被计入常住人口，上海市2010年65岁及以上人口比例甚至比2000年还下降了1.3个百分点。

在流动人口延缓了流入地人口老龄化发展速度的同时，以西部农村为主的流出地则必然面临老龄化加速的情势。以2010年的统计数据为例：当年重庆市一跃成为全国老年人口比例最高的省份，65岁及以上人口比例达到11.56%。作为全国最大的劳务输出省份，四川省的常住人口2010年比2000年共减少了288万人。而这十年里四川省65岁及以上的老龄人口却增加了260万人，65岁及以上老年人口比例高达10.95%，十年间提高了3.5个百分点；65岁及以上老年人口比例超过了江苏的10.89%、上海的10.12%、北京的8.7%和天津的8.52%。湖北省老年人口比例达到9.09%，人口老龄化程度超过北京。贵州省在常住人口减少的同时，65岁及以上老年人口比例达到8.57%，也已经超过发达地区的天津。可以说，2010年人口普查改写了中国各地区人口老龄化的版图，也更加真实地反映了各地区由于人口流动导致的常住人口年龄结构的变化，这对规划各个地区的养老保障和社会服务有极为重要的现实意义。

改革开放三十多年来，我国市场经济发展的日渐成熟规范也在很大程度上影响了人、财、物的流动和归属，拉大了城乡间、区域间的发展差距。长期奉行的“效率优先，兼顾公平”的分配原则，造成我国社会服务和保障体系建设残缺不全，关涉养老领域的完整化、系统化的体制机制严重缺失，因城乡二元结构和制度分割产生了城乡间老龄人享有基本生活保障、医疗保险、社会服务等方面的巨大差异。且还有一部分相对贫困的老年群体，还未被纳入养老服务的保障范畴，导致现有的城乡养老服务与保障模式也始终在低水准、不全面、发展很不均衡的层次徘徊，直接拉低了我国养老保障的总体水平。这种畸形化的城乡倒置现象严重阻碍了我国养老体系的内涵丰富、机制完善和现实指向。此处再以济南市老年群体在经济收入、生活水平、生活环境、养老保障等方面存在的城乡差距为分析样本。数据显示，老年人经济来源的构成中由子女或其他亲属提供经济来源的所占比例最大，为44.5%；其次是老年人离退休金，占28.8%。但区分城乡看又有不同。城

---

① 参见杜鹏：《新时期的老龄问题我们应该如何面对》，载《人口与发展论坛》2011年第4期。

市老年人口中，以离退休金为主要经济来源的比例最大，达58.3%；其次是由子女或其他亲属提供经济来源的，占10.9%；个人经济活动收入的比例为2.7%。而在农村老年人口中，比例最大的是子女或其他亲属提供的，为72.4%；其次是个人经济活动收入，占10.6%；排在第三位的是离退休金，仅为3.2%。数据表明，超过一半的城市老年人有离退休金，他们在到达一定年龄以后就不再从事高强度的劳作，能够依托城市最低生活保障或城镇职工基本养老保险安度晚年。而大部分的农村老年人则严重缺乏类似的资金保障，养老资金来源非常单一，基本都要依靠儿女提供日常生活所需。如果儿女本身生活困难，经济较拮据，老年人的养老保障很可能将难以为继，稳定性、持久性都难得到保障。而且很大一部分农村老年人没有达到一定年龄自然退休的说法和传统，只要他们的身体允许或者迫于家庭生计，就还要从事繁重的农业劳动。对于他们来说，没有脱离生产的年龄界限，只有体力不支、身体无法承担时才算真正到了“老年”。

(二)基本养老保障存在着严重的城乡二元差异

城乡差异在我国城乡二元经济结构的背景下，映射到养老保障领域则呈现出割裂的、二元分化的社会养老保障体制格局。尽管城市和农村都在夯实基本养老保障基础，加速推进老年社会保障的发展进程，但二者发展的历史基础、推进速度及发展质量却相距甚远。以养老资金保障为例，老年人领取退休金的比例及领取的退休金水平都有比较悬殊的城乡差异。前文在阐述老龄化发展速度和区域GDP关系时，已明确了江苏省是我国为数不多的经济发展与老龄化进程相同步的地区之一。为弥合城乡间在基本养老保障方面的巨大差异，目前江苏省已普遍建立了新型农村社会养老保险。这种养老保险能保障涵盖每名适龄、符合条件的老年人，即便其本人不参加新农保，每月也能按期领取60元的养老金。这一保障模式属普惠型养老保障，照顾到了面上的周全，但在保障水平和层次上却普遍偏低。且农村老人独居空巢，缺少必要的生活照料、精神慰藉等一系列深层次问题，也无法从根本上得到解决。当前，我国农村老人养老大部分还是依赖家庭，“养儿防老”的观念非常牢固。但近年来随着大量农村年轻劳动力外出打工，农村的家庭规模也日渐缩小，产生了越来越多的独守老人、空巢老人。其中还有为数不少的高龄老人和失能、半失能老人，且农村老人既无经济积累，又少知识储备，在“四二一”倒金字塔形家庭结构下，年轻人本身的生活压力已经非常沉重。大多农村青年人受限于知识和本领，在城市打拼也仅是为了谋生需要，在一线服务业赚取微薄的薪水，很难贴补老年人养老资金，更难为老年人养老提供良好的待遇保障。单纯依靠家庭养老的这种传统养老模式在农村正面临激烈的冲击和重构。同样，养老医疗保障方面也存在与之类似的问题，突出表现在：一方面，医疗资源分布不均衡，城市吸引、汇聚了大量优质医疗资源，拥有更高的医疗服务水平，大量生活在农村的患病者不得不辗转到城市寻医问诊；另一方面，新农合报销水平起付线仍然偏低，在此状况下，即便新农合从报销比例到报销流程相比以往都做了不小的优化完善，但落实到大多数农村老人身上仍是受益甚微。他们还是"小病挨，大病扛"的老模样，无法从医疗资源的分布和医保报销水平上真正受益。现有养老医疗保障模式显然难以满足农村老人的医疗服务需要。这种城乡二元分立的基本养老保障格局，是近年来城市大规模扩张、城镇化高速发展下二元结构的延伸与真实反映。享有更好的生活水平、医疗服务和保障条件的区域意味着能为"老有所养"提供较充分的资金支持；而各方面发展都落后于城市的广大乡村，则要承担资金、设备、人才严重短缺，外流分化的危险。城乡间老龄化发展速度与养老保障条件的倒置则在无形中加剧了这一冲突。

四、传统养老观念制约，居家养老功能弱化

（一）深受传统养老观念的制约

受儒家文化和家庭传统的影响，目前家庭供养仍是我国主流的养老方式，也是大多数老人乐于接受并习以为常的养老方式。很多老人抵触、排斥、拒绝到专业性养老机构，而更愿意留在家中，与子女生活在一起，也是深受"养儿防老"观念影响的现实反映。在此方面，中西方的养老观念存在较大差异。西方老龄人口结伴到养老院、日间照料中心等专职机构养老已是趋势。这直接拉动了国外养老服务行业的高速发展，丰富了养老体系建设，促动了养老行业产业链的完整高效运转，形成了比较成熟的养老服务体系与运作模式。反观我国，多数老人会觉得到养老机构去是"没人要，无人管"的丢脸行为，老人内心自然就抵触、抗拒；身边人也会暗中指责其子女不孝，没有尽到赡养老人的义务，子女面临更大的精神压力和心理负担。因此，受传统思维的制约，我国机构养老发展和专业化养老服务机制的搭建存在明显的断裂、碎片化和认同度低的现象，极大扼制了养老机构的发展和从业人

员投身养老事业的热情。机构养老的发展和社会、老年人自身接受到专业化机构去养老都需要一个过程。现阶段家庭养老渐趋弱化，但却是最符合、最适应也最贴近老年人心意的养老方式，必须坚持、巩固和优化家庭养老制度。家庭养老主要是对老年人进行生活供养，体现在日常生活照料、身体护理、精神慰藉等方面。这种养老模式的形成，深受我国传统文化和"孝观念""养儿防老"的影响，更加贴合我国国情，也是目前比较现实、老年受众接受率最高的一种养老方式。即使是老年人能自行解决生活费用问题，也还需要家庭成员提供日常照料和精神慰藉。因此，现阶段还要强调夯实家庭养老的基础。

（二）家庭养老功能受到削弱

"家庭养老依旧是中国大多数家庭和老年人最主要也最容易接受的养老方式。然而，随着现代化与城市化的不断深入，家庭养老的功能已经开始逐渐弱化，传统的以老人作为家庭骨干、老人对家庭具有绝对控制权的情况已经越来越少，老人在家庭中的地位逐渐下降。年轻人大多选择不与父母住在一起，家庭规模逐渐缩小，家庭构成日益趋向小型化，年龄构成也向老年化发展，这使得老年人享受儿女生活照料、精神慰藉的机会大大减少。"① 在市场经济浪潮下，伴随人口迁移的快速变化，区域分布数量的高速流转和和结构性变化，农村家庭养老功能受到冲击和削弱，很多人的价值观念产生了偏离。重视金钱，崇尚权力，亲情观念淡漠，儿女们终日为自己的事业和组建的小家奔波忙碌，无暇关注老年人的生活起居和精神状态。特别是在农村，很大一部分青壮年常年在外地打工，农村青年人口大量流向城市，产生了许多由空巢老人和留守儿童组成的"特殊家庭"。家庭类型和人口结构发生了根本性变化。单纯从经济收入看，农村青壮年到城市外出打工获得了比在当地从事农业生产更多的报酬。但考虑到他们既要维持个人、家庭在城市的基本生活，还要负担子女上学的压力，对老人在养老方面的资金投入非常有限，有的甚至还需要从父母处得到接济和帮助，给本就生活困窘、养老无着的老人带来更大压力。

人口是影响农村养老保障的基础性因素。伴随大量农村青壮年劳动力离开土地流向城镇，农村老年人口比例大幅度上升，农村老龄化的发展速度

---

① 孙毅：《济南市老年人社会养老问题研究》，山东师范大学硕士学位论文，2010年，第25页。

近几年持续攀升，老龄人口所占比例已超过城市。这预示着农村家庭规模进一步缩小，老人独居家庭迅速增多，子女对老年人经济支持的能力逐渐减弱。一方面，有些子女处于“心有余力不足”的状态，有些则因长期在外打工，为生活奔波而无暇回家探望老人，只能在经济上给老人以适当补偿，以弥补子女在精神宽慰和日常陪伴上的缺陷。另一方面，维系家庭关系的以“孝”为核心的道德观念呈淡化趋势，极大削弱了家庭养老功能。2015 年 7 月 13 日，北京大学著名教授钱理群夫妇酝酿前往养老院养老的新闻引起了不小的社会争议。作为主要从事现代文学史研究，在鲁迅、周作人研究方面颇有造诣的当代大师，钱理群先生可算是 20 世纪 80 年代以来中国最具影响力的人文学者之一。对于钱老夫妇准备入住养老院的关注和诸如“他们没有子女养老吗，子女不孝顺吗，养老院值得托付吗”等相关质疑，也凸显出当前养老保障语境下民众对市场化和社会化养老服务的不信任。我们在肯定钱老作为公众人物用实际行动支持养老市场化举动的同时，更多还该反思如何解决强传统养老观与弱家庭养老功能下去鼓励、支持与推进养老服务市场化过程中所呈现的尖锐冲突。

家庭养老功能的弱化与我国典型的“四二一”家庭结构承担过重的养老压力有紧密联系。在政府引导、规范、监管和掌控力度弱，社会资本和市场准入机制尚不完善的境况下，家庭作为养老的最基础单元便负担了更多的职责。应该说，我国在特殊时期为控制人口膨胀而长期施行的计划生育政策，尽管有效控制住了人口总量的扩张，但“一家只生一个孩”的管制政策没有充分考虑政策的衍生后果，常年实施这一政策必然会给家庭养老带来沉重负担。“从社会现实和发展趋势看，养老完全或者主要依赖家庭已不现实，在竞争日趋激烈的社会环境中，子女通常面临着巨大的工作压力，一对夫妻既要负责一个子女的成长，又要为四位老年人安度晚年负责，生存压力不断加重，在养老问题上常常‘力不从心’。现代社会，子女婚后不与老人一起居住成为常态，类似探亲式的家庭照料已经难以满足老年人赡养护理的需要，家庭养老和照料功能弱化是客观事实。”①“计划生育政策”还带来另一个突出的现实影响，那就是“老少两头沉”，突出表现在老年人和孩子的花费、支出多，处在家庭杠杆两端较重的部分。这也是即便我国有些地区已放

① 董文勇：《立法保障老年人社会照料服务》，载《今日中国论坛》2009 年第 2 期。

开单独二孩政策，许多夫妇依然不愿再生的重要原因。当然立足长远来看，及时调整目前的人口管制政策，放开生育二孩，短期看可能需承担更大支出，但在日后也会尝到生育政策调整的甜头，不失为是应对老龄人口高速增长、缓解家庭养老现实压力的一种合理之选。

第二节　困难与挑战：积极老龄化政策推行不匹配

政策作为国家机关以权威化形式对该领域的行动作出标准规定，进而明确达成目标任务和遵循行为准则的工具，是人为介入、干预和调控的外化体现。积极老龄化下存在的困境，很多都与其施行的政策关系密切。本节把影响积极老龄化的政策主要归纳整合为三大方面：长期施行的计划生育政策，推进迟缓的老年教育政策，以及与现实不相匹配的老年医疗保障政策。这些政策分别从老龄人口的分布结构、文化素质和身体健康等层面阻碍、贻误或延缓积极老龄化的发展进程，是我国应对老龄化社会挑战所必须通盘考虑、重点解决且着力破除的政策桎梏。

一、长期施行计划生育政策的结构性影响

（一）计划生育政策加速老龄化社会的到来

国家卫计委曾反驳“人口老龄化是计划生育政策导致”的说法，称我国人口老龄化的加速发展与施行计划生育有一定关系，但并不是主因。这一反驳是否符合事实、能否站住脚成为研究老龄化诱因的一大热点。2009年，“经济学人智库”对全球老龄化的原因进行了宏观分析，得出了助推老龄化的两大动因：一是医疗技术进步和公共卫生水平的提高，延长了人们的预期寿命；二是生活节奏加快，激烈的社会竞争使人们不愿生育更多子女，造成生育率持续下降，丁克家庭和少子化现象日渐严重。20世纪70年代，世界每个妇女平均生4.3个孩子，而现在每个妇女平均只生2.6个孩子。放眼全球，像日本、德国、新加坡、新西兰等国家都面临较严重的老龄化问题以及由此催生的一系列养老保障缺陷。与中国不同的是，这些国家都在实施积极的人口生育政策，试图通过采取鼓励生育的强力措施，来缓和老龄化对社会运转的冲击和摩擦。像德国、俄罗斯等国家，都会通过提供“产后关怀”、提高儿童补助和直接给予新生儿父母经济补贴的形式，鼓励家庭多生育子

女。由此来看，计划生育政策是我国进入老龄化社会的必要条件而非前置因素，它所体现的政策影响主要表现在有效控制了人口总数，却也间接造成了老龄人口占总人口比重的增加。

如果把因计划生育而少出生的人口考虑进去，扣除各年龄段正常的人口出生、死亡的更替数，2000 年，我国总人口大致可达到 16 亿，65 岁及以上人口占总人口的比例为 5.5%，距离老龄化 7%的认定标准还差 1.5%；2010 年，65 岁及以上人口为 11894 万。如果不施行计划生育政策，总人口数大致可达 17 亿，此时，老龄化人口比重恰好达到 7%。如果没有实施计划生育政策，我国预计将在 2010 年达到老龄化认定标准，而现实是 2000 年我国就已正式步入老龄化。可见，计划生育政策的实施，使我国进入人口老龄化的时间整整提前了十年，这是计划生育政策施行加速老龄化演进的直接例证。

（二）计划生育政策加剧老龄化由轻度向中度和重度的发展进程

计划生育对老龄化的影响，不仅体现在它加速了社会整体迈入老龄化的进程，更重要的是它加剧了老龄化由轻度向中度和重度老龄化阶段的转变。“到 2020 年，我国 60 岁以上老龄人口占比将达 19.3%；2050 年将有 38.6%的人口超过 60 岁，抚养比为 1.3∶1。”[①]这是 2015 年 3 月 10 日人力资源和社会保障部部长尹蔚民在“两会”期间答中外记者问时给出的数据预测，显示了中国社会老龄化，由轻度向中度、重度演变和迭代的速度明显加快的一个严峻现实。

预计到 2020 年、2030 年和 2040 年，65 岁及以上老年人口将分别增加到 18716 万、25678 万和 33343 万。其中，2011～2020 年，老年人口年均增加 682.7 万；2021～2030 年，老年人口年均增加 696.2 万；2031～2040 年老年人口年均增加 766.5 万。老龄化水平分别提高到 2020 年的 13.09%、2030 年的 17.59%和 2040 年的 23.32%。这三十年是老龄化持续加速时期，也是老龄化由轻度向中度、重度老龄化社会加速迭代的时期。[②] 统计数字显示，2010 年，老龄化水平（65 岁及以上人口占总人口比）全球范围内超过 20%的

---

① 《中国老龄化严重　2050 年需 1.3 人养 1 个老人》，http://business.sohu.com/20150310/n409574422.shtml.

② 参见杨恒国：《论计划生育政策对我国人口老龄化的双重影响》，载《重庆第二师范学院学报》2013 年第 6 期。

国家只有德国(20.4%)、意大利(20.4%)和日本(22.7%)。[①] 但照我国老龄化推进、迭代的速度,我国的老龄化水平将在短时间内达到或超过世界上老龄化最严重的国家。计划生育政策在老龄化社会由轻度向中度、重度演变的进程中无疑起到了催化、助力和加速的作用。

根据日、韩等东亚国家及欧美老龄化先发国家人口转变的经验,非人为控制条件下生育率的下降往往都是不可逆的,一旦下降到很低的水平则很难再反弹起来。"我国近年明显低于更替水平的总和生育率,与长期严格实施计划生育政策有密切关系,在实施计划生育政策还能有效降低生育率的情况下,如果适时调整计划生育政策,还有可能把总和生育率提高到一个相对较高的水平,一旦计划生育政策对生育率下降失去作用,那么也就很难通过调整生育政策来提高生育水平。"[②]目前,我国一些地区已经出现实际生育水平低于政策控制水平的征兆,像北京、上海这样的大城市已明显低于政策控制水平。因此,对生育政策的调整已到了非常急迫的阶段,一定要在计划生育政策对降低生育率还有一定影响的时候加以适时调整。现在已是调整现行计划生育政策的时候。如果能通过调整剩余政策,适时把总和生育率提高到更替水平,我国在未来二三十年就有可能继续维持人口红利,保证有足够的人力资源发展经济,创造财富,提高社会抚养能力。将生育权还给家庭和个人,由其自主选择和决定,这是文明社会的共识和基本做法。面对计划生育政策负面效果的逐步显现、劳动适龄人口急剧萎缩和老龄人口迅速增加的严峻现实,国家已全面放开二孩生育。需要特别指出的是,由于人口老龄化发展是伴随人口老化的社会必经发展阶段,采用这一措施也只是阶段性临时举措,其作用只在于延缓人口老龄化的发展速度,对老龄化社会进程影响不大。

(三)计划生育政策间接造成社保养老基金运转不畅

健全和完善包括养老在内的社会保障制度是建立在保持正常的人口更替速度的基础上的。发达国家原先较为健全的社会保障与社会福利制度,最初是与增长型人口年龄结构相适应的。因此,当人口结构这一因素趋于

① 参见《2040年中国65岁以上老人将超3亿》,http://money.163.com/13/1102/12/9CM4IEI200253B0H.html.

② 王桂新:《中国"未富先老"时代的"老有所养"》,载《上海城市管理》2010年第1期。

严重老化时，原先运行良好、体系健全的社会保障与社会福利制度必将难以为继，面临新的调整重塑。伴随人口生育率的持续走低和衍化形成的倒金字塔形人口模型，人口老龄化带来的结果便是缴纳社会保险的人越来越少，而领取社会保险的人越来越多，养老金缺口不断拉大，包括养老保险在内的社会保险基金也面临枯竭甚至亏空的危险。这也是近些年在逐渐丧失人口红利的背景下，我国多地出现养老金运行不畅问题的主要原因。这表明："社会保险基金的可持续筹集与可持续使用一定要建立在人口可持续发展基础上，而维持一个更替水平的生育率是人口可持续发展的基础与前提条件。在持续(超)低生育率与倒金字塔形人口年龄结构基础上，是不可能建立起健全、可持续的社会保障制度的。如此看来，即便中国现在建立起比较健全的社会保障与社会福利制度，持续(超)低生育率与倒金字塔形人口年龄结构本身，也注定了无论何种形式的社会保障制度可能都将难以为继。由此，我国长期奉行的计划生育政策本身不仅加速了中国家庭养老功能的急剧弱化，而且可能使得可持续社会保障与社会福利制度在中国难以建立起来。"①基于此点考虑，适时根据人口发展行情，留出一定提前量，提前启动对现行生育政策的调整，是目前情况下建立可持续的社会保障与社会福利制度的基础与前提。

二、老年教育政策的认定及推进明显滞后

教育是实现老年人终身学习、毕生发展的根本战略，也是促进积极老龄化的行为着力点，是实现"老有所教"、提升老年生活品质、体现老年人个人价值与社会价值统一的有效方式。近年来，很多国际组织、社团机构也格外重视普及、推广、鼓励发展老年教育在实现积极老龄化进程中的保障作用。2002 年，马德里世界老龄大会通过了《国际老龄行动计划》。在这份纲领中仅"教育"一词就出现了 39 次。《计划》指出："教育是积极而充实的生活的重要基础，通过发展老年教育来改善老年人的生活质量，有区别地指明了提升发展中国家老年人谋生能力和发达国家老年人的生存发展能力，直言一个以知识为基础的社会必须制定并保证终身获取教育和培训之机会的政

① 陈友华：《社会保障制度：以人口可持续发展为基础》，载《中国社会科学》2011 年 4 月。

策，继续教育和培训对于确保个人和国家的生产力都是绝对必要的。”[①]

“老年教育是以老年人为主体的，旨在满足老年人需求，保障老年人受教育权利，增强老年人生存发展能力，推进老年人社会参与和全面发展，并最终实现老年人与家庭、社区和社会和谐发展的为老年人服务活动。”[②]概括来说，老年教育共包括三种教育形式：一是正规教育（即补偿教育）。通过老年大学或高等院校，为老年人提供继续教育和获得文凭的机会。二是非正规教育。这类教育一般紧贴社会需要和老年人兴趣，培训时间短，技能强。三是非正式教育。这是一种完全个性化，给予老年人比较充分自由度的教育类型。这三种老年教育形式构成了开展老年教育的基本架构，从国外实践看，三者处于彼此补充、相互促进的状态。在部分老年教育水准较高、模式运作较成熟的国家，如德国、法国、西班牙、瑞典，老年教育与高等教育融合度高，关联性强，互动性好，为越来越多的老年人走进高等院校或选择老年大学接受教育提供了便利。“如瑞典斯德哥尔摩大学，55 岁以上老年学生的人数已经占到全校学生总数的 20%左右，德国歌德大学已注册的在校生中有 1500 名银发学者，让老年人更多地接受正规教育正逐渐成为世界老年教育的一大趋势。”[③]就教育目标来看，一方面，老年教育以满足老年人基本的学习、生活需要为基础，帮助老年人从心理上顺利接受步入老年的现实，更快地找准自身定位，顺利融入和适应社会生活；同时它倡导不断发掘老年人潜能，充分发挥老年人的阅历、经验和智慧优势，实现老年人的毕生发展与自我实现。另一方面，它也积极推动老年人“再社会化”进程，使老年人参与到社会中来，共同解决影响社会健康、可持续发展的棘手问题，强调老年人与社会的协调有序发展。老年教育的对象主要以老年人为主。它需要不断地扩大自己的范围，要惠及所有的老年人，特别是要有步骤有条理地拓展到弱势老年人中，去关注他们生活的品质、条件和精神层面的教化，为他们提供教育资源，满足他们的学习需求，通过教育活动让老年人“成功毕业”。为使下文分析更贴合我国老年教育的发展实际，特选取老年教育发展程度

① 项龙：《2002 年马德里政治宣言与国际老龄行动计划》，载《国际社会科学杂志（中文版）》2007 年第 4 期。

② 王英：《中国社区老年教育研究》，南开大学博士学位论文，2009 年，第 58～59 页。

③ 刘颂：《积极老龄化框架下老年社会参与的难点及对策》，载《南京人口管理干部学院学报》2006 年第 4 期。

较有代表性的上海地区为分析样本，以此透视我国老年教育政策制定和实践执行中存在的诸多问题。

(一)我国老年教育起步晚，地区发展差距大

回顾我国老年教育的发展历程，从历史沿革层面梳理，大体可将其归纳为四个时期，即老年教育萌芽期(20 世纪 50～80 年代)、老年教育初创期(20 世纪 80 年代)、老年教育发展期(20 世纪 90 年代)、老年教育推进期(21 世纪至今)。我国第一所市级老年大学于 1985 年诞生于上海，随后老年大学的数量在此后的近二十年间成倍地增加。1985 年，上海市只有 3 所老年大学；到 1990 年，增加到 228 所；1995 年，达到了 1527 所；2000 年，突破 2000 所大关，达到 2749 所；仅过了三年，到 2003 年学校总数已达 3913 所。学校(教学点)覆盖全市，惠及更多的老年学员(见图 3-2)。

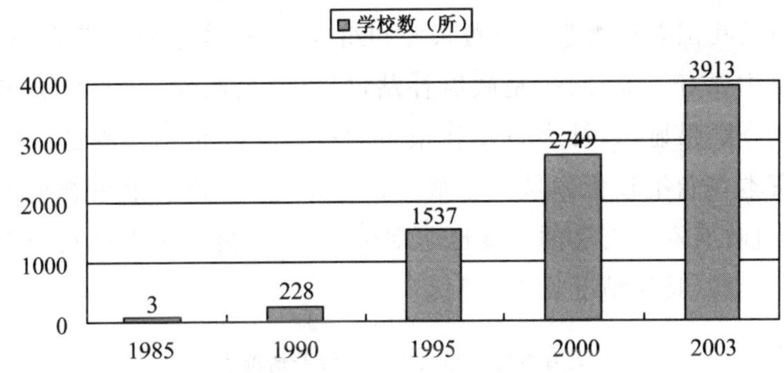

图 3-2 老年人教育发展状况①

老年教育的发展需要地方政府投入、政策支持、资金、场地和师资等多方面的保障。我国老年教育的发展趋势和资源分布基本与地区间经济发展水平、社会文明程度相一致。老年教育发展较迅速的“北上广深”一线城市和部分主流二线城市，得益于自身较明显的区位优势、强大的资金和政策支持，依托丰富的高校资源和浓厚的教育氛围，集合了众多有利于老年教育发展的人才和资源，老年教育发展的比较迅速。像上海市优秀老教师的存量是比较大的，仅就退休教师而言，目前上海高学历、专业知识密集的高校退

① 俞恭庆主编:《蓬勃发展的上海老年教育》，载《上海老年教育》2005 年第 6 期。

休教职工共有7万人。以复旦大学为例，2008年，退休职工4216人，其中教授、副教授、高级工程师、局处级干部就有2018人，占全校退休职工的47.8%。这部分老教师只要有合适的机会，大多愿意回到教室重掌教鞭，他们不仅可以教授老年人，也乐意把知识传递给晚辈。他们充分发挥经验充足、阅历丰富、学识渊博的优势，能很好地传承知识，潜移默化地教化和影响更多人，实现个人对社会的反哺和回报，这是发展老年教育的应有之义。但反观我国三线城市和广大乡村地区，由于受到资源、政策和政府投入等方面的掣肘，老年教育的发展举步维艰，困难重重，基本处于空白、荒废阶段。这种资源分布的严重不均和过度失衡造就了目前我国老年教育发展的畸形化格局，极大制约了利用老年教育帮助老人重返社会、体现个人价值的作用发挥，也影响了“老有所教”的政策推进和在现实实践中的执行。

(二)老年教育经费投入不足，受教育群体文化程度不高

从目前我国老年大学的经费来源和组成看，构成学校经费来源的比重，从理论看主要有三部分：一是政府补贴，二是学员收费，三是社会赞助。但现阶段调查结果显示，社会赞助在很多学校内实际是不存在的。市场机制和社会资本在老年教育领域的投放都严重不足，而到了市级老年大学这一层面，来自政府资金支持的力度也非常微弱，主要是依靠学员收费来维持老年大学的运转(具体情况见表3-5)。①

表3-5　　上海高校老年大学分校经费情况表②

项目	数额(万元)	百分比
总计	50.2	100%
学校每年拨款数	16.2	32.3%
自筹经费数	2.5	5%
学杂费收入	30.55	60.9%
其他经费收入数	0.95	1.9%

① 杨晓渡：《上海老年教育现状及发展研究》，东华大学出版社2002年版，第77页。

② 上海市老年教育协会编：《上海老年教育现状及发展研究》，东华大学出版社2002年版，第77页。

从参与老年教育的老年群体自身的学习动机和文化素质层面考量，尽管经济较发达、教育文化水平较高地区的老年人文化素养较高，受过高中以上教育的人数较多，但这只是个别现象，总体看，我国老年人所受教育水平依旧偏低。据统计：有 42.8%的老年人没上过学，有小学文化的老年人占到 34.5%，初高中文化的只占 18.5%，而大专以上则仅有 4.2%。[①] 整体偏低的文化素质极大地制约了老年人作用的发挥，不利于老年人传承自身的经验、学识，以更好地服务社会，实现个人晚年的人生价值。老年学员的学习动机，也呈多元化分布趋势。结合图 3-3 分析，从所占比重来说，有 198 人希望提高素质，有 223 人希望增长知识，这两项也是受访老人中表露意向最集中的；有 22.1%和 24.9%的老人将提高文化素质、弥补知识短缺等作为老年教育的重要目的，这也从侧面反映出参与老年教育的主体有强烈的接受再教育、继续参与社会活动的意愿，体现了开展和推进老年教育的现实意义和时代价值。

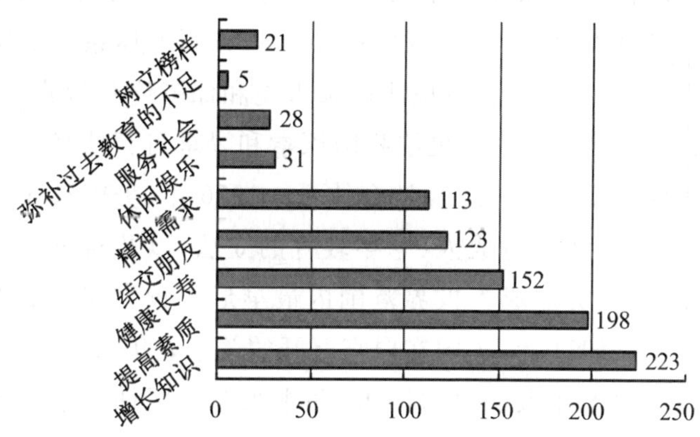

图 3-3　老年学员学习动机[②]

（三）老年教育领域的院校支持与协作关系不紧密，终身教育制度尚未形成

老年教育的发展离不开各地高校的支持，高校在促进和推动老年教育健康发展的进程中扮演着至关重要的角色。从国外老年教育的过往经验

---

① 参见《我国老年文化尚未实现脱贫》，http://women.org.callnews/0901/674.html.

② 参见上海市老年教育协会编：《上海老年教育现状及发展研究》，东华大学出版社 2002 年版。

看，像美国的高校联合社区学院共同开展老年教育，根据老年人的实际需要开设特色课程，高校在此方面提供必要的师资和资金保障，形成了与社区联动发展老年教育的格局。目前，我国高校发展老年教育不仅落后于发达国家，也严重滞后于老年教育自身发展的需要，这主要归因于“高校认识滞后和支持乏力”，直接导致我国普通高校开展老年教育劲头不足。要加快推动高校老年教育的发展，从制度方面来说就需要紧密围绕高校的立校使命，先从转变思想认识入手，争取高校党政领导的重视与支持，总结已有的经验教训，探索老年教育在高校内部的定位及管理体制，形成制度上的保障；就教学和科研两方面来说，高校要加强对老年教育人才的培养和对老年教育理论的探索、改进与完善。[①] 同时，因为各高校人才培养侧重点不同，各所高校的师资也不尽相同，在开展老年教育的问题上，必须加强高校间的交流与联系，促进人员、资源的自由流动。

老年教育的实施与普及，还必须有相应的体系和制度作支撑。在此方面我国尚未形成强有力的保障老年教育开展的完备法律规范，也没有在全社会建立起关注终身教育、死亡教育的社会氛围和制度体系。美国作为最早建构终身教育体系，通过出台专项法律来重视和保障终身教育、死亡教育的国家，积累了较为丰富的经验，也给我国探索和寻求可行路径提供了成功范例。美国的教育制度是一种终身教育体系。1976 年，美国颁布了世界上第一部《终身教育法》，通过对成人、老年教育的立法，以及对事关老年教育法律体系的不断完善，美国成为世界范围内最早形成较为完善的老年人终身教育制度的国家。1971 年，美国在白宫召开的关于老年人问题研讨会中，强调了国家应该重视老年人的学习需求，并主张对社区性大学提供一定的经费补贴，用于为老年人提供教育资源，改善老年人的生活品质。[②] 在美国，为老年人提供各种服务的资金主要来自于联邦政府，是通过立法的形式分配政府资源来实现的。美国的老年人法专门作出规定，在每一个地区成立一个以老年人事务、权益为中心的议会，由这一议会来决定资金的预算和使用情况，并将之分配到具体的非营利性的机构来实施。政府在此过程中的

① 参见杜作：《普通高校应当积极开展老年教育——谈大学为社会服务的功能拓展》，载《上海老年教育研究》2009 年第 3 期。

② 参见刘帆：《人口老龄化背景下我国城镇老年人再就业问题研究》，吉林大学博士学位论文，2013 年，第 103 页。

作用主要是协助这些议会去管理、监督和支持各涉及资金机构的运作流程，从而推动其能够有效地提供老年人所需的各种服务。在提供的这些服务中，为老年人提供的学习教育支出占了很大比重，有的州法律还规定，当地政府应无偿为老年人提供各种学习和受教育的机会。如果老年人选择的学习内容与再就业有关，政府还会对此提供一定的生活补贴，专项用于鼓励老年人通过学习再就业相关课程后重新走上劳动就业的岗位，以真正保障老年人“老有所为”。美国高度重视对老年人的死亡教育，这种教育是对一个人死亡本质及意义的认识，是对待死或濒死状态的老年人人生态度、处理方式及心理调整等方面的教育。20 世纪 60 年代，美国便在一些大学内开设了这门课程，供符合条件的老年人选修。“人到七十古来稀”说的就是当人步入老年的时候，无论身体健康状况如何，死亡都是一个不可回避的话题。尽管死亡对于任何人来说都是不可避免的，我们无法阻止死亡，但是能否正确、冷静地看待这一问题，直接关系到晚年生活的质量和老年人对社会活动的选择，甚至关系到社会的稳定。如果能通过死亡教育主动引导老年人用更加积极、乐观和平和的人生态度去面对剩余的人生阶段，在这个阶段便同样能过得开心精彩，不留遗憾。由此，老年教育的意义和价值便显露无遗。而死亡教育便主要是教导人们从生命的意义和个体生命历程的角度去正确看待死亡，帮助老年人平静地认识和面对死亡，从而提高他们晚年生活的质量和生命状态。这种教育组织老年人参加研讨会，探讨对于死亡的感悟认识，可以让老年人逐渐从心理上接受死亡，达到对个体生命的正确预期，进而减轻对死亡的恐惧和不安。当然西方国家在推行死亡教育中，宗教和信仰也发挥了比较显著的作用。

三、老年医疗保障政策的不匹配

中国智研数据中心于 2014 年 12 月公布的《2014 年中国医疗保障发展指数》显示，通过对老年医疗保障的三大方面，即卫生出资合理性、医保政策科学性和医疗服务治理有效性的综合考量，借助建立三级指标细分考量的方式，最终计算出我国医疗保障发展的综合得分为 63.5 分(满分 100 分)。成绩差强人意勉强及格，这折射出我国现阶段在医疗保障的体系建设、资金保障和政策扶持等方面的诸多问题。

养老医疗保障是养老链条中的重要环节，是否有较为完善的保障体系、较高的保障水平和更为公平、普惠、有效率的医疗保障运作模式直接决定着老龄人口的医疗支出、晚年生活幸福感和社会整体的养老保障水准。目前我国养老医疗保障的发展阶段呈现出长期低位运行,经费保障不足,政策支持力度弱、公平性、效率性和适用性差的突出特征,归纳起来主要存在以下几个比较突出的问题。

(一)城乡保障水平发展差距大,尚未形成广泛普惠的保障格局

医疗保障问题是我国老年人共同面临的一个严峻问题。我国城镇退休职工、无业待业人员以及农村的老年人,大部分医疗费要自理,这些人群存在着看病难、无钱看病和住院的问题,迫切需要建立架构清晰、责任明确、内涵丰富、普惠公平的养老医疗保障制度。要尽快建立合作医疗制度,切实解决好城乡群众的医疗问题。"60～64 岁年龄段,恶性肿瘤的病死率在城市为十万分之 344.9,在农村是十万分之 497.4;65～69 岁年龄段,其在城市的病死率为十万分之 499.5,在农村是十万分之 645.5;70～74 岁年龄段,其在城市的病死率为十万分之 794,在农村是十万分之 946.1;75～79 岁年龄段,其在城市的病死率是十万分之 1161.5,在农村的病死率是十万分之 1278.8。"[①]即使是在心脑血管疾病和呼吸系统疾病中,农村 80 岁及以上老年人口的病死率都远远高出城市。另外,"在 85 岁及以上高龄老人的年龄段上,农村心脏病的病死率为十万分之 4091.9,脑血管病的病死率为十万分之 5236.5,呼吸系统疾病的病死率为 5228.7,但在城市,同类型疾病的病死率就有不同程度的下降,像心脏病的病死率为十万分之 3635.4,脑血管病的病死率为十万分之 3057.7,呼吸系统疾病的病死率为 2724.2"[②]。以上列举的这些疾病病死率的数据对比清晰地显示出,农村与城市之间在医疗保障方面的差距,非常明确地指出了医疗资源投入、养老医疗保障的重点与难点区域。

城乡医疗卫生服务在公平性、可及性和费用负担方面也有比较明显的差距。"城乡医疗保障制度呈现出三维分立态势,医疗保障的城乡差距及不公平状况,已经成为全民医保进程中必须正视和攻克的重大问题。城乡养老医疗保障制度的多元分割与碎片化现象,既不利于实现人员流动和促进

① 杜鹏:《新时期的老龄问题我们应该如何面对》,载《人口与发展论坛》2011 年第 4 期。

② 刘永富:《中国劳动和社会保障年鉴》(2001),中国劳动社会保障出版社 2001 年版,第56 页。

社会公平，又不利于通过社会互济来分散风险以保持医疗保险基金财务的稳健性和可持续性，从而直接损害制度运行的效率。”①虽然城镇职工医保、城镇居民医保和新型农村合作医疗是面向不同区域和群体的医疗制度设计，但因其内部具有相同的制度设计理念、原则和办法，使得不同制度的整合衔接具有相同的机制路径。因此，需要积极探索并建立起涵盖城镇职工、城镇居民和农村居民的广覆盖、多层次、无缝式的养老医疗保障体系，在医疗保障体系框架初步形成的基础上将三项各自为战、相互独立的医保制度统筹衔接，实现对分散、割裂的养老医疗资源的整合、人才的汇集和政策的对接，并在此基础上推动城乡养老医疗保障制度的搭建与完善。

老年人口的患病率随年龄增加而增加。老年人患病具有患病率高、患病种类多、患病时间长、所患疾病以慢性退行性疾病为主、身体健康状况差的群体特点，对门诊和住院要求高，花费的医疗费用多，所花费和占用的医疗卫生资源是其他人群的 3～5 倍。老年人口自然就成为医疗服务的高消费人群。据统计，人生最后六个月的医疗费用开支是一生中医疗费用最大的一笔开支。“以山东省为例，2008 年该省老年人口人均医疗费支出为 1805.18 元，按此标准推算，2020 年山东省 60 岁及以上老年人口医疗费支出总额将达 398.66 亿元。”②另据北京市 2009 年的一项调查显示，离退休人员医疗费用年增长幅度为 32.5%，高于总体人群 17.6%的增长速度。可见人均医疗费用增长率中很大一部分是由于老年人的医疗费用增长过快造成的。因此，控制医疗费用的关键是控制老年人的医疗费用，而占据老年人医疗费用比重最高的项目就是各类慢性非传染性疾病，占据了 80%左右的医疗支出。“2012 年济南市全市平均每人每月医疗费用支出为 89.2 元，老年人医疗费用支出为全市平均水平的 2.6 倍，老年人医疗费用支出占其总收入的 21.9%，占其总消费支出的 25.3%，医疗消费成为济南市老年人生活消费中最重要的支出项目之一。”③老年人自身的养老金、退休金等尚能维持基本生活，可以自给自足，但一旦生病，短时间内大量的医药费支出便会使

---

① 仇雨临、翟绍果、郝佳：《城乡医疗保障的统筹发展研究：理论、实证与对策》，载《中国软科学》2011 年第 4 期。

② 田艳玲、张瑾、崔江宁：《社会工作在居家养老服务中的介入研究——以山东省为例》，载《山东女子学院学报》2012 年第 2 期。

③ 孙毅：《济南市老年人社会养老问题研究》，山东师范大学硕士学位论文，2010 年，第 24～25 页。

其陷入非常困难的处境。很多老年人为了支付医疗费，基本将后半生的养老金悉数投入，因病致贫、返贫的老年人越来越多。在前期数据调查中，我们了解到，因经济水平无法保障而使一些老年人没有及时接受救治，以至于延误了最佳治疗时期，病情越拖越重，后期支付的费用更高，身体和心理上受到的折磨更大；即便是一些身体健康的老年人，在我国现有的医疗保障和养老服务机制下，也大都养成了省吃俭用、存钱以备后患的做法。应该说，现阶段出现的这些现象，大都要归咎于我国尚不在低位运行的养老医疗保障体系和尚未形成的普惠、广泛、公平、充分的养老保障格局。

（二）养老医疗保障机构建设不规范，发展程度参差不齐

养老医疗保障机构是支持和承担养老医疗服务的载体和专业化部门，近年来在政府支持和社会呼吁下，养老医疗机构有了较快发展。在城市的养老院、敬老院、日间照料中心和家居社区，开始陆续配备一些较为完备的医疗保障设施和专职人员，有的规模较大，服务设施较齐全。老龄人口大量集聚的社区，还依托社区服务站、社区医院等机构，建立了常态化的养老医疗服务机构，老人可在此享受基本的医疗保健服务。但由于受底子薄、起步晚、欠账多，社会准备不足的现实情况制约，现有养老医疗保障机构面临的突出问题就是养老医疗保障制度严重缺位、养老医疗保障资源严重不足、养老服务体系严重滞后和养老医疗服务市场供给缺口巨大。

对于我国养老医疗保障体系面临的真实困境，可从宏观和微观的视角进行释读。在宏观层面，“截至 2014 年底，中国共有各类养老服务床位 551.4 万张，每千名老年人拥有养老床位 26 张，远低于国际上通用执行的每百名老人拥有床位数 5 张的养老标准”①。在微观层面，以北京市为例，2011 年，全市有 60 岁以上老人 248 万，全市共有养老机构 401 所，提供床位总数只有 6.9 万张，每百名老人拥有的养老床位仅为 2.8 张，床位缺口为 5.5 万张。与世界一些发达国家相比，如荷兰平均每百名老人有 9 张床位，瑞典平均每百名老人有 8.7 张床位，美国平均每百名老人有 4 张床位，英国平均每百名老人有 3.9 张床位。我国在养老医疗保障的基础条件和供给水平上还有非常明显的差距，尚不能满足老年人对医疗保障的最低需求。② 养老医疗

① 中国老龄科学研究中心：《中国养老机构发展研究报告》，2015 年 7 月 16 日发布。

② 参见陈可冀：《老龄化中国：问题与对策》，中国协和医科大学出版社 2002 年版，第 52～53 页。

保障发展除了上文述及的不规范、不完备，还有分布不均衡、发展差距悬殊的外在特征，具体表现为一边是养老医疗资源供给与需求的过度紧张，另一边是有限医疗保障资源的闲置和利用不善。根据北京市审计局对养老服务业发展情况的审计结果，到2013年底，“北京主城六区养老机构3.06万张床位的入住率仅为47%，10个郊区县4.96万张床的入住率更是低至32%，而且还存在养老机构向市、区财政重复申请专项资助问题，涉及资金1.49亿元”[①]。因此，从现有应对老龄社会的医疗保障与社会化储备情况看，我国不仅是“未富先老”，还呈现出“未备先老”的状态。这种准备不足不仅仅是持有的资源在分配、调拨和投入上的不均，还表现在全社会对老龄化进程及完善养老保障体系路径的方向不清、路径不明，现有的医疗保障水平和条件很难有效、稳步地应对老龄化时代的冲击与挑战。

根据2014年国家民政部提供的数据，“我国丧失自理能力的老年人口已经达到940万，其中城市有194万，农村有746万，部分丧失自理能力的人口大约为1894万人”[②]。为了应对“未备先老”，政府需要倡导和实现有准备的或者说有保障的老龄化，加大基础养老设施的投资力度，尤其是加强老年人急需且与他们的健康关系密切的医疗保障体系建设，更是当务之急。以西安市养老医疗保障的发展现状为例，《西安市养老机构调查报告》显示，“全市各类养老机构共55家，床位总数6816张，平均每百位老人拥有0.55张，有专业医疗服务机构的养老院大都存在位置偏、采风差、设施陈旧、医疗保障水平差、整体环境不适合老年人居住的问题”[③]。有的养老院自身没有医疗机构，周围也没有医院或诊疗中心。居住在此的老年人如果生病，没有便利的就医条件和充足的医疗资源，要去距离很远的医院接受救治。这显然没有充分考虑老年人体弱多病、行动不便的身体情况，给老年人安心养老带来不小的障碍。有的养老院虽然成立了专业医疗服务机构，也配备了医疗设备和专业医护人员，但往往收费较高，家庭经济状况较好的老年人尚有

---

① 张媛、沙璐：《北京52家养老机构重复申请资助1.49亿元》，http://leaders.people.com.cn/n/2015/0724/c58278-27353211.html.

② 张扬：《中国老龄化现状2014》，http://www.renkou.org.cn/countries/zhongguo/2015/2542.html.

③ 宋洁：《西安市养老机构调查报告》，http://news.xiancn.com/content/2014-07/01/content_2906714.htm.

机会、有条件享用，而对于生活拮据、子女经济支持力度弱的老人，则很难享受同等条件的医疗保障。这无疑与养老医疗保障所应秉持的公平、普惠和满足医疗保障基本需求的原则背道而驰，进一步激化、凸显了老龄人口贫富差距的效应，也是现阶段我国社会化保障服务体系中亟待改进和弥补的重要环节。

（三）医疗保障缴费基数和群体保障水平偏低，缺乏可依循的政策规定

与养老保险缴费基数类似，中老年下岗职工群体医疗保险缴费基数与养老保险缴费基数挂钩。在养老与医疗保险缴费增幅较少甚至不增长的情况下，直接造成了医疗保险缴费基数低，增速缓慢，个人全部缴费与企业一部分缴费相积累的医疗个人账户金额自然较少，给我国应对繁重庞大的养老人口带来了更加繁重的养老金存续压力。同时，在看病吃药方面，现有的医疗政策规定，个人账户上的钱只能用于参保人员在定点医院、门诊或定点零售药店就医、购药、诊疗，或用于在定点医院住院治疗时，符合国家规定的基本医疗保险“三个目录”范围内的医疗费用。规定限制多，药品数量却十分有限，加上药品价格的不断上涨与个人账户金额缴存较少的冲突，共同形成了城镇企业中中老年下岗职工这一特殊群体看病难、看病贵的问题。引发这些显性问题的原因主要来自两方面：一方面，一部分中老年下岗职工退休后仍要缴纳医疗保险费用，有的甚至完全由个人缴纳。这对于已经退休、收入较在职员工明显下降的中老年下岗职工来说无疑是一个沉重的经济负担。虽然国家在2010年就已经出台了《社会保险法》，其中第27条明确规定：“参加职工基本医疗保险的个人，达到法定退休年龄时累计达到国家规定年限的，退休后不再缴纳基本医疗保险费，按照国家规定享受基本医疗保险待遇，未达到国家规定年限的，可以缴费至国家规定年限。”但这只是宏观的原则性规定，具体在各地适用中，还仍然有很多地区没有依据《社会保险法》规定将其落实到位。比如，山东省泰安市制定出台的《市属国有企业改革资产处置暂行办法》30号文件中就明文规定：“离退休年龄在5年以上10年以内的人员未能预提退休以后至75岁的医疗保险，因此退休仍需继续缴纳医疗保险费用，如有中断，则无法享受基本医疗保险待遇。”[①]这对于已经

① 王默璞：《国有改制企业中老年下岗职工养老和医疗保障问题研究》，东北师范大学硕士学位论文，2012年，第14～15页。

步入退休年龄、身体状况越来越差的中老年下岗职工这一群体来说,很明显是影响他们安享晚年的沉重负担与重大隐患。另一方面,针对退休人员未能实行社会化管理的模式也衍生出了很多新问题。“退休人员进社区”是国家早就提倡的针对退休人员的管理方式,也是社会保障制度建设的未来趋势。我国许多地区的中老年下岗职工退休后,大量人事关系仍留在企业内或者破产企业留守处管理。企业在处理退休人员相关问题时存在管理服务意识不强,人员短缺,少数甚至没有所辖范围退休人员基本情况档案等多重问题。有些破产企业留守处资金无法到位,无力为退休人员提供包括养老、医疗等方面在内的更多服务。这也造成了国家关于中老年下岗职工这一特殊群体的养老保险、医疗保险等方面的新政策无法逐一对应到人并将责任落实到位等问题,实际运行中严重阻滞和破坏了国家社会保障体系的构建和养老医疗保障体制的完善。

城市中的退休下岗职工因为经济体制改革的调整,在养老的医疗、资金保障等方面面临一些实际困难,但毕竟身处医疗水平较高、资源丰富、保障齐全的城市,还有相关医疗保障机制可以兜底。相对而言,来自偏远落后的乡村地区,在20世纪70年代末改革开放浪潮中第一批进入城市打工的群体,其中很多人也已进入老龄人口的行列。他们作为我国经济快速发展的主要贡献者,因为城乡二元结构分割和户籍制度樊篱的限制,无法享受到城市提供的医疗保障。处在夹缝中的这一群体,随青年龄的增长,很多都拖着健康受损的身体回到家乡,同时也把养老和医疗保障的负担带回了农村。而农村现有的医疗保障条件和资源供给能力,又进一步放大了这部分群体的养老困境。他们成为养老医疗保障体系建构、充实和完善进程中必须涵盖和重点考虑的特殊群体,也是影响我国养老医疗保障水平持续提升的关键因子。

第三节 困难与挑战:积极老龄化制度建设不健全

制度建设既是服务和推进积极老龄化战略的机制保障和重要支撑,也是老龄化发展、演变进程中需要重点改进、修补的领域,它的建设成效直接关联老龄化水平、老龄人口的生活感受。“健康”是老龄人口及其子女最关心、最在意也是老年人最薄弱的环节。其中养老照料制度和养老医疗服务制度便直接关涉和指向老年人身体健康，通过提供专业的照料服务、贴心的长期照护和多元、便捷的医疗服务，为老龄人口的身心健康提供制度保障。围绕积极老龄化展开的法律制度建设，是保护老年人合法权益，明确主体责任，厘清政府、市场、社会职能边界的权威工具，是积极老龄化语境和依法治国形势下最需依仗也最亟待完善的制度部分。我国制度建设不健全的原因既有机构建设、人才储备、资源分配、法治保障等方面的历史问题和政策偏差问题，也有具体执行中缺乏法律保障和政策引导所带来的责任不明、职能不清、监管不力等问题，其对推进积极老龄化战略的负面效应正在日益显现。

一、现行养老照料制度亟待补全

（一）老龄化社会的发展现实亟须构建完善的养老照料制度

在老年养老金保障、医疗保障制度基本建立之后，影响老年人晚年生活质量最重要的问题便是长期照护。第六次人口普查数据表明，我国的家庭规模下降到3.1人，老年空巢家庭日益增长，家庭越来越趋于小型化。而需要专业照护和养老照料的老人数量越来越多，来自家庭的照护显然已不能填补养老照料的巨大缺口，社会必须作为后盾弥补家庭照护缺失的功能。我国目前面临的人口老龄化局势，除了庞大的老龄人口基数，还有大量生活不能自理的老年人（失能或半失能老人）。《中国养老机构发展报告》显示，到2014年年底，我国失能老年人口接近4000万，这部分群体占老年人总数的比重已达20%左右，这部分群体都需要较为专业和长期的医疗照护和服务。预计到2050年，这一群体将增加至8000万人。因此，迫切需要根据我国实情，及早建构起完善的养老长期照护制度与专业服务体系。老年长期照护体系的构成涵盖两大方面：其一是长期照护保险制度的建立，其二是长期照护服务的提供。二者缺一不可，相互支撑。德国、日本、韩国在过去十年已经相继建立了强制性长期照护保险制度，并由政府管理、评估与协调长期照护服务的提供。站在政府建构这一制度的角度来说，通过制度保障为老年人提供长期性照护服务，满足其基本所需，是对老人遵循国家政策少生孩子后正常收获的政策回报，也能助其享受充足的照护资源，是社会政策和养老权益保护的一种延续，是政府必须为公众提供的社会保障项目。从体系完善所产生的社会反响来看，长期照护体系在我国的建立将会极大调动个人和家庭在养老准备上的积极性，使原本根深蒂固的“养儿防老观”发生松动；也可利用庞大的长期照护保险基金规划养老服务体系和建立专业化、职业型的养老护理队伍，拓展服务项目，保障服务水准，从而能更好地适应和满足老年人多元的照护需求。目前，随着传统“家本位”和单方面依靠家庭养老观念的松动和老年人消费能力的增强，养老照料将迎来更为广阔的发展空间和更庞大的客户需求，存在巨大的市场潜力。可以说社会不缺支持养老照料的物质基础，缺的是优质、专业、真正能对上老年人胃口的差异化养老照料服务。再加上老龄化社会现实衍生的现实问题的碰撞冲击，尤其是对失能、半失能老人的长期照料，亟待建构一个完善的养老照料制度为其提供刚性的制度保证。

(二)养老照料的发展基础薄弱，人才储备严重不足

养老照料是国家《十二五”规划纲要》中确立的“建立以居家为基础、社区为依托、机构为支撑的养老服务体系”目标的重要体现，也是近年来国家鼓励社会力量举办小型化、家庭式、连锁型养老机构着力聚焦和资源投放的重点领域。养老照料的依托载体主要是各地兴建的养老院、日间照料中心、专业化养老照料机构等，它们为老年人提供就近享受生活照料、家政服务、康复护理、精神陪伴等方面便利的服务项目。截至目前，我国有 2.12 亿老龄人口，占人口总数的 14%，失能老人近 4000 万，这部分老人对养老机构提供的照料服务有更直接、更迫切、更现实的需求。与此同时，根据卫生部统计资料，“我国慢性病的患病率为 17.0%，其中 60 岁以上人群的患病率是一般人群的 2.5～3 倍，糖尿病、高血压和心脑血管疾病等慢性疾病易发高发，而且常常是一病多症或者一症多病，疾病缠身严重侵蚀着老年人的身心健康”①。同时，老年患者病程长，康复慢，需要护理人员提供大量的照护服务，老年患者的护理设施、配备护理计划、护理实施和护理评价也更加复杂，护理难度更大，客观上对养老照料、医疗照护的层次和标准提出了更高要求。

养老照料的现实基础还非常薄弱，专业化、职业化、成规模且能满足和适应老年人需求的养老照料机构数量非常有限，目前现存的少数机构也多分布在经济较发达区域。目前我国养老服务机构呈现“东多西少”的地域分

---

① 顾小芳:《我国人口老龄化背景下老年护理的问题与对策分析》，载《中国保健营养》2013 年第 8 期。

布特征，有76%的民办养老机构位于城市，仅有24%的养老机构位于农村。在民办养老机构中，有87%以提供简单常规的生活照料为主，有10%左右以提供护理康复为主，还有3%左右以提供临终照护为主。现有养老机构中大多数能提供基本的养老照料服务。但相比我国日渐增长的老龄人口护理和服务需求，仍有非常大的需求缺口，主要体现在：我国约有3250万老年人需要不同形式的长期护理，有近200万人表示愿意接受养老机构的照料服务，但目前各类机构的医护设施大多存在短缺不全、老化严重、缺乏维护和安全性不足等问题，既有的照料条件和服务水准难以满足老年人需求。另外，老年人对心理需求和精神慰藉层面的照扶越来越在意，老年群体不单看重自然寿命的延长，更在意老龄阶段的生活质量和精神陪伴。近二十年来，我国高速城市化发展进程和城乡二元分割的体系结构，吸引了大量农村适龄劳动人口进城打工，在繁荣和丰富城市建设的同时，也不可避免地留下了大量社会伤痕，造就了近8000万空巢家庭。目前，我国2.12亿老年人中，有一半过着“空巢”生活。随着年龄增大，老年人的机体结构和生理功能会萎缩、老化，生活自理能力和身体素质也逐步下降，更容易受多种疾病的困扰。一旦出现疾病，生活上又缺乏照顾，没有子女在身边照料的老年人就会陷入异常困难的境地。特别是一些突发性老年疾病，如心肌梗塞、脑血栓、中风等，当老人独居家中突然发病时，旁边没人照顾，生命极易遭受重大威胁。另外，像广大乡村遗留下的孤寡老人，他们本身就缺乏较充分的养老经济基础，身边又无人照顾，更加迫切需要专门化养老和医疗机构的介入，以承担好养老助老的这份职责。应当借助机构力量来分担和缓解养老压力，并在精神层面上给予他们更多宽慰、理解和支持。

人才储备严重不足、专业化队伍建设有断档是养老照料在发展进阶中面临的又一大制约瓶颈。“截至2013年6月份，我国31个省、自治区和直辖市的注册护士达到290万人，医护比为10.87，每千人口有1.6名护士。”[①]单从总量和所占比来看，1998年，世界上大多数国家每千人已拥有3名护士，我国距离世界平均标准还有不小的差距。另外，参与和从事养老照料的人员还面临专业素质偏低、区域分布不平衡和社会地位低等突出问题，主要表

① 顾小芳：《我国人口老龄化背景下老年护理的问题与对策分析》，载《中国保健营养》2013年第8期。

现在:一、学历层次不高。具备老年护理专业知识的护士很少,缺乏高层次技能型专业人才,且专门针对老年护理的人员数量更为短缺。二、分布不平衡。老年护理资源多集中于大城市和大医院,广大农村和基层医院护理资源极为贫乏。三、年龄结构不合理。护理人员本身就存在较为严重的年龄老化现象,有些地方的护工平均年龄在45岁以上,受限于体力、精力,难以胜任老年护理的工作。四、性别比例失调,男性护士非常匮乏。据卫生部注册护士信息数据库统计:截至2012年5月,我国注册男护士为2.3万人,约占注册护士总数的1%。而在很多发达国家,男性护士的比例已超过了10%。在照顾老年人尤其是一些失能、半失能老人时,男性护士在性别、体力和身体耐受度等方面拥有较大优势,是养老照料的稀缺资源,而男性护士的极度匮乏又在一定程度上放大了我国养老照料人员短缺的矛盾。五、职业定位和社会认知有偏差。无论是养老服务的护理人员本身,还是社会整体认识,都把它们看作护工,是服侍、照顾老人的保姆。这种畸形、带有职业歧视的认知观严重影响了护理人员的职业晋升和更年轻血液的补充,造成养老服务护理人员后继乏人的局面,使队伍建设出现较严重的断层和空挡。

(三)照料对象出现错位,养老机构建设存在结构性失衡

养老服务的职能行使、权益保障和服务对象,决定了它的公益性和社会性。作为政府需承担的社会公共服务的重要内容,养老服务机构成立、建设和运营的核心职能应是保基本、托底线,重在兜底;主要服务对象应是"三无""五保"高龄以及失能智障和部分经济困难的特殊老年群体。但从机构发展和运行的实际情况看,由于缺乏清晰的顶层设计、强力的政策保证,很多公办机构在收住老年人时,并没有列出明确的限制性条件,既没有针对需重点保护的群体给予入住优惠和费用减免,也没有对身体、生活自理和家庭收入状况给出明确要求,造成公办养老服务机构实际接收了很多低龄、身体状况和经济基础较好的老人,无形中侵占和挤压了本应提供给重点困难群体老人的公共资源,导致公办养老机构的服务对象出现错位。另外,还有一些地方建设高档公办养老机构,这种机构所提供的服务项目、收取的资费都远远超出正常养老标准,很明显是针对高财富、高地位老年群体而准备的,是有失社会公平、有违公共服务精神的行为。

当前,我国养老照料除了面临总量上的不足外,还有"转变增长方式,平衡供需结构"的尖锐矛盾。《中国养老机构发展研究报告》反映:"目前我国

养老机构空置率较高，全国平均达到48%。我国养老机构的空置现象主要出现在农村和部分民营养老机构，48%的空置率基本真实反映了农村和民办机构的生存现状。像安徽阜阳市颍上县的70多家敬老院，总入住人数不到5000人，入住率仅有30%。”[①]很多农村敬老院都是为农村“五保”老人设置的，但面对如此高的空置率，有些地方的敬老院已决定放宽收住老人的标准。对民营养老机构来说，民间机构加入养老服务业是好事，也是推进养老市场化、社会化的重要举措。但民营机构大都存在稳定性差、收费高的问题，“像一家公办机构每月收费在1500～2000元，特殊困难群体还能根据政策享受相关减免，领取免费福利，但民营养老机构，由于要承担先期基本设施的高昂投入，收费若低于每月3000元，就很难有利润可言了”[②]，这势必将建设成本转嫁到老年人身上，使收入微薄的老人望而却步。而农村养老服务机构的冷清又反衬了城市公办养老机构的红火，尤其是医疗资源好、资金保障足、地理位置优的养老机构，出现了“一床难求”的局面。“像北京市第一社会福利院，就是一家完全由北京市政府投资兴建的福利性养老机构，这家号称‘一福’的养老院是北京市最为著名的养老机构，不仅护理人员专业、养老养护分类细致、医疗资源权威，更重要的是历史悠久且地处市区，但早在2012年，预约入住这里的老人就有上万人，按当时正常的入住频率来计算，想要住进这家养老院需要等上12年。”[③]这家火爆的养老服务机构也是当前机构养老建设上结构性失衡表现的缩影，实际揭示了我国养老照料机构有效需求和供给结构失衡的现实问题。“哑铃形”的养老服务供给格局不能真实反映养老市场的有效需求，限制了资源的正常流动，真正能适应、满足绝大多数老年人需求的中档养老机构发展迟缓、所占份额较低。这种两头大、中间小的“哑铃形”分布格局加剧了养老机构建设与资源分布的结构性矛盾。

---

① 黄小希、陈诺：《我国养老机构“冰火两重天”如何求解》，http://zt-hzrb.hangzhou.com.cn/system/2015/07/28/012940301.shtml.

② 《养老困局：公办养老院门槛太高民办的费用太贵》，http://finance.people.com.cn/n/2015/0803/c1004-27399858.html.

③ 《北京养老院生存现状调查：住不起的养老院》，载《中国经济周刊》2012年7月。

二、现行养老医疗服务制度亟待优化

现行养老医疗服务基本包括三大类型：一是单纯家庭养老的医疗服务，二是依托社区居家养老的医疗服务，三是专门性养老机构医疗服务。在这三种类型中，社区居家养老是现代养老医疗服务的核心和未来发展趋势。“它是一种以家庭为核心、以社区为依托、以专业化服务为依靠，为居住在家的老年人提供以解决日常生活困难为主要内容的社会化服务，它与社区家庭病床有共同之处，都属于医护人员深入患者家庭提供医疗服务，开展护理活动的一种模式，不同之处在于居家养老医疗服务的对象是老年人口，以满足需求和方便患者为基点，服务内容更加丰富，包括日常巡诊、慢性病干预及分层管理、双向转诊、健康咨询与个性化指导、生活护理指导、康复教育、用药指导、心理护理、临终关怀等。”①居家养老医疗服务通过个性化的医患交流空间、创新的服务形式拉近诊疗与人的距离，是一种集医学人文关怀、药物治疗与心理慰藉为一体的家庭社区居家养老的新型医疗健康服务模式。除了开展常规的巡诊治疗外，这种模式还特别强调对老年人持续的心理慰藉及健康教育，注意对患者包括家属适时进行心理疏导及健康宣讲，以便于宣传、呼吁和示范有利于老年人身心健康的生活方式。居家养老医疗服务的核心及宗旨是方便老年患者就医，减轻病痛，通过防治结合，提高老年人生活质量。因此，在社区居家养老中能够获得以健康护理为基础的专业化、综合型的医疗服务是老年人群体最集中、最急需的要求。现阶段，我国养老医疗服务面临供需资源分布失衡，专业医疗服务人员缺乏，城乡发展差异大，以及老人和社会对养老医疗服务信任度、支持度不高，没有形成正确、浓厚的认知氛围等突出问题。

（一）养老医疗服务资源存在供需失衡

老年人对医疗服务的需求量呈现逐渐增加的态势，“老年人由于生理功能、心理状况及生活自理能力等方面不同程度的下降，其健康水平普遍低于其他人群，因此对医疗服务的需求高于其他人群。同时，老年人所患疾病以

---

① 李玉敏、沈明、柳洪杰等：《浅析推行居家养老医疗服务的关键环节》，载《现代医院》2011 年第 8 期。

慢性病居多,治疗周期长,反复性强,需要接受长期医疗护理和康复服务”①。但是,我国养老医疗服务存在历史存量多、新生增量大的问题,医疗服务资源是养老机构的重要组成部分和老年人急需又离不开的主体资源,目前养老机构内的医养配置比例还比较低。“截至2014年底,我国仅有54.7%的养老机构有医疗服务设施,46.6%的养老机构有康复设施,将近一半的养老机构不具备医疗和康复设施。”②而全国老龄办在《中国城市居家养老服务研究报告》中指出,我国城市中48.5%的老年人有各种各样的养老服务需求,其中需要护理服务的占18.04%,但护理服务满足率仅为8.3%。从医疗服务资源的分配、供需角度看,老人渴望拥有资源、享受服务的愿望是极为迫切的,但现有的医养资源配比很难满足老龄人口的实际需求,供需间矛盾非常突出。

(二)养老医疗服务专业化水平低,欠缺针对养老服务的高层次医疗人员

由于养老医疗服务专业性、技术性较强,服务对象又是60岁以上的老龄人口,因此需要由经受专业培训和实操训练的医护人员来定向提供。而目前社区居家养老中医疗服务的承担主体还是医生和护士,专门从事养老医疗的服务人员数量很少,人员供需缺口大。“从医院的角度讲,为社区老年人提供医疗服务需要在医院的软硬件及人力上有较大投入,但所获的收入与成本支出不成正比,经济效益明显低于社会效益,造成许多公立医院的医务人员很少从事这项工作。”③现在为社区老年人提供专业医疗服务的通常是各个社区医疗机构的医务人员。2014年8月,北京市出台的《关于进一步推进本市养老机构和养老照料中心建设工作的通知》明确提出,要在未来一个时期加快推进“医养结合”,积极推动医疗和养老资源的有机整合。要求北京市所有新建和正在运营的养老机构、养老照料中心都要具备基本的医疗条件,下一步都要构建“医养结合”的服务模式,以满足老年人对医疗服务的基本需求。目前,国内经济发展水平高、养老业发展较规范的城市,基本都采取在养老机构或专业性照料中心内设医务室、卫生所或引入周边医

---

① 岳海玉、翟清华、刘倩:《社区居家养老医疗服务存在的问题及对策》,载《医学与社会》2013年第9期。

② 田晓佩:《我国发布首个中国养老机构发展研究报告》,http://www.zhglnb.com.cn/article_show.asp? articleid=43596.

③ 徐嘉亿、李玉敏、赵晓玲:《社区居家养老医疗服务需求分析》,载《现代医院》2011年第11期。

疗机构分支等形式，为老年人提供多种类型的医疗服务。有些规模较大、知名度和美誉度较高的养老机构，还通过采取申请独立设置康复医院、护理院、社区卫生服务站等医疗机构的形式，提升医疗服务层次。像北京市政府，鼓励自身难以独立设置医疗机构的养老机构与周边医疗机构签订合作协议，给予其政策优惠，扩大医疗资源的辐射面，更好地对接和利用医疗资源。但仅凭当前配置的社区医护人员仍无法完全满足庞大的老年人医疗需求。

目前，我国医护比仅为1.6/1000，低于世界平均水平的3/1000，这组数字还仅是针对宏观医疗资源的分配，如果单指养老医疗领域的医护比例，恐怕还要远低于这一数字。医疗养护人员严重匮乏的行业现实的背后，是养老医疗服务长期缺乏高素质、专业、规范的人才梯队建设，从业人员结构不合理，存在断层。2011年，北京市民政局、北京市人力资源和社会保障局三部门曾联合发布了《关于加强养老护理员培训管理的通知》，对养老服务机构中的护理员进行了专项培训，以增强他们的职业技能和服务水平。在总量不足的情况下，算是在质的提升上做出一些努力，但收效并不明显，现有面向养老服务的医护人员依旧远不能达到老年人对医疗服务需求的最低标准。数量上匮乏、质量上粗糙、结构上失衡，这是我国养老医疗服务在专业化队伍建设上面临的现实困境。

(三)养老医疗服务城乡发展差距大

城乡间发展差距大是养老服务领域相关问题的集中体现与典型表征，养老医疗服务领域同样也面临城乡间发展失衡、医疗服务和保障层次与水平悬殊的问题。我国居家养老医疗关爱服务网络尚未建立，医疗护理服务质量发展参差不齐。在一些规模大、人口多、养老保障基础较好的大城市，政府、社会对医疗服务的重视度高，政策导向好，投入资源多，使得这些地区的养老医疗服务有了较大起色。一些社区的医疗保健工作也开始初具规模，如建立居民健康信息档案，定期上门巡诊，开展医疗、护理及精神慰藉等服务；设立家庭病床，与社区附近的医院间建立双向转诊制度；专家走出医院到社区开展义诊、健康宣教，以及开设医疗专家咨询热线等形式，有效回应了老年人多元化的医疗服务诉求。但能满足上述情形的仅限于国内少数一线大城市和部分经济实力雄厚的地方，如全国百强县级市龙头的江苏昆山。在2015年7月份出台的《昆山市养老服务转型升级资金扶持实施办法》中，依托地方政府和企业财力的雄厚支持，很多民办养老机构不仅可获得建设补贴，还有机会从总额120万元的年度奖励资金中获得扶持。这一资金扶持办法，将民办养老院、日间照料中心以及社会组织承办的各类“虚拟养老院”整体纳入，对设置床位和收住对象的数量及对应奖励政策作出了明确规定：“床位200张以内的补贴15000元/张，床位200张以上的补贴25000元/张；养老机构签约服务对象达2000人的，每年给予10万元奖励；签约服务对象达5000人的，每年给予20万元奖励；签约服务对象达10000人的，每年给予30万元奖励。”[①]这种依托地方财政和社会注资兴办的养老机构，可有效整合社会资源，发挥示范带动效应，有利于构筑起多元化、多格局、多渠道的社会养老服务体系，给我国一些有能力效仿的地区提供了成功范例。但像昆山这样大力度投入养老服务的地区毕竟还是极个别的例子，并不具有普遍性和推而广之的意义。对于我国大多数地区来说，支持养老机构和医疗服务的财政主力就是政府，这也是众多二、三线城市尚未建构起成型的社区养老医疗服务保障体系的根本原因。同时，城乡间的发展差距则更加明显，广大乡村地区基本没有类似社区养老医疗的服务形式，少数经济基础较好的农村依托村委会开展了乡村义诊等活动。尽管部分城乡间建立了大医院定期到村巡诊的机制，但有限的医疗资源也是杯水车薪，很难从根本上填补农村老年群体对基本养老医疗服务的需求。

综上，近些年伴随老龄化程度的加深和养老压力的加重，养老医疗服务作为重要分支开始被更多人所重视，有了勃兴发展的势头。但囿于服务规模、服务质量和服务对象的认知程度等诸多方面的限制，短时间内还很难满足积极老龄化战略对健全和完善医疗服务体系，实现养老医疗服务提质增效和趋向专业化、常态化发展的形势要求。

（四）老人对社区养老医疗服务的信任度不高，社会认同氛围不足

“社区卫生服务机构作为专业的医疗机构，具有贴近居民、可及性强、防治结合、综合服务等优势，是社区居家养老的老年人接受医疗服务的首选。”[②]目前，我国一线城市和大部分二线城市的主流社区基本都设置了社区

---

① 朱新国：《昆山“民办养老”有补助，日间照料中心每年最高补贴50万》，http://news.subaonet.com/2015/0728/1528702.shtml.

② 孙亚慧、谢兴伟：《社区卫生服务机构在居家养老中服务方式的探讨》，载《中国医疗前沿》2012年第7期。

服务中心或卫生室，也经常组织医疗卫生专家开展老年人常见病的防治、健康讲座和义诊活动。同时在信息管理方面，大多数社区都配备了必要的信息网络管理设备，形成了涵盖本社区老年居民的养老服务信息管理平台，对老年人专档管理，提供养老服务信息咨询，确保个人隐私安全。但老年人对社区卫生医疗服务质量和专业化水准的信任度还比较低。据调查，有67%的受访老人表示不愿意接受社区卫生医务人员的健康管理，只有33%的老年人愿意选择社区卫生服务中心提供的医疗和护理服务。另一组数据显示，有72%的老年人对社区卫生的医疗技术和服务水平存有疑问，认为社区医务人员专业性不强、社区医疗设备配置不足和药品供应不全，身体感觉不适有就医需要时大多还会选择去大医院，而不愿第一时间问询社区医疗人员或接受医疗人员提供的服务项目。

影响养老医疗服务在老年人群体心中认可度的另一制约因素主要关涉社会氛围和服务群体支持度上。前期一些地方的社区卫生室、诊疗中心出现的误诊、小病大治或拖延病情等负面事例的曝光，一定程度上影响了老年人对社区医疗卫生机构的印象；加之无论是政府的政策制定、社会机构投资注入、优质医疗资源，都相对侧重公办医院或国内比较知名的私营民办医院，老人患病需要接受医疗诊治、身体康复时，无论是老人的心理趋向，还是家人给出的意见建议，依旧是首选大医院。社会医疗卫生机构尽管有闲置的医疗资源，也有不比大医院所逊色的仪器设备和更加舒适、便捷的就医条件，但在当前的社会氛围、服务群体的认可度和医患关系的语境下，社会医疗服务机构仍难以摆脱被忽视、冷落，遭嫌弃的命运。因此，尽快培育有利于老年人内心认同并主动接受社区养老医疗服务的保障环境和社会氛围，已是迫在眉睫。

三、现行养老法律制度建设亟待充实

法律是治国重器，是夯实我国养老服务的基础，有利于理顺各方利益关系，合理界定和厘清权力边界，为养老服务走市场化、社会化和专业化之路提供法理支持的根本依据。推进养老法律体系建设，明确适用边界和适用原则，补全缺位的法律规范，是充实社会保障政策，完善政府公共服务职能的重要手段，也是利用法律的强制性、权威性和稳定性来凝聚社会共识，培育公众信仰，适应养老刚性需求的必要取向。在养老服务、养老保障和明确

老龄人口的权利义务关系上，尽管我国制定了名目繁多的法律法规，各地也根据地方实际出台了一系列促进、规范和指导老龄工作，保护老年人权益的地方性法规及政策性文件，但尚未形成一个完整统一、广泛适用、法理关系清晰、权益界定明确、契合我国养老实情、切实对接指导实践的法律保障体系。可以说，法律在养老服务领域的规制、指引、评价、强制和教育的功能尚未得到充分体现。

(一)存在界定模糊、指向含糊的问题

当前《老年人权益保障法》中规定，只要一个人年满60周岁就能享有相应的老年人权益。此规定只是简单地界定了保护对象的范围，这种逻辑基点是老年群体具有共性的特殊权益，但实际情况却并非完全如此。老年群体是异质性很强的群体，不同群体的老年人的“需要”与“问题”也各有不同。由此，可以看出现行《老年人权益保障法》从立法角度并没有全面考虑不同老年人的差异化需求，建立在这种立法起点上的法律自然无法有效保障不同群体老年人的权益。随着老龄化问题和矛盾的发酵累积，老年人的养老服务需求日益增加，像社区日间照料中心、老年公寓、养老院、敬老院等社会化养老服务机构也大量出现。除了政府公办，民营资本的加入也对养老服务机构的发展提供了新的视角和强劲的助力。但目前我国养老社会服务仍处在以政府政策推进为主的发展阶段，法律的促进、规范和指导作用还没有得到充分发挥的空间，在某些关键环节和重要领域的立法上还有较明显的空白和缺位。由于社会养老服务标准的缺失，造成老年人自身权益无法得到有效维护，进而引发法律纠纷的事件屡见不鲜。

(二)存在政策主导、法律缺失的问题

政策主导表现在较为典型的“法律的宏观规定＋政策的细化”制度模式。现阶段我国养老服务的法制建设突出表现为政策推进的特征，即主要依靠政策推进，法制化程度不高，这点从现有的法律数量与政策数量的对比中体现得非常明显。据不完全统计，“我国现有专门老年法律1部、涉及老年人权益保障的法律23件；行政法规、规章及规范性文件约394件，其中法规和规章12件，其余全部是国务院及其部委关于老龄问题的指导意见、通知、复函、批复等带有明显政策性特点的规范性文件”[①]。现行《老年人权益保障法》规定，养老主要以依靠家庭为基础，对于社会养老服务基本关涉很少。而《社会养老服务体系建设规划》明确了社会养老服务发展方向，注重养老社会化的发展。“这些政策往往不采用‘行为模式＋法律后果’的规范形式，主要通过确立指导思想、明确方针路线、确认原则或者规定实施措施等方式引导社会主体的行为；这些政策主要依靠公共生活中的行政力量推行，较少设定社会关系紧张时的解决方案，更少有司法资源的介入。”[②]从中我们可以看到政府对社会养老事业的重视，但规划、意见等相关文件的自身效力和直接指导、服务实践的力度还有待接受验证。总体来说，社会养老服务层面的制度建设主要还是依靠政策的力量在步步推进，法律的规范、保障作用的发挥还不是非常理想，这也是包括养老服务在内的诸多社会事业当下发展的真实写照。从法理上讲，政策文件不具有立法规定的法律权威和足够的约束力，反映到实践中常常会出现政策贯彻不畅，执行不力，致使实践中效果打折扣的情况。

（三）存在责任不明、机制不全的问题

“我国现行《老年人权益保障法》对社会养老服务几乎没有涉及，只是笼统地规定老年人享有从国家、社会获得物质帮助权，在立法中也缺乏具体的量化规定。”[③]关于社会养老的法律责任规定过于宏观、概括，大而化之，缺乏具体操作性、适用性和针对性。比照高度文明的法治社会下的人权保障标准和西方发达国家的成功实践，我国对老年人等特殊群体的保障还有较为明显的差距。2011 年 12 月，国务院办公厅发布了《关于印发〈社会养老服务体系建设规划（2011～2015 年）〉的通知》，围绕党的十七大确立的“老有所养”的战略目标和十七届五中全会提出的“优先发展社会养老服务”的要求，根据《国民经济和社会发展“十二五”规划纲要》和《中国老龄事业发展“十二五”规划》的总体精神，旨在通过政策规范加速养老服务体系建设和实施进程。随后各地相继高频率出台了各类社会养老政策，较好地回应了现实需

① 崔卓兰、赵静波：《我国老龄社会的法律制度及其法律对策》，载《吉林大学社会科学学报》2011 年第 3 期。

② 冯威：《老年人社会优待政策法治化》，载《老龄社会法律应对与老年人权益保障立法学术研讨会论文集》，2011 年。

③ 王汝洋：《我国社会养老服务法律问题研究》，山东大学硕士学位论文，2012 年，第 21 页。

求。但这也只停留在政策引导的层面，并没有形成责任分工清晰、责任主体明确的法律实施机制。大多数地方法规和政策规定只是笼统地规定了社会养老服务体系建设的保障措施，单方面强调“加强领导，加大投入，强化督查，营造氛围”。只有江苏省出台了《省政府关于加快构建社会养老服务体系实施意见责任分解方案的通知》，并以此为依据进一步明确了加大投入的经费来源。《江苏省政府关于加快构建社会养老服务体系的实施意见》中规定，各级人民政府要建立社会养老服务事业发展的财政保障机制，并提出在未来三年要投入6亿元资金用于社会养老服务体系建设；同时探索了福利彩票、慈善捐赠等多元化的投入机制。由此可见，社会养老体系的法律制度建设还处在试错、纠正和摸索的阶段，地方差异和主观随意性还比较大，整个体系的建设具有较强的政策推动性和不确定性。诚然，各地经济社会发展程度、养老压力和财政收入状况都有差异，但对于社会养老服务的法律建设还是应该遵循和建立在一定的通识和标准之上，在这个起点上再根据地方实际进行创新发展和机制完善。

（四）存在对政府、社会和市场三方关系法律规范不清的问题

我国目前要构建的养老服务和保障模式，应是以政府为支撑，以社会为依托，充分发挥市场机制优势的新型模式，必须贯穿和体现法律精神，用法的思维、方式和手段加以确认和规范。从现行法律建设实际看，还存在对政府、社会和市场三方在参与养老服务中的法律责任、主体意识和自身角色缺乏规范的问题，造成三者在实践中经常越位、缺位、错位，致使政府在不该管控的领域伸了手，社会力量参与养老服务缺乏必要的整合，市场机制在调节资源流动、满足差异选择等方面的优势无从发挥。

对于政府，法律应首先明确它的角色定位，它必须履行好托底、扶助、引导和监管的职能。比如，“对于条件合适的老人给予最低保障，法律应明确地方政府有提供福利性养老服务，保证最广大的老年人群能够安享晚年的义务，同时，还要确认家庭和个人应该承担相应的养老义务”①。家庭能够给予老人的精神安慰和满足是无法取代的，所以家庭承担起赡养老人的义务不仅是“爱老、敬老”的美好私德，也是一种公德，是对社会的正面回报。养

① 李中秋：《中国人口老龄化背景下的多元化养老模式研究》，西南财经大学硕士学位论文，2013年，第63～64页。

老不仅是老人要享受的权利，更是一种义务，子女和老人自己都要承担一定的养老责任，这方面就需要从法律上对这种义务予以进一步明确。同时，对养老机构的发展，尤其是近年来随着民营养老机构的蓬勃发展，越来越多小型化、专业化、连锁化的养老机构产生，对行业准入机制的建立、修订和完善，对各类养老机构运营行为的监管和其提供服务的品质，都需要政府的适时跟进和全程监督，以保障老年人权益免受侵害。对于社会力量，尤其是依托家庭的社区养老，法律制度也应出台约束利益相关方行为的硬性规范。如在新建小区的审批中，应该根据小区面向的居住群体，设计适度规模的社区养老服务机构。目前，很多城市的新建小区大都集中于城郊，距离市区较远，周围基础设施建设相对滞后。有些郊区养老机构将老人圈养起来，使他们脱离原有生活圈，甚至割裂了他们与其他年龄层人群的交往，这都有违养老保障的本义。从国际通例来看，无论是从养老机构的运营管理上，还是从服务对象的满意度、舒适度上考虑，养老机构的规模并非越大越好，合理控制养老机构的建设规模很有必要。要把从养老机构从摊煎饼式的做大向挖掘内涵式做强、做精的方向转变，完善配套设施，使老年人足不出户就能享受到养老基本服务。在此方面，日本的《老年人福利法》就明确规定，小区建设必须配套老年日常保健、日托所、老年餐饮等服务设施。除此之外，社会力量加入养老领域，是应对老龄化危机的重要补充，也是未来老龄化社会重要的发展趋势。法律制度建设应与时俱进，尽快承认并赋予社会力量在养老服务中的合理位置，以释放社会资本的活力。对市场在养老保障中的作用，法律应对其持鼓励认可的态度；充分发挥市场在配置资源方面的基础性作用，用市场的杠杆撬动、激发养老服务业的良性竞争，推动养老资源的良性更替；利用市场这只“看不见的手”实现完全、充分竞争，把该由市场调节的大胆交给市场，推进优胜劣汰，以提升养老服务的品质。而这些方面都需要借助规范性立法予以确认和固化。

第四节　困难与挑战：积极老龄化保障体系不完善

“保障”是积极老龄化三大支柱的重要一环，也是维护老年人合法权益，促进老年人身心健康，引领老年人社会参与，推动老年银发产业建设的根本落脚点，可以说是达成“健康”“参与”的先决条件和必备要素。审视我国积极老龄化的保障体系建设，在保障水平、服务对象、惠及层次等方面，还存在一些比较突出的问题。像城乡间、群体间老龄化发展差异大，缺乏资金保障和政策扶持，以及在社会参与、志愿服务、银发产业等涉及老年人自身价值实现的层面暴露出的机制建设残缺、政策指导作用差、法制保障疲软虚置等问题，集中显现出我国积极老龄化保障体系的现实通病。亟待在对保障体系归纳、梳理、反思的基础上，通过学理升华和实践沉淀，探求实现老龄化健康蓬勃发展的保障体系完善进阶之路径。

一、缺乏有区别的城乡养老保障体系建设

当前制约和阻碍我国养老保障体系发展的最直观、最显性因素，也是在养老保障范畴内问题表征最明显的就是城乡差异大，发展严重失衡。因此，统筹城乡协调发展，尽快建立覆盖城乡、公平合理、适度普惠的养老保障体系是我国推进老龄化进程、提升应对老龄社会能力的中心环节。影响社会和谐的要点主要集中在制度的公平公正，对个人、群体利益分配和保障的力度等方面。解决人口老龄化和完善养老保障体系的诸多问题，需要重点关注、统筹考虑城乡差异，并以细化分割的视角发现城乡经济基础、保障条件、思维观念和利益诉求的差别，建立起针对性、适用性和操作性强的养老保障模式，形成符合城乡实际，贴近老年人需求，有特色、有区别、适用性强的城乡养老保障体系。这是调和城乡发展差距、突破城乡发展瓶颈、扭转广受诟病的城乡养老保障体系的科学路径。

由于我国长期以来实行城乡分割，存在户籍制度的樊篱，以及在此基础上衍生的二元社会格局，养老保障制度的发展受困于城乡发展的体制鸿沟。近年来，城乡发展差距越拉越大，城乡民众享有的福利待遇、社会保障差别很大，有些甚至酿成群体性事件，造成了社会的不稳定和矛盾的白热化。这些因素显然都不利于稳步、充分、有序地应对人口老龄化挑战和推进积极老龄化战略。

（一）尚未解决城乡间养老保障制度衔接和全面覆盖的问题

城乡间养老保障制度现阶段面临的一大突出问题，表现为保障的多轨制和碎片化。多轨制根据城乡分布、成员岗位和身份差异可大体划分为以下五种模式：一是面向在职职工的城镇职工基本养老保险；二是面向城镇非固定就业等人群的城居保；三是面向农村居民的新农保；四是事业单位职工

养老保险制度；五是公务员养老保险制度。多轨制、碎片化的保障模式凸显了各类保障制度间缺乏衔接、保障主体间没有呼应的缺点，保障效果上缺乏保证，这一点在养老保险领域体现得尤其明显。长期以来，养老保险的缴付、支取和享有权存有很明显的城乡区域间和主体身份上的差异，职工养老保险与城乡居民保险间的差异，以及保障主体在所属区域变更后相关待遇的接续，这些因素都日益成为阻碍人员流动、资源配置和城乡统筹的显性障碍，也是养老保障改革向深水区迈进必须突破的瓶颈。2015 年 7 月 1 日，《城乡养老保险制度衔接暂行办法》正式实施，据不完全统计，全国将有近 8.5 亿人参加养老保险（城镇职工 3.4 亿，城乡居民 5.1 亿）并从中受益。这一暂行办法的实施主要解决的是上文提及五种模式中第二种和第三种的改革并轨，就是调整和改进城乡养老保险现存的断层断档的问题。它旨在通过制度建设在城乡间架起连接桥梁，促进城乡养老保障向着均等普惠、注重公平、抑高提低的方向转变，同时进一步加快人才的合理流转和社会保障城乡一体化的步伐。“暂行办法重点解决跨制度衔接问题，那就是职工养老保险与城乡居保之间的衔接，流动情形是‘多维’的，具体到参保人，可能在同一时间或不同时段，既有地区间的流动，又有制度间的跨越，因而衔接政策的实施难度比单一制度内转续要大得多。此次办法的出台明确了参保人员无论如何流动，其个人账户都要随之转移并累加计算基本养老保险待遇，根据唯一性的原则，规定对重复参保缴费予以清退，对重复领取待遇的清理后只保留一种待遇。”①

除了制度衔接上存在难以充分考虑地域差异和人员流动现实的问题，制度保障在覆盖面和保障对象上也有“未惠及最该享有保障对象”的机制顽疾。衡量养老保障制度是否涵盖基本、健全完善、运行良好的最重要标准，就看对经济困难、生活困窘的最底层民众的保障与支持水平，是否能让这一特殊困难群体真正从中受益，发挥保障制度的救济扶助和促进公平的机制职能。我国现行的养老保障制度，尽管基本实现了对相关人员的全覆盖，但在保障层次、服务水平和因保障所引发的生活改变和社会效应上看，仍有非常明显的差距。存在部分家庭经济条件好、身体健康、养老有保障的适龄老

① 《架起城乡养老保险制度之间的桥梁——城乡养老保险制度衔接办法即将实施》，http://news.tuxi.com.cn/stocksuhnews/satnajtm/naaejpjtt.html.

人领取高昂养老金的问题；而对城乡中的“五保户”、城市下岗职工、低保居民和农村中的孤寡老人、空巢老年家庭等应予以重点扶持和关照的对象，却仅满足于提供最基本的养老保障金。但目前养老保障中最为重要的问题是：通过社会统筹和制度提升养老服务综合保障水平的作用无从发挥，限制了养老资源由高向低、由多至寡的合理流动。因此，即便是目前被纳入养老保障制度范畴的一些群体，也是褊狭的覆盖，仍未充分享有制度保障应蕴含的“救贫、减压、助老”的机制优势。

（二）尚未完全建立覆盖城乡的养老保险保障体系

2011 年 7 月实施的《社会保险法》对建立和完善我国社会保障制度，提高养老保障水平发挥了积极作用，是我国在建立覆盖城乡的社会养老保障体系上迈出的关键一步。但由于此项法规的出台旨在将重点放在照顾低收入群体、扩大保障覆盖面上，保障的水平仍然很低，每月 55 元的基础养老金显然不能完全适应老龄社会发展的需要。单凭领取这部分养老金，老年人无法实现养老的经济独立，还要面临向子女伸手要赡养费、依靠子女给予经济援助的境况。“截至当年 9 月底，全国所有县级行政区全部开展了新型农村和城镇居民社会养老保险工作，城乡居民参保总人数 4.49 亿，其中 1.24 亿城乡居民按月领取养老金。这标志着我国已基本实现了新型农村和城镇居民社会养老保险制度的全覆盖，加上企业职工养老保险，覆盖我国城乡居民的社会养老保障体系基本建立。”①这是 2012 年 10 月 25 日人力资源和社会保障部向社会透露的信息。这一官方表态表明，我国养老保障体系步入了新阶段，起码从覆盖面和保障对象的数量上实现了全覆盖。但根据 2012 年中国社科院发布的《社会蓝皮书》显示：2012 年，我国城镇居民社会养老保险和新型农村社会养老保险的参保率均呈上升趋势，其中城镇职工人均养老金水平已达 2.09 万元，新农保为 859.15 元，两者相差 24 倍之多，城乡间在养老保障的基础水平上存有难以逾越的鸿沟。目前建立起的新型农村合作医疗还存在保险覆盖面窄、保障水平偏低的难题，是典型的低水平、不全面、发展非常不均衡的城乡养老保障体系。此体系严重阻碍了均衡普惠、公平合理的保障体系向纵深层面的构建完善。因此，在建立和完善养老保险

---

① 《我国基本建立覆盖城乡的社会养老保障体系》，http://news.xinhuanet.com/fortune/2012-10/25/c_113496196.htm.

和医疗保险等制度的同时，要在“保基本，惠全民，调结构，促增长”的宏观思路下不断提高养老保障水平，尽快缩小城乡与地区间的保障差距。目前，机关事业单位正在进行的养老金改革，打破了长期被诟病的“养老双轨制”，是促进社会公平、实现均等化保障的重要体现，为接下来继续深入破除户籍制度樊篱，弥合与填补城乡间的巨大差异作出了积极探索。

（三）户籍制度和城乡经济差距制约养老保障公平性的实现

“建立统一的城乡居民养老保险制度体系是落实十八届三中全会中城乡一体化的重要举措，也是户籍制度改革和建立统一的劳动力市场的配套政策之一。”2009 年下半年，国务院决定开展新型农村社会养老保险试点；2011 年，启动城镇居民社会养老保险试点；2012 年，在全国所有县级行政区全面开展新农保和城居保工作。实际两种保险并无太大的实质差别，新农保早于城居保两年实施，也没有太大必要，反而占用和消耗了更多社会资源，人为地给城乡间人员流动造成不便，将二者合并统轨也是水到渠成的事情。另外，将两项制度合并是经办机构和信息系统的合并，并不直接导致参保人待遇的变化。但随着中央转移支付政策的进一步明确，一些经济欠发达、养老保障较薄弱地区的参保人可能会从中受益更多，养老保险金会有一定幅度的提高。现行户籍制度的城乡分立，农村人口到城市落户难、迁移难和养老金、养老保险及其他基本公共服务难以接续的问题，直接限制了城乡养老保障的公平化、均等化和普惠化，严重制约了城乡人员的合理流动、规范有序的迁移，这种制度壁垒进一步拉大了城乡养老保障的发展差距和享有水平。

2014 年 7 月 30 日，国务院印发了《关于进一步推进户籍制度改革的意见》，提出要坚持统筹配套，提供基本保障的原则，统筹推进户籍制度改革和基本公共服务均等化，不断扩大包括养老、医疗、住房保障等在内的城镇基本公共服务覆盖面。其中重点提出要将农村参加的养老保险和医疗保险规范接入城镇社会保障体系，整合城乡居民基本医疗保险制度，提高统筹层次，实现基础养老金全国统筹，加快实施统一的城乡居民基本养老保险制度。落实城镇职工基本养老保险关系转移接续政策，加快建立覆盖城乡的社会养老服务体系,促进基本养老服务均等化。[①] 随后,相继有江苏、山东、广东、辽宁等20个省级"地方版"户籍制度改革方案出台,其他地区也陆续推出了一些市级层面的推进意见。梳理这些已出台的政策文件,可以从中总结出了一个基本规律,那就是几乎所有省份都把建立居住证制度作为破除城乡樊篱的强力抓手和破冰解题的开端。2014年12月,国务院法制办向社会公开征求意见的《居住证管理办法(征求意见稿)》规定:"居住证持有人可与当地户籍人口享受同等的免费接受义务教育、平等劳动就业等基本公共服务,并可逐步享受同等的就业扶持、住房保障、养老服务、社会福利、随迁子女在当地参加中考和高考的资格等权利。"[②]这种以居住证制度为依托的户籍管理模式,是符合社会发展和人口流动方向的创新和探索,它有利于外来人员与城镇居民逐步实现平等权,意味着城市户口在养老保障等公共服务方面所享有的特权和高待遇将逐渐淡化、减弱以致最终消失,城镇居民和外来人员之间的权利鸿沟将逐步填平,从而促进更好地体现保障基本、突出公平的工作原则。从"暂住"到"居住",一字之差隐含的意味和促进社会公平的意义却是有里程碑标志的重大跨越。建立符合我国人口迁徙现状和城镇化发展格局的居住证制度,有利于让这些常年漂泊在城市,坚守在平凡岗位上付出奉献的外来人口平稳落脚,能与城市居民享受同样的养老保障水平,这是熨平城乡差距,实现政策调整上下耦合,推动户籍制度改革全面实施的重要一步。新的改革意见实施一年来,在顶层设计的推动下,户籍制度改革出现了一些新气象、新变化。尤其在外来人口较为集中的北京、上海、广东等城市,运作较为成熟的"积分落户制"的积极效应已逐渐显现,且在缴纳社会保险年份和对高校毕业生、技工、留学回国人员的落户政策等方面都有放宽。以户籍制度改革为切入点,成功促动了城乡养老保障向一体化、均等化方向稳步发展。

城乡间经济发展差距对养老保障公平性的影响主要表现在两方面:一方面,我国现行的新农保和城居保制度本质上都是带有个人储蓄性质的政府法定养老保险。二者唯一不同的是,相比城居保,新农保多了集体补助部

---

① 参见《国务院关于进一步推进户籍制度改革的意见》,http://ha.people.com.cn/n/2014/0731/c351638-21834797.html.

② 潘洪其:《户籍制度改革"钱"从何来》,http://news.ifeng.com/a/20150529/43861316_0.shtml.

分,但中国绝大部分地区的村集体都受限于经济发展而无多余的资金进行补助。另外,新农保的给付待遇与各地经济财力直接挂钩,像我国东部沿海等经济发达地区每月或可补助两三百元,而一部分经济发展欠缺后劲、缺乏支柱产业的地区,则只能依靠中央财政转移支付的再分配而使其基础养老金水平能略有提升。例如,山西省晋中市的农民袁某参加的是新农保,2014年春节前拿到了上一年全年的养老金780元,比2012年增加了120元,每月养老金从55元涨到了65元;而生活在30公里之外的太原市民李某参加的是城居保,她也拿到了她的全年养老金1320元,每月110元。两个人同属山西省,其实际领取养老金的差异,最直观地反映出城乡间经济发展和财力支持上的差异。以此推断,在国内其他地区,领取养老金的主体差距会更加明显。另一方面,由于新农保和城居保都具有个人储蓄这一特征,因此缴费标准的高低会直接决定领取水平。新农保规定,农民的缴费标准是每人每年100～500元,城居保的缴费标准是每人每年100～1000元,二者都人为限定了缴费的最高额度。政策初衷是希望通过规定缴费上限来调节城乡间可能出现的较悬殊的养老保险缴费差异,进而保障养老服务在普惠、公平可控的范围内运行。但实践中,却因城乡居民间客观存在的经济能力差距而一定程度上破坏了养老保障的公平性。

二、缺乏强有力的养老政策与资金保障体系建设

(一)养老政策的扶持力度孱弱

1. 政策针对性和适用性差,机构养老发展寻求突破

随着我国老龄人口数量的激增和老龄化趋势的日益深化,为了弥补公办性质养老院的不足,满足老年人多元化养老需求,国家先后出台了多项优惠政策,鼓励、引导和规范民间资本进入养老服务业领域,例如前期施行的“民办非营利组织兴办养老院实行减免税费、床位补贴”等措施。但从实际执行看,现有的政策支持力度还不够,基本都存在针对性、适用性不强,与实际情况脱节的突出问题;尤其在政策对养老机构发展的支持、引导和规范等方面,更成为机构养老亟待正视和调整的重点,各地民办养老机构的发展都不同程度地面临政策扶持落实不到位、支持力度弱的困境。由于对民办养老服务机构日常水、电、暖等费用没有具体的优惠规定,日常运行中经常出现既有按照民用标准交费,也有按照商用标准交费的混乱现象。民办养老

机构生存环境恶劣，无法与公办养老机构实现公平竞争。总体上看，社会养老政策的宣示意义远大于实际效果，社会养老政策存在口惠而实不至的弊病，政策落实和执行的效果既不与养老服务社会化的改革趋向相吻合，也不利于老龄事业的长远发展。目前，我国养老服务机构的规划和建设、市场准入和分类管理等问题都缺乏明确的政策规定和行业规范，存在分布和发展严重不均衡的问题。少数由政府出资，设备、人员和环境都较为理想的养老机构供不应求，导致政府开办的养老机构人满为患。但其一定时间内能提供的床位、服务和容纳的老年人都是固定的，这种样板式的养老服务机构还远不能满足老年人不断膨胀的实际需求。公办机构的火热映衬的是大多民办机构的冷清。据调查，有超过 60%的民办机构都存在床位空置率高、入住率偏低的问题。这部分养老机构由于缺乏必要的优惠政策，收费较高，服务对象较窄狭，多数老年人单靠退休金无力承担。部分民营性质的养老机构还存在稳定性差，随意性强，养老机构的资金支持与企业效益相挂钩的现象。一旦企业发展不景气，作为不产生直接经济效益的养老机构很可能会首当其冲，面临被抛弃的生存风险。这就需要政府进一步提升政策补贴和支持力度，降低门槛，简化手续，在贷款融资方面放宽条件；政府对企业、民间资本、社会力量兴办的养老服务业应给予一定的政策优惠和资金补贴，给其盈利空间，让社会组织在参与养老事业的过程中尝到甜头，方便吸引、汇聚更多资源争相加入。同时，养老服务机构自身也要注意提升服务品质，保证服务质量，建立和完善老年用户体验和评价机制，从而不断提高老年受众的幸福感、满足感和愉悦感。

这些影响养老机构健康、持续发展的机制障碍和棘手难题，都属于应由政策去调整、整合和优化的范畴，需要尽快制定和出台针对性、适用性和操作性强，真正接地气、见实效、多惠及老年人的好政策，为养老机构突破瓶颈，找到解决问题的路径提供强有力的政策支撑。

2. 缺乏政策协作与配合，优惠政策难以落地

老年人对社区服务、养老设施、生活照料、老年用品、老年旅游等总需求量呈迅速增长趋势，但是，目前乃至今后相当长的一段时期内，老年人能够向养老机构支付的费用却十分有限。由于民办养老服务机构的服务人员工资自理，房屋设施自建，设备自筹，它们与政府兴办的养老服务机构相比具有先天不足的特点，既缺乏政府和社会组织的资助和扶持，也没有建构起利

于养老服务的外部环境，民办的养老服务机构在实际运营中往往会遇到比公办机构更多的问题和困难。上文描述的情况，现实中大多数民办养老服务机构在实际运作中都遇到过。企业拿着国家的优惠政策向当地政府申请税费、水费、电费、电话安装费、车辆使用费等一揽子环节的资金减免，却往往因为国家对其身份的定位不明确而无法享受相关优惠。因缺乏明确的政策界定和归口管理，国家无法认定它是否属于福利企业，而把它们统统认定为社会一般企业或营利单位，因此拒绝给予其必要的政策优惠。这一做法使这些机构的行业性质和主体地位变得异常尴尬。这不仅仅是政府的优惠政策没有落到实处，更是简单草率的“政策暴力”，严重阻碍了民间资本和力量的勃兴发展。同时，也显现出政府、社会对民办养老服务机构的认识还存在一些误区，并没有把民办养老服务设施看成是社会福利机构而给其同等或力度更大的政策倾斜，这无疑是对养老机构走向市场化、社会化和职业化的一种戕害。老龄产业的发展不是单一孤立的，它是一个紧密咬合、上下衔接、相互呼应的产业链条，涉及国民经济的各个行业，包含生产、流通经营、消费等各个环节，涉及工商、民政、老龄委员会、财政、劳动、社会保障、计委、国税、地税、物价、银行等许多部门。目前，因为受困于“上有政策，下有对策”的畸形化、异质型的变通式执行和职能部门的各自为政，政策间缺乏衔接、协作与配合，使诸多本来指向明确、规定清晰、权责合理的政策在贯彻执行中难以落地，这给费用征收、银行贷款、财政资金支持和社会企业、个人兴办老龄产业投资审批带来不便。投资者在兴办养老服务机构、投身养老保障活动和提供社会化支持时，也同样因优惠政策难以落实而在财税、金融、地税、信贷等方面很难得到强力支持，给养老事业的发展增加了不小的阻力。

3. 部分普惠制的老年优待政策缺乏效率

在保障老年人权益，激发养老市场活力和促进养老服务科学、规范、有序发展的进程中，在一定语境下，政策总是服务于特定群体的规范性表述。长期以来，关涉养老保障的政策规定多是补缺型的，体现于夯基筑底、保障基本、弥补不足等方面。但伴随社会经济发展和日益加快的老龄化演化速度，政策规定应逐步由“补缺型”向“适度普惠型”方向转变。所谓“适度普惠型”，即指在优先解决城乡“三无”老人、“五保”老人、孤寡儿童、残疾人等特殊困难群体的基本保障问题的基础上，拓展保障范围，建立覆盖群体外延更广阔、内涵更丰富、指向更清晰、执行更坚决的新型政策保障模式。在老年人权益保护和促动养老保障新格局形成方面,"十二五"期间,我国很多省份都根据自身经济发展实际,相继出台了政策调整的实施方案。如江苏省民政厅就明确提出,要在全省构建普惠型老年福利体系,符合条件的80周岁及以上老人,均可享受"尊老金"保障待遇。在传统社保领域正常享受"养老金"的基础上,另设"尊老金"。它体现了社会对老龄群体的特殊关爱,也是政策保障由"补缺型"向"适度普惠型"进化的实例①,是社会发展和更为有效应对老龄社会的必然趋势。但"尊老金领取完全以年龄为区分标准"的政策规定,使这项以惠民、便民为初衷的政策反而失去了效率,易使福利叠加在边际效应递减规律的影响下出现异化。效率与公平作为衡量政策科学化、可行性的重要标准,应是二者并重、不可偏颇的。如果过分侧重保证公平,则会使政策保障的效率属性严重受损,同样也无法体现政策保障的最优效果。这一政策给予80周岁及以上老人同等额度的尊老金,虽然从保障水准上体现了公平公正,但对离退休老干部、高级知识分子和普通农民来说,领取这份尊老金对双方生活和其所产生的社会效应来说却迥然不同。这也是政策在执行中必须要重点关注和考虑的制约因素。

(二)养老资金面临市场化重组考验

1. 养老金空账规模庞大,资金储备亏空严重

养老金空账规模大,资金储备不足、亏空严重是各国在应对老龄化危机中普遍会遭遇的一大难题,我国也不例外。"2010年中国养老金空账规模达到惊人的1.3万亿元,中国养老金账户投资的收益率不到2%,面对高于收益率的CPI,形成了福利的巨大损失。"②如果现在依旧坐视不管,不果断采取有效措施及时介入,而任由这种趋势发展,未来很可能导致社保基金的亏空越来越大,资金的历史欠账更多,甚至可能造成更加严重的国家财政赤字,进而引发社会动荡,激化社会矛盾,影响国家稳定。因此,养老金的问题不单是一个简单的资金问题,更是不容忽视的社会问题。

目前,劳动和社会保障部透露,在退休人员每年以6%的速度递增的情

---

① 参见《关于印发江苏省"十二五"基本公共服务体系规划的通知》,http://www.js.gov.cn/jszfxxgk/sylm/szfgb/2013/201321/szfbgtwj_4201/201309/t20130926_400778.html.

② 《中国养老金空账约1.3万亿,专家称学习拉美不成功》,http://gongyi.people.eom.e可GB/1213797.

况下，养老保险个人账户空账以每年1000亿元的规模增加；与此同时，目前我国80%以上的劳动者基本没有养老保险。据统计，1980年，在职职工与退休人员的供养比是13∶1；而到2003年，这个比例已经变成3∶1；预计到2020年，领取养老金的退休者将超过1亿人，供养比例将达到2.5∶1。[①]应对人口老龄化必然要以较为充足的资金储备作为先决条件和基础保障，这自然给每个在职职工缴纳养老金带来更大压力，意味着他们所要承担的医疗责任越来越大。反映在医疗保险基金上，就是在职职工需要负担的离退休老人的医疗费用越来越多。随着老龄化进程的不断加快，在职职工与离退休职工的比例由1980年的4.63变为2003年的1.4，原先的1名离退休人员由4.63个职工供养已降低为1.4个职工供养。表3-6还揭示出在职职工人数绝对下降的一个客观现实，即从1980年的446.92万人下降到了2003年的358.59万人，下降了约1/4。而与此同时，离退休人数却是在绝对增长的，从1980年的96.47万人增长到2003年的254.57万人，23年间增长了近3倍。

表3-6　2004～2020年上海市人口赡养率预测表

年份	2004	2005	2006	2007	2008	2009	2010	2011	2012
赡养率	0.71	0.72	0.73	0.73	0.74	0.74	0.75	0.75	0.76
年份	2013	2014	2015	2016	2017	2018	2019	2020	—
赡养率	0.76	0.77	0.78	0.78	0.79	0.79	0.80	—	—

表3-6反映了上海市2004～2020年人口赡养率发展的预测趋势，从中可推测人口赡养率在未来十五年内大致的演变状态。人口赡养率是另一个可以表征养老金保障的重要参数。从该角度分析，能够从在职职工与离退休职工的比例中更为深入地透视我国在养老保障金方面面临的掣肘。人口赡养率是个比例概念，即人口赡养率＝离退休职工人数/在职职工人数。以上海市为分析样本，在该市第五次人口普查老龄数据的基础上，可推断出在2004～2020年60岁以上的户籍老年人将从259万人增长到467万人，年均

① 参见任季萍：《人口老龄化问题：挑战及其应对》，载《理论探索》2009年第1期。

增长率为4%。而上海在职职工人数的增长是由可提供的工作岗位所决定，在未来十五年内工作岗位数将维持现状或下降1%。由此推算，2005年的人口赡养率为：{0.71×(1+4%)+1×(1+0.0%)}/(1+0.71)=1.01。依此类推，2015年人口赡养率为0.77，到2020年将达到0.80。人口赡养率的持续走高预示着养老保障金压力的不断攀升。

2. 养老金统筹面临层次低、比例不合适及贬值的风险

(1)资金统筹层次偏低。国务院颁布的《社会保险费征缴暂行条例》要求："各省、自治区、直辖市人民政府有权自行制定缴费率"，其初衷在于保持政策的灵活性，以便各地结合实际情况因地制宜。但是这一政策客观上造成养老保障统筹层次偏低。目前全国只有少数省份实现或基本实现了养老保险的省级统筹，其他保障项目主要还是县市级统筹。资金筹集比例各地间也有很大差别，且养老保障资金统筹标准的不统一，有违社会保障确立的互助共济、实现社会公正的原则。尽管从全国范围看，养老保障基金累积节余在不断增长，但我国2/3以上的省区收不抵支，形成了基本遍布全国的养老支付危机，没有做到从资金的源头管理上体现和维护公平公正。

(2)资金筹措比例不合理。企业单位的养老保障资金主要来源于企业和劳动者。其中，"企业担负着筹资的大部分责任，要支付员工工资总额的20%作为员工的养老保险基金，加上其他的强制性保险项目，企业缴款达到了职工工资的28%左右，职工个人要承担工资收入的8%。实际上，企业负担了养老保险资金的72%，个人只负担了28%"①。如此高的企业缴费率使企业的劳动成本大幅度提高，养老金支出负担增加严重制约了企业的竞争力。与之相关的另一个问题是，"养老保险基金的空账问题迟迟没有解决，具体来说我国是在1997年才开始建立企业职工的养老保险基金制度的，过去由政府和企业承担的职工养老保险由此全部移交给社保机构负责，退休老职工的养老金要保证按时发放，于是社保机构只能现收现付，拆东墙补西墙，致使养老保险基金空账运行"②。伴随中国老龄化进程的加快和老龄人口数量的激增，养老保险金支付面临的现实风险会越来越大。

(3)养老基金保值增值面临贬值风险。在基本养老保险基金的管理和

① 孙毅：《济南市老年人社会养老问题研究》，山东师范大学硕士学位论文，2010年，第6页。

② 蒋子恒：《积极老龄化理论及对策研究》，西南财经大学硕士学位论文，2011年。

使用方面,有明确的政策文件规定:“基本养老保险基金实行收支两条线管理,要保证专款专用,全部用于职工养老保险。基金结余额,除预留相当于两个月的支付费用外,应全部购买国家债券和存入专户,严格禁止投入其他金融和经营性事业。”①尽管2001年12月13日财政部、劳动和社会保障部联合发布了《全国社会保障基金投资管理暂行办法》,允许全国社保基金适当投资于证券、股票,其比例不得高于40%。但是该办法中所称的“全国社会保障基金”是指由国有股减持划入资金及股权资产、中央财政拨入资金、经国务院批准以其他方式筹集的资金及其投资收益形成的由中央政府集中的社会保障基金,并不包括由企业和个人缴纳的社会保障基金。这一政策规定注意保障了社会保障基金的安全性和稳定性,在政策的天平上向此方向侧重,而忽略了资金本身天然具有的收益性。养老保障基金的增值是养老保障基金筹措的一个重要渠道,而按照现行规定和政策规划路径,扣除通货膨胀因素,养老金无法实现增值,且随时要面临贬值跳水的风险。

3. 企业年金发展不力,未起到减缓养老金体系保障压力的作用

“企业年金制度”在西方实施多年,作为能有效应对人口老龄化,切实减缓财政负担和完善养老金体系的重要制度被西方多国所推崇,但在我国却发展迟缓,举步维艰。主要原因还在于税收优惠的力度不够,企业自主积极性不高。从目前情况看,建立企业年金的大多局限于实力雄厚的大型国企或垄断性行业。他们依托强大的经济基础和政府政策、资金和相关退税支持,可为员工建立企业年金。员工退休时能一次性从单位支取几十年积累下的一笔丰厚收入,对于提升他们退休后的生活质量,减缓养老压力起到了积极作用。但类似这样的企业年金模式在我国还并不普遍。绝大多数劳动者享受不到这样的福利保障,再加上机关事业单位以往长期奉行的是个人不缴纳养老保险,退休后待遇由国家财政负担,实际说到底是转嫁到纳税人身上的这种双轨制运行模式,使养老金的筹集、缴存和支取等环节存在难以回避的制度缺陷。改革开放三十多年来,在市场化优胜劣汰的浪潮中,很多经营不善的企业不得不采取买断工龄、强制提前退休等方式使员工离职待业,这期间他们的养老金缴存便不可避免地存在缴纳不及时、额度低、保障

① 《关于建立统一的企业职工基本养老保险制度的决定》,http://www.tyldbz.gov.cn/web/policies/viewpolicies.jsp?id=359.

水平差的问题，又在一定程度上加大了我国财政社会保障支出的压力。目前，我国建立起的社会养老保险，只是为了保证退休人群的基本生活水平，保障层次偏低，标准不高。如果单纯强调提高养老保险的给付水平，首先，政府无法确定所有人的养老金需求；其次，养老金越高，缴费也就越多，这就会造成过大的税收楔子，从而降低总体福利水平。因此，应将企业年金作为补充手段，以满足不同收入和消费层次的老年人的选择需求。考虑我国养老保险的发展现状和养老金面临的真实压力，尽快构建、完善和延伸企业年金制度，实在极有必要。从国外实践经验来看，企业年金的推行是否顺畅、成功，主要取决于政府给予企业税收优惠政策的落实。只有坚定不移地推行企业年金税收优惠政策，让企业看到政府的魄力、决心和投入，才能激发企业及个人参与企业年金计划的热情，才能最有效地促进企业年金的发展。目前我国社会保障支出累积的庞大存量和飞速增长的新生增量，二者叠加交织所形成的财政负担已压得政府财政缓不过气来。而企业年金计划的出台恰好是解决该问题的良策，能有效减轻政府财政压力，更加充分地应对积极老龄化的挑战和风险，也是补强和充实养老金保障体系的关键举措。因此，创造条件，为发展企业年金提供法规保障、政策支持和宽松的社会环境，将是现阶段和未来很长一段时期，我国应对老龄化繁重的社保和财政压力所必须作出的选择。

三、缺乏健全的老年志愿服务保障体系

“老年志愿服务是城市离退休老年人从原工作单位回归常住社区，继续参与社区内的各项事务，重新建立起新的社会关系，不与社会脱离联系的行为，并且是出于老年人发挥余热、相互扶助和价值自我实现等动机，自觉自愿地通过参加志愿服务活动来无偿、义务地贡献自己的时间、知识、技能和经验等。”[①]老年人是社会中庞大的人力资源，是社区中拥有闲暇时间最多的群体。由于在社区生活多年，其对于社区的归属感较强，多年来在社区生活使其更加熟悉社区环境，人生阅历丰富并且有条件扮演好志愿服务的角色，在体力和精力允许的范围内承担社会公益服务活动。老年人口还在持续、快速地增加，鼓励和支持老年人老有所为，参加志愿服务等社会活动，是老

---

① 李芹：《城市社区老年志愿服务研究》，载《中国社会科学》2010 年 12 月。

年人能参与志愿服务的现实条件和物质基础。老年人力所能及地参加公益活动，不仅有利于老年人发挥余热，实现老有所乐、老有所为，在志愿服务活动中广交朋友，愉悦身心，而且也是积极老龄化视域下的科学路径，能充分体现老年人的自身价值和社会效用，是一项利国利民的事业。促进老年群体的志愿服务，对服务机构来说，要订立规则、完善机制，要保证老年人按照自己的需求、意愿和能力参与活动。对社会来说，要营造氛围，创设条件，要肯定老年人是社会发展的积极参与者和贡献者。“在劳动力过剩的国情下，政府和企业不太可能采取有效的措施吸收和支持已退休老年人再就业，因此，志愿服务等公益活动对我国老年人实现老有所为更具意义。”[①]伴随社会文明的进步和老年人对自身价值的深入认知，国家和整个社会将越来越重视并创造条件鼓励、支持和倡导志愿服务活动。志愿者及志愿服务通过发挥“润滑剂”的作用，可一定程度上缓和、平适社会冲突，促进社会的平稳良性运行。随着我国老年人口的日益增长及公益理念的深入人心，将有越来越多的老年人出现在志愿服务活动中。

事实上，与发达国家的老年志愿服务活动相比，无论是从发展历史、现有规模，还是从志愿服务活动的实际效力、影响力和产生的社会效益来说，现阶段我国的老年志愿服务活动与欧美志愿服务运作较成熟的国家相比，都有不小的差距，在传统思维、制度建设、法律保障和激励机制等方面都有比较明显的缺失。

(一)传统观念和思维陋习阻滞老年志愿服务蓬勃发展

在围绕老年人参与志愿服务的访谈中，通过问卷调查和现场访谈，发现阻碍老年人更加自由、广泛参与社会志愿服务的一大因素来源于落后的传统观念，很多人听到老年人参与志愿服务的第一反应就是阻挠、限制和反对。从子女的角度，他们害怕老年人的身体状况不适宜志愿服务，一旦在活动中受伤或患病，将给子女照顾、服侍老年人带来更大压力；从老年人的角度，部分老年人曾产生过投身自己感兴趣志愿服务的想法，但在跟子女沟通过程中遭到反对，随后便作罢。目前，影响老年人自主参与各类社会志愿服务的主要障碍，除了有传统思维的钳制——想当然认为老年人退休后就该

① 陈茗、林志婉：《城市老年人参与社会公益活动的意愿及其影响因素》，载《人口学刊》2008 年第 9 期。

安心待在家中，帮着照看子女，或从事类似绘画、书法、养鱼、养花等静态活动，还包括老年人参与活动保障机制的不健全，如果能在志愿服务前为老年人投保或提供较周全、细致的看护服务，能在很大程度上了却老年人和子女对安全问题的担忧，赢得更多支持，营造一个更加宽松的外部环境。但以上述及的方面在实践中基本都是空白的。

产生上述对老年人及其参与志愿服务活动思维偏见的理论渊源可追溯至20世纪60年代库明和亨利提出的“社会撤离”理论。该理论主张：“老年人应从社会中的积极角色主动撤离，接受被动的角色，并使社会权力井然有序地实现交接，这才是老年人对社会产生积极影响和作出贡献的体现。”这与我国传统上对老年人社会角色和功能价值的定位基本相似。思维惯性就认为，人老了就该好好休息，颐养天年，老年人再做志愿者，东奔西跑就显得不合时宜。形成这样的思维定式，归结起来主要有两点原因：一是持有对老年人价值和社会作用的错误认识，其中隐含有年龄歧视。在“老有所为”的过程中，人们普遍低估、错估了老年人的价值，往往是粗暴草率地一概而论，把老年人定位在“弱者”的位置上，认为他们是需要给予特殊保护和照顾的。这一点有其合理性，但并不是普遍适用的。大部分老年人可能因身体、精力、心理等方面的原因，不适宜再承担较重的社会任务，亟须社会、单位和子女为其提供养老保障和精神照护。但伴随经济社会的高速发展和人的寿命的逐步提高，老年人的生活质量也在逐步提升。很多老年人虽然达到了国际对老龄人口的一般认定标准，但他们的身体状况、承担社会活动的能力和参与志愿服务的意愿都完全具备。有些具有较高文化素质和丰富人生阅历的老年人还能在参加活动的过程中继续贡献和实现他们的社会价值，在他们擅长和熟悉的领域充分施展才能，为后来人做好传承。如果粗暴地阻止他们参加社会活动，是另一种巨大的资源浪费，既不利于老年人社会价值的实现，也对推进积极老龄化无益。二是支持老年人参与志愿服务的社会氛围不浓厚，公益精神和参与精神较为匮乏。西方学者已从将志愿服务视为社会其他机构的功能补充转变为将志愿服务视为独立发挥重要作用的领域，即国家功能、非营利团体功能、市场功能三者并立，支持社会的稳定和发展。[①] 在中国，虽然志愿者和志愿服务近年来有了长足发展，逐渐被更多人所接受和认同，但参与志愿服务的主体还以学生和年轻人为主，很容易忽视、遗漏老年人这一重要群体，更谈不上充分、客观地认识到老龄群体通过参与志愿服务促成积极老龄化的意义。

如上文所描述的那样，由于志愿服务的发展和培育仍远未成熟，还需经历一个较为漫长的发酵和本土化改良的过程，公益精神和参与精神还未完全发育，公民意识和自主参与度相对较低，这些通病在老年人参与志愿服务的过程中表现得尤其明显。我国在老年人参与志愿服务中也并非没有成功的先例，像2008年北京奥运会、2010年上海世博会、2011年广州亚运会等世界级赛事举办期间，老年志愿团体作为重要补充，在赛事服务、城市导引、生活咨询等方面发挥了积极作用；像近年来被广大民众所熟知的“北京朝阳群众”，在为公安机关提供有价值线索、弘扬和维护社会主义核心价值观等方面，更是成为一支中坚力量，而这支队伍的构成很大一部分就是分散在各个社区的老年人和老龄团体。因此，如何合理、适度地规范、聚拢和整合老龄群体资源，加强对老年人参与志愿活动的管理、疏导和维护，是推进老年志愿服务健康、蓬勃发展的关键。

（二）老年志愿服务缺乏广泛性和相关管理制度的支撑

社区养老志愿服务偏重于追求宣传效果，虽然在服务需求相对集中的场所为老龄人提供送温暖慰问、生活照顾、结对包户服务等方面的志愿服务，但是针对老龄人实际生活需求和服务指向的针对性、适用性不强，所提供的医疗保健、家政服务等项目也都普遍专业化水准不高。由于缺乏必要的针对老年人志愿服务的素质培训和能力提升，面向老龄人口的社区志愿服务还没有形成体系化的发展规模，表现在有的社区志愿服务看起来队伍庞大，数量众多，但真正愿意参与社区服务，并实际发挥作用的人却寥寥无几。“根据相关部门的调查结果，社区养老志愿服务的实际提供量为1.8%，而实际需求量为26.1%，两相比较缺口很大，供需矛盾严重。”[②]这一问题与志愿服务的参与度不够广泛直接关联，由于人员狭窄、后备力量匮乏，难以

① 参见韩彬翔：《社会转型期志愿服务组织运作机制初探——以绍兴市为例》，载《绍兴文理学院学报》2010年第7期。

② 王江：《家庭养老与社区志愿服务的立法》，载《同济大学学报》2001年第3期。

持续性提高社区志愿服务的专业化水平。

由于缺乏周全、明确、成体系的法律条例和配套、衔接的管理机制来支持和规范老年志愿组织的活动，我国的老年志愿组织仅处在缓慢起步阶段，绝大多数老年志愿者主要是依托于社区这个基层行政组织作为平台来进行老年志愿服务活动。尽管一些社区居委会也在联络、动员、协调行业部门、社会机构为老年志愿服务提供机构保障，但现阶段不可避免地还要更多依靠行政方式及机构力量的直接推动，这有利于更好地提升和拓展老年志愿活动的水平和场域，不过客观上也削弱了志愿精神内含的“自觉自愿性”。总体看，“我国老年志愿服务发展中的通病主要表现在：社会性、自愿性差，资源整合和社会动员能力弱，信息获取渠道单一，传递不畅，有些依托地方政府、老龄委和所在社区居委会的老年志愿服务活动虽然得以开展，但在组织管理、后勤保障和相关机制建设上还比较滞后”[①]。大多数老年志愿服务活动疏于管理，有的活动明显有应付上级要求的嫌疑，没有形成常态化的活动机制；总体来说，老年志愿服务普遍管理粗放，缺乏专门的收支账目和规范的财务管理，没有固定的经费支出和资金保障，也没有有效的激励措施和老年人参与志愿活动的风险防控机制。追根溯源，从根本上还是老年志愿服务管理制度不健全，管理体系不清晰，组织架构不稳定，责任归属不明确，这对我国老年志愿服务活动步入正规化、科学化和规范化的发展路径，以及未来老年志愿队伍建设都埋设了不小隐患。只有构建起体系健全、内涵充实、外延周全、保障有力的老年志愿服务管理制度，才能使更多老年人身心愉悦地参与到志愿服务中，帮助他们更好地同归和融入社会，实现老有所为，老有所乐，在老年同样找到实现个人的定位坐标和人生价值，自觉自发地投身积极老龄化的社会活动。

（三）老年志愿服务缺乏统一的法律规范

近年来，我国志愿者服务事业蓬勃发展，但总体上仍然处于发展的初级阶段。其中，相关法律法规的不健全是阻滞志愿者服务发展的主要因素之一。“目前，我国一些省市，如广东、福建、黑龙江、南京、宁波，已纷纷出台了相关的条例，但尚缺少一部全国性的法律，以法律的权威对志愿者的法律地

---

① 代丽丹：《积极老龄化视角下的老年志愿者研究》，南京大学硕士学位论文，2013年，第29页。

位、权利与义务、激励措施等作出明确规定。”[①]从发达国家的成功经验看，我国老年志愿服务事业要想获得长久持续的发展，决然离不开法律的保障。我们身边的日、韩两国，都在上世纪末建章立制，形成了比较统一和完善的法律规范，以法律条文的形式对老年志愿服务的活动机制、实施对象和权责归属加以厘清和确定。为老年志愿服务立法有利于更加明确地认定各方职责，避免推诿扯皮、责任不清，从而建立起更为紧密契合的法律保障与协作机制，更好地满足和服务老年志愿者的刚性需求，实现老年志愿服务领域的有法可依。

在推广老年养老志愿服务的法律建设方面，日本的经验值得我们借鉴和效仿。1983 年 2 月，日本正式实施《老年人保健法》；1992 年对该法案进行了修订，以法的形式对老年志愿服务作出了刚性规定，明确提出“老年人家访看护制度”，标志着日本特色的“住在家庭，养靠社会”的养老模式正式形成。日本社区居民具有强烈的自治意识和全新的公共服务理念。在他们看来，提供类似社区养老这样公共服务的主体不单纯是依赖国家行政机关（政府），而是市民与行政机关协作活动的产物。市民不仅是一定区域内居住的适应环境的被动者，更是创造社区环境的主动者，因此志愿者活动在这种高涨的市民自治意识的引导下非常活跃。[②] 日本面向社区老龄人提供的志愿服务基本都由大大小小各种类型的民间组织承担，志愿服务人员主要由志愿者和地方自治体组织的医务人员组成，服务内容涵盖疾病防治、家务劳动、事务咨询和精神陪护等几大方面，基本能满足老年人社区生活的需要。“老年人家访看护制度”的推行，将社会养老和家庭养老很好地结合起来，不仅大大减轻了老年人子女家庭养老的负担，通过释放机制活力，发挥机制优势为他们减压分忧，而且以高素质、专业化的志愿服务队伍保证了老年人健康生活、安度万年；同时也节约了国家兴建老人福利设施、养老机构的费用支出，而把用于这部分建设的钱转投到了增加社会服务项目、提高服务水准上，在实际推行中取得了良好效果，也赢得了老年人的拥护与信赖，并且逐渐形成了可复制、可推广的成功模式。可以说，日本养老志愿服务的法制化建设给我国提供了很好的先行范例和借鉴样本。

---

① 毛佩瑾：《养老志愿服务的现状分析及对策研究》，载《广西青年干部学院学报》2010 年第3 期。

② 参见[日]井上英夫：《高龄者的人推生地域》，东京自治体研究社 1999 年版，第 83 页。

（四）老年志愿服务尚未形成充分的激励机制

激励机制是否完善、成熟直接关乎老年志愿服务开展的实际成效，也是推动该领域顺利推进的重要抓手。审视我国老年志愿服务的激励机制建设和应用状况，总体看情况不容乐观。尽管国内一些地区通过“奖优”的方式对少数表现优异、成绩突出的志愿者给予了奖励，但名额偏少，不具有普适性，对广大志愿者起不到激励作用，且奖励幅度和激励导向作用偏弱，大多局限于颁发证书奖杯等务虚性的奖励，而缺少与志愿者升学、就业、异地落户等关系重大事项的对应奖励，造成很多参与老年志愿服务的志愿者缺乏持久、强劲的动力。志愿者认为自己没有得到应有的认可与肯定，个人价值在此过程中没有得到充分的彰显而意兴阑珊，心灰意冷，以致中途退出志愿服务，脱离志愿队伍，极大地制约了养老服务志愿者队伍的健康发展。另外，有的志愿者内心认同感和参与感减弱，这些因素都会投射到志愿服务活动中，集中表现为服务质量不高，服务热情受抑制，老年受众满意度低，给志愿服务的发展蒙上了阴影，使志愿者也缺乏持续参与志愿服务的动力。

1. 激励机制未能发挥奖优罚劣的机制优势

引入激励机制的目的就在于搅动一潭死水，形成你追我赶、不甘人后的竞争格局，用业绩和成效说话。在老年志愿服务领域引入激励机制，主要解决的也是服务者参与热情不高的问题，使其主动加强业务学习，改善和提高服务水平，培育提供志愿服务活动中的竞争氛围。从现有几个在老年志愿服务中设立激励机制的省份实施情况来看，激励机制基本是名存实亡，对实践的改进作用不明显，没有真正发挥出奖优罚劣的机制优势，也未从根本上解决“干好干坏一个样”“干多干少一个样”的顽疾。同时，激励机制在设计和运行上针对主体对象所设置的奖励标准也存有偏差，尤其对参与志愿服务的主体——青年人，没有将志愿服务的奖励与其成才就业等核心切身利益相挂钩，由此很大程度上抑制了青年人参与社区养老服务的热情，影响了志愿服务适应和迎合人口老龄化的需求。可考虑引入绩效评估中360度评估和向服务对象发放问卷的方式，由当事人对服务者的表现、能力和态度予以打分量化，从而综合分析、客观评价志愿者的服务效果，并将结果认定与志愿者的薪酬待遇挂钩，对打分高、服务对象评价好的志愿者给予资金奖励。

2. 激励机制未能形成改进服务的内在动力

激励机制的另一大作用是形成持续改进老年志愿服务的常态化机制。通过对优秀志愿者的奖励和落后志愿者的惩罚，进一步明确怎样的服务标准是被认可，又是应该被其他志愿者所学习和效仿的。从志愿服务效果的实测评估和服务对象的抽样调查中，更加清楚、细致、全面地了解服务对象的需求，帮助志愿者明确改进方向，对照标准进行针对性的调整完善，这应该是激励机制正常运作所自发生发的效应。在此方面，我国还未充分发掘和利用激励机制的优势，志愿服务领域的改进与完善多是来自上层意志的指示或志愿服务机构的自我察觉，通过机制运行而生发的对改进志愿服务的内在动力较为薄弱。

3. 激励手段趋同，渠道狭窄

老年志愿者不同于一般志愿服务活动参与的主力，相比中青年志愿者更加看重在就业、升学、生活保障等方面提供的奖励和优惠政策，老年志愿者明显对这些方面的激励需求动力不足，兴趣不高。他们参与志愿服务的直接动机主要来自两大方面：一方面，在身体机能良好的情况下，借助志愿活动实现老有所乐，打发悠闲的老年时光；另一方面，更多希望获得家庭、社会对老人主体价值的认可。因此他们会更加看重社会对个人行为价值的肯定。这一肯定体现为社会各方、志愿服务受益人对老年人的尊重和褒奖。这可以帮助老年人消减退休后内心空荡的情绪，打消老而无用的质疑，从而增强他们的个体自信，重新形成正确的老年认知体系。这应是支撑和维系老年人投身志愿活动的持久动力。而当前我国志愿服务领域的激励机制恰恰在此方面最为欠缺、薄弱，没有关注到老年志愿群体相比其他群体的特征差异，没有从老年志愿者的参与动机出发构想和施行多元化、针对性强的激励措施，从而导致激励手段同质化严重、激励渠道狭窄闭塞，呈现重表象轻内里、重形式轻实质的问题表征，无法满足志愿者心理预期和激励需求的矛盾日趋突出，这间接导致了老年志愿活动规模小、种类少、层次低、效果差的后果，成为抑制老年志愿者参与热情、形成群聚效应的重要因素。

四、缺乏充分的老年社会参与保障体系建设

“除了政府所提供的服务之外，家庭志愿人员老年人组织和其他社区组织可在向老年人提供支援和非正规照顾方面发挥重要作用，这意味着老年

人可以通过各种方式途径进行社会参与，而不仅仅局限于就业。”[①]《马德里政治宣言》对老年社会参与的范围、形式和途径作出了明确规定，为老年人能根据自己的兴趣爱好和真实需求选择相匹配的社会活动提供了行为依据。

老年人是连接过去、现在和未来的中介，他们的技能、经验和资源是一个成熟、融合与文明高度发展的社会可供利用的宝贵财富。“建立一个不分年龄，人人共享的社会，努力创造条件，让老年人重返、回归社会，社会参与的指向和落脚点是社会，老年社会参与所强调的是老年人能够按照自己的需要、愿望和能力参与社会，每位老年人在自己的需要、愿望的指引下，在力所能及的范围内进行必要的社会参与，社会参与的形式可能是正规工作岗位，也可能是非正规岗位，从事的可能是有报酬的工作，也可能是无报酬的工作，还可能是参与民间社团、老年协会、私营机构、老年大学、学术团体、文体团体、志愿者甚至宗教团体的活动等。”[②]这种参与的特点和范围就要求社会必须是一个全方位开放型社会，要具备较强的包容性和差异化选择能力，能根据老年人的喜好、需求选择活动项目和面向的社会领域；就参与的内容来说，社会参与不仅仅是体力和脑力劳动的注入，更涵盖政治、经济、文化、公益事务在内的各个实践领域。老年人自觉自愿的社会参与，能更为充分地利用和发挥自身的技能、经验和智慧，这不单纯是出于对老年人价值的认可和尊重，合理利用、充分挖掘老年群体的资源优势也是当今社会发展的内在需求。在推进和实现积极老龄化战略的过程中所体现的最重要的改变，就在于它把一个战略计划从以需要为基础转变为以权利为基础，不仅承认社会参与是老年人固有的权利，更致力于把老年人常年缺失的这部分参与权还给老年人本身。如此一来，老年人的社会角色也随之发生了积极转向，从原先社会普遍认为的社会“问题制造者”转向成为“问题解决者”，从社会财富消耗者转向成为财富创造者，从社会发展拖累者转向成为发展推动者。社会参与在潜移默化中改变了老年人的身份转变和价值认同，进而从根本上获得了与中青年人的同一性。基于此，老龄化对社会经济所施加的压力

---

① 《马德里政治宣言》，http://www.un.org/chinese/esa/ageing/declaration.htm.

② 刘颂：《积极老龄化框架下老年社会参与的现实难点及其对策研究》，载《中国心理卫生协会老年心理卫生专业委员会第九届学术年会论文集》，2009年11月。

就可能转化为促进社会蓬勃、健康可持续发展的强劲动力,并逐渐消解和融化了老年人自怨自艾、自我轻视的不良情绪。而实现这一意义的途径正是社会参与,它是推进积极老龄化的重要助力和化解各类问题的科学机制。

(一)主体参与意识不足,存在年龄歧视、活动运作不规范等限制

我国社会参与的历史肇始于老龄化社会开始的元年。自2000年以来,城乡老年人参与社会经济发展、参加社区活动、表达群体诉求的意识呈现逐步增强的趋势。“随着老龄化程度的加深和老年群体规模的扩大,自身参与的意愿直接影响社会参与的广泛性和深入性,不仅影响老年人自身的身心状态,也将影响老龄化社会中相关矛盾的调适和问题的解决。”①从城乡分布来看,城市中的老年人由于拥有较高的文化素质、较好的经济基础和对老年生活质量的高层次追求,普遍要比农村老人的社会参与意识强;城市因其较为丰富的社会资源,反过来也为老年社会参与提供了支撑和帮助。相比而言,农村老人社会参与的愿望和热情明显偏低,主要有两方面原因:一是农村社会对老龄化进程发展趋势和社会参与内含的重大意义认识不清,缺乏系统、深入的了解,思想上还处在相对蒙昧、混沌、封闭的状态。二是农村基础设施建设滞后,养老机构服务水平较低,即便有老人愿意参与社会活动,受限于客观条件的制约,也无法顺利实现,进而又挫伤、抑制了农村老人社会参与的情绪。从特定文化背景的视角也可解释我国老年人社会参与主体意识低下的现象,这也是东西方文化差异的一个具体投射。“在西方个体主义和推崇独立、自由、平等的文化理念下,老年人更强调个体参与,对经济、政治和公益组织在内的社会参与有较为浓厚的兴趣和愿望。”②现阶段我国的老年人,由于在人生经历中目睹了更多政治的风雨和波动,再加上受中国传统儒家文化“不问世事,独善其身”的影响,对政治、社会活动的参与较为冷漠。这也很自然地体现出不同文化基因对老年社会参与的冲击和影响。

从老年人社会参与的实际状况审视,尽管城市老年人相比农村老人拥有了更多参与机会,能通过参加社区组织、公益团体、老年大学或进入企业实现再就业等途径实现“老有所为”,但大多数老人在实际参与中都或多或少面临着年龄歧视、性别歧视和要求过分严苛等人为限制。“如果说有一种

---

① 龙晓杰:《我国老年人社会参与权研究》,山东大学硕士学位论文,2012年,第42页。

② [美]洪朝辉:《论中国城市社会权利的贫困》,载《江苏社会科学》2003年第2期。

是对全体老年人各类社会参与权的侵犯力量，那么这就是老年人年龄歧视，这是一种纯粹基于一个人的年龄而加诸非议甚至排斥的现象，并与一个社会宏观的观念结构和制度结构紧密联系，从而使老年人笼罩在偏见、怀疑和各种现实的阻力之中。不客气地说，老年歧视已经成为继种族歧视和性别歧视之后的第三大社会歧视问题，演化为实现和谐老龄化的主要阻碍之一。”[①]比如，有的公益组织举行的活动只接收年龄在60～65岁之间，身体健康的男性老人参加。这种限制性条款就把65岁以上的老人和60～65岁之间的女性排除在外。不管他们客观上是否有参与的意愿、能力，是否符合活动的相关要求，都因“变相歧视”的条款规定而无法参与。还有的机构打着“关爱老人健康”“让老人更好地融入社会”的幌子，通过开办公益讲座、组织义诊、发放营养保健品等形式，行敛财行骗之实。他们利用老人渴望长寿，渴望更为健康、更有质量的老年生活的急切心情，以蛊惑、煽动、诱骗等形式，使老人在起初尝到免费保健品的“甜头”后，唆使、哄骗老年人购买价格高昂、质量粗劣的保健品；有的还以次充好，不仅骗走了老年人口袋里的钱，还严重伤害老年人的身心健康。像这类违法违规、侵害老人切身权益的社会活动，是近年来各地多发的新情况。它集中暴露出老年人在社会参与中自我防范意识和辨别力差、易被影响和盲从的缺陷，也因此极易成为不法分子瞄准的侵害对象。所以必须加强对涉及老年集体活动的审查、监管和权益保护，使老年人社会参与在合法、合规、合理的框架下运行。

(二)老年人社会参与中权利意识严重缺失

一个社会，一个群体的观念结构直接决定着行为的目的、指向和效果。老年人社会参与之所以长期以来没能铺展开来，形成比较大的规模和强烈的参与氛围，很大程度上应归咎于老年人对社会参与中权利意识的淡漠与漠视，他们还没有从思想深处充分、系统、清晰地认识到它的重大意义和现实价值。思想是行动的先导，如果思想认识上模糊牵引、联动群体行动，就会造成老年群体在社会参与中权利保障意识不足，对侵权违法行为不敏感；再加上对老年社会参与权的侵害，往往不像损害人身权、财产权或其他保障性权利那样明显、直接，有很强的伪装性和隐蔽性，容易造成包括政府、社会、老年参与群体、利益相关者在内的集体无意识。“只有从保护人权和推

① 吴帆:《认知、态度和社会环境:老年歧视的多维视角》,载《人口研究》2008年第4期。

进法治建设的高度来把握社会参与权，把老年人应该享有的参与权纳入法律法规，以法的权威加以固化和申明，并把加强对老年社会参与权利的保护提升至保障人权的高度，从而彻底打破这种集体无意识状态，汇聚成强大的权利保护意识和思想潮流，实现老龄社会中的新型权利文明。”①

（三）保障老年人社会参与权实现的权利救济缺位

权利救济是权利实现的重要环节，也是保障参与人合法权益的有效手段，对于社会参与权的实现而言也是一样。目前，阻碍老年社会参与的因素，像老年歧视、社会排斥、缺乏救济渠道等皆是摆在面前必须跨越的高墙。仅凭观念的宣导、社会的扶助还远远不够，一国司法体制才是权利救济的中心力量，也是保障合法参与权最直接、最便捷的通道。在欧盟，各成员国的人权机构和欧盟人权法院对各种权利保障和救济都有详尽的规定，为老年人依法参与社会活动、享有相关权益提供了令人信赖的保障。与之相比，我国社会参与的权利救济发展情况却比较严峻。这集中反映在老年人社会参与权利的零散孤立和不成体系上，也体现为社会参与权利体系中的不少权利缺少可诉性，更重要的是我国司法体制本身还存在较为严重的体制痼疾。在这些因素的共同作用下，导致保障老年社会参与权实现的权利救济出现缺位。解决这一问题不能简单地诉诸社会参与权利理论的构建、救济体系的完善，更应专注于对其社会参与权利的结构、性质、内容和运行模式的细致分析、全面把握，进而提出可行性司法解决方案；老年人自身也应主动增强权利救济的意识，通过有理、有利、有节地争取和申辩，从司法实践层面打通老年社会参与的通道，更好地保障和服务于老年人平等、自由、充分享有和享受社会活动的权益和快乐。

五、缺乏有活力的银发产业保障体系建设

我国2014年9月份公布的一份报告指出：“与老年人相关的商品和服务占中国消费结构的8%，这一市场价值达到了惊人的4万亿人民币，预计未来五年，我国私营部门、国企以及消费者在老年医疗保健上的专门开支将

① 龙晓杰：《我国老年人社会参与权研究》，山东大学硕士学位论文，2012年，第46页。

达1.3万亿美元，中国医疗领域的并购将翻两番，达到创纪录的185亿美元。”①报告还进一步预测，到2050年，老年人消费将会占到国民生产总值的1/3。目前，老龄产业在市场份额中占20%，从中可以看出，老龄消费市场和与之相关所辐射形成的一个完整的银发产业，还存在市场发育不充分、行业规范不扎实、机制运作不成熟等各类显性问题。从目前银发产业所占比重和老龄人客观消费需求的比较来看，未来该领域是需要集中整合、重点规范和尽快挖掘的老龄发展项目。有研究认为，促进老龄人口再就业，适度扩展消费规模，积攒养老资产，提高老龄人口消费和购买的硬实力，是更加积极、主动、有效地应对积极老龄化的重大战略部署，必须在拉动内需的整体布局中予以体现。

与日本、欧美等“先富后老”国家老龄化社会进程不同的是，我国在2000年进入老龄化时，人均国内生产总值还在100名以外，属于非典型的“未富先老”国家，经济总量和人均GDP占有量都较低。经过十几年的发展，尽管从总量上看，我国已赶超德国、日本，成为世界仅次于美国的第二大经济体，但从人均数字和国民总体生活水平看，依旧还处于水平偏低、保障不足、发展不均衡、贫富差距大的发展中国家阶段。再加上长期施行的计划生育控制政策，使青壮年人口和适龄劳动力数量减少。老少比例、人口赡养比等一系列衡量老龄化进程的关键数据，都透露出我国日益加重的养老压力；空巢家庭、失能、失独老人的数量激增和家庭结构的日趋核心化、小型化，都使整个国家和社会应对人口老龄化面临更为现实而艰巨的挑战，可以说这是世界老龄化发展史上一个前所未有的独特课题。在经济基础比较薄弱，社会保障水平、养老服务机构和养老职业化、市场化发展尚不完善的情况下，实施积极老龄化战略，稳步提升应对老龄化能力，消解进程中出现的各类问题，现阶段就必须要把大力发展经济，夯实老龄化社会物质基础作为前提条件，遵循“边老边富”“边富边老”的路径要求，实现经济发展与养老服务的良性交替，用养老需求催生经济增长点，以经济高速发展的成果反馈、服务于养老服务，从而缓解人口老龄化冲击下带来的社会压力，为建立可持续的社会养老保障体系奠定坚实的经济基础。在经济发展过程中，要集中精力，大

---

① 卢荻编译:《中国人口老龄化蕴含巨大商机　外媒:老人手上有钱》，http://www.cankaoxiaoxi.com/china/20150401/726122.shtml.

力扶植和发展“老年产业”。政府通过政策、法规、资金等方面的优惠鼓励、引导、规范银发市场的建立、丰富和完善，充分激发老年产业的活力，释放其内在机制的动力。这不仅可以带动整条产业链的改造升级，还可直接解决类似开发利用老年劳动力资源的老龄问题，为老年人实现“老有所为”“老有所乐”“老有所成”提供舞台和发展空间。目前我国人口平均寿命是 76 岁，今后还会持续延长，这就带来老年人在银发市场领域消费时间的拉长和消费能力的增强，很自然地也对老年产业所提供的商品和服务提出巨大需求。著名人口政策学家科尔巴赫教授以近年来旅游业的蓬勃发展为实例指出：“由于中国以前的隔绝，他们（老年人）年轻时无法旅游，这给老年时出游积攒了大量机会。”旅游业作为银发产业快速发展的一个缩影，近年来被越来越多的老年人欣然接受。前几年闻名全国的“花甲背包客”——64 岁的张光柱和 61 岁的王钟津这对老夫妇自助游览了欧洲、北美、南美等十几个国家，尽管为了旅行花费了不少钱，但老两口认为这都是值得的，还誓言就算是卖房也要完成环游世界的夙愿。英国一对老夫妇，丈夫 72 岁，妻子 65 岁，在过去十几年间，他们驾驶着自己的路虎轿车环游世界，旅行行程已超过了 20 万英里。虽然已走过了数十个国家，但他们还没有停下脚步的打算，计划在余生里去到更远的地方。这些真实事例，清楚地传递出这样一个信号，那就是老年群体中有很多非常乐观、充满激情、虽然已到暮年但仍然对生活和世界充满探寻乐趣的老人。即便年逾花甲，他们也仍然愿意在经济能力可承受范围内尝试更多生活的可能，这为老龄消费市场的做强做大和银发行业的产业链互动完善和密切协作创设了良好基础。

2014 年中国老龄社会与银发经济发展指数显示，根据一级指标的 5 个方面及所占不同权重的评价推算，人口老龄化 115%，老年赡养比 113%，养老保障 134%，老龄人口红利 120%，老龄产业 118%，最终得出我国老龄产业发展的综合得分为 52.2 分（满 100 分）。这一发展指数，一方面说明当前我国老龄产业的发展还面临诸多缺陷和较严重隐患；另一方面也暗含了未来发展的更大潜力和广阔前景，给我国老龄产业的发展定位确立了方向。

（一）老龄产业的资金来源渠道狭窄，缺乏稳定持续的资金投入

近年来，为应对人口老龄化，提高老年人生活品质，保障最大多数老年人享有基本保障，各级政府和社会力量都在不断增加对老龄事业的投入，

“养老金投入额度继续加大，仅2014年中央预算内资金安排数额就达25亿元”[①]。但是人口老龄化发展的速度和规模与老年人不断增长的消费需求间的比例仍远高于老龄产业资金投入增长的比例，使得老龄产业在资金注入上还存在较为明显的资金缺口和资金持续性、稳定性、保障性不足的问题。目前来看，中国养老服务事业和产业的发展水平相对滞后，难以满足巨大的市场需求。因此，如果单纯依靠政府投入而无其他力量、机制的参与助力，老龄产业很难获得长期、稳定和足够的资金支持，资金短缺带来的掣肘又将极大损伤老年市场的活力和容纳度。相比于公办老龄产业和机构的发展，民办企业或养老服务机构在资金上面临的困境则更为严重，资金成为很多民办老龄产业难以为继的根本限制，也是绝大多数民办机构发展中不得不突破的瓶颈。支撑这些机构和相关老龄化产业的资金多来自民营企业或社会力量的注资，资金来源渠道比较固定、单一，而且极易受到各方面因素影响，难以长期保证资金投入的稳定。民政部虽然提出社会福利社会化的发展模式，但受制于鼓励社会各界投资的优惠政策缺乏具体操作的规定，实践中难以执行落实，明显抑制了社会投资的积极性，直接导致来自企业、集体和个人的投资比例不高，民营企业资金投入则更少。可以说，老年银发市场在发展壮大中面临的最基础障碍便是资金短缺，投入不足，需要在政策法规允许的范围内，借助融资、众筹、发行股票等金融手段或政府支持下的兼并、撤换、重组等行政手段，拓宽资金来源渠道，丰富、延伸和稳定资金流，形成支持银发产业发展的常态化注资模式。

（二）老龄产业的市场定位不准确，没有形成差异化开发

老龄产业的发展，表面看似乎只单一瞄准和定位于60岁以上的老年人，但正如儿童用品市场的发育，卖的是与儿童生活、学习、娱乐等相关的物品，市场定位和开发的对象却是对准了为孩子选择产品的父母一样，老年人用品市场的发展也应有类似的开发思路，不要人为压缩老年人用品市场的指向和辐射区域。除了与老年人密切相关的医疗保健、护理康复等方面，近年来越来越多人关注的房地产市场和手机市场，也将触角有意识伸向老年人。根据老年消费群体的特点和需要开发产品，这是老龄产业孕育发展、银发市场逐渐正规成熟的积极征兆。像国内几大房地产巨鳄——恒大、绿地、

① 张少雷：《国家继续加大养老资金投入力度》，载《中国老年专刊》2014年7月。

保利等都纷纷出手布局筹建专为老人设计的老龄化社区。这类社区全面贴合老年群体实际，考虑到老人体弱多病、行动不便或外出遛弯、休息的需要，在小区内设置了数量更多、地域分布更广、享用更便利的无障碍设施；配备医疗中心、专业养老服务机构、日间照料中心、老年活动中心、老年教育基地等一应俱全的养老服务专门机构设施，供老人选取和使用；同时，提高小区绿化率，打造花园式居住环境，让老人在空气更清新、环境更优美的社区内享受晚年生活，舒缓紧张、焦躁的情绪。类似这样的产品规划设计，就是市场应对老龄化压力的自然选择，也是差异化市场开发应该做到的。另外，像国内手机占有额最高的小米公司最近准备发布的一款老年人手机，打出了“21g 手机”的设计创意，意图抢占老年人手机市场，这也堪称市场定位清晰的又一成功案例。手机在设计时考虑老年人携带方便，不增加过重负担，因此采用特殊材质将机器做轻做薄；为了方便老年人上手操作，专门设计了交互简单、一目了然的手机操作系统；可放大字体，拥有专属铃声，并在机身上设置了专门的“一键求助键”，以便老年人在紧急情况下启用，通过发送 SOS 信号的方式让身边人迅速察觉，节省时间，帮助老年人尽快脱险。以上解读的两个案例，是银发产业开发中比较成功也比较有代表性的，可以作为成熟模式加以借鉴和推广。起码这种从老年人权益保护、特殊需求角度出发来研发产品的思路是非常值得提倡的，也是老龄产业在快速发展中最容易被漠视也最可能被遗漏和忽略的。

（三）老龄产业的运作缺乏行业规范和市场监管

老龄产业的发展需要产业化、市场化和社会化的紧密协作和无缝对接，尤其在持续的低生育率使得独生子女家庭养老名存实亡、越来越多高龄老人需要机构养老容纳和承接的社会现实下，老龄产业的市场化、社会化和专业化是时代发展的大势所趋，这是不以人的意志为转移的。未来机构养老将越来越凸显其核心支撑作用，但老年人不一定都有购买服务的能力，即“刚性需求”并不等同于“有效需求”①。这就给完善市场规范、明确行业标准尽可能减少法律纠纷提出了更高要求。无论是政府部门、社会资本还是民间机构，都要高度关注机构养老的制度搭建和设施的配套完善。尽管我国改革开放已走过三十多年，但在养老领域的运行机制、市场规范和经营监管

① 参见万俊海：《我国老龄产业发展对策研究》，哈尔滨工程大学硕士学位论文，2007 年，第 37～38 页。

等方面，还有比较明显的计划经济时期政府包办、行政干预的印迹，市场运行机制尚未真正实现规范化和标准化，法律和产业政策上也缺乏对从事老龄产业的企业和个人生产经营活动的保护。部分民办养老服务机构在人员管理上还有很大的漏洞，集中体现在机构中管理人员行政违法（即管理人员聘用不符合资质要求的人员从事老年照料、养老照护甚至医疗服务等关系老年人生命健康的工作），设置无照经营的医务室，采取以医代护（即只有医生没有护士，更没有针对老年专业护理的管理人员）和虚假宣传等方式敷衍糊弄、坑骗蒙蔽老年人等方面，一些养老机构内还时常发生因行为人过错造成侵害的现象。这种老龄产业的发展、运营模式，人员方面既无专业受训的素质保障，也欠缺秉持公共精神的内在信仰，法律法规、政策要求、行业规范对该领域的约束监督还是一片空白。在此环境下极易产生言语和行为上的冲突，给老年人带来身体、精神上的多重伤害，经常会陷入棘手繁琐的民事纠纷中，严重侵犯老年人的合法权益，这是典型的老龄产业缺乏行业标准和市场监管的生动体现。其最终的受害者和代价承担者都是老年人，还将牵引出关于在发展老龄产业中对于遭受不法侵害的老年人应如何维权的更深层次问题。

（四）老龄产业发展规模小，市场开发程度不足

尽管前期围绕老龄市场开发的调研数据显示，我国有相当庞大的老年用品市场需求量，是我国拉动内需、扩大消费的有效渠道。但从实际发展的状况看，我国老年人用品市场的发展并不乐观，还远远不能满足老年人的客观需求，所提供的产品和服务也很难对上老年人的胃口，有超过65%的老年人感到想买、需要买的东西却很难买到。这一表象背后隐藏的是我国老龄产业既存的一大严重缺陷，那就是针对老年人专用的市场开发程度不足。伴随老人听力、视力、活动能力的衰减，老龄群体对老花镜、助听器等生活用品的需求很旺盛。据不完全统计，有72%的老年人需要佩戴老花镜，有56%的老年人需要借助助听器。如果能根据不同老年人的不同情况进行差异化的市场划分和产品研发，研制出适合老年人佩戴的专用老花镜、符合老年人听力习惯的专用助听器，仅这两项商品就将给老龄产业带来不菲的经济回报，也将成为银发产业链条中非常关键的一个连接点。但很可惜，我国目前研制和生产此类产品的机构基本都是零散、分立、缺乏连接的，且产品从生产到投放，再到回收消费意见以改进产品流程这一环节是非常冗长的。

这与市场经济视域下强调抢占先机的精神无疑是相违背的，很难形成规模效应，也不利于老年人用品市场的发展、培育和成熟。另外，从老龄产业开发的次序看，还普遍存在针对老年人衣食、医疗、养生和保健等方面的产品开发研制较多，针对老年人文化娱乐和精神享受的产品明显偏少的问题，存在“重物质，轻精神”的错误倾向。而且在产品的开发研制上，缺乏精品意识，大多生产流程简单粗糙，欠缺精细化和高质量的品牌产品。一些没有特色、缺乏创新、不考虑用户体验的老年商品无法得到老年消费群体的青睐，造成大量积压滞销，逐步沦为老龄产品链中的低端存在，影响了银发行业内产品随市场规律和消费者选择而自动进入更替的良性运转。

结　语

历史上对人口的研究和关注，更多是因其在财富创造和战争中的作用，因而年轻型人口被重视，老龄人口则被视作负担。传统的文化价值、经济环境及制度化的生活曾经导致出现老龄化的黑暗时代，即消极老龄化时期。伴随经济结构、社会秩序和历史环境的变迁，老龄化的研究相继经历了健康老龄化、成功老龄化、生产性老龄化的发展阶段。其内在的研究脉络也从关注老人身体健康，到评判老年人个体价值的功利判断，再到鼓励老年人参与经济活动，及至当下聚焦老人身心愉悦，到鼓励老年人自主进行社会参与等方面，这构成了老龄化研究时代演变的完整图谱。2002 年 1 月，积极老龄化在世界卫生组织健康发展中心出版的《积极老龄化：从论证到行动》官方文件中得到完整的内涵表述，将老龄人口的社会参与从经济领域扩展、延伸到其他领域，更加注重帮助老年人开发潜能、培育老年人健康的社会参与心态、消除社会对老年人群的年龄偏见等方面，要求政府和社会为老年人自主、深入地参与社会活动提供各种类型的帮助和支持。这推动了积极老龄化从学理层面的研究到政策设计、实践操作层面的纵深跨越，帮助老年人在“健康、参与、保障”的核心框架下能更好地维持自身健康，更充分地进行社会参与，更完整地保障合法权益。

中国的老龄化研究自 1982 年第一次老龄问题世界大会后获得了系统长足的发展。20 世纪 90 年代提出的“五有”——即“老有所养，老有所医，老有所学，老有所为，老有所乐”——实现了对老年人生存权、发展权、受教育权等基本权利的全面覆盖。2006 年发布的《中国老龄事业发展白皮书》增加的“老年人合法权益保障”，呼应了积极老龄化战略下“保障”环节的现实价值。从政策规定的角度看，我国老龄化的发展基本适应世界的大格局和主流要求。政府同时对医疗、教育、社会保障等与老年人权益关系密切的领域进行了深度强调和重要布局，推进了我国老龄事业的蓬勃发展，积极老龄化战略也得以巩固和确认。

观念的转变和人类意志的力量，塑造了今天的世界。哈耶克的这一观点给我们正视现状、展望未来提供了一个新的视角。积极老龄化既是聚焦老龄人口研究的崭新理论策略，也是从生理、心理、经济、社会环境等多个层面破解难题，寻找出路的路径依赖。我国在应对人口老龄化的进程中，可以借鉴被发达国家实践验证的经验、模式，少走歧路。但我国人口基数大、发展速度快、矛盾交织叠加，尤其是“未富先老”“未备先老”和城乡、区域间发展不均衡的特征，无形中加大了消解老龄化危机、缓释冲突的难度。当前和今后很长一个时期，面对人口红利逐渐丧失、经济发展下行压力增大、核心家庭结构及计生政策危害逐步显现的时代特征，基于我国积极老龄化在现状认识、政策推行、制度建设、保障体系等方面存在的突出问题，应当在充分考虑本国国情、资源容纳度和政策适应力的前提下，以国际视野和开放思维兼采他国之长，寻求治理工具的多元化，这是调适发展冲突、纠正顽疾的必由之选。系统梳理我国积极老龄化面临的困难和挑战，是明确改进标准，确立改革方向的前置环节，也是积极老龄化在本土化运作中必经的阶段。在下一步路径探析的具体改良中，应当谨防重工具理性、轻价值判断的倾向，避免将老年人的健康权、参与权和发展权异化为工具层面的器物争辩。要关注老年人真实的心理想法、情感诉求和价值选择。通过制度构建、体制调整、体系完善和环境优化为我国积极老龄化创设一个法治化、科学化、民主化、常态化的发展平台，为老龄人口开展经济活动，进行社会参与和展示个体价值提供强有力的保障和支持。

第四章

域外及我国香港、台湾地区积极老龄化的经验借鉴

当前，人口老龄化是人类社会最重大的成就之一，同时又是一个全世界都在共同面临的最严峻的挑战。尽管人口老龄化问题早就出现了，但发展至今它仍然是一个值得不断研究的新议题，人类社会对于老龄化问题仍然缺乏广泛而深刻的认知。特别是对于我国来讲，相比其他欧洲国家老龄化进程的久远，我国自 2000 年进入人口老龄化社会至今只有短短十五年时间，因而各种组织和民众对人口老龄问题的认知程度较为浅显，尤其是尚未意识到人口老龄化对于国家乃至世界来讲其所具有的严峻性、特殊性和巨大影响力，对于妥善、从容、科学解决人口老龄化问题或者合理利用老年人资源均缺乏积极性、责任感和战略性。在老龄化问题已经成为世界性议题时，发达国家在应对老龄化挑战已经有百年经验，我国目前老龄问题的相关研究与实践经验还十分欠缺，无论是广度还是深度，无论是宏观还是微观，还都留有十分广阔的探索空间与发展潜力。因此，在解决中国老龄化问题的战略选择上，应当在积极借鉴发达国家先进经验的基础之上，探索有中国特色的应对老龄化之路。

不可否认的是，老龄化犹如一把“双刃剑”，在给社会带来挑战与威胁的

同时,也给国家带来了新的经济增长点、社会改革点甚至是全新的理念冲击。进入21世纪以后,全球老龄化给所有国家带来更多的社会经济需求。与此同时,人们也越来越意识到,老年人群体是一个宝贵却在以往很长一段时间内被忽视的资源,他们切切实实在推动社会文明向更高位阶行进的过程中发挥着巨大的作用。早已是全球现象的人口老龄化,清晰地预示着社会群体和结构将出现重大改变,经济结构和运行方式将面临巨大冲击。国际社会也纷纷采取了不同的应对措施,一直行进在不断探索与创新积极老龄化理论和实践的路途之中。本章在分析全球老龄化趋势的基础之上,选取了德国、英国、美国、日本、中国香港和台湾地区这六个具有典型代表性的国家及地区,详细解读在应对老龄化问题的侵袭时,各国地区如何采取积极老龄化战略来应对,以期对我国未来积极老龄化研究及其在国家层面的政策推进提供一个有力的经验铺垫与战略展望。

第一节　德国积极老龄化的政策与法律

德国是世界上最早建立福利制度也是最早开始系统应对老龄化的国家之一。在德国,超过1/5的人口为65岁以上的老年人,而这个数字将在未来的五十年内上升到1/3。日益庞大的老年人口使得德国被称为"欧洲养老院"。据联邦统计局数据显示,德国已成为欧洲人口老龄化程度最高的国家。在世界范围内,德国也仅次于日本,老龄化程度位居世界第二。老龄化的日益加剧给社会、经济以及人口结构带来了一系列的冲击,而德国现行的社会福利体制也早已无法满足这一趋势所带来的新型社会需求。对此,德国政府开始采取一系列积极老龄化的政策,从各个方面来解决国家的养老困难问题。

一、德国人口老龄化现状及社会影响

从世界范围内来看,由于人口出生率与死亡率高低差别的转变,自19世纪后期开始在欧洲发达国家逐渐出现了老龄化现象,进入到20世纪后,这一现象开始蔓延至更多国家,继而发展成为了全球现象。据统计,德国自19世纪80年代开始步入老龄化社会,自1980年起始至今,德国人口的平均年龄一直不断增长。据世界卫生组织2012年统计,德国人平均寿命为81

岁，其中德国女性的平均寿命为83岁，男性为78岁。而与之相对应的出生率，则出现了较明显的持续下降趋势。2012年的德国人口出生率仅为8.4‰，远低于欧盟10.4‰的平均水平[①]；与1965年相比，德国出生的婴儿减少了约一半。出生率与死亡率的严重失衡加剧着德国人口老龄化问题。根据预测，至2050年，德国60岁以上的人口将占到40%以上，而到了2060年，超过1/3的人口将为65岁以上的老人。[②] 不可否认的是，人口老龄化必然带来社会结构的剧烈变化，也必将会对德国的经济、政治、社会、文化等方面的发展造成一定影响，特别是会削弱国家未来的经济增长潜力，造成公共财政支出的严重负担，也会日益加剧社会保障体系的危机。除此之外，人口老龄化还会造成城乡发展失衡，劳动力供给不足等问题，给就业市场带来一定冲击，社会矛盾因此加重。

（一）社会保障体系面临空前危机

德国这个一直以优越的社会保障制度为荣的国家，在面临人口迅速老化时也会暴露出相关问题。首先，急剧增长的老年人数目会给社会养老体系提出严峻考验。需要被照料的老人不断增多并超出社会的承受能力，而政府的财政支出也大大攀升。据统计，目前德国60岁以上的退休人口约1900万，占到了德国总人口的23%；而需要接受护理的老人数量已达230万人，其中大部分老人选择居家养老。根据世界著名的审计师机构Enrst & Young 2011年9月的调查结果预测，至2020年，将有约90万老人选择机构养老，这意味着德国在未来几年内需要增加更多的养老机构。对于政府来说这将会是接近200亿欧元的投资，与此同时还需要投入约80万医护人员，而目前的德国护理行业正面临着人员短缺的风险。[③] 其次，与老年人照料相关的医疗、社会服务等领域也需要政府大量的投入。沉重不堪的养老负担让德国的公共财政支出以及社会保险机构陷入了巨大的赤字境地，社会保障体系面临空前危机。

（二）社会经济发展陷入停滞

持续低下的人口出生率直接影响到劳动力资源的供给，而短缺的劳动

---

① 资料来源于德国联邦统计局数据 https://www.destatis.de/DE/Startseite.html.

② 参见王楠：《德国应对老龄化的经验》，http://www.cet.com.cn/ycpd/sdyd/858545.shtml.

③ 参见王楠：《德国应对老龄化的经验》，http://finance.eastmoney.com/news/1351,20130524293680693.html.

力严重掣肘着德国经济的增长。据统计，2020年，德国劳动力缺口将达到240万人；到2030年，这个数字将达到1000万人。劳动力数量大幅度减少的同时也造成了劳动力质量的低下。为了缓解这一问题，德国不得不每年准入近10万的外来移民，并延长女性劳动者的工作时间。① 但是劳动力的减少会造成工资通胀，除此以外，企业还需要为员工支付更多的社会保障金。这样无形之中为企业带来了巨大的养老成本压力，反而会制约企业的生产竞争力。人口老龄化给社会经济带来的影响，不仅仅压缩了社会公共保护体系的经济基础，并且扩大了支出规模，最终会直接影响德国国家甚至整个欧盟的经济的持续稳定发展。②

（三）社会公共服务接受新的挑战

虽然目前德国绝大多数老人选择居家养老的模式，但随着老年人口日益增多，越来越多的老年人需要依靠机构来养老。特别是在德国，80岁以上的老人都会选择到服务周到的机构享受老年生活。在德国，居家养老与机构养老已经形成了互补的模式，即老人在初期会以居家养老为主，而在年岁增大后则选择到机构养老。而在已有的养老模式中，政府的支持发挥着巨大的作用。例如根据需要护理级别的不同，老人可以享受每月450～1550欧元的政府补贴；而对于开办护理机构或者养老机构的企业同样也可以享受丰厚的政府补贴。然而随着德国老年人口的增多，特别是老年人寿命的延长，意味着德国需要建立更多的养老机构，投入更多的养老护理人员，无论是对于政府还是社会公共服务体系而言，这都将是更加艰巨的人力、物力以及财力的挑战。

（四）社会公共安全将埋下隐患

在社会结构急剧变化的当今时代，老年人群体在生理、心理、价值观念、生活方式甚至家庭地位转变等内外因素的影响下，若没有得到及时的关注与照料，老年人会将自身的“弱势”不满情绪释放到社会中，希望借极端方式来引起政府与公众的关注，寻求解决自我问题的“粗暴”途径。虽然老年人犯罪率在整个社会中所占的比例较低，但不可否认的是，近年来与老年人相

---

① 《英媒：劳动力严重短缺掣肘德国经济增长》，http://www.kankanews.com/ICrenwu/news/2014-07-01/5058016.shtml.

② 参见杨伟国：《人口老龄化挑战欧洲就业》，载《求是》2005年第13期。

关的公共事件频发，已然成为危害社会公共安全的“隐患”。究其原因，除了老人缺乏物质保障不得不走上犯罪道路之外，还有一部分老人则是因为社会地位、家庭地位的下降而导致的阶段性“失衡”，心理以及生活模式发生剧变，加之家庭和社会缺乏必要的关注与关怀，极易引发老年人犯罪。目前，德国的老年人犯罪率占到5.6%，这在世界范围内尚属较低水平。但随着德国老龄化日益严重，未来的养老服务不仅仅是要提供充足可靠的物质保障，更重要的是要加强对于老人的精神、心灵的抚慰与照料。

二、改革养老保险制度

德国拥有世界典范的特色养老保险制度，该制度内容涉及广泛而丰富，不仅有针对老年人身体健康的照护政策，也有提供给老年人社会参与、注重老年人生活的规定。更重要的是，该制度最大的特点在于，其在最大程度上实现了公平原则，能够让每一位老年人都享受到来自政府的平等待遇，维护每一位老年人的合法权益。迄今为止，德国养老保险制度已有了百余年的发展历史。作为世界上第一个为老年人以及丧失劳动能力的人提供保险的国家，在面临着人口结构剧变、政府财政危机、社会失衡发展的状况下，也需要不断进行着自我调适和改革。

自1957年德国建立现代养老保险制度后，德国的养老保险由基金积累模式转向为现收现付的财政支付方式。这种模式在相当长的一段时间内占据着德国养老保险制度的支柱地位，也导致私人养老基金市场在德国的养老保险领域长期遭受排挤。显而易见的是，由于德国人口老龄化问题的加剧以及提前退休人数的攀升，政府不得不面对将无法承担足额公共养老金的残酷现实。因而在20世纪90年代，德国试图以提高对养老保险保费的征收来作为对养老保险制度改革的政策性调整。但实际上，养老保险费率的提高应当取决于其在何种程度上与国民经济的竞争力和国际资本投资地的目标而兼容。而就德国现状而言，继续提升养老保险费用的空间已经非常有限。此外，对于企业而言，不断提高的养老保险费用将会提高雇主向雇员支付的费用。这同样也不利于企业盈利，不仅会对国民经济造成消极影响，更会降低青年就业人口的消费动力。自20世纪90年代以来，德国开始进行一系列的养老保险改革，使养老金不再是采用单一固化的标准，而是呈现出了灵活的动态模式。2001年，德国进行了“里斯特改革”。此次改革具有着极大的革新意义，也被认为是德国战后历史上最为重要的一次养老保险改革。政府出台的《养老保险改革法》，直面以往的单一财政方式与现收现付的养老保费失衡这一尴尬困境，规定原有的基础养老金领取者的养老金替代率由70%降低为67%；该法令还规定了公共养老保险费缴费率在2020年以前必须控制在20%以内，2030年以前必须控制在22%以内；在削减了唯一的国家法定的养老保险金的同时，德国通过津贴和税收减免创设任意加入的私有积累制养老保险制度，将单一的法定养老保险制度发展成为多支柱的养老保险体系，并且规定采取一系列措施鼓励补充养老保险的发展，目的都在于减轻政府的负担。里斯特改革对德国的养老保险制度进行了革命式的结构性变革，但在德国也引起了巨大争议。由于私人基金市场的准入，这场改革被认为是政府的"主动私有化"。而有些社会政策和福利国家研究专家认为，里斯特改革不能等同于传统意义上的"私有化"，也就是说，不能简单地将国家与市场进行"国家化"与"私有化"二元对立。与传统意义上的"私有"不同，这场里斯特改革并没有通过削弱国家的力量从而使得市场力量得以膨胀，反而是将国家化身为"指挥者"的角色，使其能够在私人养老保险市场里继续发挥管理、监督和调控的作用，使得市场这只自由"无形的手"依旧可以受到国家有力的管制。[①]

三、推行弹性退休制度

退休年龄的设定要受到诸多因素的限制，既要根据人的实际寿命长短，也要考虑到员工的工作胜任能力，更要科学合理地顾及到员工的养老权益保障。人口老龄化问题的加剧与保障机制、财政负担之间的矛盾日益突出，使得许多国家不得不延迟退休年龄。在德国，1992年之前规定的退休年龄标准为：男性63岁，女性60岁；2000～2010年，德国又将男女退休年龄提高到65岁。然而德国法定退休年龄改革步伐并没有就此停止。根据2007年德国通过的提高退休者年龄的法案规定，德国的退休年龄将从65岁逐步逐层地调高至67岁，而这次改革将在2012～2029年缓慢进行。值得注意的是，这次改革是通过"逐步逐层"的方式来推行的。简单来说，这是一种时间

---

① 参见刘涛：《德国养老保险制度的改革：重构福利国家的边界》，载《公共行政评论》2014年第6期。

上的渐进安排,"延迟退休的两年时间被划分为24个月来计算,前12个月用2012～2024年的共12年时间进行过渡,每新一年比上一年度增加1个月的在职时间,到2024年则可延迟退休年龄至66岁;后12个月用2024～2029年的共6年时间完成,从2024年起每年比上一年度延长2个月的工作时间,按照这样计算,2029年方可延迟退休年龄至67岁"①。

以上是通过时间的渐进来体现德国退休改革的"逐步"特点,而"逐层"则是指将工作者按照不同的年龄层进行相应的分类。具体来说,是把工作者按照年龄段划分为三个层次:第一层次属于1964年及之后出生的德国公民,其领取养老金的条件是必须达到67岁法定退休年龄;第二层次属于1947～1963年出生的公民,其退休年龄并没有绝对统一的标准,而是依据其出生年代的逐级增长,进行分阶段调高;第三层次属于工作年数较长、达到45年的劳动者,其可以按照65岁法定退休年龄正常退休。由此可见,德国的退休年龄改革并没有采取"一刀切"的措施,而是充分考虑到不同年龄段劳动者的工作时间进行退休年龄的区别调整。这种科学的调整方式既尊重了个体的异质性,也避免了不同工作时长人群之间的非公平对待。为了配合好推行延迟退休年龄改革的宏观法律规定,德国还出台了相应的鼓励老年人就业的微观政策,以与立法和政策相互呼应,以此来更好地落实退休改革。退休改革除了针对有长期稳定工作的工作者外,还考虑到处在就业竞争中的弱势群体。例如,德国立法机构积极推动了"动议50$^+$项目",该项目主要是针对50岁及以上老年人群体。考虑到他们在就业中可能会面临的不确定性风险较大或者由于自身弱势而导致工作胜任能力下降的情况,为了能够提高其主动寻找薪酬水平较低职业的动力,将由社会福利部门对其丧失的所得标准进行补偿。同时,对于能够积极雇用这部分群体就业的公司和部门,将会获得政府一定的财政补贴。以这样的方式来促进人们自发保持和延长退休年龄。

德国的弹性退休制度对于我国也有着积极的借鉴意义。目前,我国的法定退休年龄为男性60周岁,女性为55周岁(工人群体50周岁)。虽然整体退休年龄时间均比德国提前,但是目前在我国的退休人群中还存在着较大的个体差异。例如,教师、医生以及高科技工作者到退休年龄时,由于自

---

① 贾红梅:《看德国立法变更退休年龄》,载《中国人大》2012年第13期。

身工作能力、经验乃至工作热情都能够继续胜任，因此对于这部分人可以适当延迟退休年龄；而对于长期从事体力劳动或者具有一定身体危害性工作的劳动者，则允许其在原退休年龄基础之上提前几年。但在具体实施推迟退休政策时，还需建立严格的监督机制，无论是对于推迟或者提前退休的申请人都需要经过严密考量，一方面是规避不合理的退休现象，另一方面也是避免老年人与青年人争夺就业机会局面的出现。我国人力资源与社会保障部在2014年的发言中称，中国未来将采取渐进式延迟退休的方式，主要通过三个步骤来推行：第一，要预先几年告知社会退休政策，目的在于提前让社会大众做好心理准备；第二，分步推行，退休政策将会从目前退休年龄最低的群体开始推行；第三，延迟退休年龄以渐进式小步开展，通过每年提高几个月的方式来逐步实现平稳过渡。此外，为了最大程度上降低延迟退休给社会带来的不利影响，国家将会不断完善和强化养老保险激励机制，给予老年人充足的接受培训的机会，开发更多适合老年人的工作岗位，充分利用老年人力资源。

四、丰富养老模式

在德国，老年人奉行着"养小不养老"的传统，当其年老退休准备安度晚年时基本不依靠子女的养护，而是靠自己或国家与社会的扶持。因而德国的老年人往往更加独立、自由，他们不受制于"养儿防老"的观念，因此也就没有为老独尊的心态，而是在完善的社会养老机制的照料下，平和愉悦地享受安宁的晚年生活。

一般来说，德国的养老模式主要有三种：第一种是较多老年人选择的居家养老护理型。这是指老人依然生活在自己居住的住所内，生活能够自理，在必要的时候可以由附近的养老机构提供专门的日间护理服务，而老年人在白天可以选择到这些养老或者照料机构参加专门针对老年人的娱乐活动。在某些特殊情况，比如老年人独自在家居住或者生病康复阶段需要有人短期照料时，则可以选择暂时入住短期托老所，在那里享受为期1～2个月的短期照料直至能够独立回家生活。居家养老模式相对来说比较灵活，老年人生活在自己熟悉的家中能够更加安心自主，当然这种模式适用于生活能够自理而又向往独立生活的老年人。第二种模式是"机构养老"。当老年人需要更多的贴心照料和服务的时候，则可以选择到养老机构接受更加全面细致的养护。德国拥有上万家养老机构，大概有 80 万个床位，目前约有 70 万老年人居住在养老院中。这些养老机构处在风景怡人、生活便利的地区，内部配套设施先进而周全。老年人根据支付费用的等级高低可以享受不同级别的服务。具体而言，德国的公立养老机构并不多，超过一半是由慈善组织举办的，还有一部分私立养老机构。从费用上来说，基本每月都要超过 2000 欧元的开支，这对于普通退休老人来说是一笔不小的费用，而生活拮据的老人只能选择去由政府或者教会资助的养老院。相比于居家养老，这种模式可以提供 24 小时贴身服务，对于生活不便又没有亲人照看的老人来说是最好的方式，而且可以避免老人因为独居而感到孤单的情况。第三种模式称为“社区养老”型。这是介于居家养老与养老机构之间的一种形式，并开始日益成为一种潮流，因为这是一种能够充分动员社会各主体积极参与的一种合作养老模式。与居家养老相似，老人仍然可以生活在自己原来的社区住所内，每天定时有专业的护理人员上门进行护理。而由于老人在本社区内依然保留着原有的社区关系，可以在社区内开展老人互助的项目，以“互助”来实现老人之间的彼此照料。另外，社会组织也有大量的义工来义务参与养老服务。例如，为了解决老年护理人员的短缺问题，德国政府实施了“储存时间”制度：公民年满 18 岁后，要利用公休日或节假日到老年公寓或老年病康复中心义务劳动。参加老年看护的义务工作者可以累计服务时间，换取年老后享受他人为自己服务的时间。[①]

由于德国老年人独立意识较强，不喜依赖他人生活或者受养老机构的拘束，一种基于社区养老概念的“多代居”新型模式开始兴起并成熟发展起来。这种模式是德国应对老龄化社会的一个重要项目。它打破了传统的家庭界限，主旨在于提倡用社会力量的互助来替代有限的血缘近亲抚养，共同应对老龄化出现的种种问题。表现形式主要为鼓励不同年龄段的不同家庭共同居住在同一个社区单元中。老年人可以在真实自然的生活环境中获得更多的生理与心理的照料，同样，老年人也可以发挥其作用，从而实现多代人互帮互助各取所需的目标。“多代居”模式在德国自 20 世纪 80 年代开始尝试，发展至今已经较为成熟完善。它以严密的法律机制为依托，在这个社区中每个居民的权利与义务都以法律的形式得以确定和保护；为了能够增

---

① 参见王南：《德国社会互助模式养老》，载《中国社会工作》2013 年第 20 期。

强社区的归属感与个性化，住房的设计与建造过程都允许住户参与；同时，住户还拥有选择权，除了能够选择自己参与或者退出之外，还可以决定是否允许新成员入住，以这样的方式增强社区的凝聚力。[①]“多代居”模式能够提供较为自由开放的空间，可以让多代人群在开放的空间场所自发地“相遇”并创造产生交谈与互动的更多机会。除此之外，还有更为重要的附加服务功能，如利用住户丰富的人力资源，开展专门针对老人与儿童的服务内容，如老年人照料护理项目、儿童教育项目等。“多代居”中的老年人往往拥有丰富的知识与人生阅历，年轻人在需要经验指导的时候可以寻求老人的帮助；同样，年轻人接受新鲜事物较多，同样可以给老年人传递先进事物或者教给老年人如何掌握电子科技产品，在老人子女不在身边的时候陪其聊天散步等等，让老人感受到家庭的温馨与关怀。“多代居”是融合了不同年龄不同需求为一体的现代居住模式。在这个社区中每个居民之间都有需求和被需求的时刻，因而在他们之间能够形成一张紧密的交互网络，在日常生活互助过程中加强着他们之间的互动，使彼此的心灵因为有了代际交流而更加满足而幸福。[②]

此外，除了社区内的互助之外，社区之外也有丰富的社会互助形式——既有老年人与老年人之间、老年人与单亲家庭之间，又有老年人与青年大学生甚至还有老年人与儿童之间定期组织的共同参与的互助活动。在这些活动中，老年人不仅仅得到了来自社会各界的悉心照料，更重要的是老年人的精神可以得以抚慰，让其感受到自己并非是社会的弱势群体，而是同样可以享受与分享美好生活的正常人。

五、推广老年人社会参与项目

老年人社会参与是指在健康状况允许的前提下，老年人为满足其自身的生活、情感需要，实现自我价值而与社会接触互动，参与一切有益于社会的活动，以建立“不分年龄，人人共享”的社会的过程。伴随着人口寿命的延长与个人身体素质健康水平的提高，越来越多的老年人在退休后依然有着

---

① 参见乔琦、蔡永洁：《非血缘关系的多代居——德国新型社会互助养老模式案例及启示》，载《建筑学报》2014 年第 2 期。

② 参见程鑫、房志勇：《德国“多代屋”对我国城市养老和发展模式的启示》，载《城市住宅》2015 年第 5 期。

较好的体能与工作热情。若退休后的老人赋闲在家无处发挥其余热,久而久之不利于老年人的身心健康。因此应提倡老年人积极参与社会,提高自养能力,充实老年生活。老年人社会参与可以继续充分发挥老年人的才智,让其价值得以充分体现;避免老年人因退休而产生失落情绪,提高老年人的自主性,避免老年人被动接受服务。另外,老年人广泛参与社会能够提高其社会认可度,满足其经济、情感需要,更有效地减少老龄化社会的负面影响,是综合应对人口老龄化的客观需要。

在德国,"活到老,学到老"早已成为了民众认同的毕生追求,大多数德国老年人在退休之后依然保持着"终身学习"的动力。20世纪70年代以来,德国就开展了"大学向老年人开放"运动,各大学都有对老年学生提供学费全免等优惠措施。越来越多的老年人进入老年大学或普通大学。统计资料显示,在德国年龄超过60岁的老年人中,参加成人教育的比例高达41.2%,而且其中不少人取得了正规高校的学位。在大学里,老年人可参与正规学习、旁听学习,或学习老年人系列课程。旁听学习也被纳入高校继续教育体系中,除受专业限制外,几乎所有大学正规课程都向旁听生开放。老年学员可自由选课,不必参加考试也不被授予学位,但接受学习之后可获得证书。旁听生学费每学期20～250欧元不等。目前,柏林各高校共有1200多名老年人注册为旁听生,大多数老年人感兴趣的专业集中在诸如神学、哲学、历史或者心理学等专业。考虑到老年人系列课程学习是老年人旁听学习的一种特殊形式,高校也会量体裁衣式地为老年学员推荐或开设课程。同时,为了避免给高校师资和物质资源带来额外压力,老年系列课程学习通常安排在寒暑假举行。退休后的老年人再次进入校园学习是老年人对于生活或者内心的一种更高"境界"的追求,再度回归校园获取知识能让老年人更深刻地感受到生命的活力、生活的幸福以及内心的充实。绝大多数老年人选择进入高校学习,更多的是一种体验式的追求,而非为了获取文凭而学习,在某种意义上来讲,老年人的这种学习过程更是一种愉悦自由的知识体验过程。①

还有一部分老人在退休后更愿意投入社会,积极参与社会事务以贡献

---

① 参见马路遥等:《德国:政府出"花头"老人尝"甜头"》,http://xinmin.news365.com.cn/xmhq/201411/t20141113_1428985.html.

自己的一份力量。一直以来，德国非常注重给老年人创造更多的社会参与机会，提供了多种多样的以发挥老年人余热为着眼点的互助项目。2001 年，在柏林启动“学校的老年伙伴”项目，老年人可以自愿参加，经培训后则可被学校聘为义务调解员。由于老年人具备一定的威信与经验，在面临突发或棘手的状况时能够更好的理性处理，因此学校更乐意邀请老年人来负责诸如帮助学生解决纠纷、预防地校园暴力等事务。德国青少年基金会推出“青少年的大朋友”项目，让老年人与青少年自由结伴，每周抽出时间一起学习、运动和娱乐。共同的活动不仅使老年人分享年轻人的活力，也使青少年从老年人丰富的生活阅历和经验中获益，促进了代际之间的交往和友谊。

六、以科研推动积极老龄化

老龄化早已不是一个新的议题，当老龄化现象席卷全球的时候，世界各国都在积极采取应对老龄化的政策。然而不可否认的是，解决老龄化是一个复杂、多元、需要多方合作共同解决的漫长进程。各国在采取应对老龄化措施的时候要充分考虑到各国国情，既要解决好眼下由于老龄化所带来的一系列政治、经济以及社会问题，更要将其纳入到国家未来发展的宏观战略之中。为了更加科学、合理、有步骤地解决老龄化问题，2011 年 12 月，德国联邦教育和研究部发布《老年人的明天：德国政府人口变迁研究日程》。这是德国首次专门就人口老龄化制订跨学科研究计划。德国政府计划投入 4 亿多欧元用以 2016 年该计划的实施。这项计划涉及多项课题内容，既有社会科学领域的原则性问题，也包括旨在改善老年人生活的通信、交通、建筑新概念以及培训、卫生保健等方面的具体技术问题。这项计划旨在通过科研的力量，来推动有利于改善老年人生活质量和社会参与的新解决方案、产品和服务的开发。对于积极老龄化，德国考虑的更加高瞻远瞩。在未来的德国，不仅是能够克服人口老龄化带来的挑战，更多的是要抓住老龄化所带来的机遇，充分利用老年人口资源，既能够缓解青年就业的缺口，更能实现人力资源潜力的充分发掘，让其得以可持续发展，其价值得以更好地发挥与体现。该研究计划的一个资助方向是期望借助于企业界与教育界，在解决类似的问题上寻求到更好的突破口。①

该项为期五年的计划，自 2011 年开始，至 2016 年结束。研究计划的重点领域包括以下六个方面：第一，老龄化社会的主要问题。这是对老龄化的社会理论、模型及解决方案进行的初步探索。第二，使老年人的技能和经验更好地用于经济与社会发展。老年人的知识与经验可以在退休后继续为社会发挥巨大价值。德国政府将致力于不断研究与开发老年人知识技能的利用率与现有劳动力市场的参与度，进一步促进就业市场的创新活力与竞争力。第三，以健康的状态变老。老年人的生命健康直接关乎着老年生活的幸福安康，为了更好地减少疾病对于老年人的侵扰，德国政府重点研究老年人多发的疾病如心血管疾病、糖尿病、老年痴呆、老年抑郁症等，不断改善老年人的医疗条件。第四，社会参与度——保持流动和联系。老年人退休后并不意味着与社会的隔离与脱节。为了避免老年人因此产生的失落心理，德国政府开创了各种老年人可以参与的社会项目。这些项目有助于其继续向社会贡献他们的知识、技能和经验，并注意考虑到现代技术的迅猛发展可能会给老年人带来的使用障碍。为此，德国开发了一系列适宜老年人使用的产品或者产业，让老年人充分感受到社会进步给自己生活带来的先进与便利。第五，安全独立地生活。德国大多数老年人选择居家养老，享受独立自由的晚年生活。舒适安全的老年人居住条件是德国政府十分看重的。该计划也将会把老年人居住设计纳入到研究中，确保老年人住房集经济化、功能化、生态化与人性化于一体。第六，通过良好护理，提高生活质量。老龄化人口的增多需要更多的专业护理队伍。如何提高护理的数量与质量，改善老年人与护理人员或护理机构的关系和生活品质，也将是此科研计划未来研究的重点。此外，德国还将与世界其他老龄化国家如欧盟各国、日本、加拿大开展针对积极老龄化的战略合作，旨在形成合作联盟机制，提高政策的效率与效果，共同应对人口老龄化所带来的一切挑战与机遇。

七、鼓励生育以从根源上缓解老龄化问题

持续降低的人口出生率成为德国老龄化问题日益严重的根源。对于一

---

① 参见《德国应对人口老龄化》，http://news.163.com/11/1210/11/7KTL34HB00014AEE.html.

个家庭来讲，孩子意味着更多的开销与付出。特别是对于女性而言，在事业与家庭之间的选择与能否有效平衡二者之间的关系，是德国女性选择生育与否的主要原因。因此，德国在解决提高人口出生率的问题上，首先考虑以家庭为重，即以重视维护和促进家庭发展为主。对此，德国在20世纪90年代就成立了家庭事务、老年、妇女及青年部（简称“家庭部”），主要制定和推行鼓励生育的政策。立足于家庭的发展需要，出台了从婴儿出生起涵盖育儿补贴、住房补贴、医疗补贴以及父母双方的工作福利待遇等内容广泛的制度。这体现出德国以家庭为本、以人权为重的优越福利制度。

在德国，育龄父母双方可以享受以下生育福利政策：除了育龄妇女在生育和产假期间受法律保护不被解雇外，父母双方还允许在保留职位的情况下享受长达三年的育儿假，且可以继续享受部分工资；母亲在子女出生前没有工作，则可以每月领取300欧元补贴，直至子女满12个月；母亲从怀孕至生育期间的花费由保险公司承担。根据《德国子女补贴金法》规定，符合要求的家庭可以每月领取儿童补贴金，根据子女数量的不同可领取到每个孩子184～215欧元不等的补贴，至少补贴至子女满18周岁。[①] 在孩子成长过程中，为了减轻家庭负担、让父母能够有精力专注于工作，德国的看护政策发挥着重要的作用。德国自统一以来，不断致力于发展和完善儿童看护服务制度。特别主张家庭不是看护的唯一责任主体，儿童看护制度作为社会福利制度的重要组成部分，需要社会的支持和共同参与。根据德国通过的一项全国性扩大儿童看护服务体系法案，自2005年起，中央政府每年提供15亿欧元给地方政府，用来扩大0～3岁年龄组儿童的日间托育机构。此外，又为3～6岁年龄组的孩子们提供非全日制的儿童看护服务。2007年，德国政府开始扩大招收未满3岁幼童的托育所数量，力求这些托育所在未来可以容纳35%低于3岁的幼童；无力入托育所的幼童家庭也可以获得政府提供的150欧元现金补助，作为保育儿童的支援；同时，法律还承认父母有将未满3岁的孩子送入保育园的权利；此外，德国还对低收入家庭给予一定的住房补贴，保障其基本的住房生活条件。[②] 细腻而具有人性化的德国家

① Peter Bilsdorfer, "Permanente und aktuelle Baustellen im Kindergeldrecht," *Neue Juristische Wochenschrift* (*NJW*), 2011, p. 40.

② ［德］瑞茨特：《德国统一十年东西部青年的趋同与差异》，载《中国青年研究》2000年第4期。

庭福利制度不仅为儿童和青少年创造了稳定的生活条件，更保护了父母特别是女性的权利，使其能够在家庭责任与事业追求之间寻求到最大的兼容与平衡。通过这一系列的人性化福利政策来提高德国的人口出生率，能够从根源上缓解德国老龄化日益严重的现状。

第二节 英国积极老龄化的政策与法律

英国是世界上第一个工业化国家，工业化浪潮所带来的巨大进步改变了整个国家甚至是整个世界的面貌。然而英国同德国一样，国家在进步发达的同时也不可避免地早早步入了老龄社会，面临着日益严峻的人口老龄化危机。作为世界上最早建立社会保障制度的国家之一，也是较早建立社会服务制度的国家之一，在应对老龄化问题上，英国积累了丰富的经验，采取了一系列有效政策，成功应对了老龄化时代的政治、经济与社会等问题。

一、英国人口老龄化现状及社会影响

依据联合国对于老龄化国家的标准，早在 1929 年，英国 65 岁以上的老年人口就已经达到总人口的 7%，从此迈入了老年型社会的门槛。二战以后，工业化推动了经济快速增长，社会稳步发展，国民生活水平与医疗水平不断提高，使得老年人口寿命延长，进一步加剧了英国老龄化的进程。1985～2010 年，英国 65 岁及以上的老年人口增加了 170 万。2005 年，英国 65 岁以上人口达 957 万，占总人口的 16%，提早五年就实现了 2010 年为 15.7% 的预测值。据预计，到 2035 年，英国的老年人口数量将达到 1700 万，相当于人口总数的 23%。到 2050 年，英国老龄化水平将增长至约 30%，这意味着英国 1/3 的人口为老年人口。日益上涨的“银发浪潮”，给英国社会带来了冲击性的影响。[①]

(一)社会养老负担加剧

老龄化问题的加剧，加之通货膨胀的严重，使英国的养老费用一路上涨，特别是在近几年养老院费用平均上涨超过了 30%。老年人每年平均需

① 参见王莉莉、吴子攀：《英国社会养老服务建设与管理的经验与借鉴》，载《老龄科学研究》2014 年第 7 期。

要支付26000英镑的费用。与此同时，目前英国的养老护理制度的弊端也日益暴露出来。根据规定，具有一定支付能力的老年人需要自行承担养老费用，只有没有积蓄的贫困老年人（经过审核的财产低于23250英镑）才能够享受政府的养老待遇。在养老费用日渐增长的当下，不少老年人不得不承受由于通货膨胀所带来的沉重的养老负担，甚至还需要儿女补贴或者通过变卖房产来维持。除此以外，英国养老费用还存在地区差异，这迫使老年人不得不面对"邮编彩票"（在英国，教育以及养老等一系列民生问题所关乎的差别很大程度上取决于所居住的地区）。据分析，英国的养老院收费最高的是北方城市，如赫特福德郡和埃塞克斯郡；而收费相对较低的是西北地区，两者差距平均每周约200英镑。在英国，每年大约有超过2000的老年人不得不通过变卖房产来换取养老服务，致使有些老年人将忙碌一生的储蓄都用在养老中，而一些没有储蓄的老年人却能得到政府的资助。因此，昂贵的养老费用、不平等的养老政策，使得英国民众强烈呼吁政府修改长期护理政策。而对于国家而言，老龄化加剧、养老收费攀升以及政府为削减财政赤字而紧缩公共开支，无疑都在加重着社会养老负担。

（二）老年人生活质量低下

根据英国有关媒体报道，现在的英国有近百万老年人处在长期孤独的状态。他们没有亲友的照料，只好终日独自在家生活，过着几乎"与世隔绝"的生活——日常生活中，他们独自一人起居或去超市购物；情感上，长期的独居使得他们严重缺乏沟通与交流的机会与能力，甚至无法使用现代科技设备享受信息时代带来的便捷。连英国卫生部长杰里米·亨特都说，英国的老年人被家人、朋友甚至社会所抛弃，而政府对此却无力应对，这是"国家的耻辱"。他甚至呼吁，英国应该向亚洲国家学习，让英国的老年人享受到更多来自家庭的温暖和力量。

英国的子女没有赡养老人的义务，老年人都是独立生活。但是当老年人需要帮助的时候，社会能够提供的服务却非常有限。近年来，由于英国受到削减资金的影响，老年人所享受到的社会福利水平大幅度下降。据英国广播公司报道，各地政府长期深陷资金不足的困境，不得不削减了1/5的资金，这就直接导致在日常生活中能够受到社会帮助的老年人数量减少了15%；同时，老年人日常护理服务也大大减少，2013～2014年与2010～2011年相比，能够在家得到洗衣、穿衣等日常照料的老人减少了1/3；而日常保健护理场所则下降了2/3,超过一半的人数则无法继续享受送餐服务。如此匮乏的社会服务使得英国老年人生活质量严重下降。除此之外,在英国还有部分老人遭受到虐待。每周约有超过1000起的此类案件发生。显而易见,伴随着老龄化社会进程的加快,英国的社会福利体系正遭受到严峻的考验。

(三)就业劳动力老龄化

老龄化的问题必然会导致劳动力的老龄化,更会相应地降低劳动力的质量。自2001年以来,英国50岁以上的老年人就业率一直不断上升。根据英国就业研究所发布的调查数据显示,目前英国65岁以上的从业人口已超过百万,占该年龄段人口的10%,在总就业人口中所占比例为3.4%。2015年,英国有150万65岁以上的老人仍需坚守工作岗位。就业人口老龄化趋势今后仍将长期存在。未来的五年时间将有越来越多的英国老年人活跃在劳动力市场上,其中1/3的就业人口将超过50岁,而65岁以上的人口在2050年可能由目前的17%增至24%。为了让老年人更加自由灵活地选择退休与否,2011年,英国取消65岁法定退休年龄的限制。由于有更多的老年人渴望能够继续参与工作,因此取消法定退休这一硬性规定实际上也是英国政府应对老龄化问题的一项举措。也有专家指出,越来越多的老年人不愿意退出工作岗位,也是源于2009年开始下调的养老金收益,这迫使老年人不得不重返工作,以此来维持基本的生活开支。当然不容忽视的是,越来越多的老年人推迟退休必然会挤占年轻人的工作岗位。目前英国25岁以下青年失业人口已突破了100万人大关。有专家认为,就业人口老龄化会导致包括社会生产力下降、劳动力成本增高等问题,在一定程度上会使劳动力市场竞争更加激烈。①

二、以立法推行养老金体系改革

欧美发达国家的养老金已经成为经济、政策和法律层面越来越重要的议题。在英国,养老资产的丰厚积累在一定程度上带动了国家金融行业的发展。目前来看,养老金已经成为欧盟国家中重要的金融力量,并且与银行、证券、保险等传统金融产品位于同等地位接受监管。英国作为养老事业与立法发展起步较早的工业国家,在面临人口老龄化问题与老年贫困危机

---

① 王玲、张红、苗润莲:《英国的老龄化问题及应对》,载《管理观察》2015年第24期。

的威胁时，以监督立法进程的方式不断改革与完善着国家养老金体系，在一定程度上缓和了英国的养老矛盾与压力。

英国自二战以后逐渐成为欧洲典型的“从摇篮到坟墓”的福利制国家，而作为福利国家基石的就是养老保险体系。英国的社会保障制度最早可以追溯到1601年的《济贫法》，当时主要表现为各种济贫机构和教会组织的救济贫民活动。1908年，为了对贫民、儿童和无力进行自救的人提供帮助，英国首次通过《养老金法案》，开始实行由税收资助的不付保险费的最低养老保险金。而到了1942年，素有“福利国家之父”之称的英国经济学家威廉·贝弗利奇发表了《社会保险及相关服务》(即著名的“贝弗利奇报告”)，这部社会保障发展史上具有划时代意义的著作，极大地推动了英国乃至整个欧洲社会保障制度的建设与发展。

发展至今，英国的养老金体系主要由三部分构成：第一支柱是国家养老金。它充分体现着福利国家的普适性原则，即英国所有的公有或私营部门的员工，不论收入高低都享有同样标准的养老保险费，公民在养老费的获取阶段实现了公平分配。在2010～2011财政年度之前，养老金缴费的比例是雇员缴纳工资的11%，雇主缴纳12.8%，合计为23.8%。这些缴费归结成为“国民保险基金”。该基金都是现收现付的模式，结余资金全部用于购买国债或者存银行。而随着老龄化带来的压力，英国的国民保险基金出现了收不抵支的情况，对此，从2011～2012年财政年度开始，将各提高1%的雇员和雇主的缴纳比例，合计为25.8%。除了提高缴费之外，从2011年起的此后十年间，女性也开始推迟领取养老金的年龄，为每两年增加1岁，最终于2020年提高到65岁，与男性持平。从2020年起，将进一步提高领取养老金的年龄，具体为不论男女每十年增加1岁，到2026年、2036年、2046年，开始领取养老金的所有人年龄将分别提高到66岁、67岁和68岁。除了国家养老基金外，与之一同构成第一支柱的还有“国家第二养老”计划，也被称为“附加养老金”。这主要是针对弱势群体如中低收入者，身患疾病或残疾的人群，对已经缴纳过国家养老保费而同时没有职业养老金或私人养老金的人，并且根据其收入层次的不同获得不同等级的养老金。

与第一支柱的国家养老金不同，第二支柱的职业养老金是由私人和公共部门给雇主提供的，具体又分为三种类型。由于国家养老金的替代率比较低，所以退休后的大多数老年人依靠职业养老金作为主要收入来源。因此，在英国大概有近一半的人口参与了职业养老金，总资产也仅次于美国，位居世界第二，这已成为英国养老金体系中最重要的部分。除了以上两个支柱之外，英国还有私人养老金、养老储蓄与个人寿险，这部分主要是面向自雇人员和没有参加职业养老金计划的人群。但由于私人养老金的管理成本与销售佣金都比较高，因此雇员们加入的积极性比较低，特别是低收入的雇员在加入个人养老金计划后实际上得到的养老金并不能维持其正常生活。因此，私人养老金并不能扩大其收益用户的数量。在未来改革中，私人养老金将会逐渐向第二支柱的职业养老金靠拢。而在英国，还有一部分贫困的弱势群体既没有资格享有国家养老金，也无法得到职业养老金，他们的老年生活根本无法得到保障。为了避免其因为贫困潦倒而不能维持最低生活水平，国家特别提供了“零”支柱的低保养老金，当然参保人群的资格需要政府严格审核。据统计，2010 年每人每周可领取 97.65 英镑低保养老金，这和国家基本养老金金额一致；或者每对夫妇 202.4 英镑，这就超出了国家基本养老金。这一制度也造成低收入家庭养老储蓄的减少以及现期消费的增多，在一定程度上容易造成人们“懒惰”的心态。此外，80 岁以上的老人还可以领取每周 58.5 英镑的高龄津贴。这主要针对那些无国家保险缴费，或者因缴费时间不足从而领取国家养老金不足 58.5 英镑的高龄人士。[①]

通过对英国养老金体系的分析可以看出，国家在保障老年人养老福利方面承担主要责任，主要体现为政府在保障老年人生活方面的支出不断增长。目前，国家基本养老金计划还将继续从增加养老金支付比和不扣减工作收入等两个方面入手推进，希望老年人能够继续发挥其价值，鼓励老年职工在达到退休年龄后继续工作。在面临当前的养老问题时，英国政府认为，必须对养老制度进行进一步改革，并对未来养老制度改革框架进行重新制定。这主要从两个方面入手：一是逐步推迟退休年龄。英国原法定退休年龄为男性 65 岁，女性 60 岁。2006 年规定，拟将退休年龄自 2024 年起提高至 66 岁，2034 年起提高到 67 岁，2044 年起提高到 68 岁。而根据英国政府 2013 年公布的退休计划，英国人领取退休金年龄将在本世纪 30 年代推迟至 68 岁，这要比原来的推迟退休年龄计划提前了十年。英国将在 21 世纪 40

① 参见胡继晔：《养老金体系在富裕国家的变化——以英国为例》，载《国际经济评论》2011 年第 6 期。

年代末将退休年龄进一步推迟至69岁。根据经济合作与发展组织预测，在新的养老体制下，到本世纪中叶，英国将成为世界上退休年龄最大的国家。二是英国将进一步推行各种改革来完善国家养老金体系。如推行全国养老储蓄计划和使国家养老金的增加与职工工资收入的增加幅度相挂钩等有利的政策。

三、推行社区照顾的养老模式

社区照顾的养老模式是为了利于老年人能够在社区与家庭环境中享受到较好的老年生活，由社区中各类人士为退休老年人提供照顾的方式。这种照顾主要有两种形式：一种是家居内的照顾。就是以居住的家庭为中心，由家人、朋友、邻居、社区志愿者为老年人提供家庭服务，这样老年人便可以在家中或者自己熟悉的社区安享老年生活。而有些老年人生活无法自理，需要在家由亲属照料，对于这部分老年人则可以享受政府给予的与住院同等的补贴。一种是社区内的照顾。如果老年人选择在社区内的照顾，则会由专业工作人员来负责，利用较为完善的社区资源包括服务设施、托老所、老年人公寓等对老年人特别是生活不能完全自理的老年人进行开放式的院舍照顾，使他们在熟悉的环境中获得高质量的照料和服务。[①]

作为首先在英国产生的社区照顾制度可谓享誉全球，也是英国养老立法产生的最有特色的制度。借助于《社区照料法》强大的法律强制效力，英国的社区照料制度能够得以顺利执行并成为其他各国效仿的典范。这种制度有其明显的优越性：它能够超脱纯粹公权力的束缚，是一种能够充分调动全社会共同参与老年人服务事业的新型模式；这种融入社会中的养老模式自然可以让老年人的晚年生活不再孤独，不仅使他们享受到全面的照料，还可以促进老年人积极参与到社区生活中，更可以赋予他们一片展现自我的空间；在这里老年人可以继续发挥他们的才智、经验与能力，这无疑是一种积极养老的现代模式。关于英国社区照顾制度的由来最早可以追溯到二战后。当时正逢福利国家在英国的兴起，国家为了能够对孤老、残疾人和精神病患者提供更好的照料，将他们安置在由政府出资兴办、与生活社区隔离的福利院舍中。然而随着接受照料的时间增加，这些被照顾的老弱者并没有

---

① 参见解韬：《英国应对人口老龄化的经验及对中国的启示》，载《战略决策研究》2014年第1期。

想象中那样愉悦、乐观坚强地生活，反而处于一种非正常的环境之中。强烈的依赖性，相对封闭的生活状态，甚或某些时候会遭遇到的非人道待遇，使他们逐渐失去了适应社会、进行正常生活的能力。在此背景下，人们开始呼吁让住院者回归到社会中。与此同时，英国开始涌现出“去机构化”热潮。作为曾经福利经济学的发源地和福利国家的先驱，英国开始尝试慢慢摒弃原先作为福利国家的一些做法，尽可能减少政府的管控，鼓励福利市场化、自由化，政府顺势倡导，鼓励英国的养老事业多渠道多方式丰富发展。在此背景下，社区照顾制度开始慢慢取代以往的机构照顾的模式，让原本在医院或其他专业机构接受照料的老年人回归到社区生活。主要是尽可能地在保障老年人正常生活的前提下，让老年人在自己家或熟悉的家庭环境中接受适当的照顾和支持，使老年人保持高度的独立性，让其能够对自己的生活方式保持较大的自主权。① 这种社区照顾制度奉行的宗旨就是：老年人应该得到与他人同样的对待，特别是精神上的满足，让老年人重回社区安度晚年。实际上是归还老年人以正常的生活状态，尽可能地减少老年人因为自己是非常人而造成的心理负担与不安。

具体而言，老年人并非是英国社区照顾的唯一对象，但这种养老模式最能体现其特色。为了更好地深入解读英国社区照顾制度是如何区别于传统的养老模式的，可从社区照顾的概念、内容、服务体系及特点上进行逐一分析。英国有关社区照顾的法令明确指出，要在社区内对老年人提供服务和供养，以便使他们尽可能过上独立的生活。其目标是在他们自己的家或“像家似的”环境中受到帮助。这在概念上就已经界定了社区照顾制度的特色就在于回归“家庭”。英国的社区照料体系主要是以纳税人的资金为基础，由地方政府、慈善机构和志愿组织协同合作提供照料。1990 年通过的《社区照料法》规定，由地方政府担任主要的社会照料责任，而如果要接受有偿的社会照料则必须参考个人的经济状况。地方政府的社会服务部会依据老年人的经济现状来决定其是否有资格入住养老院。对于没有足够经济能力的老年人，则会由社会服务部来协助筹集资金。

随着 20 世纪 70 年代以来英国人口老龄化的加剧，英国的社区照顾逐

---

① 参见贺长梅等：《关于赴英法考察老龄工作和社区养老状况的报告》，http://www.shanghaigss.org.cn/news_view.asp?newsid=4841.

渐演变成了老年保障服务的代名词，尤其是对有长期照料需求的老年人。从服务内容上来看，社区照顾可以分为健康照护与社会照护两个方面，前者主要是提供免费的医疗与护理照护服务，归属于中央健康单位；后者由地方政府的社会服务局管辖，因而所担负的照护服务内容更加丰富多样，包括以下四种：

(一)生活照料(饮食起居的照顾，打扫卫生，代为购物等)

生活照料又分为居家服务、家庭照顾、老年人公寓、托老所等四种形式。第一种是居家服务。在英国，大约10%的65岁以上老年人接受居家服务，这是指对于那些选择居住在自己家中，但是不能完全自理的老年人提供的一种服务。由社会志愿者或者政府雇员来提供上门送饭、做饭、打扫居室衣物、洗澡、理发、购物、陪同上医院等服务。从事这一服务的人已经达到了13万左右，这些服务一般是免费或收取低廉的费用，但是即便是收费也在老年人能够承担的范围之内，不足部分由政府开支。第二种是家庭照顾。如果老年人生活完全不能自理或者卧病在床需要接受全面照顾时，可以选择家庭照顾。老年人可以享受来自政府的津贴，使老年人不仅能够获得亲人的贴身照顾与关怀，而且能够免去经济方面的压力。第三种是开办社区老年人公寓。这种形式主要针对身边无人陪伴或照顾但有生活自理能力的老年夫妇或者单身老年人。一般来说，老年公寓的收费比较低廉，相对来说数量也有限。公寓内部的设施都十分齐全，能够满足老年人日常生活舒适、自在的生活需要，而且在公寓内还设有“生命线”，老年人在身体突感不适的时候，可以通过拉动生命线求助。最后一种为托老所，包括暂托所和老年人院。老人遇到家人临时外出或度假的情况而无人照料的情况时，可以到暂托所接受专门工作人员的代照顾，时间上可以灵活选择，最短可以是几小时或几天，最长一般为两周，不超过一个月。而那些生活不能自理又无人照顾的老年人则送入老年人院。当然，现在的老年人院是分散在各个社区中的小型院舍，这样老年人可以不必离开他们所熟悉的生活环境。目前，英国各地约有600多个托老所，有3万多个位置可提供给老年人。

(二)物质供给

对老年人的物质供给就是为老年人提供食品、安装设施、税收减免等方面的支援。例如老年人可以享受由地方政府或者志愿组织供应的食物，或者是帮助老人安装一些便于他们在家行动的保护设施，如楼梯、浴室、厕所等处的扶手，设置无台阶通道和电器、暖气设备等设施，改建厨房和房门等。此外，为了能够减轻老年人的经济负担，政府还对于65岁以上的纳税人给予适当的纳税减免，相应的，老人所缴纳的住房税也减少了。如同其他福利国家一样，老年人享有较为人性化的优惠政策。例如可以享受一定的车票、电费、电话费甚至取暖费的优惠待遇，地方政府每年还帮助36000名老年人外出度假。总之，老年人在英国有着十分优越的待遇。

（三）心理治疗与保健服务

对于老年人来说，心理方面的困扰在某些程度上比身体疾病的影响要大得多。因此，英国会有专门的心理医生为老年人提供心理咨询，专门开导他们的心理困惑，及时排解他们的烦恼，同时还会有专业的保健医生上门为老年人看病并且减免处方费。在英国，大约每年有60万的老年人接受由保健访问者上门为他们传授养生之道服务，学习如何保暖、预防瘫痪、营养饮食等科学知识，对于需要贴身照顾的老年人还会有家庭护士上门为他们提供护理、换药、洗澡等。另外，政府还规定了为老年人提供视力、听力、牙齿、精神等方面的特殊服务。

（四）整体关怀

除了对老年人身体、心理上的照料之外，还应对其社交需求与能力予以重视。老年人的生活居住环境应当得以改善，要充分利用周边资源创造能够满足老年人正常社交生活的条件。例如，为老年人提供一个娱乐、社交的场所，英国政府出资兴办具有综合服务功能的社区活动中心，而且行动不便的老年人参加则由中心定期派专车接送。同时，考虑到部分老年人有着高度的工作热情与工作能力，社区还会为老年人提供力所能及的钟点场所——老年人工作室，鼓励老人每天做少量的工作。这不仅能帮助老年人摆脱孤独的生活状态，还能促进其心智健康，减少疾病发生，并适当增加老年人的收入。另外，也有一些志愿工作可供老年人参与。目前，英国约有20%的老年人参加了各类志愿者组织，继续在社会中贡献他们的力量。此外，老年人的休闲娱乐生活同样很重要。为此，英国各个社区经常举办各种联谊会，鼓励老年人到乡间去郊游。民众们也非常乐意自愿组织起来和老年人结为朋友，定期去和他们交流谈心，在休息日或节假日全家带着老人出去郊游，或请到家中来喝茶，让老年人与自己的家庭融为一体，让老年人感受到生活的温馨与关怀，为老年人的生活增添乐趣。

总而言之，英国社区养老服务的核心主旨就是“以人为本”。尽管英国国家面积不大，在公共场所能提供的老年人服务设施地方狭小有限，但是所到之处都能见到便利、齐全、周到又人性化的设施，适用于所有的老年人。在这样的国度里，老年人的各个方面的需求都得到了满足，使他们的生活切实做到了从专门养老机构的封闭孤立中回归到了正常又富有人情味的社区中。在这个社区照顾的服务体系中，构成人员也是非常专业负责、分工明确：经理人作为某一社区照顾的总负责人，由他来负责掌管资金分配、人员雇佣及日常工作监督等；主要工作人员则担负着具体照顾老人的职责，并且为他们发放养老金，及时获取老年人的生活需求并且帮助他们解决问题；剩下的人群多是老人的亲人和邻居，他们则成为受雇直接为老年人服务的人，并且可以从政府那里获得一定的补助。

从以上社区照顾的内容和服务体系中可以看出，社区照顾的特点主要是：

1. 政策引导。英国政府既制定社区照顾这一社会福利政策，又订立具体的措施，以使社区能切实地承担起这一职能。

2. 政府出资。英国的社区照顾在财政出资上完全体现了以政府为主的特点，很多服务设施都是由政府资助的，社区、家庭和个人的支出不多。

3. 依靠社区。英国的社区照顾主要是立足社区、依靠社区，以社区为依托，各种服务设施都建立在社区中，且社区照顾的方式尽量与老年人的生活相融合。

4. 体系完整。各种社区照顾的机构既有政府出资社区举办的非营利性的机构，也有私营的商业性的服务机构。提供服务的人员既有政府雇员，又有民间的专业工作人员和志愿服务人员，形成了多主体、多层次的服务体系，以满足不同情况的老年人的需求。①

与传统的家庭养老不同，英国的社区养老突出的优越性是无法比拟的，它实现了对老年人生理、心理、情感上的三重关怀，也体现了以老有所养、老有所医、老有所乐、老有所为为目的的新型养老模式。但不可否认的是，英国作为福利国家已经走向日益衰落，特别是老龄化问题突出，使得政府不得不面临庞大的养老压力，这无疑给政府增加了财政负担，同时老龄化也必然

---

① 参见肖金明：《老年人权益保障立法研究》，山东大学出版社2013年版，第76页。

会导致专业照护人员的短缺，这些都将加大英国社区照顾制度未来所面临的威胁与挑战。

四、第三年龄大学

在 20 世纪 80 年代以前，英国尚没有专门针对老年人教育的学校，而且在普通学校中也没有提供给老年人可以学习的课程，因此，如果老年人想利用业余时间接受教育是难以实现的。伴随着 20 世纪末期老龄化现象的加剧，老年人希望接受教育的意愿愈加凸显，特别是老年人参与社会、融入社会的诉求更加强烈，老年人的教育也成为当下政府关注的议题。发展至今日的英国老年教育机构类型多种多样，相比于欧洲其他国家在老年教育发展方面更加富有成效。总体来看，英国提供老年教育的全国性教育机构包括高等教育机构、地方教育当局、开放大学与第三年龄大学等。此外，还有一些地方性的机构与组织，也在老年教育方面发挥着积极的作用。其中，第三年龄大学是英国目前最负盛名、最具有特色的老年教育机构。

第三年龄大学起源于同处欧洲的法国。创始人法国教授皮埃尔·维拉斯首先在图卢兹大学开办了专门针对老年人的学习课程，目的是回应老年人对于教育的需求，给老年人创造更多参与社会的机会。这所第三年龄大学借助于图卢兹大学先进优越的教学条件与师资水平，不仅能够确保老年人接受教育的质量，同时又与当地政府保持密切合作关系并获取政府的资金支持，因而成为当时政府选举时的重要议题。随后的几年，法国的第三年龄大学作为老年教育的一项运动很快发展成为国际性的活动，其先进的经验迅速在整个欧洲大陆甚至在世界范围内广泛传播。不少发达国家陆续开办了老年人的教育课程。虽然在表现形式和侧重点上各有不同，但是无一不体现了这样一种教育原则：老年人仍然是社会的重要资源，在终身教育的理念下，老年人退休后继续接受教育，力图改变他们的生活质量，开发他们的智力能力，丰富他们的精神世界。有助于老年人融入社会，为他们能够从事符合时代要求的社会活动提供方便。

目前英国有近千所第三年龄大学，成员也已有数十万人。所有的第三年龄大学都是由老年人自发成立、自行组织、自助分享的志愿团体，其教育形式也体现出自主自助的特点。申请进入第三年龄大学比较容易，任何进入到“第三年龄”即退休年龄的老人均可以申请成为第三年龄大学的成员。

入学不需要参加测评考试，学业结束也不颁发结业证书，整个学习期间老年人可以完全按照自己的兴趣爱好来安排和决定各自的学习内容。[①] 与法国以及其他国家的第三年龄大学相比，英国的第三年龄大学是典型的自治自助的模式，秉承“教者会学，学者会教”的理念，无论是在管理形式还是在教学模式上，都呈现出以下独具特色的优势与亮点。

第一，独立自治的管理形态。英国第三年龄大学的管理分为三级，分别为中央层面的第三年龄大学信托委员会、全国执行委员会以及市或郡为主要行政区域层面的支部。虽然这三级结构在管理层级上有隶属关系，但是在自治自助的指导原则下，每一个第三年龄大学都保持着其独立性，其管理委员会均是由民主选举产生。除此之外，每一支部甚至每一小团体都可以独立决定自主开展活动，彼此间也相互支持，共享资源。独立自治的管理形态自然也要求他们独立承担相应的责任。整体来说，第三年龄大学信托委员会起到支援与协调其会员的作用，监督地方第三年龄大学的运作；全国执行委员会的功能相对比较单一，主要是监督第三年龄大学信托委员会的基金运作；地方第三年龄大学则主要立足于各成员的学习兴趣与需求，独立组织和安排各种学习活动。

第二，自由灵活的教学方式。自治自助的理念赋予了英国第三年龄大学自由灵活的教学方式。每一位老年学员都可以成为任教者，即轮流执教的自助模式。如果一位学员有着专业知识与特长，那么他可以成为本学习团体中的任教者，同样也可以作为学员接受其他团体中有特长的学员教育。总而言之，第三年龄大学里的学员既可以是学习者，同时又可以是任教者。这种灵活自由的教学模式不仅能够实现资源的互换与有效利用，更是能够在互助的学习过程中为老年学者增添学习乐趣，丰富他们的学习体验。

第三，以人为本的多样课程设置。作为老年教育的重要组成部分，第三年龄大学的课程设置立足于老年学员的教育需求，充分依据学员的学习兴趣而开展。课程内容涉猎广泛，有科普文化类、技能类、娱乐休闲类乃至旅行体验类，每一门课程既考虑到老年人的兴趣爱好，又顾及学习内容的实用性、现代性以及老年人的可接受性，特别注重老年人在学习过程中的享受与

---

① 参见迟宝策：《英国老年教育研究——以第三年龄大学为中心》，东北师范大学硕士学位论文，2011 年，第 16 页。

参与互动感。此外，学习的时间与地点安排也十分弹性灵活，成员可以自由组成学习小组，共同探讨学习过程中的问题以及对于未来学习内容的设计与规划。

英国的第三年龄大学自治自助的办学精神与理念成为世界老年教育的典范，对于我国未来老年人教育事业的发展也有着深远的借鉴意义。首先，重视老年人作为社会重要的人力资源这一现实，尊重老年人的独立自主性，充分赋予其自主选择、自主决定的权利，强化老年人受教育的主体地位，并且在老年人受教育过程中打造参与、互助的合作氛围。其次，充分发挥社会力量，共同创造老年人学习的机会与空间。英国的第三年龄大学并不受制于政府的管制，因而得以有了更广阔的发展空间。老年教育应当能够充分吸纳社会各界力量，除了政府的支持外，企业赞助、社会组织以及慈善机构都可以加入，共同营造全社会共同学习的和谐环境，将终身学习的理念渗入到社会的每一个角落。再次，更新理念，不断创新老年教育模式。英国的第三年龄大学具有较强的灵活性，无论是授课方式、时间甚至地点都有着较大的弹性。这在一定程度上降低了老年人接受教育的难度与复杂度，更可以扩大受众的范围和规模。目前我国现有的专门针对老年人的大学并不是很多，因此老年教育需要寻求新的模式。特别是随着互联网的发展，线上开展老年教育成为未来可能的趋势，老年人可以足不出户在家就能学习与交流。另外，老年教育可以走入社区，让老年人能够组成学习小组结伴学习，增强其学习的趣味性与互动性等。①

第三节　美国积极人口老龄化的政策与法律

美国是发达国家中生育率最高和人口增长最快的国家之一。早在 20 世纪 40 年代，美国就开始进入了人口老龄化社会。据统计，美国妇女总生育率为 2.1，2013 年人口总量已达到 3.15 亿，居于世界人口第三大国的地位，是典型的老龄化社会。目前，美国 65 岁以上老龄人口占总人口的 17.4％，预测到 2030 年，65 岁以上的老人将超过 20％。美国人口老龄化加剧的主要原因在于死亡率下降、出生率下降（“婴儿潮”时期除外）和随着现

① 参见赵丽梅、洪明：《英国第三年龄大学及其借鉴》，载《成人教育》2007 年第 8 期。

代医学的发展人口预期寿命的延长。美国社会面临急剧老龄化还有一个原因，即二战后至20世纪60年代中期出生的生育高峰期（又称“婴儿潮”）一代人在未来几年中都将逐渐进入老龄人的行列。这一时期共有近8000万人出生，他们将加剧美国人口的老龄化程度。

一、美国人口老龄化现状及社会影响

目前，美国65岁以上的老人已经占到了全国人口的1/8左右，这一数字将在2030年达到约20.3%。其中85岁以上的老人数量将达到1800多万，这是1995年人数的近6倍。与此同时，美国人均寿命也在不断上升。根据美国人口调查局的资料，1900年出生的人口预期寿命是47岁，1950年出生的人口预期寿命为68岁，而2000年出生的则为77岁。据2014年最新报道，美国人口的平均预期寿命已升至78.8岁，其中女性的平均预期寿命达81.2岁，男性的平均预期寿命为76.4岁，男女65岁老人的预期寿命分别增长约40%和60%。而相应的在老年人医疗需求方面，美国约40%的老年人都因为各种原因需要在医院或其他护理机构度过一段时间，而约有4.5%的老年人将在那里度过余生；而且，根据目前增长速度估计，2030年美国人住护理院的人数将达到300万，约为1995年的2倍。这些都预示着人口老龄化给国家带来了前所未有的压力。

（一）沉重的社会养老压力

依据1935年美国的《社会保障法》及其以后的诸多修正案的规定，社会安全福利金成为老年人社会保障体系中的重要组成部分。为了能够迎接老龄化的挑战，美国首先通过加强和完善老年人社会保障制度，确保老年人的权益不受损害并且来保证社会的稳定。在《社会保障法》中明确规定，老年人65岁退休时，不仅老人可以从联邦政府领取全额的社会安全福利金，其家属也可以得到适当的补助。其数额是根据领取者历年缴税的情况、过去工资收入的水平高低等来规定的。然而不可抗拒的是，全球化老龄化问题的侵袭，必然带来的是老年人口增多和社会劳动力的大量减少，随之支付更多老年人口社会保险基金的风险也会相应增加，继而导致美国沉重的社会养老的压力。老龄人口的增多，对于社会来讲就意味着需要更多的退休金和相应健康政策的投入，因此社会公共服务与财政支出面临着更大压力。目前的美国人口结构已经成为影响养老保障体系能否正常运行的重要因素。简单来讲，如果一个国家缴纳养老金的人数即工作人员多于领取养老金的退休人员数量的时候，那么该国的养老保障体系处于均衡状态。然而老龄人口的增加代表着领取养老保险金的人数也会逐渐增多，而纳税人口却在减少，社会养老保障体系则要面临着失衡的状态。作为老年人社会保障体系中重要组成部分的社会安全福利金制度，其实施是依赖于整个社会的力量，即主要来源是靠国家的劳动力在工作期间的统一积累而来的。调查数据显示，在这项制度刚刚建立的初期，一名 65 岁以上的老年人所领取的养老金数额大约由 42 个劳动力所供给；而发展到现在，则成了 3 个劳动力为一个 65 岁以上的老年人支付养老金；预计到 2030 年，一个 65 岁以上老年人的养老负担将压在 2 个劳动力身上，这将是一个非常沉重的负担。同时，在工作期间收入较低的劳动者在退休后依然无法享受较好的养老待遇甚或陷入生活贫困的境地，因为在这项制度中，其工资的高低与缴纳税额的多少直接决定着其在退休后所能领取的养老补助。由此可见，美国的社会安全福利制度在老龄化社会来临时也暴露出诸多矛盾。①

（二）医疗体系受到冲击

老年人的晚年生活离不开先进全面的医疗防护作保障。在美国，老年人的医疗保障卫生系统是由政府与企业合作共同来推动的。总体来说，该体系是由基本医疗保险、医疗补助保险和补充医疗保险这三个部分组成。美国绝大多数 65 岁以上的老人都会到相应的医疗卫生和健康保健等机构接受服务。其中基本医疗保险是覆盖面最为广泛的联邦保险医疗制度，也为延长老年人寿命和晚年生活的改善与保障做出了巨大贡献。而对于生活贫困、医疗负担过重的老年人则可以享受到医疗补助保险，保险的资金主要是来源于联邦政府的补贴和各州的税收。在医疗补助保险的各项保险支出中，联邦政府至少支出 50％～80％的费用，剩下的部分由各州支付。在 20 世纪 90 年代，联邦预算中有 1/3 用于 65 岁以上的老年人。但是伴随着老年人口总数不断增加，需要接受政府补助的老年人将会相应增加，这就势必会加重政府的补贴开支。尤其是在 2011 年，“婴儿潮”一代中最年老的一批已年满 65 岁，到了享受国家医疗服务的年龄，其他人也将陆续达到这一年龄，需要纳入国家医疗体系中来，这对政府来说无疑是一个巨大的压力。虽然

---

① 参见屈毅博：《逐步加剧的美国人口老龄化问题探析》，载《社会学研究》2012 年第 5 期。

国家医疗服务体系可以解决老年人晚年的医疗健康问题，但不容忽视的是，老龄化带来的不仅仅是老年人寿命的延长，更多的还有老年人的心理状态的改变。特别是他们的社会角色、家庭角色都会较之前不一样，因而使得他们处理人际关系和家庭关系的态度也会不同。因此，生命虽然得到了延长，但是年老体衰、身旁无亲人相伴使得很多老人内心的孤独感以及对未知死亡的恐惧感与日俱增，而这一切，并不是靠现有的医疗保障体系能够完全解决的。

二、以立法推动积极老龄化

由于老龄化问题严重制约着美国经济和社会发展，政府高度关注老龄化问题。美国政府在着力解决人口老龄化问题时，首先确立以立法来推动解决国家的老龄化问题，即通过制定一系列相应的法律法规、方针和政策积极推动。例如，设立专门管理老年人问题的机构，包括老年人问题管理署、政府老龄问题顾问委员会和社会保障总署。其中政府积极发挥其主导作用，从联邦政府到各级地方政府都在养老方面投入巨大。在保障老年人权益方面，美国 1935 年通过了以养老保险为主体的《社会保障法》，之后又颁布了《美国老年人法》和《禁止歧视老年人就业法》，这不仅使老年人的合法权益得到了保障，还提高了社会保障支出津贴；修正了《禁止歧视老年人就业法》，取消了强制性退休的法律条文，禁止强制 70 岁以下的雇员退休。1999 年，美国政府强调 21 世纪社会保障制度建设的重要性，主张把大部分财政预算盈余投入到社会保障事业中，致力于建立完善的社会养老保障制度。经过长期修改完善，美国形成了以养老保险制度、医疗保险与救助制度为核心的比较完整的养老保障制度体系。与其他国家相比，美国的独特之处就在于实行的是投保资助型社会保障制度，即“受益人同时也是缴费人”，先缴费而后才能在日后享受社会保障权利。美国的老年人在职时按月从本人工资中扣取一定数额的养老金，所在单位再给予一定比例的补贴。虽然在美国各州的规定不尽一样，但是在全面而又完善的法律法规以及各方面政策的保护下，老年人的晚年生活有着相对安全的物质保障。[①]

---

① 参见崔建文：《借鉴外国经验，积极迎接老龄化社会》，载《中国老年》2014 年第 16 期。

三、以资金投入构筑养老保障防护网

美国的法定退休年龄不论男女都是65岁(1936年以后出生的法定退休年龄是67岁)。然而与欧洲国家一样,美国的子女没有任何法律责任必须赡养其父母,因此美国的父母在年老之后并不能依赖于儿女的供养,而是依靠社会、工作单位再加上个人平时的各种储蓄,来支撑起自己的退休生活。以资金投入来构筑美国养老保障防护网,让老年人在充足的物质保障中无忧地度过晚年。以下介绍几种科学有效的资金保障方式。

(一)社会基本养老保障

美国的养老金制度发展历史悠久,整体来说三支柱养老金体系是分别由政府、雇主和个人作为行为主体实施的。第一支柱强制计划的行为主体是政府,而第二、三支柱的行为主体则分别是雇主和个人。由此可以看出,这种制度充分显现出的基本理念是:包括养老在内的社会保障不是政府保障,政府并非是唯一的责任主体,而是政府、雇主和个人的共同责任。这项政府保障计划的主要目的在于确保绝大多数老年人的基本生活水平。所以这是政府强制执行的社会保障计划,能够在最大范围内向全社会就业人口提供基本的退休生活保障,能够保证大部分人都能老有所养,因此成为美国养老体系中的基石。根据《社会保障法》中相关规定,由联邦税务部门征收12.4%的社会保障税,由企业主和雇员分别负担一半,逐渐形成资金积累后划入社会保障署账户进行管理,全部进入财政专户购买国债的模式。

(二)私人养老金计划

除了有政府强制性执行的基本养老金制度外,美国还有由企业自发提供的不具有强制性的福利性养老金制度,称为雇主资助的“私人年金计划”(还包括其他非营利组织如教育、医疗机构养老金以及州、地方政府养老金),与基本养老金制度一并实施,使美国的社会保障体系进一步完善。在这项计划中,一部分是公共部门养老金计划,是指联邦、州和地方政府为其雇员提供的各种养老金计划;另一部分是民间组织养老金计划,指的是企业及一些非营利组织和机构为其雇员提供的养老金计划。由雇主给员工提供的养老金计划离不开政府的参与和支持。例如,在企业资助的“私人年金计划”中,美国政府向雇主提供一定的税收优惠措施以鼓励其为雇员建立“私人年金计划”。如企业从年营业额100万美元中提取10万美元作为雇员的

“私人年金计划”，这 10 万美元可以免于交税。美国几乎所有企业都需为雇员建立“私人年金计划”，超过一半的雇员参加了“私人年金计划”。而“私人年金计划”也充分体现出了政府税收支持、企业出资资助、员工自愿参与的特性。该计划已经发挥出越来越重要的作用，甚至超越了基本养老保障金本身的意义。

（三）个人储蓄计划

对于大多数老龄化国家来讲，都会面临着老年人口的增多与社会养老投入加大的问题。为了能够减轻国家和企业的养老负担，扩大养老保险经费来源，多渠道筹集养老保险基金，美国积极推行个人储蓄养老保险计划。在美国，一般老人在退休后需要有大约退休前收入的 70%才能维持一个合适的退休生活水准。如果老年人在退休之前的收入水平不够高的话，那么其在退休后还需要通过其他途径来获取足够的养老金。比如，如果一名员工在退休前的工资数额是美国人的平均收入水平，则他能获取到的“社会养老保险计划”的退休金将仅相当于退休前收入的 40%，因此还将需要用“企业年金计划”中的个人账户收入或者“个人储蓄养老保险计划”中的个人退休金账户收入来补充。个人退休金账户可以说是美国养老金体系的一种创新制度，它是一种个人自愿投资性退休账户，是 1974 年美国商业银行为了没有享受到“企业年金计划”的个人创设的一种新型的储蓄存款账户。这项个人储蓄计划具有双重的角色：一是鼓励没有参加雇主养老金计划的雇员通过私人金融机构建立税收递延的退休储蓄账户；二是准许退休人员和变换工作的雇员把其以前积累的雇主养老金计划资产转存至该个人储蓄账户中，这样就使得退休储蓄资产的继续积累成为可能。这带来的是双重利好：既为雇员继续保存其雇主养老金计划资产提供了一种渠道，同时其自身也是一种可累积养老储蓄的工具。它要求雇员在工作期间从薪水中提取一部分工资收入存入个人退休金账户，而这部分工资收入可延迟纳税。个人退休金账户存款利率不受美国存款利率上限规定的限制，但账户存款只有在年老退休时方可动用。个人储蓄账户自诞生至今，经过几十年的发展，已成长为美国养老金体系的最大支柱。它能够顺应美国劳动力市场变化和经济结构转型的大趋势，扩大美国养老储蓄计划的覆盖面，降低政府养老负担，有力地推动了美国资本市场发展，提高劳动力市场的弹性，提升美国经济的竞争力。

(四)兴盛养老社区

养老社区,顾名思义,指的是老年人养老生活所居住的住宅区,历史上最早出现在美国。养老服务在美国已经发展得非常完善,其中养老社区在其中发挥着巨大的作用。老年人生活在养老社区里,可以自理或由家庭成员帮助打理生活,还有各种各样丰富的社交活动可以参与,并且在需要的时候能够接受到来自全社会的关怀和帮助。在美国,养老社区并没有完全统一标准的建设规模。全美各州都建有养老社区,规模大小不一,既有为老年痴呆症患者准备的小型便利设施,也有常见的老年公寓,还有大型的成规模的商业地产乃至拥有专属邮政编码的独立社区或养老城镇。总之,养老服务的细节涵盖了老年人生活的方方面面,并且逐渐形成了发展成熟的养老服务产业。

美国的养老社区最早可以追溯到美国独立前。当时的养老社区的性质是由教会组建而成,功能也主要是以慈善为特征,专门收容穷人和体弱的寡妇,后来逐渐发展成为一个独立的非营利性高级护理社区,为低收入老年人提供持续照顾。[①] 这种模式在美国各地开始兴起,直到美国内战结束。19 世纪到 20 世纪初的美国是资本主义工业化迅速发展的时期,慈善事业特别是社区照顾得到了有力发展,又出现了一部分社区性的服务中心。但是养老社区尚未专业化发展,只是呈现出提供部分业余性养老服务的特点。然而随着 20 世纪 30 年代经济危机的来袭,社会失业和贫困问题异常突出,老年人生活尤为困难。为保持社会稳定,1935 年 8 月 14 日,罗斯福政府颁布了美国历史上第一部社会保障法案——《社会保障法》,以此来推动美国的各项社会保障措施,并让养老成为社会保障体系的重要组成部分。自 20 世纪 50 年代起,美国的老龄化问题开始凸显,老龄现象引起普遍重视。伴随世界范围内社区照顾模式逐渐取代机构照顾成为老年人日常生活照顾的主流,各州出现许多营利性和非营利性养老机构,成为养老服务社会化的支持力量。专业养老机构和非专业的社区照顾相互补充,养老事业呈现多元繁荣局面。特别是针对老年人的房地产开发产业的兴盛,有力地推动了养老社区建设朝向更加规模化、专业化、标准化的方向发展,养老社区开始繁荣

① Kearsley Valerie Deorio, Our Nation's First Retirement Community Keeps Growing, http://findarticles. com/p /articles /mi_m3830 /is_5_49 /ai_63543082 /? tag = content; col1.

兴盛起来。一直发展到20世纪八九十年代，美国养老服务开辟了一条独具特色的道路，政府不再作为唯一的主体，市场和民间力量开始在养老事业中发挥主导性作用，这也让美国慢慢朝向"社团主义市场经济型"福利国家发展。[①] 现今的美国，各州都遍布着规模不一但功能齐全完备的养老社区，不仅让美国的老年人晚年生活有了可靠保障，而且对于整个社会来讲，老年服务业带动养老产业经济蓬勃发展，成为国家未来发展一个新的经济突破点。

美国养老社区的特色之处可以通过许多方面得到体现。例如可以按照美国不同的地域风情、丰富的服务设施与服务内容、充足多渠道的资金来源等来进行划分。总体来说，养老社区一般分为四类：生活自理型社区、生活协助型社区、特殊护理社区以及混合型的持续护理退休社区。上述几种社区，除生活自理型社区外，其他社区的开发运营需得到州政府授权，并与医院和专业护理机构建立紧密合作。如果老人在70～80岁之间，生活能够自理，可以选择到生活自理型社区，这一类的社区相对来说提供的服务较少，盈利空间也就比较高。而年龄在80岁以上，虽然没有特别重大的疾病，但需要人照顾的老人则可以到生活协助型社区生活。这个社区将会提供相对周全的服务项目，例如餐饮、娱乐、保洁、维修、应急、短途交通、定期体检等。如果还需要其他额外特殊服务，如用药管理、阿尔茨海默病（老年痴呆症或老年失智症）的特殊护理，则可通过付费方式享受。当老年人出院后需要短暂度过身体康复期或者家人外出无法照料老人时，生活协助型社区可以为其提供暂时性居所。特殊护理社区中有着专业护士，并提供各种护理和医疗服务，因而这种社区更加专业化，主要是针对患有慢性疾病或尚处在术后恢复期及有记忆功能障碍的老年人。由于老年人生活无法独立，需要更加细致入微的照料，所以这种社区的服务成本相对较高（在美国，医护人员的劳动力成本尤其高）。第四种的持续护理退休社区实际上是一种生活自理型、生活协助型与特殊护理型社区的混合，它服务的对象是那些退休不久，目前自我生活能够自理，但日后随着年岁增大而导致生活自理能力下降、从而不得不被迫频繁更换居所的老年人。总而言之，美国养老社区越发成熟，并成为美国老年人安度晚年最好的方式。养老社区以其创新性代表着一种

---

① 参见[英]苏珊·特斯特：《老年人社区照顾的跨国比较》，周向红、张小明译，中国社会出版社2002年版。

全新的养老模式，它提供给老年人的是一种更加平等、富有人文关怀的生活方式，是养老观念的一次革命性变革，更意味着对积极老龄化最明确的诠释。在美国这个追求自由与平等的国度，养老社区的兴起与发展不仅仅是经济发展、社会文明变迁的重要成果，更实现了依靠养老社区的开发来带动养老产业发展，形成新的经济增长点，进一步促进社会繁荣与稳定的目标。①

（五）发展老年教育

老年教育已经成为一种面向老年人，帮助老年人完成继续社会化、提高生活品质、完善自我发展的教育和学习活动。在老龄化时代全面到来的当下，老年人教育已经引起世界各国的普遍关注，这是老龄化社会的必然要求和趋势，也是社会政治、经济、文化等大背景发展的现实驱动，但其中最本质、最核心的原动力当属来自老年人群体内部的教育和学习需求。

美国老年教育是随着美国经济社会不断发展而成长起来的。推动美国老年人教育发展的主要因素是老年人群内部对学习和教育的迫切需求。自20世纪以来，美国政府就高度重视教育问题。二战后美国经济发展迅速，一跃成为世界经济头号大国，也为广大公民接受教育创造了良好的条件。同时，美国政府非常重视终身教育体系的构建，并一直致力于为老年人教育提供健全的法律保障。1976年，美国制定了世界上第一个《终身教育法》。此外，美国也是世界上成人教育立法最多、最完善的国家。到目前为止，美国建立了世界上最为完善的终身教育制度。美国于1965年制定了《美国老年人法》，1975年制定了《禁止歧视老年人法》。其他法律明确了政府在发展老年人教育中的责任，规定为老年人提供的资源和服务中老年人教育应占有较大的比重。例如，纽约州的立法机构通过一项法律，为所有老年公民免费提供学习机会。正是有了这些专业法案的规定，使得当时的诸多社区学院得到了更多的支持与资助，得以给老年人提供更多的课程与师资。②

如今的老年人大多数在年轻时接受过良好的教育，他们退休之后并不满足于一般安享生活的休闲和娱乐，而仍保持获取新知识的学习能力与热情。退休后希望重返工作岗位，从事力所能及的工作，为社会贡献自己的力量。美国老年人的终身学习的信念和需求促进了美国政府、教育机构和民

① 参见张卫国：《美国养老社区研究》，载《世界经济与政治论坛》2012年第5期。

② 参见黄富顺：《高龄学习》，五南图书出版公司2004年版，第59页。

间组织积极发展老年人教育。对此，政府设立专门的针对老年人教育的管理机构，并鼓励各种民间教育组织参与老年人教育。1949年，美国全国教育联合会成人教育部成立了老龄教育委员会。1951年，美国成人教育协会成立，老龄委员会并归其下。根据《美国老年人法》的规定，美国联邦老年人局是美国政府设立的老龄工作机构，也是美国在老龄化问题方面的最高决策机构，负责《美国老年人法》的执行，还要按照年度及问题提出计划，并检查实施情况及管理政府专门用于老年人的拨款等总体事务。在老龄化问题的科学研究方面，美国有一个专门研究老年科学的学术团体，即美国老龄学会。它的目的是促进老龄化问题的学术研究，特别在公共政策制定过程中，应用老龄科学的研究成果发挥着巨大的作用。此外，老龄学会还要领导与组织好制定全国老年科学研究规划、专业人员培训计划与课程安排等工作；而在其他涉及老年人各方面问题的领域，则有老年公民全国理事会予以关注。在老年人的尊严与权益保护方面，还有其他各种协会参与。如美国退休人员协会的宗旨是：提高老年人的生活质量；增强老年人的独立性，维护老年人的尊严；改变社会对老年人的成见；维护老年人在社会中的作用和地位。退休联邦雇员全国协会则致力于为退休联邦雇员争取更多更好的福利待遇。在美国，与老年人相关的各种社会组织丰富多元，每一个组织都有其各自的特色，但是它们的存在都有一个共同的宗旨，即关注老年人应当更加关注老年人教育和学习，并将其作为一个重要的内容。除了官方的政府组织之外，还有种类繁多的各种民间的营利或非营利性的老年人教育组织。在这里老年人可以选择更多形式的老年人教育活动，在无止境的学习中为其老年生活增添更多的乐趣，更能有助于其生理与心理的健康，是积极老龄化最有力的一个体现。[①]

美国老年人自主教育机构种类丰富多元，其中大多属于非营利性的社会福利组织，他们在老年人教育事业中发挥着重要角色。以下简要介绍四种有特色的老年人教育机构。

---

① 参见韩树杰：《美国老年教育的成功经验及其启示》，载《湖北大学成人教育学院学报》2006年第2期。

1. 老年人游学营，又称“老年旅社”

这是目前美国规模最大、最负盛名的老年人教育机构，创立于1975年，在90个国家开设1万多个活动点，只要是年满55岁且身心健康的老年人都可以参加，每年有20万人参加老年人游学营活动。在这个游学营中，老年人通常被分成以15～40人一组，参加为期1～3周的课程。课程的内容设定主要以人文学科学习为主，组织实地考察和课外活动、社会交流以及学习一些国际性课程。老年人通过在游学营中的课程学习能够体验到不同的文化、民情和历史，即通过认知世界、感悟世界来完成新知识的补充。

2. 退休学习学院

这是早在1962年由一批退休教师在纽约创办的一种自治组织，其运作以实行会员制来进行，每年招收大约10万人。老年人加入成为会员后，拥有较大的自主权和决策权，根据需求可以自主决定或制定学院章程、规章制度、学习课程、学费等。他们在这所退休学院中也要学习6～15周的课程。课程内容包括艺术、人文学科，跨学科研究，乡土历史、社区及跨文化问题，外国事务及最新问题等。

3. 信息化的老年人教育

这是以数字信息化为载体，主要应用于改善美国老年人生活便利的系统。建立于1982年的老年人信息学院，为全美大约35万的老年人提供便利服务。该机构主要以丰富老年人生活为使命，为他们提供志愿者服务项目。商店为老年人提供办公室、休息室、会客室、教室，为会员休息、会友创造舒适环境。目前由美国联邦连锁百货商店、五月连锁百货公司基金会等组织主办，分布在全美26个城市约30家购物中心和连锁店中。

4. 老年人网络

这是创立于1986年的一种网络在线平台，专供50岁以上老年人使用。该网络目前在美国及其他一些国家设有240多个学习中心。每个成员可以通过网络获取他们所需要的各种计算机、网络运用知识，还可以参加网上组织的各种老年话题讨论，甚至可以享受网上提供的医疗保健服务等。借助于信息技术的发达与便捷可为老年人提供各种教育和学习资料，以此来丰富老年人的晚年生活；同时创造多种机会促进老年人广泛参与社会活动，在社交活动中结识不同的新朋友。彼此之间互相交流生活或学习经验，不仅可以加强老年人与社会的沟通与联结,更能使老年人获得内心的充实与富足。[①]

第四节 日本积极人口老龄化的政策与法律

日本是世界上老龄化问题最严重的国家之一。20世纪70年代,日本步入老龄化国家,是亚洲最早进入人口老龄化社会的国家,至2000年已基本赶超了欧美等国家。发展至今的日本人口现状可谓是“超老”,并且在未来几年内老年人口还会不断增长。三十多年以来,日本政府在应对人口老龄化问题的过程中,不仅建立了较为完善有效的法律体系,还通过采取一系列应对措施,在养老方面积累了丰富的经验,并成为亚洲国家特别是我国参考学习的典范。

一、日本人口老龄化现状及社会影响

日本是世界上最高寿的国家,同时也是世界上人口老龄化发展速度最快的发达国家。根据2014年9月的统计数据显示,日本65岁以上老年人口达到3296万,已经创下历史新高。按照这个数据统计,日本每8个人中将有1人达到65岁以上,这已经凸显了该国老龄化社会发展的迅猛趋势。其中,65岁以上老年人口相比一年前增加了111万人。老年人占日本总人口(1.2707亿人)的比例也达到25.9%(较上年提高0.9个百分点),再度创下历史新高。2014年,日本人口下降了26.8万,全国出生人口100万,同比下降2.8%,而死亡人数则升至127万。自1950年以来,老年人口及其占总人口的比例一直持续增加,其中,65岁以上男性为1421万人,而女性为1875万人。75岁以上人口为1590万人,占总人口的12.5%,85岁以上的人口也达到478万人(3.8%)。据日本国立社会保障及人口问题研究所预测,65岁以上老年人的比例到2024年将突破30%,2035年将达到33.4%,到2055年日本人口的老龄化比率将达到40%左右。老龄人口发展速度快、数量大、高龄化,老龄形势日趋严峻。[②]

① 参见王娟:《美国老年教育及其对我国的启示》,载《湖北大学成人教育学院学报》2008年第4期。
② 参见《2014世界各国人口老龄化现状分析》,http://www.chinabgao.com/stat/stats/39319.html.

（一）劳动力减少冲击企业雇佣制度

日本人口老龄化最大的负面影响是总劳动力的减少。低出生率与死亡率之间的矛盾使得劳动力减少日益成为日本经济发展的一大瓶颈。在20世纪50～90年代，日本劳动力总量一直在不断增加，这也是日本在战后国力复苏的主要原因。而从90年代开始，日本劳动力总量呈现逐步下滑趋势，并已成为影响日本经济开始走向衰落的主要因素之一。数据显示，在过去日本劳动年龄人口曾经一度随着人口总数的增加而增加的时段，年均增长率约为1%。到了20世纪的最后五年间，年均增长率出现了大幅下降，降至0.4%左右。具体来看，日本15～64岁年龄段的劳动人口减少趋势最为明显，而今后的日本劳动力匮乏的现象将不可避免。在日本，经常可以看到有相当一部分65岁以上的老年人仍坚守在工作岗位上，并且在未来还会有更多的日本老年人继续选择工作而非退休。即便这样，还不足以抵挡年轻劳动力人口减少所造成的影响。然而不得不面对的是，在日本这样一个高速发展的发达国家，除了有特殊技能或经验的老年人仍然能够在某些领域发挥不可替代的作用外，单纯依靠老年劳动力是不可能完全胜任客观上工作对体力和新知识快速更新所提出的要求的。因此，伴随人口老龄化程度的提高，日本劳动力供给不足的问题将不可避免。

另外，人口老龄化的迅速发展不仅会减少日本劳动力供给，还将严重冲击日本企业的雇佣体制。日本的终身雇佣制度曾经是日本企业最具特色之处，在大企业中占主导地位，并对过去日本经济的高速增长发挥着不可估量的重要作用。终身雇佣制最大的优越性就在于，被雇佣者个人的就业及其家庭的经济来源得以保证，确保员工没有后顾之忧，而且将企业利益与员工利益紧密地结合在一起，能够使得员工对企业保持较高的忠诚度与敬业心，这无论是对于企业还是社会稳定和发展都起着绝对关键的作用。进入20世纪90年代以后，人口老龄化所造成的劳动力减少就对这种稳固局面造成了冲击。为了能够保证劳动力供给充足稳定，企业间出现了竞相争夺雇佣年轻劳动力的局面。企业用不断提高的丰厚待遇来吸引人才，同时还要控制优秀人才的外流，庞大的劳动力成本对于企业来讲无疑是更加沉重的负担。

（二）社会保障制度面临考验

20世纪60～70年代，伴随着日本经济的快速复苏，日本的社会保障制度得到迅速发展和完善。但在步入人口老龄化的今天，老年人口比例迅速上升，社会保障给付激增，社会保障制度开始面临严峻考验。首先面临的问题就是老龄化的人口导致企业年金制度遭遇危机。当下有两大问题亟待解决：一是老龄化的发展导致年金负担加重；二是各代人之间负担与收益出现明显的不平衡，致使越来越多的日本人逐渐放弃年金制度。日本的年金制度分别是由国民年金、厚生年金或共济年金与个人商业年金三个层次构成的，其中前两个层次养老保险都由政府运营并且强制参加，因此被称为"公共养老保险"。人口老龄化速度加快，特别是日本人口平均寿命大幅度延长，有越来越多的退休者达到法定年龄才有资格领取年金。庞大的领取金额毫无疑问会给日本政府造成沉重的财政负担，成为威胁当前日本社会保障制度的一个主要原因。再加之目前正在交纳年金的人将来领取年金的数额要小于其交纳的保险费总和，这就产生了收益与负担的不平衡。由于预料到自己无法从未来的养老金中受益，因此越来越多的民众表示不愿意缴纳年金，破坏了养老金制度的正常秩序。

与此同时受到冲击的还有国家医疗保险体制。随着老龄化的进一步发展，人口平均寿命延长，老人医疗费仍在不断上涨，其中比较突出的问题是需要护理的老年人的数量大幅度增加，护理保险的费用负担过重，国民健康保险的财政状况也陷入危机之中。

(三)影响产业结构调整

日本人口老龄化问题日益严重，使得中老年人不得不成为主要的劳动力。但是劳动力的人群特性可以间接影响到一个国家产业结构的调整。由于中老年人本身相对保守的特性，特别是已经习惯于长期居住生活在固定的地区和长期从事工作的单位，加之长年积累并且形成了比较特定的专业技能，因而对新技术的掌握能力和对职业变动的适应能力较差，对于更换工作岗位或者变动居住地区的意愿非常小。这就大大限制了劳动力从衰退产业和地区向新兴产业和地区流动的可能性和灵活性，进而不利于产业结构调整。还需注意的是，产业结构调整所形成的新的生产体系所需要的技术开发和推广都需要有与之相适应的劳动力来满足。而老年人无论是新技术开发能力，还是对新事物的接受能力都比较迟缓，导致技术发展的停滞，更不利于产业结构的调整。因此，老龄化在未来将严重制约日本产业结构调整，阻滞新产业、新产品、新服务市场的开拓与发展。

（四）传统赡养方式改变

老龄化带来了日本人口结构的显著变化，而社会结构的变化也在逐渐瓦解原有传统的家庭生活方式和赡养方式。最明显的变化就是，越来越多的老人独自在家生活，成为“空巢老人”。以往，老年人一般都与子女生活在一起。但经济发达和易于就业的大都市往往更能吸引青年劳动力，而习惯常年居住在农村的老年人，却不愿意选择到大城市生活，更多的是愿意留在自己的家乡。即使是在大城市能够与子女共同生活的老人，由于日本老年人相对来说比较独立自由，并不像我国老年人一样家庭责任负担沉重，他们更愿意有属于自己的空间享受晚年自由生活，特别是子女成家之后便不再与他们共同生活。另外，老年人参与社区活动的机会与动机减少，社会参与度的下降，极大地削弱了城市社区成员间的联系，老年人独自生活很难得到周全的社区服务。再加上子女不在身边，使家庭成员间的联系变少，容易导致老年人特别是在大城市中的老年人精神上产生强烈的社会孤立感，久而久之导致身体状况不佳。

二、以预先的理论研究作为积极老龄化突破点

日本的老龄化问题加剧迫使日本政府在应对老龄化问题时需要有超前意识。日本向来是一个非常谨慎认真的民族，针对老龄化这个影响深远的社会现象，日本政府认为有必要提前对此做足研究，将其上升到一定的理论高度，力求在物质、精神、法律、理论、管理与服务人员等方面做好提前研究与准备，只有这样才能保证在实际操作中将各方面措施落到实处。因此，早在日本成为老年型国家之前，日本政府就制定了《老年人福利法》。为了能够为日本未来的老年福利事业奠定基础，这部法律中，有关于老年人福利事业的相关规定，例如内涵、功能、职责、机构、设施、人员、经费等都作了明确而具体的解读，厘清这些内容有助于日本顺利地进入老年型社会。有了理论的铺垫，接下来的日本就开始进入到社会政策的落实环节。1986 年，《国民年金法》《老年福利法》与《老年保健法》的基础之上，日本内阁会议通过了《长寿社会对策大纲》。该大纲根据“力求搞活经济，建立具有活力的长寿社会”的基本方针，提出了 153 个课题。作为后十年研究与开发的重点，总共对六个方面进行了详细而周全的提前规划和部署，包括保障雇佣与收入、健康与福利、学习与社会活动、住宅与生活环境、加强老年科学研究和加速实

施长寿社会对策等。

为了确保日本养老问题的研究更加专业化、科学化，日本首先考虑召集一部分老年研究领域的专家学者组成专业学会，共同从事老龄化问题的学术研究。从1959年起，日本老年学会、日本老年医学会、日本社会老年学会、日本老年生物医学会、东京都老年学综合研究所等相继成立，这些学术团体对日本政府制定老年对策与有关法规，发挥了重要的专业理论支持作用。为了确保政府制定的法律法规能够切实符合实际，日本政府还会定期邀请大专院校与学术团体的老龄问题专家组成“老龄问题恳谈会”，就政府拟制定的法令、政策献言献策。同时大学和一些科研部门，还会将老年医学、心理学和社会老年学研究作为教学或者课题来研究，以期通过科研来探求更好的老年政策。当然，老年研究不仅仅只局限于专家或科研机构中，日本的一些企业也开始尝试把老年学纳入自己的研究计划，目的是为了能够将企业日后的发展方向与推动老龄化事业相关联，为社会养老事业做出有力贡献。例如，日本生命保险公司的日生基础研究所就把老龄化社会的经济、社会和生活环境、年金制度和医疗保险列为重点研究课题。在日本，老年研究不再是一个单一的学科研究，而是已经形成了一个跨学科、多部门、多层次的老年科学研究综合网络。在这个网络中，来自不同领域的专家、学者、政府人员甚至企业都在共同致力于有效解决老龄化问题和促进经济社会的发展，为日本政府乃至整个国家提供科学合理的对策支持。

三、延迟退休，充分利用老年人力资源

目前，推迟退休年龄制度已经成为世界各国缓解人口老龄化的主要措施，老年人推迟退休不仅可以在一定程度上缓解社会经济发展所面临的巨大压力，更是能够充分开发和利用老年人力资源，同时也可以让老年人的晚年生活更加充实有意义，符合积极老龄化的本质要求。日本十分关注老年人的工作需求和平等待遇，要求整个社会赋予和尊重老年人平等的工作机会。早在1963年制定的《老年人福利法》就规定：“应充分考虑到老年人的意愿和能力，为其创造并提供从事工作以及参与社会活动的机会。”这在工作与参与社会的机会方面保证了老年人应被平等对待。1971年公布的《促进雇佣中高年龄者特别措施法》规定：“所有企业雇佣的老年工人不得少于工人总数的6%；规定工人必须在60岁以前退休的企业，应另外创造促进退

休人员再就业的机会;凡将法定领取退休金年龄定为 65 岁以上者,政府给予企业'延长法定领取退休金年龄补助金'。"这对老年人退休后继续工作的待遇作出了明确规定。另外,考虑到老年人有着较青年人更加丰富的工作和社会经验,为了能够让他们继续发挥余热,1986 年 6 月,日本政府的对策研究会议通过了《长寿社会对策大纲》,强调为充分发挥人们一生中形成的各种能力和创造性,要提倡老年人就业和参加各种社会活动。可以说,日本早就开始了延迟退休制度的尝试。

日本退休年龄的改革则可以追溯到半个多世纪之前。日本的延迟退休政策并非是单一进行的,而是与日本的养老制度改革和劳动力市场政策一并推行的,因而这也成为日本退休年龄改革的一大特色。三项改革协同进行,也使得日本的延迟退休制度在一定程度上依附于养老制度的变革,进而推动了日本就业政策的调整与修订。因此,无论是从内容上还是从进度上来看,日本的退休年龄调整、养老制度改革与劳动力市场政策彼此之间都保持着紧密、同步而又互相促进的关系。在日本,原先规定的法定领取退休金年龄为 55 岁,被称为是"定年"退休,这也成为日后日本退休年龄改革的重要因素。定年制度开始于 19 世纪末期,当时主要是为了保持和提高员工的忠诚度、延长其工作期限以保持稳定的劳动力市场供应而制定的。同时,1944 年日本建立了相应的厚生年金保险制度,其领取年龄与定年相一致,始于 55 周岁。然而伴随着其后十年日本经济快速增长所产生的大量劳动力缺口,至 1954 年,日本改革了厚生年金制度,设立定额部分,并将支付年龄由 55 岁提高到 60 岁。这可谓是日本退休年龄调整的最初尝试。

而到 20 世纪 70 年代,日本才真正进入到延迟退休制度的正式改革阶段,以《老年人就业法》的修订与养老金制度改革双重并改为标志。目的是一方面提高劳动者退出劳动力市场的年龄,另一方面调整与退休年龄有关的退休金支付年龄和水平。1971 年,日本颁布了《关于稳定老年人就业的法案》。该法案主要是鼓励 45 岁以上劳动者的就业。为了能将退休年龄从 55 岁提高到 60 岁,日本开始尝试通过企业补贴的形式来实现。1990 年,日本再次修订《老年人劳动法》,鼓励雇主继续雇佣员工到 65 岁,这在法律上也进一步推动了延迟退休的政策。日本国际人口问题协会提出的《对老龄社会采取何种对策》提案,也主张延长法定领取退休金年龄,建议在普及 60 岁退休的同时,争取在十五年内把法定领取退休金年龄延长到 65 岁,在 2025

年前后进一步延长到70岁。因此,在延迟到65岁退休的过程中,日本也采取了阶段式的渐进方法。2004年的《老年人劳动法修正案》提出了分阶段强制性地提高退休年龄的办法:将退休年龄在2006年4月提高到62岁,2007年4月提高到63岁,2010年4月提高到64岁,2013年4月提高到65岁。2005年,日本政府修改了《高龄者雇佣安定法》,这也是在法律层面上将延长退休年龄的建议法制化。该法明确规定了三种调整退休年龄的制度,要求企业从2006年4月以后,选择其中的一种制定为企业制度。第一种是延迟退休年龄至65岁。比照养老金开始年龄的推迟(60岁),把退休年龄提升到65岁,到2013年必须达到65岁。第二种是废除退休制。这意味着企业中的老年人可以根据自身情况选择继续工作而不必强制退休。第三种是维持现有退休制度。如果员工退休后仍有工作意愿,原企业必须对有意愿继续工作的员工重新雇佣或延续合同,给老年人提供工作机会。以上这几种方式无疑都会对老年人的就业提供有力保障。

退休年龄的调整必然需要有相应的养老金制度的配合与调整。为了更好地适应提高退休年龄后的就业法规和政策,还应充分考虑到劳动者延迟退休动力不足的情况。日本相应调整了退休金支付起始年龄以及提前退休和推迟退休的年金支付结构。例如,如果劳动者选择按照国家法定的退休年龄即65周岁之前退休,则要接受每年退休金减少6%的情况;如果劳动者选择延迟退休即在65周岁后退休,则可以每年享受到增长8.4%的养老金待遇。物质的激励能够在一定程度上限制提前退休的人数。为了进一步激励劳动者主动延迟退休,日本又规定了65岁以上的就业者也可以同时赚取工资和领取养老金。2007年,日本又规定70岁以上继续工作的老年人在不必缴纳退休金的情况下,可以边工作边领取退休金。而对于提前退休的劳动者,日本也创设了弹性退休制度,允许其边工作边领取退休金。与此同时,日本政府还出台了一系列的劳动力就业市场政策,来呼应延迟退休后的老年人就业环境。例如,保留一定数量的工作岗位专门给老年人,并且通过法律取消年龄歧视,为雇佣高龄劳动者提供保障;为了更好地为老龄劳动者提供就业咨询与服务,还专门设立了银发人力资源中心;通过建立完善多层次、多渠道的各类补贴或奖金体系,在降低企业成本的情况下来促进老年人被雇佣的机会。另外，为了提高老年人工作的积极性，还需要一定的物质激励。[①]

四、发展老年人就业政策

自从日本政府推行延迟退休的制度，明确规定雇主有义务给雇员提供工作到 65 岁的机会，促进退休人员的再雇佣后，日本在近几年 55～64 岁老年人口的就业人数一直在增长。2013 年，日本 60～64 岁老年人就业人数从 2003 年的 292 万增加到 459 万，65 岁及以上老年人就业人数从 218 万增加到 375 万。2014 年，65～69 岁老年人的就业率为 40.7%，比上一年度提高了 1.8 个百分点。这意味 5 个老年人中就有 2 个在工作，老年人的就业率创 39 年来的最高纪录。在过去，工作的老年人从业的行业类属中，个体工商户占一半以上；但现在老年人选择就业的行业更加多元，不少老人愿意就职于流通、护理和制造业等人手短缺行业。预计到 2050 年，日本的就业市场将会变成每 3 人中有 1 人为老年人。日本劳动力人口中 50 岁及以上的劳动力人口的比例在 2030 年将提高到 43%。随着人口老龄化的加剧，日本老年人劳动力在总劳动力人口中的比重越来越大。毫无疑问，老年人的就业人数增多，将有助于日本国内消费的提高和养老金制度的稳定。

为了促进老年人再就业，日本通过不断修改法律保障体系来提高老年人的再就业比例。从 20 世纪 90 年代起，日本就已经开始对养老金制度进行改革，规定将养老金发放年龄逐步推迟至 65 岁。因此，对于一名企业员工来讲，在其年满 60 岁退休后，可能会面临在接下来的五年里没有任何收入来源的情况。而为了保障这部分员工的权益，日本于 2012 年 8 月通过了修改后的《老年人就业稳定法》，并于 2013 年 4 月 1 日开始实施。修改后的新法规定，日本企业有义务继续雇佣仍有工作意愿的员工至 65 岁。新法具有三个要点：废除过去通过劳资协议限定继续雇佣对象的制度；扩大继续雇佣企业的范围；将违反制度的企业名单公布于众。通过修改《老年人就业稳定法》，日本实现了将退休年龄分阶段地推迟到 65 岁的目标，避免了企业员工退休后可能出现的没有收入的境遇。这不仅可以充分利用老年劳动者毕

① 参见马玉安：《日本老龄化问题新趋向及对策》，http://news.xinhuanet.com/zgjx/2014-11/20/c_133802821.htm.

生积累的经验，又能减轻企业负担，缓解人口老龄化给社会发展带来的压力。

老年人就业数量增多，因而越来越多的职位可以不必受到年龄、性别等因素的限制。因此，日本政府采取了一系列措施，使具有工作意愿的老年人在被雇佣的时候，更多的是凭借其健康状况、技能、经验甚至是阅历而胜出。还有部分老人青睐于一些短期或者临时的工作，将其视为是晚年生活的一种调剂，并不太能看出收入高低。特别是对于一些公益事业，很多老年人还常常以志愿者的身份参与。政府也考虑到针对退休老年人不同的年龄群而采取不同的鼓励政策，如对于有丰富经验和知识且身体健康的60～70岁低龄老年人，政府鼓励他们能够继续坚守在工作岗位上；对70～80岁的中龄老年人，考虑到他们可能在社区中是比较受尊重和欢迎的群体，政府鼓励他们在社区内发挥作用，尤其是鼓励他们在社区内参与或组织儿童与老人的互动活动；至于对80岁以上的高龄老年人，就要充分考虑到他们的身体健康因素，主要向身体欠佳的老年人提供更加便利的护理方面的服务。总而言之，日本全力推动老年人再就业，不仅仅缓和了社会老龄化问题，减轻了社会压力，更有利于增进老年人身体健康，给老年人创造更加充实有意义的晚年生活环境，甚至在降低医疗费用等方面都有着深远而重要的意义。①

五、推动老年人参与社会

目前，我国对于老年人参与社会尚未有完全统一的定义，通常可以概括为老年人以就业劳动、社区社会活动、闲暇活动等形式开展的活动。广义上来讲，还可以包括老年人的政治参与、经济参与、文化参与、社区参与、家务劳动的参与及公益活动的参与等。目的在于使老年人保持与社会的联系，增强老年人身心健康，并且提升社会整体的福利水平。对于日本这样一个超老龄社会，有着大量的老年人需要参与社会，融入社会，在社会的共同关怀下安度晚年。对此，日本政府内阁决议制定了2011年度《关于老龄化的状况及老龄社会相关对策实施状况的报告》(《老龄社会白皮书》)。报告明确指出，应当满足独居老人参与到社会活动的期望。为了让独居老人有更

---

① 参见李梅花:《日本、韩国人口老龄化与老年人就业政策研究》，吉林大学博士学位论文，2006年，第77～108页。

好的生活环境，日本新潟县推行了“社区茶屋”活动。在县内2000多个场所，集结不同年龄段的市民与老人进行交流，并为老人做饭。老年人参与社会也是非常重要的，横滨市等全日本40多个团体推行《介护支援义工制度》，其内容为社区老人与该地区机构老年人交谈可以取得一定的点数，这个点数可以到指定地点换取一定额度的现金。东京都町田市的某非营利机构将菜农和老年人义工联系起来，老年人帮助菜农务农可以免费得到一部分蔬菜。为了促进老年人参与社会，这种“有偿义工”活动得到了广泛的推广。①

第五节　我国香港地区积极人口老龄化的政策与法律

我国香港地区，在国际上有着举足轻重的地位，它作为世界金融中心在经济领域发挥着不可估量的作用。然而，瑞士洛桑国际管理学院公布的《2014年全球竞争力年度报告》显示，香港自2005年以来首次跌出前三位。相关学者认为，除了社会内耗、贫富悬殊因素，人口老龄化亦削弱了香港的国际竞争力。相比于欧、美、日等经济发达国家而言，我国香港地区进入人口老龄化社会的时间相对比较晚。在经历了20世纪60年代以来的经济高速增长之后，香港在1986年正式迈入人口老龄化社会。在人口日益萎缩和老龄化的大背景下，香港正面临着严峻的考验。

一、香港人口老龄化现状及社会影响

香港立法会秘书处2014年11月发布的关于人口老龄化的研究报告指出，在过去三十多年，香港男性和女性的预期寿命约增加了8岁，分别为81.1岁和86.7岁。根据特区政府统计处最新的人口推算，香港65岁及以上的人口数量，将由2013年的102万大幅增加至2041年的256万。也就是说，到了2041年，大约每3人之中便有1人是长者，较2013年的每7人之中有1名长者的比例高出很多。但生育率却由每名妇女生育1.7个婴儿下跌至1.1个。香港人的人均寿命长期位列全球三甲之列。根据资料显示，香

① 参见《日本：政府重视“独居老人”社会参与》，http://shfl.mca.gov.cn/article/gjzx/201106/20110600163967.shtml.

港男性的平均寿命为80岁，位居全球之冠；而女性亦以85.9岁的平均寿命，成为仅次于日本的全球第二名。如此严峻的老龄化现状，对香港的未来发展提出了艰巨挑战。

（一）社会养老负担加重

首先，人口老龄化给香港带来了沉重的养老负担，特别是家庭为此所承担的老年人经济赡养负担增加，社会医疗、福利等开支也急速上升。其次，劳动人口比例减低，经济活力下降，增长动力放缓，对政府收入和公共开支的可持续性会有深远影响。按现时人口趋势来看，从2020年开始，香港经济的增长动力势必持续减慢，低于过去十年4.5%的增长率。特区政府目前投放在医疗及社会福利的资源，占经常开支的40%。在照顾长者方面的支出，以2012～2013年度为例，社会保障、安老服务及医疗服务的预算开支已高达434亿港元，占特区政府经常开支的16%。随着人口老龄化的进一步加深，这些开支势必大幅增加。若税制维持不变，特区政府收入的增长将会大幅放缓，而福利和医疗开支则会急速上升，特区政府将面临入不敷出的情况。①

（二）家庭结构改变

在家庭结构越发小型化以及女性广泛就业的背景下，一部分老年人，特别是与子女分居或无子女独居的老年人面临着严重的身体疾病以及日常生活亟须照顾等难题。社会逐渐趋向小家庭组合，三代同堂的情况已愈来愈少，核心家庭渐成社会主流，随之而来的是更多长者只与老伴同住，又或变成独居。此现象衍生出另一问题，就是在欠缺年轻家庭成员照顾的情况下，长者容易发生家居意外。此外，老龄化也给老年人带来诸如住房困难、养老设施或床位不足的问题。

二、推行延迟退休制度

香港老龄化问题如此严重，首要任务是如何减少人口老龄化带来的经济负担。香港立法会秘书处的研究报告建议，鼓励延长劳动人口的工作年期。现在人们的健康状况较佳，教育水平亦已提高，且较少参与繁重的体力

---

① 参见《香港将面临人口老龄化严峻挑战》，http://news.xinhuanet.com/2013-02/27/c_114823642.htm 2013.02.27.

劳动，预期愈来愈多年长人士会愿意延长工作年期。报告还提出，吸引新鲜血液进入劳动市场，尤其是家庭主妇。30～59岁的家庭主妇已占非从事经济活动总人口的20%，成为香港额外劳动力的潜在来源。同时，报告还认为，输入人才作为处理人口老龄化问题的长远方案，则有其局限。例如，输入过多外来劳动力会使本地公共服务及基础设施不胜负荷，雇主压低工人工资，降低企业提升工人技术和提高生产力的积极性等。事实上，随着亚洲多个地区面临人口老龄化问题，中国香港地区亦开始未雨绸缪，延迟退休的建议屡见媒体。此前，多个欧美及亚太地区已积极推动延迟退休年龄的政策。例如美国推出弹性退休制度，越迟退休可获取越多的退休金；英国亦逐步将退休年龄往后推，到2028年，会推迟至68岁；而日本于2013年也将退休年龄推迟至65岁。

在最近几年，香港因老龄化问题而面临经济下滑时，香港安老事务委员会主席陈章明就不断呼吁政府考虑推行弹性退休政策，让长者“老有所为”。他认为，现在大部分的老年人其实身体状况不错，剩余的能力可以再发挥，让老年人成为社会劳动力只是思维的问题。陈章明解释，“选择性退休”并非指退休后，老者还需要继续每天工作，而是自己选择一周3～4天工作。他说，此举可让年轻员工从他们身上吸取经验，也为老者注入新活力，达至长幼共融的效果，并减轻政府、个人的财务负担。香港教育学院2014年11月公布的一项调查发现，近57%的受访港人赞成延迟退休；其中，又有近77%的人认为应该提高退休年龄上限五年或以上。该项调查访问了1000多名在职人士，结果发现，年纪越大的受访者越赞成延迟退休，但四成人认同延迟退休会影响年轻人的工作或晋升。[①]

三、丰富养老服务内容

为了实现“老有所属，老有所养和老有所为”的目标，本着“使长者能够有尊严地生活”的信念，香港政府根据老年人的居住情况为老年人提供了不同的养老服务。以下将具体介绍长者社区支援服务与安老院舍照顾服务这两种具有典型特色的模式。

长者社区支援服务是香港政府为了鼓励老年长者在社区中生活所提供

---

① 参见程今越：《人口老龄化加剧香港安老面临严峻挑战》，载《沪港经济》2015年第2期。

的服务，类似于大陆的社区养老服务。事实上，早在1973年的《社会福利白皮书》中，香港政府就强调老年人应尽量在熟悉的环境中安享晚年。据此，香港政府为居住在社区的老人提供了包括长者中心服务、长者社区照顾服务和其他支援服务的社区服务体系。长者中心服务是为长者和照顾长者的人提供的区域内社区援助，长者地区中心为长者提供区域内的养老服务联络和支援工作、社区教育、个案管理等服务。长者社区照顾服务是为体弱而需要照顾的长者在家或者在社区中提供的服务，主要包括长者日间护理中心、长者日间暂托服务、改善家居及社区照顾服务、综合家居照顾服务和家务助理服务。其提供的护理服务内容较多，且有大量的机构从事该项工作。其他支援服务包括长者卡计划、"老有所为"活动计划、护老志愿者服务、长者度假中心和长者家居环境改善计划。长者卡计划是特区政府为长者提供的一个普遍获得承认的年龄证明，以方便老年人享受各种优惠活动；长者度假中心为长者提供了服务内容丰富的度假设施；长者家居环境改善计划是特区政府于2008年开始的，为那些缺乏经济能力和家庭支援的老年人提供改善居所日久失修和设备欠佳的服务。

针对未在家中或者社区中居住的老年人，香港政府提供了养老院舍照顾服务。在院舍的选择上，香港地区主要有长者宿舍、安老院、护理安老院及护养院，长者可以根据实际情况选择适合自己的院舍居住。其中，长者宿舍主要是为能够照顾自己的长者提供住宿服务，安老院则为那些在"安老服务统一评估机制"中被评为没有或者轻度缺损的长者提供住宿服务，护理安老院为那些在"安老服务统一评估机制"中被评为中度缺损而不能自我照顾的老年人提供服务，护养院为那些在"安老服务统一评估机制"中被评为严重缺损而未能自我照顾的老年人提供服务。在院舍提供的服务方面，主要提供住宿照顾、膳食、起居照顾等服务。在安老院舍照顾服务中，非政府机构和私营机构起了非常重要的作用。有数据统计，截至2011年上半年，非政府机构与私营机构对老年人提供了大量而充足的宿位，用以安置老年人享受来自社会的精心照料服务。①

① 参见郭林：《香港养老服务的发展经验及其启示》，载《探索》2013年第1期。

四、推广老年教育

在积极老龄化政策的呼吁下，世界各老龄国家开始尝试推行老年教育的发展，目的是为了增强老年人终身学习与接受教育的动力与能力，促进老年人身心健康，实现老有所为，推动长幼共融，加强公民教育和推动跨界共融。香港在老龄化巨大的压力之下，高度重视老年教育。香港老年人的学习计划始于20世纪80年代后期。当时由非政府机构如老年照护中心和社会服务机构开办非学历性质的老年教育。在香港回归祖国之后，香港政府又专设安老事务委员会，主要职责是向政府提供建议，制定全面的安老政策。教育对于积极老龄化政策的实现有着重要的现实意义，而香港保持其领先竞争的优势地位也离不开发挥教育的力量。1998年，香港特区行政长官施政报告中首次提出“终身学习”的概念，并将其视为新教育改革的基石、目标和方向。1999年的《二十一世纪教育蓝图——教育制度检讨：改革方案》和《教育制度检讨：教育改革建议》，首次提出建立全面的学历认可机制，推动建立多元模式的高等教育体制，允许老年人在正规大学、进修学院、持续进修院校之间选择适当的途径修读，为老年人终身学习提供更多的途径和机会。老年教育作为积极老龄化的重要实现途径，确保了老年人身心健康，提升了老年人应对老龄挑战的能力，并且有利于老年人与时共进、参与社区服务和继续为社会做出贡献。①

根据老年人对学习的热切需求，香港劳工及福利局和安老事务委员会于2007年初开创了“长者学苑”计划。这是一个以跨界合作和跨代共融的模式运作的老年学习计划，由中小学校及非政府机构合办不同教学程度的“长者学苑”，委员会将分发种子基金予各参与机构，机构则利用已有的资源、场地等，提供课程让老年人参与，满足老年人上学读书的愿望。越来越多的老年人希望在晚年能够弥补年轻时无法读大学的遗憾，亦有部分老年人希望有机会参与更具学术性和更深入的学习课程。因此，香港劳工及福利局和安老事务委员会积极联系各大专院校，将“长者学苑”推广至大专院校层面。至今，由学校及非政府机构合办的“长者学苑”已有98所，7所大专院校参与，包括香港岭南大学、香港大学、香港公开大学、香港城市大学、香

---

① 参见肖金明：《老年人权益保障立法研究》，山东大学出版社2013版，第85页。

港理工大学、香港树仁大学和香港教育学院。根据安老委员会2007年发布的《长者学院项目实施指南——长者学习试验计划》,“长者学苑”的设立主要基于推广终身学习、保证身心健康、实现老有所为、有效利用现有资源、推动长幼共融、加强公民教育与推动跨界共融这七个目的。日后政府、学校和非政府组织推广的“长者学苑”计划,都充分依照以上这七个目标执行,不仅让老年人接受了正规的教育,而且也让老年人在学习过程中不断加强与社会的沟通与交流,切实实现了“老有所教”“老有所学”与“老有所乐”。为满足老年人渴望学习的需求,部分学苑为满足不同能力及来自不同社会阶层、不同经济背景老年人的需要,按社区或老年人的兴趣及学校所能提供的设施,开设多元化课程,有艺术、工艺、体育活动及学术研究等。学苑设有多门短期面授科目,包括健康护理、个人理财、艺术与文化、人际关系、个人生活管理、计算机与信息科技、科学与科技和语文应用等多个范畴,切合老年人日常生活和学习的需要;并设有不同等级证书及文凭,以认同和鼓励学员学习。老年人完成基础课程后,可报读学分课程,完成每个课程均能累积学分,按不同院校要求,修满所需学分则可以取得学士学位。

具体来说,“长者学苑”课程类别繁多,其中中小学开办“长者学苑”,主要是通过学苑平台培育学生成为服务大使。学生经老师培训后担任老年人的辅导老师,教授老年人使用电脑的电子邮件和视像通话等操作,开展健康、生命教育讲座及联谊活动等,以倡导“老有所为、终身学习”的精神,促进长幼两代共融及互相了解。在大专院校成立的“长者学苑”,有专门为老年人开设的课程,邀请退休教师和专业人士为老年人授课,更提供学费资助,课程包括健康管理、人际关系、艺术文化和计算机等。为满足老年人希望参与更具学术性和深入学习课程的需求,大部分学苑都提供旁听生名额,让老年人以旁听生的身份与大学生一起上课,一方面鼓励老年人终身学习,另一方面提供更多机会让年轻人与老年人接触,借以增进互相学习、欣赏、了解及沟通。老年人也可以选择旁听教育。旁听分为远程学分课程和面授学分课程,老年学员可按自己的能力、时间、兴趣及志向选修课程,当中包括多项大学学位程度的课程,但不需参加任何考核或评估,老年人只要按照各自兴趣听课及参加小组讨论,完成课程单元后即可获得进修证书。

此外,香港岭南大学的“长者学苑”创立了一条龙的学习模式,即通过“岭南”小学、中学和大学为老年人提供不同程度的学习机会,而各个层次的学习内容是互相衔接的，这样对于老年人来讲能够构成知识上的通顺与连贯。学苑不仅鼓励老年人持续学习，紧跟时代步伐、积极参与社会事务，更希望他们进一步参与“长者学苑”管理委员会的工作，负责学苑的行政乃至筹划课程和活动，实践“积极乐颐年”的理念。

五、周全的社区护理体系

香港的社区护理组织机构非常周全，特点在于其是以医院为中心设置的社区护理中心，并且作为医院的一个行政部分接受医院的整体管理，而自身可以独立承担护理服务。这就为老年病人在家庭、社区与医院之间的双向转介提供了方便。例如，当老年患者即将从医院出院时，经过医院的护士认真评估后，若需要提供后续的社区护理服务，该患者的有关资料会传真至相应的社康中心。社康中心在接收到老人相关的病例资料后，会及时与患者取得联系以便对其照护活动进行查询和指导。在此后老人康复的过程中，社康中心还会不定期对老人进行家访，来问询老年人的身体恢复情况。如果社区中老年人出现病情加重的情况，社康中心也会及时将其转入相应的医院。

目前，香港的老年照护体系主要包括居家养老和机构养老这两种模式。其中居家老年人的社区卫生服务主要包括健康老年人由卫生署提供一般性的体检、健康宣教等服务，而患有疾病或残疾的老年人则由医管局属下的医院社康中心提供医院外展服务。在香港，当居家老年人有家庭不能满足其生活需求的情况时，社康护士一般会根据其具体情况向其推荐合适的家政服务公司，根据老人的需求提供一些个性化的服务。当然，这些公司多为私营，其收费标准相对较高。如若老人存在一定的经济困难，社康护士会帮助其向社会福利署申请援助，或向一些慈善机构寻求资助。机构养老的主要形式就是入住老人院。同样，香港的老人院分为公立与私立两种。公立老人院是由政府投入资金来保障运营的，因此其在生活、医疗设施配置方面都十分完善，服务质量较高，而且收费低廉。但相对来说规模比较小，往往符合条件的老年人需经长期的等待才能入住。相比之下，私立老人院的数量较多，但其规模大小不一，质量亦参差不齐，收费高昂。除此之外，还有一些日间护理中心，为老年人提供日间起居照顾、护理及社交活动，让老年人在社区中获得医疗、康复及护理照顾，能在一定程度上减缓其家属的养老压力。考虑到老年人生理、心理功能的特殊性与复杂性,香港老年社区服务除了常见的护理和医疗治疗项目外,还提供职业治疗、物理治疗、言语治疗和怀旧治疗等方式,均能够对老人康复身体起到很大的帮助作用。香港的老年社区护理经过数十年的发展,一直立足于老年人及其家庭的需求,不断革新社区护理的工作内容及方法,其社区护理体系的完善与创新特性一直领先于世界发达国家与地区。[①]

第六节 我国台湾地区积极人口老龄化的政策与法律

随着社会的快速进步、生活水平以及医疗水平的提高,我国台湾地区的出生率及死亡率开始逐年降低,因而老年人口的比例正大幅增加。在台湾,高龄化已成为重大议题,其所产生的问题也慢慢凸显。台湾老年人的晚年生活不仅关乎到他们的身心健康,更能在一定程度上影响整个社会的发展趋向与生活模式。如何维护老龄生活的质量与尊严,以及制定健全的社会福利和健康政策,已是当下政府刻不容缓的责任。

一、我国台湾地区人口老龄化现状及影响

根据世界卫生组织定义,65 岁以上老年人口占总人口比例达到 7%时称为“高龄化社会”,达到 14%是“高龄社会”,若达 20%则称为“超高龄社会”。台湾 2014 年最新的人口统计报告指出,台湾人口负成长时程较前次推进提前了 3~4 年,人口结构正在快速老化,15~64 岁年龄的劳动力人口在 2015 年达到高峰。实际上,台湾自 1993 年以来已进入“高龄化社会”。截至 2013 年底,65 岁以上的人口已经达到近 270 万人,占总人口数 11.53%;预计 2018 年 65 岁以上人口占总人口数的比率将超过 14%,稳步迈入“高龄社会”;而到 2025 年,此比率将再超过 20%,进入“超高龄社会”将成为必然。全台有 23 个乡镇区老年人口超过 20%,算是超高龄社区;其中,新北市平溪区是老年人口最多的乡镇,达到 25.8%。从人口老龄化指数与扶老比指标来看,其数值都呈现平稳上升的趋势,这显示出台湾高龄化问题已不容忽视。此外,由于教育水平普遍提高,女性参与就业的比例增加,以及女性经

---

① 参见颜君、尤黎明、刘可:《香港老年社区护理特点与启迪》,载《护理学杂志》2005 年第 21 期。

济独立性的觉醒，使得台湾晚婚、不婚、迟育及不育的现象更加普遍，同此而产生的少子化也产生了一系列的问题，给高龄化问题带来了更大的负面冲击。根据国民健康局的报告，人口老龄化速度的判断标准，是以65岁以上的人口比率从7%增加到14%的年数：达到这个年数瑞典花了八十五年，美国历时七十三年。而我国台湾地区自从1993年2月正式进入高龄化社会到预计的2017年成为高龄社会，老龄化速度年数约为二十四年，这远比欧美国家快得多。另外，还可以通过另一组数据来比对：台湾人口成长率（出生率）用了三十年时间从3%降到1%。国民健康局还估计，到2026年，65岁以上人口会占总人口的20%。据估计，这一数字到了2040年将达到30%，2051年更高达37%。惊人的数字无一不显示着台湾人口老龄化将是社会一大隐忧。同时，高龄人口比例将于2017年时首度超过儿童人口（15岁以下）所占的比例（12.72%），预计2051年时，高龄人口数量将是所有儿童人口数量的4.7倍。

台湾人口老龄化加剧继而导致的少子化趋势，将使得台湾未来在人口转变的过程中，从一个有利于经济发展的人口结构，转变为人口负担过重的人口年龄结构。未来出生率持续降低，必将会导致就业市场的劳动人口减少、劳动力结构高龄化及劳动力供应失调等情况。此外，青少年人口与高龄人口结构严重失衡，将衍生出扶养负担过重、政府负担过高、安养照顾及医疗支出费用过高等问题。此外，总人口数日益减少也会对财政收入与教育发展之间的协调发展形成冲击。出生率降低导致儿童人数减少，未来青壮年人口亦将锐减，劳动力减少将使综合所得税收入减少；消费人口减少、产业萎缩、营业额降低，将使营利事业所得税收入减少，影响政府财政收入；生育率降低使得幼年人口减少，学校的学生数量逐年递减，也将会对学龄人口数及国民教育体制造成冲击。未来师资的供应与需求之间，势必存在大幅度落差，将导致教育人力失衡。

从世界范围内来看，我国台湾地区人口结构所面临的问题，并非只是单一地区的特殊现象，而早已成为全球化的问题。经济合作与发展组织在2008年就指出，高龄化社会将成为所有经合组织会员国面临的严峻挑战。依据联合国资料显示，1950年全世界60岁（含以上）的人口比例为8%，2007年为11%，到2050年，预计将上升至22%。面对高龄化社会的来临，国际组织与发达国家早已积极投入到劳动政策、社会福利、教育政策、产业政策等政策的研究与推广。例如力争通过产假、育婴假、育儿津贴、税负优惠、推动高龄化住宅、发展银发产业、改革年金方案及完善老人健康各社会照顾体系等,确保国家在应对老龄化社会的挑战时更加从容,并且能够给各个国家的老年人创造一个幸福、充实、富有意义的晚年生活环境。

二、系统全面的老年人福利法规体系

20 世纪的西方"福利多元主义"思潮深刻影响着我国台湾地区的福利政策。20 世纪 70 年代,欧美等福利国家由于遭遇经济危机而陷入了危险境地,"福利多元主义"思潮由此兴起。该思潮主张福利来源的多元化,即福利应当是社会的产物,而非完全单一依靠政府或者市场。20 世纪 90 年代,福利多元主义开始在台湾引起关注,台湾老人福利供给逐渐呈现出了私人化、社区化和去中心化三大趋势。政府与提供老人福利服务的非营利组织关系也逐渐产生了变化,由过去的"补助关系"变成购买的"契约关系",这也就意味着原来的非营利组织由依附于政府机构慢慢转变成为了合作共事的角色。在这个"福利多元主义"理念的影响下,"福利社区化"成为政府部门施政的核心关注点,在老人福利领域体现为倡导"在地老化",即要让老年人在最熟悉的环境中养老,在亲友与家人的陪伴下生活。工作领域则体现出以"社区照顾"为主旨的政策推行,目的就是为了保证老年人能尽可能地在家中或熟悉的社区中接受到最体贴的照护。

老年人权益保障立法是人们对老龄社会认识的集中反应,是老人福利得到确认和保障的条件。早在 1980 年,台湾就制定了《老人福利法》,迄今已经历四次大大小小的修改,积累了丰富的老人福利立法经验。目前,台湾已经形成了以《老人福利法》及其实施细则为基础,以相关配套措施为辅助的全面保护老年人权益的法律规范体系。在法律规范下,老年人福利服务工作持续稳定展开。具体来看,台湾的老年人福利法规体系有如下特点:第一,形成以《老人福利法》《国民年金法》和《全民健康保险法》为主要支柱的覆盖全体老年人、对老年人权益进行全面规范保障的法规体系。第二,老年人福利法规内容涵盖经济安全、健康维护、生活照顾三大面向,有较强的实用性和可操作性。第三,对老年人群体中的弱势群体和特殊群体,包括中低收入老年人、有身心障碍老年人、失能老年人、老年农民及荣民的保障范围与保障力度不断加强。第四,以立法形式,鼓励社会力量参与养老服务,区分福利机构类型，制定不同监管标准。如 1997 年《老人福利法》第一次修订通过，将老年人福利机构修正为“长期照护机构”“养护机构”“安养机构”“文娱机构”及“服务机构”五类。①

“福利多元”的思潮推动着台湾福利事业的飞速进步。自 20 世纪 80 年代起，台湾老年人福利发展迅速，福利内容也在不断完善丰富。首先体现在与老年人福利相关的立法领域。为了满足民众对于福利照顾、安养照护及经济安全的各种保障需求，台湾先后通过《老人福利法》《社会救助法》《身心障碍者保护法》等三部法律，目的在于以立法的强制性作用来促进和保障台湾社会福利的发展。同时，政府还增加了用于社会福利的开支，在很大程度上能够推动台湾福利服务种类增多，服务方式、方法、内容也更趋于细化。提供的福利在表现形式上既有通过物质方面的财力保证，也有通过精神领域的人文关怀。例如，民进党执政期间，通过“敬老福利津贴”及“中低收入老人生活津贴”这两个福利项目给予老年人最大程度上的惠顾。而且自 2009 年起，政府越来越关注到老年人的内心精神需求领域，逐渐以人文关怀的形式来取代以往单一以货币形式提供的福利。例如，一部分老年人有退休后能够继续接受教育或者深造的愿望，因此政府提供了较多的机会供老年人入读大学，上“长青学苑”或老年大学的老年人比例明显增加；与此同时，其他诸如居家服务、居家护理、独居老人关怀等以服务形式提供的福利供给也趋于多样化。目前，政府为老年人提供的福利措施涉及领域非常广泛，包括老年人的经济安全、健康维护、生活照顾、老人保护、心理及社会适应、教育及休闲等方面。在老年人福利机制建设方面，推出长期照顾体系、社区照顾关怀据点、提升老年人福利机构安养护服务质量及推展行动式老年人文康休闲巡回服务等方案计划，以保障老人能在家、在地得到全面、妥当、连续的服务。

三、多元化的机构养老模式

台湾目前的养老机构分布相对不均衡。虽然在某些大中城市有着相对完善的养老机构，但是在一些农村或者是偏远地区，不仅人口老龄化现象非常严重，而且医疗资源还十分匮乏。为应对老龄化社会的来临，满足老年人

① 参见严志兰：《台湾社区居家养老的政策、实践及其启示》，载《台湾研究》2013 年第 5 期。

养老的多元化需求，台湾除了尽快健全老年经济安全保障制度外，也正在规划建立比较完善的多元化的老年人养老长期护理制度。在"福利多元"思潮的影响下，台湾的养老机构以"社区"和"在地"养老为主，因此"目前台湾的机构养老取向定位为推动养老机构'社区化照护网络，使失能者得以获得连续性照护'，充分调动现有的社会资源，并辅导医院、安老机构提供居家护理及日间照护服务，落实'在地老化'，希望发展'在地'的服务，照顾'在地'的老人，避免老人因需要照顾而迁移、离开熟悉的周遭环境"①。但是，目前人们普遍对于养老机构的模式究竟是作为"福利"还是"产业"来对待还存有争议，或者困惑于该如何协调两者之间的关系。为了更好地调和"福利"与"产业"之间的矛盾与认知，现在台湾地区已经形成了一种"福利"与"产业"相互制衡与协调的模式，既保留机构养老的福利性质，即政府依然要发挥其积极作用，又要利用政府的政策支持与监管来提升机构养老的品质。同时，也要给其"产业"发展空间留有一定的余地，鼓励市场、社会等一切民间力量积极参与养老事业，如老人住宅公寓及社区产业，老人安养、养护、医疗及营养品产业，老人健康食品及抗衰老餐饮产业，老人化妆品、衣饰品产业，老人教育课程及法律支持产业等。政府与民间既有分工又有合作，这种制衡与协调使得机构养老的从业者在实施政府老年人福利的同时，能够共同致力于挖掘和创新养老产品和提升养老品质，也可以从中获得相应的经济利润及丰厚回报。

不可否认的是，机构养老模式的运行离不开政府的主导与支持。从台湾的机构养老照顾体系建构与发展历程中就可以看出，政府在每个阶段或时期在机构养老照顾中都发挥着非常重要的作用。例如，规划机构养老照顾相关制度、研订机构养老相关法规与健全工作体系，推动多层级的机构养老照顾模式，建立社区化的机构养老照顾体系，组织高校开展与机构养老相关的应用研究等。在政策的实施中，政府的责任与支持主要体现为：首先是在《国民年金法》第 3 条规定："国民年金"的主管机关为"社政主管机关"，在直辖市为"直辖市政府"，在县市为"县市政府"。"国民年金"的业务由主管机关委托劳工保险局办理，充分体现了政府对养老保障负有重要的责任。其次是政府对养老机构从各个政策层面给予补贴。这些扶持和补贴包括：

---

① 黄耀明：《老龄化趋势下台湾机构养老模式的经验与启示》，载《台湾研究》2011 年第 5 期。

在养老机构的开办时期给予土地、基建和规划设计上的政策扶持;在养老机构运行中给予养老床位的政府补助,可以接受外界捐赠,享受税收优惠支持,对于机构中的一些专业人才包括社工、护理和护工等专业人才等给予适当津贴。[①] 此外,对于目前养老机构缺乏管制的现状,政府还加强了针对养老机构的行业监管,为提升养老机构的养老品质和行业自律,台湾地区各个养老机构都需要在政府进行立案注册,符合一定的准入条件才获批准。在严格的年检制度下,台湾所有的养老机构每三年都要进行年检,只有检查合格者才能重新领取执照,而对于违规的养老机构还必须接受相应条例的严厉惩罚。

随着老年人需求日益多元化,机构养老模式也随之顾及到老人不同的养老需求取向。在"福利"和"产业"之间的博弈中,以老年人需求为本的多元化养老模式成为台湾养老机构运行模式的基本主旨。特别是在与老年人日常生活领域紧密相关的如生活起居硬件与配套设施中,一方面要考虑到老年人生活便利、个性化等具体需求,另一方面还要注重对机构养老的社区回归,即养老机构服务应该与老年人生活的社区相融合。

为了推动养老服务业向更高标准发展,目前多数养老机构开始提升服务的专业化程度。专业化不仅能使老年人得到更好的养护,还能使很多老年人从专业化的服务中找回原有的尊严。对于养老机构自身而言,通过行业成立自己的协会进行成长与自律就是对自身专业化提升的最好方式。台湾的机构养老产业就是通过机构行业协会的成立,提升了机构养老的品质与声誉,同时也极大地促进了养老产业的技能与信息的沟通与交流。借助于这样的协会,各养老机构可以与政府进行定期交流,与社会各机构进行互动,形成一个促进养老服务的信息交流平台。如台北市的社区银发族服务协会,就是由台北市几家私人小型机构共同成立的。目前,该协会已有不少会员机构加入,并逐渐成为沟通政府与机构、机构与机构、机构与社会间关系的一个重要平台。经过几十年的发展,台湾养老机构日趋专业化,养老服务品质提高很快。例如苗栗县的海青养老机构把"专业与尊严"作为组织的宗旨与信念,并把这样的追求融入具体的服务行为中。如他们在聘请医生的科类时,主要考虑的就是机构中老年人的病情分布情况。此外,这样的

---

① 参见黄耀明:《老龄化趋势下台湾机构养老模式的经验与启示》,载《台湾研究》2011年第5期。

“灵性关怀”还表现在很多养老机构设有教堂、佛堂、物理治疗室、感官治疗室等设施，充分彰显了台湾养老服务品质与服务人性化取向。[①]

四、大力发展老年人教育

“终身学习”早已成为全社会公认的追求，而老年型社会的出现和老年人自我意识的觉醒使得老年人教育的重要性越来越显著。老年人教育的开展不仅对完善终身教育体系有非常重大的作用，而且对老年人自身也有很大的意义。为应对老龄化对台湾的冲击，做好老龄化社会的准备，台湾逐步重视老年教育，不断推动和完善老年教育的发展，期间经历了六个关键进程：一是 1978 年“青藤俱乐部”的创立；二是 1980 年 1 月 26 日公布实施的《老人福利法》；三是 1991 年 4 月 24 日颁布的《发展与改进成人教育五年计划纲要》，将老年教育系统纳入成人教育体系；四是 1998 年发布的《迈向学习社会》白皮书；五是 2002 年颁布的《终身学习法》；六是 2006 年 11 月 24 日颁布的《迈向高龄社会老人教育政策白皮书》，对老年教育提出完整的政策主张。

“终身学习”的理念可以在 2002 年颁布的《终身学习法》中得以充分体现。该法详细规定了各级主管机关应整体规划终身学习政策、计划及活动；并确保弱势族群有终身学习的资源，增加长者学习机会；并依据《终身学习法》广设社区大学，提供社区居民终身学习之教育结构。而后针对老年人教育的相关规定则体现在 2007 年颁布的第四次修正之后的《老年福利法》中。其中规定“教育主管机关主管老人教育、服务老人之培养与高龄化社会教育之规划、推动及监督事项”，明确将老年人教育之推动、人才培训与规划划归教育主管机关的职责，厘清了老年人教育的推动责权单位。为推动在地化的老年人教育，教育主管机关逐年扩编老年人教育预算，地方教育机关配以相当比例的经费编列。依据《终身学习法》，台湾地区老年人教育的经费除政府给予支持外，还要通过其他途径筹集。而在老年人教育开办初期，由地方政府采取“公办民营”方式，补助经费给民间非营利团体办理。老年人教育的师资供给方面向专业化方向发展，落实老年人教育专业化证照制度，由教育部门委托专业学术团体依据各地方政府推动与研发的创新活动，培训

① 参见黄耀明：《老龄化趋势下台湾机构养老模式的经验与启示》，载《台湾研究》2011 年第 5 期。

社区优秀讲师和老人教育企划师。从体制机制来看，台湾地区是公办民营，即政府主办，民间团体与机构经营。在管理机制、人员配备、投入保障等方面也是如此。

台湾老年人教育法律法规的建设自20世纪80年代以来就在不断进行完善与升级，政府开始有系统地推动老年人福利工作始于1980年1月26日实施的《老人福利法》。2007年版的法条涉及老年教育的条文有3条。1987年，台湾颁布《设置长青学苑实施要点》。1991年，颁布《发展与改进成人教育五年计划纲要》，将老年人教育系统纳入成人教育体系。1993年，公布《奖助办理退休老人教育及家庭妇女教育实施要点》，补助各乡镇市区开设老人学苑及妇女学苑。1998年，公布《迈向学习社会白皮书》，终身学习的观念成为普世价值。在2002年颁布《终身学习法》的基础上，教育主管机关在2006年颁布的《迈向高龄社会老人教育政策白皮书》中提出完善老年人教育环境四大愿景、六项政策推动原则、七大目标十一项推动策略及行动方案。这是台湾首次对老年教育提出完整的政策主张。

在台湾地区，推动老年人教育的主体十分多元丰富，有宗教团体、社团、老年大学以及社区大学。除了这些机构主办的相对固定的办学模式外，近年来台湾吸取世界各国推动老年人教育的经验，建构出一套呼应老年人学习特质与环境的老年人教育模式。其主要模式有：(1)以休闲旅游学习为主的教育模式。福建老年大学曾先后接待5批台湾老年人社会大学游学团。(2)以社区为主体的教育模式。以社区为中心，使社区成为老年人就近学习的重要场所。具体做法包括：开办社区乐龄大学或社区老年人学院，鼓励民间社团、商店在社区开设“叙述咖啡馆”，推动老年人学习团体自主学习，倡导“角色扮演”的“乐龄读书会”。(3)家庭共学的学习模式。主要是让亲子之间共同学习，这也是老年人教育模式不可或缺的一环。(4)把学习送到家的学习模式。这是一种重要的老年人教育模式，具体做法涵盖：成立行动式老年学校，鼓励在家教育，设置网络老年大学，设置网络教学资源站与教学平台，推动电视与广播制播老年教育课程，进行远距离教学。(5)以办活动与博览会为主的教育模式。(6)以现代科技为主体的教育模式。(7)大学开办老年人教育的教育模式。这是台湾普及、提升老年人教育的重要策略之一。(8)结合服务与学习的教育模式。开展以服务结合学习的志工教育模式，是老年人教育的重要一环。(9)落实各级学校成功老龄化观念的教育模式。①

台湾地区老年人教育发展到现在，其课程设计基本以休闲娱乐为取向。根据台湾教育主管机关2007年的调查，各地方政府教育单位在办理的类型方面，家庭教育中心以家庭代间教育、祖孙活动、退休生活规划、老夫老妻营等家庭学习活动为主；社区大学则规划资讯学习、休闲学习、医疗保健、生活禅学或生死教育等为主，以满足老年人的学习需求；而成教班则是以识字教育及补习学校的教育为主。目前，台湾老年人教育的课程设计有四大趋势：(1)从着重提升老年人的精神生活层面出发，由地方政府、民间团体规划知性、休闲、养生的学习课程内容。(2)为了让健康的老年人有再贡献社会的机会，为其提供志愿服务知识与技能的相关课程，这是以后台湾老年人教育重要规划方案之一。(3)从健康老龄化的角度出发，设计完备的退休前准备教育活动，课程内容包括理财、退休生涯规划、老年人身心保健及老年人家庭生活适应等。(4)从文化传承、代间和谐的角度出发，在学校、社区中推动家人及代间相处学习活动，课程内容包括认识老龄化教育、祖孙活动、家人关系及经验传承或实际体验教学等。②

结　语

人口老龄化是全世界全人类面临的共同挑战。我国进入老龄化社会已十余年，伴随着这一现象的加剧，老龄化将成为我国基本国情并且成为一项长期的战略规划与使命。由于人口老龄化进程不可避免地要与经济、社会、政治、文化、环境之间产生深远而持久的相互影响，因此，新修订的《老年人法》规定“应对人口老龄化是我国的一项长期战略任务”。这预示着我国在应对老龄化问题时，无论是在思维、规划、准备以及对策方面都要做好长期的打算。不可否认，人口老龄化是一个老问题，但是它所带来的影响又会塑造一个全新的社会形态，加之人口结构变化的长周期性与复杂性，我国在制

① 参见吴东晖、蔡新霞：《台湾老年教育发展理念、模式及其对大陆的启示》，载《河南广播电视大学学报》2012年第3期。

② 参见吴东晖、蔡新霞：《台湾老年教育发展理念、模式及其对大陆的启示》，载《河南广播电视大学学报》2012年第3期。

定战略措施的时候应该立足于一定的战略高度和长远角度来开展全面规划，从制度和政策法规层面来进行顶层设计，制定适应我国国情和经济社会发展规律的应对人口老龄化的国家战略和行动纲领。

首先，应对老龄化时需要观念上的转变。人口寿命的延长是人类社会文明进步的表现，是国家进步、经济社会发展的必然结果。早在"积极老龄化"概念提出之前，人们对于老龄化的认知还持有较为消极悲观的态度，认为老年人过多意味着劳动力质量和素质的退化，家庭和社会的负担过重，会造成国家的衰退与老化，继而会引起社会的倒退，不利于经济蓬勃发展。在联合国提出"积极老龄化"的概念之后，人们才慢慢意识到在老年人身上所蕴含的巨大的财富与能量，意识到老年产业亦可成为社会的一个新的经济增长点。最主要的是，人们能够重新审视老年人这个群体。老年人不再是社会和家庭的负担，他们的体能与智慧并非随着年龄的增长而减损，而是依然可以活跃在属于他们的舞台上，成为社会的参与者和建设者。因此，正视老龄化这一现象，带给各个国家的不仅仅是挑战与威胁，更多的还有机遇并行。从字面意义上来解读，积极老龄化要求我们树立"积极"的姿态，要以积极的心态、积极的政策和积极的行动力去推动，需要整个社会共同努力，将老年人这个曾经的夕阳产业转化成为富有新鲜生命活力的朝阳产业。要充分发掘老年群体的需求，更要考虑到老龄化过程中老年人的一系列心理和精神上的变化，在制度与政策制定时给了一定程度的倾斜。随着老年人受教育水平的提高，老年人有知识、经验、技能等方面的优势。要调整社会政策，化解影响老年人发挥作用的体制机制阻碍，吸纳更多老年人参与社会发展，给予并创造发挥老年人独特作用的机会。

其次，积极老龄化是一个世界性的议题，它对于任何国家来讲都不是一朝一夕的事情，它的影响是深远的、长久的和全方位的，因此各国应对老龄化战略都必将是一项富有战略性、全局性的长远系统工程。同时，积极老龄化也不会是政府方面单一的责任，而是需要市场、社会、家庭、民众等多元主体共同参与完成的使命。它不仅仅需要制度上的保障，还需要完善的社会服务体系与更加富有人性关怀的良性环境。其中，政府要在制度建立、体系完善、公共服务提供、市场规范等方面发挥主要作用。同时，要赋了市场在资源配置中的决定性作用，给予市场一定的空间与自由度，集中社会所有力量共同应对老龄化的挑战。

放眼于世界，再回归于国情。对于我国而言，敬老爱老向来都是中华民族的优良传统。对于每一个热爱祖国热爱家人的中国人来讲，应该积极营造敬老爱老的社会氛围，将我国的传统继续发扬光大。不仅成年人要树立好敬老爱老的榜样作用，青少年更是应该从小培养尊老的意识与行动。只有这样，才能形成上下团结一致的良好的养老氛围。在借鉴西方积极老龄化政策的过程中，有一点需要有清醒的认知。由于中西方文化与国情的不同，相比于西方发达国家老年人的独立自主、子女并无赡养老人的义务，我国在宪法上就明确规定了子女有赡养扶助老人的责任与义务。这不仅仅是法律要求公民需要履行的职责，更是我国几千年文化沉淀而来的传统与美德。因此，我国在未来应对老龄化时，要继续弘扬家庭养老的优秀传统，在强调社会养老的同时，不能削弱家庭养老的作用。家庭养老是我国传统的养老方式，在我国的历史上老年人养老也是主要依靠家庭。无论今后我国国力如何强大，政府责任如何强化，社会化养老服务如何发达，家庭养老仍然占据主导位置，家庭仍然是养老的第一居所。老年人安度晚年的幸福源泉就来自于家庭，家庭提供的生活护理、精神慰藉、亲情关爱等是其他方式无法替代的。

第五章

构建积极老龄化的法制体系

人口问题是人类社会基础性的问题。人口年龄结构的老龄化对人类生活的所有方面都会产生重大的影响，对国家经济社会发展而言既是挑战，也是机遇。在经济领域，人口老龄化改变了劳动力结构、消费需求结构和国家税源结构，降低了国民储蓄和资本积累，提高了养老的经济社会成本。在社会发展领域，人口老龄化改变了社会利益格局，容易引发代际利益冲突，增加家庭养老负担，削弱家庭发展能力，促使家庭矛盾加速外化。老年人疏离社会现象日趋严重，不利于社会的认同和融合。老年群体社会利益诉求日益凸显，对公共政策的调整和社会管理体制的创新提出了新的更高的要求。当然人口老龄化也有促进社会经济发展的方面。老龄化的根本原因在于人口平均寿命不断延长，人类健康水平不断提高，这将有利于人类知识的积累和创新，有利于21世纪知识经济的发展。所以，从正面看，人口老龄化也可以称为“人类的健康长寿化”。这将成为未来世界的一个常态。人类既然可以延长生命，那么也就可以寻求到解决人口老龄化问题的有效方法。那些早已进入老龄化社会的国家，并没有表现出要崩溃的征兆。比如，德国是人口寿命最高的国家之一，不仅未见衰落之势，反而成为欧洲债务危机中的定海神针。还有许多国家和地区，一方面面临高速人口老龄化导致的风险，另一方面依然在增长，在发展，即使不增长、不发展，老百姓的生活也过得很好。

所以,我们既要看到人口老龄化给我们的社会经济发展带来的压力,同时也要看到它对社会经济发展的促进作用。积极老龄化作为一种应对人口老龄化挑战的战略,可以有效地化解人口老龄化带来的消极作用。但积极老龄化需要物质、制度、思想、政策、组织等各方面的准备,而我国当前各方面的准备还很不充分。我们必须立足当前,抓住机遇,努力走出一条具有中国特色的积极应对人口老龄化之路。其中的关键之一便是良法先行,通过完善的法制体系保障我国人口老龄化条件下国家的可持续发展。

第一节 构建积极人口老龄化法制体系的立法理念

我国作为世界上的超级人口大国,也是发展中国家中人口老龄化现象最严峻的国家。我国早已步入老龄化社会,特别是近些年来高龄老年人口数量迅速提高,在未来的十年内我国的高龄老年人口将一直保持年均100万的增长态势。与此同时,随之而来不断上升的失能老年人口、慢性病患病老年人口以及空巢老年人口数量将进一步加剧我国应对人口老龄化的严峻性和复杂性,因此也造就了我国人口老龄化的特殊性:人口老龄化超前于现代化,即养老的相关配套服务远远落后于现代生活水平的完善与便捷,“未富先老”和“未备先老”的特征日益凸显,老年人面临着贫困、疾病、失能、服务、照料、精神关爱等诸多困难和问题。对于我国而言,积极应对人口老龄化,应当加大制度供给,把解决单纯的养老问题提升到全面应对人口老龄化问题的高度上来。同时要加快发展老龄事业和产业,满足老年人日益增长的多元化需求。这既是我国未来应对老龄化的战略部署,更是全社会民众的共同期待。因此,构建科学合理的积极老龄化法制体系,应首先以保障老年人合法权益为根本出发点,以代际公平和谐为基本准则,以制度和观念创新作为突破口,构建政府、社会、家庭和个人多位一体的新型多元养老模式。

一、保障老年人合法权益是根本出发点

保障老年人合法权益是全社会的共同责任。在城市化迅猛发展、社会结构新旧更替加快的当今社会,现代化的生活依然无法满足日益增长的老年人需求,大部分老年人晚年所面临的生存状况和生活质量仍跟时代发展的水平远远背离。严峻的老龄化形势使得越来越多的老年人在现代社会中

显得更加茫然和无措。当老年人从工作岗位退休在家时,失落与孤独的心理取代了颐养天年的安宁与愉悦;严重的城乡经济二元结构,早已冲破了传统的"养儿防老"的老年保障模式,更多的老年人不得不在孤独的境况中独自终老。无论是在社会认同、经济供给还是在情感慰藉等各方面,老年人都无法获得应有的照护与关爱,逐渐丧失尊严的老年人不得不沦为社会弱势群体,他们的权益遭受无视与侵害。然而,他们不公的境遇却又成为社会的痛点,时刻牵动着整个社会的关注。在这样严峻的老龄化形势下,"保障老年人的基本权益"成为积极老龄化的理念起点,无论是在制度、政策还是机制各个方面,都应处处体现出保护老年人合法权益的原则,归还以他们合法权益,以创建更好的养老环境。

伴随着快速发展的城市化进程,人口老龄化使人口和家庭结构发生重大变化。当下的养老现状出现了诸多新问题,特别是与之相应的法律制度亟待完善。立足于保障老年人权益,需要考虑更加复杂的方面:如老年人口数量的增多直接导致医疗需求和护理费用不断增高,赡养老人的成本日益高昂;"空巢老人"的涌现使得现有的养老机构与服务供需矛盾十分突出;传统的"家庭养老"模式已经无法承载过于沉重的养老负担,"社会养老""私人养老"模式开始出现并且越来越发挥出重要作用;由于老年人寿命延长,促使他们在精神与心理上开始有了更高的追求,因而老年人在离开工作岗位后迫切希望能够走出家门,参与到社会发展中继续贡献自我或者寻求深造机会充实老年生活。而所有这些,都是当下与未来我国在应对老龄化问题时必须时刻关注的新情况、新问题。新型的养老方式、养老需求以及养老理念无一不处处体现出对老年人权益保障的更高诉求:老年人所享有的社会经济权利呼吁老年人医疗保障体系的改革,确保老年人"老有所养""老有所依",享受既要有物质保障,更要有尊严的生活;同时要构建多层次的养老保障体系,形成以居家养老为基础、社区养老为依托、机构为支撑的综合社会养老体系;老年人的平等权与参与权赋予了他们在退休后同样有接受教育与就业的权利,并且无论是在学习还是工作中不得有歧视老年人的行为。同时,为了能够让有知识、有经验的老年人保持社会参与的热情,政府应鼓励老年人在传授文化和科技知识、提供咨询服务、参与科技开发和应用、依法从事经营和生产活动、参加志愿服务、兴办社会公益事业、参与维护社会治安、协助调解民间纠纷等方面发挥应有的作用。[①] 这不仅保障了老年人本身的社会参与权，也为社会的持续发展提供了保障，让老年人与全体社会民众一样，平等地贡献自己的力量，公平地分享社会成果。

二、代际公平和谐是基本准则

代际公平作为可持续发展战略的重要原则，主要是指当代人和后代人在利用自然资源、满足自身利益、谋求生存与发展上权利均等，即当代人必须留给后代人生存和发展的必要环境资源和自然资源。而放置在中国当前养老问题的语境下，代际公平和谐则更进一步指明了占有优势地位的当代人（年轻人）与处于弱势地位的上代人（老年人）之间的和谐关系。这种公平和谐既体现在物质上也体现在精神上。中国千年世代沿袭的“养儿防老”的传统观念一直长期统领着我国的养老模式，加之我国并不健全的社会养老保障体系，使得我国的大部分老年人将自己的晚年生活完全寄托于子女身上，无论是物质上还是精神上都十分依赖后代，否则将不得不面临孤苦终生的境地。相比于没有规定儿女赡养义务的欧美发达国家，我国的代际关系是既有抚养下一代子女的责任，也有赡养上一代老人的义务。很显然，这种模式是基于代际之间交换的公平原则所形成的。

随着人类社会文明的进步，人们的观念在代代更新，代际鸿沟不断加深。而老龄化浪潮的到来，冲击着人们传统的养老模式，也让传统的代际公平和谐面临着严峻的挑战。首先，在经济上老年人未能得到应有的“回报”，中国绝大多数老年人倾尽一生，期望能给子女更好的物质生活，而在自己临近暮年之时，由于生活成本的增高以及社会养老服务的局限，使得老年人并不能享受到富足的晚年生活。其次，由于时代迅速变迁，社会意识与观念不断刷新，越来越多的年轻人在生活经历、生活态度、思维方式等很多方面开始与老年人之间出现了“代沟”，这种情感或沟通上的不畅通使得两代人之间更容易产生疏离感。久而久之，传统的代际伦理关系与代际公平和谐被日益破坏，而新的文明社会的代际伦理秩序尚未建立，加之中国千年流传的尊老爱幼的优良传统逐渐被消磨淡化，使得当今越来越多的老年人除了面对晚年物质与经济的匮乏之外，还不得不忍受心灵的孤寂与落寞。

---

① 参见《中华人民共和国老年人权益保障法》第65条。

在代际公平和谐的视角下，如何公平善待老年人，维系本代人与上代人之间公平和谐的平衡，已然成为法学界、社会学界乃至伦理学界共同关注的议题。而在具体实践的过程中，则是一个需要采取法律的、行政的以及道德的手段同步探索与维护的过程。首先，要通过政府建立一套符合代际公平原则的法律、制度与运行机制，旨在确保老年人的经济与健康安全有保障，逐步完善社会养老保障制度，形成家庭养老与社会养老协调适应的相融模式。同时，还要积极创建丰富的老年服务机构，特别是要打造更加适宜老年人便利生活的健康居住环境，充分考虑到他们在交通出行、通信交流以及公共安全等方面的特殊需求，推行更多人性化的老年人优惠政策，让老年人在日常生活中感受到来自社会各方的关注与照料。其次，应继续发扬我国尊老爱老的优良传统，并将其纳入社会公德与家庭美德的建设之中，积极营造敬老爱老的社会氛围。成年人应树立好敬老爱老的榜样，青少年应从小培养尊老的意识与行为。只有这样，才能形成上下团结一致的良好的养老氛围。在借鉴西方积极老龄化政策的过程中，有一点需要有清醒的认知：由于中西方文化与国情的不同，相比于西方发达国家老年人的独立自主、子女并无赡养老人的义务，我国宪法明确规定了子女有赡养扶助老年人的责任与义务，这不仅仅是法律要求公民需要履行的职责，更是我国五千年文化沉淀而来的传统与美德。

总之，代际公平和谐的现代社会，是一个人人平等、老少共融共同分享社会美好成果的可持续发展的社会。老年人精心抚养、关爱子女成长，子女也要义不容辞地担负起对老年人经济上供养、生活上照料与精神上慰藉的义务。各代人只有彼此给予与付出，才能够真正分享到代际公平所带来的和谐之美。

三、观念与制度创新是关键突破口

我国进入老龄化社会时间较短，因此应对老龄化问题的解决之道尚处在探索的过程之中，其中难免会受到传统的思维、传统的理论观点、传统的方法的影响。我国老龄化最大的特点就是未富先老，而这一点就决定了我国应对人口老龄化，特别是在养老问题上必须走有中国特色的道路。因此，指导中国老龄工作的总战略必须立足于总结中国国情和经验来进行观念创新。但创新首先要立足于国内：一是我国人口社会经济情况与发达国家和其他发展中国家明显不同;二是我国不同于发达国家,实行的是社会主义市场经济制度;三是传统文化和价值观不同,在面对老龄化时所采取的态度会有所不同。立足于中国当下,可从以下几个方面进行创新:

第一,政府要逐渐减轻老年人养老保险的负担,通过其他途径来丰富养老保障方式。综观欧美发达国家经验,无一不是由于老年人养老保险过于沉重而导致了政治问题的产生,给今后政府的公信度和财政平衡都带来很多的负担。通过减少养老保险义务可以相对增加当下工作的年轻人和中年人的储蓄,从某种意义上来说这对于我国社会稳定和经济增长有益处。

第二,进行制度创新,建立灵活的退休机制。随着生活与医疗水平的提高,现今人均寿命普遍延长,人的劳动能力和劳动年限都在不断增强和延长。很多老年人在退休后依然保持着较高的工作动力与热情,他们所拥有的智慧以及丰富的经验甚至超越了年轻工作者。对此,我国应鼓励适当提高退休年龄,这不仅可以减轻全社会养老的压力,同时也可以扩大劳动力的供给。建立延迟退休机制,可以让愿意工作的老年人继续享受劳动所带来的乐趣,在继续获取收入的同时也能够大大促进老年人的身心健康,提高老年人幸福度。然而考虑到我国的特殊情况,延迟退休一刀切显然不现实,在这方面可以借鉴德国做法,建立一个灵活的弹性退休机制,让那些有工作能力和动力的老年人选择晚退休或者不退休。当然,制度的创新还需要有组织形式的革新相匹配,特别是组织文化上的创新,如何让年老与年轻的工作者和谐共融共处,也是未来需要重点关注的方面。

第三,相信市场机制,发挥市场的调节作用。从宏观经济的角度来看,当中国步入老龄化阶段以后,劳动力会出现紧缺,就业市场会出现供给不足。市场所发挥的作用就会显而易见,最直接的后果就是导致工资上涨。在此情况下,有部分老年人可能会选择重新返回职场或者是走入社会寻求工作职位,可缓解社会就业矛盾与压力。因此在应对老龄化问题时,应突破以往的单纯依靠政府管控的传统观念,遵循市场的调节作用,接受市场的判断与调控。①

---

① 参见李稻葵:《制度创新应对老龄化》,http://www.xcf.cn/newfortune_1/fmgs/201412/t20141205_696820.htm.

四、政府、社会、家庭与个人责任共担是坚实保障

在世界各国应对老龄化问题积极采取各种对策时，最突出、也是各国普遍认同的是，未来的养老保障体系应当是越来越趋向于政府、社会、家庭和个人共同承担责任的三位一体模式。例如，在西方发达国家，在养老保险方面采用的通行做法就是：社会保障开支的资金主要来源于雇主和雇员。双方根据政府规定和法律，按员工在职时工资的一定比例，向国家社会保险机构交纳保险费以作投保。社会保障开支的一部分，特别是支出大于收入的部分，由政府从国家税收中给予弥补。仔细分析发达国家养老保险的实质，我们会发现，个人享有的权益与义务是对等的，即个人如果希望享受更好的社会保障收益，就必须依法投保或交纳保险费。不同的国家会出于不同的目的和宗旨，来制定各国的养老保险政策。如在“高税费、高福利”的北欧国家，一直以来强调的都是公民权的平等，因而在其社会保障制度中处处充分体现出以维护全体公民利益为目的的准则。英国在进行养老金改革时一直强调要减轻政府财政负担，鼓励参与私人养老计划，强调个人自我保障的原则，通过推进多层级的养老保障模式来确保公民养老。德国和日本这样务实勤奋的民族更看重的是受益人为社会所做贡献的大小，即其可享受的福利应与个人为社会所做的贡献相挂钩。而美国的养老保险制度则属于混合型：一是强调政府承担基本的责任，加强政府运营的惠及全民的强制性养老保障计划；二是鼓励私营经济进行各种养老保障制度创新，提高老年人收入水平，提供各种利于养老的政策。

同时，养老也需要大力倡导政府、社会、家庭和个人相结合的多元化养老模式。在西方发达国家，“福利国家”是政府干预经济生活、通过税收政策重新分配国民收入的一种社会福利政策。它把国家对部分人的社会责任转变为全体公民的权利，把消极的救助转变为积极的预防，在一定程度上的确促进了社会福利的发展。但是，随着 20 世纪 70 年代爆发的世界性经济危机，2008 年金融危机以及人口老龄化程度的加深，很多“福利国家”愈来愈感到政府已无力负担日益沉重的巨额福利开支。这促使他们不断调整政策，削减福利费用，扩大筹资范围。在坚持政府为投资主体的同时，主张政府、社会团体、私人合办老年福利事业，强调社区和家庭的作用，已成为发达国家养老模式的重要趋势。在我国，虽然养老事业的公益性以及它的复杂性

决定了政府主导责无旁贷，但是随着我国人口老龄化程度的不断加深，老年人口规模的日益扩大，养老保障系统覆盖不完全、养老服务供给严重匮乏等现象日益凸显，未来社会的养老需求早已超过政府单一主体的承受能力。以往由政府垄断的传统模式下的老年社会福利、经济保障和生活服务也已经难以满足老年人日益多元和个性化的需求。在此背景之下，迫切需要形成一个由非政府组织、非营利机构、营利性公司、私营经济、家庭和个人等共同投入老年社会福利的多元化养老新格局。但不可否认的是，政府仍然是老年社会福利的主体，应不断完善相关制度设计，强化规划引导，充分重视市场作用，如加大政策扶持力度，鼓励民办养老机构充分对接市场需求建设老人护理院、疗养院等多种机构，同时还要发挥社会组织在养老服务实践中的主体作用，扩大养老服务供给能力。在家庭养老方面，政府应在相关立法和政策上多一些实质性鼓励和奖励的措施，让子女切实认识到家庭养老的重要性，塑造尊老爱老的和谐社会氛围，从而为我国未来的养老事业发展构筑一个政府、企业、社会与家庭多位一体的坚实保障。①

第二节 积极老龄化法制体系的具体构建

人口老龄化是社会文明进步的结果，是人类社会共同面临的发展趋势。我国将是世界上老龄化问题最严峻的国家之一。人口老龄化给我国的经济社会发展带来严峻挑战，同时挑战中也酝酿了新的机遇。积极老龄化作为国际社会应对人口老龄化挑战提出的战略，可以有效地消除人口老龄化带来的不利条件和消极影响，逐步解决因人口老龄化而产生的一系列社会问题，使人口与社会包括经济、生态环境、资源等相互协调，使社会健康、全面、可持续地发展。积极老龄化需要物质、制度、思想、政策、组织等各方面的准备，其中的关键便是良法先行，通过完善的法制体系保障我国人口老龄化条件下国家的可持续发展。由于积极老龄化包括健康、参与和保障三个方面的内涵，因此我国构建积极老龄化法制体系应着重从老年人健康法制、老年人参与法制和老年人保障法制三个方面入手，而这三个方面的内容本身又

① 参见《国际社会应对老龄化的经验和启示》，http://news.xinhuanet.com/gongyi/yanglao/2015-07/15/c_128022815_2.htm.

是密切关联和相互促进的。

一、老年人健康法制体系的构建

世界卫生组织(WHO)对健康的界定是指人在身体、精神和社会适应上完全处于良好的状态。该组织认为对老年人的健康评价应包括如下几个方面:(1)日常生活能力,指生活自理和操持家务的能力;(2)精神健康,指没有精神障碍和精神疾病;(3)躯体健康;(4)社会健康,指老年人个体人际关系的质量和数量及社会参与的程度。[①] 老年人健康包括身体和心理健康两个方面,而老年人的健康保障和健康促进同样需要作为人权保障主体的政府的积极作为和努力。政府在老年人的健康保障和健康促进中既包括建立完善的医疗或健康保障制度以应对老年人的健康和疾病风险,同时还包括构建老年人健康教育和健康产业法制体系,通过老年人健康教育和健康产业引导老年人形成健康的生活方式和生活观念,预防疾病的发生。

(一)老年人健康保障法制体系的构建

健康保障有广义和狭义之分。狭义的健康保障主要指医疗保障制度,即如何为公民的医疗筹集和分配资金。而广义的健康保障包含两层含义:第一,该制度的内涵除了医疗目标外,还包括疾病预防和健康促进等,目的是维护和提高公民的健康水平。第二,该制度不仅仅局限于健康保障资金的筹集和分配制度,还包括健康服务的组织和提供。医疗保障资金的筹集和医疗服务组织是老年人健康服务得以提供以及实现最终健康目标的两个不可分割的方面。[②]

首先,制定合理的老年人健康保障目标,确立健康保障的责任主体。老年健康保障目标以社会公正为理念,以提高老年人健康水平、改善晚年生命质量为落脚点。社会公正是指人人都有相同的机会获得健康保障资源,但对于社会弱势群体,政府和社会有责任为其提供基本医疗保障。老年人作为体质弱、收入较低的特殊群体,医疗保障是其最为突出与重要的需求。作为老年健康保障的责任主体,政府必须采取积极的政策,通过制定各项政

---

① 参见杨风雷、陈甸:《社会参与、老年健康与老年人力资源开发》,载《劳动保障世界》2011 年第 12 期。

② 参见胡琳琳、胡鞍钢:《中国如何构建老年健康保障体系》,载《南京大学学报(哲学、人文科学、社会科学)》2008 年第 6 期。

策法规，为老人提供合适的医疗保险、长期照顾等健康保障，构建健康保障体制。同时，政府还应是老年人福利的规划者，制定的政策措施不仅要满足当代老年人的需要，也要使现在的劳动人口和未成年人在年老时能获得足够的健康保障。

其次，建立和完善老年人健康保障体系，实现老有所医。目前，我国健康保障制度的核心是以城镇职工基本医疗保险和农村合作医疗为主要形式的医疗社会保险。公共卫生以及针对贫困人群的医疗救助也是重要的保障形式。但是老年人疾病发病率高，收入相对较低，仅从新的基本医疗保险制度中还无法得到有效保障。因此，现有的老年人健康保障在按照保险的基本原则运作外，还需设立由国家和地方财政负担的独立的老年人医疗保障项目，不少国家亦是如此。如日本于 1982 年从《老人福利法》中剥离出集医疗与保健为一体的《老人保健法》。美国在 1965 年设立老年人医疗照顾计划，通过住院保险和补充医疗保险覆盖所有年满 65 岁的老年人和残疾人。同时，政府在制定老年人的健康保障政策时，应强调健康管理从中年开始、老年疾病以预防为主的原则，改变重视治疗而轻视保健的社会现象，提高有限的医疗资源利用率。

再次，加大财政支持责任，增强老年卫生服务保障的可及性。在社会保障制度完善和转型的过程中，政府财政责任的承担和保证是新制度建设的基础。目前，在我国社会保障制度转型过程中，政府存在着向企业和个人转嫁历史责任的倾向。如我国目前社会保障支出占公共财政支出比例不足 15%，用于公民医疗保障的支出在世界卫生组织 190 多个成员中处于倒数第四。在收入增长缓慢的老年人群体中，医疗费用的高速增长越来越超出其负担能力，医疗费用已成为制约他们获取医疗服务的巨大障碍。从国际上来看，不少国家甚至很多低收入国家，政府对社会卫生支出都占财政支出的绝大部分。另外，一些国家家庭对老年人的照顾也由原来的血缘关系转化为经济关系，出现子女照顾父母可以从政府那里获得一定报酬的社会现象。因此，加大公共财政对卫生和医疗保障事业的投入是解决当前健康公平问题的关键。当然在我国现有的财力下，不可能为所有老年人提供免费的医疗保障，但政府应该补还历史欠债，对老年人医疗保障进行财政直接补贴，妥善解决其看病就医的费用负担问题，提高老年卫生服务的可及性。[①]

最后，建设多方参与的社会化老年人健康服务体系。我国将来的老年健康服务体系应该是一个政府、家庭和社会共同分担的体系。政府部门和私营部门形成协作关系，为老年人提供灵活多样、方便可及的健康服务。考虑到国家的财力和大多数老年人的经济状况，体系的建设应着眼于低成本、可负担。第一，要大力发展社区卫生服务，将其作为老年人医疗保健服务体系的主体和基石。应将老年人作为社区卫生服务的重点人群，开展健康教育、预防保健、康复和一般常见病、多发病的诊疗服务。总之，在政府财政投入的支持下，社区卫生服务机构应该在老年医疗保健中发挥越来越重要的作用。第二，要重视并支持家庭在老年人健康照护中的作用。受传统观念的影响，由家庭成员进行患病或生活不能自理后的照顾是老年人最希望的一种照顾方式。而且，相对于社会照顾来说，家庭照顾成本更低，更人性化。因此，未来还是应该提倡和支持家庭在老年健康照顾中发挥更多作用。针对子女照顾老人时可能与工作产生冲突的问题，国家应当在政策上为承担照护老人责任的工作人口提供一定的支持，比如实行弹性工作时间制度。另外要大力发展居家照顾的社会支持性组织，推动居家养老社会服务机构的建设，加强相关人员的专业培训和岗位教育等。对于居家服务，可以采取政府购买或社会保险支付的方式解决其资金问题。目前一些经济较发达地区在居家养老中建立了政府购买服务制度，即财政资金购买服务、服务组织提供服务、居家老人（以低收入、优抚伤残老人为主）享受服务的制度，其经验值得研究和推广。第三，推动社会化老年人照护机构的发展和建设。中国目前还缺乏社会化的老年照护机构。患病或存在功能缺失的老年人或者住在医院里占用不必要的医疗资源，或者在家中由非专业人士看护。从功能上考虑，未来的老年照护机构应发展为提供专业健康照顾的机构。鼓励规模较大的老年照护机构设立卫生所或门诊部，社区卫生服务机构应当与该社区内的老年之家和养老公寓建立合作关系，由社区卫生机构向其提供医疗卫生服务和技术支持。社会养老服务机构从性质上可以分为公立福利性、私立非营利性和私立营利性等不同类型，制定优惠措施鼓励社会资本进

---

① 参见吴任慰、康露：《试析我国老年健康保障中的政府责任》，载《湖北经济学院学报（人文社会科学版）》2007 年第 1 期。

入社会养老服务事业，允许其提供不同价格和不同层次的养老照护服务，政府的作用是制定服务规程和标准，进一步规范化。[①] 同时，为了解决失能老年人照护费用过高的问题，应当着手研究建立我国老年人长期照护保险制度的可行性，并借鉴德国、日本、韩国等的成熟经验，设计我国的老年人长期照护保险制度方案。

（二）老年人健康教育法制与政策体系的构建

老年人健康教育指的是一种社会健康教育活动，通过健康教育使老年人自觉地形成有益于健康的生活和行为方式，减轻或消除可能影响健康的危险因素，预防疾病的发生，促进老年人的健康，以提高生活质量。政府和社会应开展多种形式的预防老年病知识宣传活动，包括均衡膳食、适当运动、疾病的预防和早期发现以及干预，帮助老年人养成正确的健康观念，提高老年人自我保健的意识和水平。更为重要的是，政府要加强对高危人群和高危因素的关注程度，以降低老年人发病率或延缓疾病过程。老年人健康教育离不开包括政治、经济、社会环境等在内的各种环境支持，尤其是需要政府提供物质和制度保障，而其中的法律和政策保障对于保证健康教育的有效进行至关重要。

首先，要完善并切实实施老年人健康教育法律与政策支持体系。《中华人民共和国老年人权益保障法》明确规定：老年人有继续受教育的权利，国家发展老龄教育，鼓励社会办好各类老年学校。各级人民政府对老龄教育应当加强领导，统一规划。随后，国务院又发布了《中国老龄事业发展“十五”计划纲要》。该《纲要》明确指出要大力发展老龄教育，加强老龄教育的规范化管理。2006 年，全国老龄委颁布了《中国老龄事业发展“十一五”规划》，明确指出，到 2010 年，全国的老年大学和老年学校将在现有的基础上增加 4 万所，以适应社会发展和老龄化的需要。2007 年 5 月 18 日，《国家教育事业发展“十一五”规划纲要》明确规定，积极推进学习型社会建设，办好老年大学，扩大覆盖面。2011 年颁布的《中国老龄事业发展“十二五”规划》规定，加快老龄事业六个体系建设，突出了环境、家庭和老年健康支持体系以及老年社会管理等方面的内容，广泛开展老年人健康教育。2013 年 7 月

① 参见胡琳琳、胡鞍钢：《中国如何构建老年健康保障体系》，载《南京大学学报（哲学、人文科学、社会科学）》2008 年第 6 期。

1日起施行的修订后的《中华人民共和国老年人权益保障法》明确规定:“老年人有继续受教育的权利。”“国家发展老年教育,把老年教育纳入终身教育体系,鼓励社会办好各类老年学校。”“国家和社会采取措施,开展各种形式的健康教育,普及老年保健知识,增强老年人自我保健意识。”“老年人可以通过老年人组织、开展有益身心健康的活动。”可以看出,这一系列的法律法规使得老年人健康教育发展有了基本的法律依据,同时也为老年人健康教育提出了一定的发展方向。但目前的问题是随着老年人数量的急速攀升,我国现有的老年大学数量已经无法满足老年人的需求,很多地方的老年人都需要等待几年甚至更长的时间才能得到入学机会。老年大学出现了类似小学基础教育阶段的“一学难求”的状况。因此,为了满足数量越来越多的老年人的入学需求,政府应当充分动员各种资源尤其是采取切实措施鼓励社会力量开办老年大学,以充分发挥老年大学在老年人教育尤其是老年人健康教育中的作用。

其次,应为建立老年人健康教育提供全方位的教育支持系统。当前,我们要丰富老年人健康教育的内容,通过医疗健康讲座、生活健康课堂以及体育健身课堂等,开展全方位的老年人健康教育活动。另外,可以充分利用电视、广播电台和网络等媒体资源,开设老年人健康教育的空中课堂,开展多层次的老年人健康教育服务,建立一个立体化的健康教育平台,更好地为老年人健康教育服务。[①]

（三）老年人健康产业法制体系的构建

21世纪是人口老龄化的世纪。老年市场和老年产业将成为21世纪的社会热点问题。开发老年人服务市场,振兴银发产业,已成为我国促进经济持续增长和社会可持续发展的重要内容,成为建立“不分年龄人人共享”的未来社会的物质保证。随着中国人口老龄化程度的加深,高龄老人的比重不断增加,老年人口的健康问题日益严重,老年人健康产业的发展将对未来中国社会经济发展产生十分重要的影响。从目前我国的国情来看,老年人健康产业具有十分广阔的发展空间,这源于现实的社会需求和购买力;从社会需求来看,老年人健康产业发展的目的是为老年人提供健康服务和满足老年人的健康需求。健康问题是关系到老年人生活质量的重要问题。随着

---

① 参见常青:《健康促进理念下的老年健康教育》,载《体育科技文献通报》2013年第6期。

社会的发展，人们对健康问题的认识也愈来愈高，对健康和健康服务的需求也越来越大。从老年人口的总体收入水平来看，我国老年人口作为一个庞大的社会群体，具有十分巨大的购买力。而且随着我国老年人口的日益增多和收入水平的不断提高，老年人口总和购买力还将越来越大。因此，做好老年人健康产业发展规划，并积极构建政府、社会、社区和家庭有机结合的老年人健康产业体系，既能促进我国老年人的整体健康水平，也能为中国经济发展提供一个重要增长点。

老年人口作为一个特殊的群体，其需求和消费受到生理、心理、社会经济条件的影响，具有明显的共同性和独特性。一般而言，随着年龄的增长和生理条件的变化，老年人口产生了不同于其他人口群体的特殊的物质需求和精神需求。一方面，大多数老年人退出了社会经济活动领域，闲暇时间增多，其活动场所主要是家庭和社区，欢度晚年成为退休后的主要生活内容。另一方面，由于年龄和健康原因，老年人会碰到如糖尿病、视力听力障碍、关节炎、心脏病等各种老年疾病；而高龄老年人和病残老年人由于生活自理能力降低，需要加强社会照料和护理等等。这使老年人更加注意自己的健康问题，也更需要社会提供一系列设施和辅助活动产品，以便改善老年人的健康状况，增加老年人的自理和活动能力。可见，人口老龄化和老年人口的高龄化意味着对健康和卫生保健需求的大量增加，这就需要依赖市场提供老年健康产业领域的种种服务。而老年健康产业就是指能为老年人提供健康服务、满足老年人健康需求的产业和服务部门。具体包括疾病预防产业（包括对疾病的预防与宣传、老年体育运动产业、老年保健品产业）、疾病治疗产业即医疗卫生产业、老年康复和护理产业、老年健康保险和长期照料保险产业等。当然，随着社会经济发展水平的变化，老年健康产业所包含的产业部门也会发生相应的变化，但其为老年人提供健康服务和满足健康需求的实质内涵并不会发生变化。要遵循一定的原则和规划，使我国的老年健康产业有序发展。

首先，做好老年健康产业发展规划。为适应老龄化社会对健康产业发展的需要，必须积极调整经济社会结构，做好老年健康产业规划工作。为此，应当将老年健康产业纳入经济社会发展的中长期规划之中，各项社会事业的发展应当充分考虑到老龄化社会的特点，发展相应的老年项目，使老年社会医疗卫生事业和健康产业得到相应的发展。在城市建设中，特别是旧区改造和新区规划过程中，要重视面向老年人的社会基础设施建设，包括建设老年公寓、老年医院、敬老院、老年护理院和老年人活动中心，在普通医院中增设老年病房等。体育设施建设中要增加老年人体育设施建设的规模。同时还应根据未来我国人口老龄化程度的变化情况及时调整产业发展的结构与方向，使之能与老年人口规模、结构及内在需求相吻合。在制定老年健康产业发展规划时，要遵循如下原则：一是需求性原则，即老年健康产业的发展是为了满足老年人的客观需求。根据老年人的需求特点及其变化趋势制定产业发展规划，这是保证老年健康产业合理发展的根本。二是福利性原则。由于老年人一般收入固定且支付能力相对较低，因此，老年健康产业的发展应具有明显的福利性特点。政府应鼓励非营利组织参与老年健康产业的发展并提供适当的补助。①

其次，建立老年照护法制体系，这是建立老年健康产业法制体系的重点。随着老龄化程度的加深和家庭结构的变化，未来家庭很难承担老年人的照料责任，而社会保障又不能完全代替家庭，这种情况下，介于二者之间的社区将成为最佳的载体。同时还要建立低龄老人志愿者和社会工作者相结合的老年护理队伍，逐步形成以社区为主体的个人、家庭、社区和政府相结合的四级照料体系，而这种社会照料体系的构建需要完善的法律法规体系作保障。

二、老年人参与法制体系的构建

“社会参与”是 20 世纪 40 年代美国著名社会学家欧内斯特・W・伯吉斯的“象征互动”理论中的概念，是指参与者在社会互动过程中，通过社会劳动或者社会活动的形式，实现自身价值的一种行为模式。老年人社会参与则是指老年人参与政治、经济、文化、社会等一系列活动，包括人际交往、劳动参与、闲暇活动和社会互动等。老年人只有积极参与社会，才能解决因原有角色和参与中断而引发的情绪和心理问题，在新的参与中、在新的角色中重新认识自我，更好地适应社会生活。

老年人的社会参与既是老年人实现自身价值、享受晚年生活的基本途

① 参见张再生、王乃利：《老年健康产业发展现状、规划与对策探讨》，载《人口学刊》2001 年第 2 期。

径之一，也是国家缓解人口老龄化问题的重要举措。老年人社会参与对老年人自身以及对国家和社会都具有积极的意义。首先，老年人参与社会对老年人自身和社会都具有重要的经济意义。很多老年人在长期的工作中积累了丰富的工作技能和经验，这些工作技能和经验可以作为进一步创新的源泉，因此很多企事业单位都愿意聘用已经退休的专业技术人才。可见，老年人参与社会经济生产，既开发了宝贵的老年人力资源，使得老年人一生积累的宝贵经验可以继续造福于社会，也缓解人才资源的结构性短缺，同时减轻了社会负担。其次，老年人的社会参与对老年人自身具有积极的心理调适意义。老年人参与社会活动可以满足老年人的多项心理需求，如帮助老年人重构社会关系，缓解老年人退休后暂时的生活不适，使老年人重新获得精神寄托，摆脱其孤独感。这对于提升老年人心理健康水平具有积极作用。最后，老年人社会参与可以满足更高层次的个人心理需要，即尊重和自我实现。在社会参与中老年人可以不断完善自我，实现“老有所为”，充分实现老年人的价值。

虽然我国《宪法》和《老年人权益保障法》中都有关于老年社会参与的规定，承认和保障老年人的合法权利，但是相关规定过于原则化，难以操作执行。同时，相关法律缺少对有关利益主体的激励机制和处罚机制，面对新形势，其有效性值得怀疑。另外，民政部、人力资源和社会保障部、老龄委等部门多头管理老龄工作，部门之间难以形成合力，所采取的措施针对性不强，只注重对老年人的抚养和照料，对老年人力资源的开发尚未提到议程上来。上述这些情况制约着老年人社会参与的进一步发展。[①] 我们应当通过构建完善的法律法规来切实保障老年人的社会参与权，具体包括老年人政治参与法制体系的构建、老年人经济参与法制体系的构建、老年人文化参与法制体系的构建和老年人社会参与法制体系的构建。

(一)老年人政治参与法制体系的构建

老年人政治参与强调老年公民以合法方式参与政治生活。老年人的政治参与权可以从两个层面上进行概括。一是消极意义上的，指老年人具有言论、出版等自由而不受相应的干涉。在中国，古代知识分子有在年老后

---

① 参见杨风雷、陈甸：《社会参与、老年健康与老年人力资源开发》，载《劳动保障世界》2011 年第 12 期。

“立言”或者“著书立说”的传统，在政治观点的表达方面相较于其他群体更为热切和突出。对于老年人享有的这种政治参与的自由，国家应当给予充分的尊重。二是积极意义上的，指老年人只要有政治参与的意愿和能力，就应当保证其参与国家政治生活。保障和促进包括知情权、表达权、选举权、决策权、监督权等在内的权利的实现。

老年人的政治参与形式与机制主要包括选举参与、组织参与、政策参与和接触式参与。① 相对于其他群体而言，国家在积极意义上对老年人的政治参与权进行保障具有更特殊的价值。因为，老年人只能成为精英政治参与中的重要力量，对于一般的大众政治参与而言，老年人限于自身的身体条件、知识结构、信息渠道等因素，其政治参与能力受到很大的影响，容易被边缘化。在这种情况下，国家就要负担起为老年人的政治参与提供包括物质支持在内的多种措施的义务，以便利于老年人参与政治。比如，在选举参与中对老年人给予特别措施，在知情权保障方面对老年人给予特别照顾等等。除直接辅助之外，对于我国现阶段的老年人而言，限于公民知识的有限性，现阶段老年人的政治参与能力教育培训也显得格外重要。这些从广义上皆可以纳入到国家为保障老年人政治参与权所负担的责任之中。

综合来看，老年人政治参与权的种种保障措施中的一个关键点，在于老年群体相对于其他群体在行使社会参与权方面的平等性。这是老年人政治参与权相对于一般的政治参与权的一个重大差别。从政治学和社会学的视野分析，与政治参与相对应的是政治排斥。政治排斥是基于社会排斥而划分的社会排斥的一个类型。一旦有政治排斥的产生，便从根本上违反了政治参与的平等性。老年人在社会中面临政治排斥的可能性相对较大，故国家应当避免老年人由于自身的条件和能力在现实的政治参与中受到排斥，或被拒之于政治参与之外。衡量政治排斥的指标包括以下几种：缺乏授权，缺乏政治权利，选举登记率低，投票率低，社区活动水平低，没有或者缺乏对政治过程的信心，社会动荡或者社会失序。老年人的政治参与权在现实中容易面对的社会排斥表现在：(1)老年人选举登记率偏低，投票受到现实身心条件制约；(2)老年人缺乏获取政治信息的有效途径，即知情权相对于年轻人来讲受到的挑战更为严峻；(3)老年人的结社权的保障较为缺乏，没有

① 参见房宁主编：《中国政治参与报告(2011)》，社会科学文献出版社 2011 年版，第 72～73 页。

较为权威的全国老年人组织;(4)老年人的监督权缺乏有效的途径而难以得到落实;等等。

老年人的政治参与权保障从属于一国的政治发展进程,受制于各国政治参与的现实国情,但无论如何,老年人政治参与权在所有的老年人社会权利体系中都具有优先的位置,这主要是因为老年人政治参与权对老年人整个社会参与权的最终实现具有重要的意义。如果将权利的实现作为一项系统工程,那么老年人社会参与权的实现就应当是老年人自身、社会其他群体、国家立法者之间多元合作与协商机制下进行的系统工程。其中,政治参与在过程意义上维护老年人在社会参与中与其他群体的力量均衡,在结果意义上实现着老年人这一群体特有的部分政治利益,而这些都将成为经济的、社会的或者其他方面参与的基础。只有通过老年人的政治参与,特别是制定与自己相关的政策与措施决策进程的参与,形成实质意义上的多群体博弈,才能充分地构建自己的社会参与权利,共享社会发展。吸收老年人参与决策进程,推动老年人的政治参与。从宏观层面来说,老年人政治参与有两个层面:一是与老年人利益密切关联的老龄政策与方案的制定与执行;另一个是老年人对一般的政治生活的参与。就第一个层面而言,政府有关老年人的政策制定应当着重听取老年人的意见,畅通听取意见的渠道。全国人大制定有关老年人的法律、作出有关老年人的决议、进行有关老年人事项的执法检查时,也应当更多地鼓励法律和政策涉及的老年人积极发表意见。就第二个层面而言,保障老年人的选举权与被选举权应当重视流动票箱的运用,深入老年居户家中,以方便老年人投票;保障老年人参与政治渠道畅通,包括全国人民代表大会制度、政治协商制度应当为老年人参政议政提供特别的优待措施;提高老年人的政治参与能力,要加强对老年人的政策宣导,建立相应的培训机构,健全老年大学对于老年人政治参与课程的设置,等等。事实上,根据有关的实证研究,老年人的政治参与热情不一定低于青年人,甚至大部分时候要高于青年人。[①] 根据华中师范大学中国农村研究院"中国农民状况发展"课题组的调查,农村青年农民的政治参与度低于农村老年人。虽然这种情况的出现与我国当前农村空巢化、青年政治淡漠等问题有关联,但是至少说明了中国农村老年人的政治参与意愿相对而言还是

① 参见谢湘:《农村青年政治参与度明显低于老年人》,载2011年11月30日《中国青年报》。

比较高的。此外,还可以通过程序和技术的措施,为长期残疾的老年人等弱势群体提供投票的机会,从而使他们的政治参与权得到保障。

(二)老年人经济参与法制体系的构建

老有所养是人口老龄化过程中必须解决的首要问题。老年经济参与最基本的是收入保障,即经济供养问题。[①] 在欧美社会老年学的文献中,通常将养老方式分为非正式支持和正式支持两种。非正式支持又称"非正式制度安排",是指由家庭成员、亲属网络、朋友、邻里和志愿者服务所提供的支持和帮助;正式支持又称"正式制度安排",一般是指对老年人实施的社会保障,主要来自于政府行为中的社区支持和机构支持行为,是社会发展到一定阶段的产物。[②] 具体制度如下:

1. 实施弹性的退休制度

在制定退休政策时需要考虑政治、经济、文化多方面因素,而其中最主要的因素是国民的平均预期寿命。从世界范围看,经济相对发达的国家其人均寿命也相对较长,而相应的该国职工法定领取退休金的年龄也较大。由于国民平均预期寿命的延长,许多西方发达国家都提高了法定领取退休金的年龄。

从平均预期寿命角度考虑,中国应当提高职工的平均退休年龄。唯物辩证法告诉我们,世界是永恒发展的,它要求我们必须学会用发展的观点去观察和分析问题,当思想陷入停滞时,就会被不断进步的时代所抛弃。退休政策亦是如此。改革开放三十多年以来,经济社会发生了翻天覆地的变化,人民的物质文化水平不断提高。随着生活水平和医疗、卫生状况的提高,人的平均预期寿命较 20 世纪 50 年代上升将近 20 岁,但我国的退休制度却一直沿用五十多年前制定的标准,这显然是不适应客观情况的变化的。另一方面,当前的退休制度无法充分照顾到个体的差异。无论老人是否有劳动能力与劳动意愿,达到退休年龄就被"一刀切",这显然是很不科学的做法。因此,现有的退休制度应当作出适当的调整。

当然,我们也不能仅仅因为平均寿命提高就延长退休年龄,还需要考虑

---

① 参见李超:《老年维权之利剑——老年人法律保障制度研究》,上海人民出版社 2007 年版,第 127 页。

② 参见陈功:《我国养老方式研究》,北京大学出版社 2003 年版,第 42 页。

其他方面的因素。首先,要考虑到劳动者自身的意愿。人不同于机器,工艺提高了就可以多运行几年。劳动者是具有主观能动性的。有劳动意愿的年长者即使被强制退休,他也会积极寻找劳动的机会;相反当一个人不愿再工作时就算未到退休年龄他也会不思进取,消极怠工。其次,社会进步的标志之一就是人们可以不像以前那样辛劳而拥有更多的闲暇与享受,单纯提高退休年龄的做法无异于剥夺劳动者休息的权利,这与社会的发展潮流背道而驰。再次,应充分考虑到各地的具体情况。中国幅员辽阔人口众多,各个行政区之间发达程度、教育水平、健康状况都不相同。东部沿海地区与中西部地区在老龄化状况、人均预期寿命、劳动参与率各方面都有很大差异。因此,调整退休年龄也要结合具体情况因地制宜。最后,退休制度改革是一项复杂的工作,需要相关机制的协调。退休年龄与社会保障、退休金、养老保险等诸多事物相互联系,可以说牵一发而动全身。如果贸然统一延长退休年龄将会给其他部门带来困难,届时如果相关机制并未协同,也会给退休制度改革造成障碍。

综上所述,现阶段实施弹性的退休制度较为可行。弹性退休制是指在规定的一个退休年龄段区间(比如58～65岁),员工可以根据自身的情况在这个年龄段选择合适的时间点办理退休手续,领取养老金。一方面,因为弹性退休制是以劳动者自愿为前提条件的,因此可以充分照顾到每一位员工的不同需求。那些身体条件较好,具有很强的工作意愿,经济上需要或将工作当成精神寄托的,可以选择继续为社会做贡献。那些身体条件较差,不愿继续工作,以及想要早点领取退休金的职工可以选择提前离开工作岗位。另一方面,弹性退休制度对用人单位来说更加灵活。弹性退休制度是一个双向选择行为,不但要考虑劳动者的意愿,还要照顾到雇主的想法。实施弹性退休制度后,渴望高级人才的雇主可以聘用中意的人才,而从事相对低端产业等不适合老年人的部门则不会被硬性要求继续聘用老年职工。各级用人单位可以依据自身人才需求状况和职工工作能力情况选择性续聘人才。

事实上,上海市自2010年10月1日起就已经试行了弹性退休制度,老年职工可以延迟办理申领基本养老金的手续。上海市公布的有关试行意见提出,延迟退休年龄,男性一般不超过65周岁,女性一般不超过60周岁。试行意见将企业各类人才均纳入弹性延迟申领养老金实施范围,即参加上海市城镇养老保险的企业中,具有专业技术职务资格人员,具有技师、高级技师证书的技能人员和企业需要的其他人员均可弹性延迟退休。现在看来，该措施尚有诸多不完备之处，不过这是我国政府向退休制度改革迈出的第一步，具有重大的现实意义。

2. 建立健全老年人再就业机制

开发老年人力资源并不是某一个部门的事，也不是出台几部法规就能够做到的，它需要一个综合性的战略，从方方面面进行努力。改革退休制度仅仅是开发老年人力资源的第一步，只能解决一部分老年人的劳动诉求，对于已经退休的、未能续聘的、不愿续聘的尚具有劳动意愿的老人，为了使其人力资源得到开发，还要建立一整套促进老年人再就业的机制。

首先，应当从法律上保障老年人再就业的权益。美国、日本等发达国家于20世纪五六十年代就出台了保障老年人就业的法律法规，明确规定就业机会不因年龄而受到歧视。法律是人民生活的准则，是人与人之间关系的规范，任何行为都需要以法律制度为基础，一套完备的法律制度可以使得开发老年人力资源事半功倍。我国《宪法》规定："公民有劳动的权利与义务。"《中华人民共和国老年人权益保障法》也规定："老年人参加劳动的合法收入受法律保护。"尽管老年人拥有就业的权利，但是还没有与之配套的法规，所以广大老年人再就业的权利无法得到落实。因此，立法机构应当制定和完善保护老年人就业权利与老年人合法收入的法律法规，禁止以年龄为条件歧视或阻碍老年人再就业，保护再就业人员的劳动所得，并禁止原用人单位以再就业取得合法收入为由减发再就业人员的退休金。

其次，应当设立专门负责老年人再就业的管理部门。在日本，涉及老年人问题的政府部门有高龄者对策本部、劳动省、厚生省、经济企划厅、总务厅老人对策室、老人保健部等。这些专门机构将老年问题纳入政府议事日程，保证了问题得以顺利解决。因此，中国应当充分发挥政府的主导作用，设立专门负责老年人相关问题的职能部门，协调各级组织、人事和劳动部门的工作，为开发老龄人才资源创造条件。同时建立老龄人力资源信息网络，规范有序地进行老龄人力资源开发与管理活动。

最后，应当充分发挥市场以及社会的作用。老年群体不是与众不同的群体，老年人力资源也不是特殊的资源，而是与其他劳动力资源一样具有创造性、能动性、开发性、社会性和资本性的资源。中国改革开放三十多年来取得的成就是社会主义市场经济的伟大胜利，是充分发挥了市场在资源配置中基础作用的结果。因此，开发老年人力资源就要将老年人才推向市场，让市场自主选择，避免其被行政化。随着社会人口结构的逐渐老龄化，青年劳动力资源开始匮乏，同时用人单位也愈发注意到老年人才的巨大回报。在追逐获利最大化的市场规则下，老年人力资源将得到良好的开发。各地火爆的老年人才市场已充分证明，走市场化道路才能最好地解决老年人的再就业问题。

（三）老年人文化参与法制体系的构建

教育对人类认识和改造客观世界及自身具有积极影响。教育的首要功能是促进个体发展，包括个体的社会化和个性化。1991 年，联合国通过的《联合国老年人原则》明确规定，老年人应能享用社会的教育、文化、精神和文娱资源，并能够追寻充分发挥自己潜力的机会。

1995 年，我国把终身教育制度确定为我国教育的基本制度之一。终身教育强调教育不是仅仅局限于学校某一特定阶段的教育，也不是某一部分人所拥有的特权教育，应贯穿于人的一生。人在其生命中的每一个阶段都应享有接受教育的权利。终身教育理念对促进我国老年人教育的发展，实现积极老龄化具有十分重要的作用。我国老年人口的快速增长必将带来老年教育需求量的迅速增加。另外，随着老年人物质生活水平和文化层次的不断提高，老年人对精神生活的追求也随之提高。老年教育正是在人口老龄化的社会背景下，提高老年人口的生活质量，促进社会可持续发展的重要应对战略。一个以知识为基础的社会必须保证其成员能够获得接受教育和培训的机会，因为继续教育和培训对于确保个人和国家的生产力都是绝对必要的，而这种机会不应将老年人排除在外。不仅如此，发展老年教育也是促进老年人与社会共同发展的重要途径。发展老年教育可以帮助老年人在社会发展和继承民族优良传统文化中充分发挥作用，实现良性的世代交替，促进社会的全面进步。老年教育能维护和促进老年人的身心健康，能促使老年人把自己的经验和智慧挖掘出来贡献于社会和国家，因此是一件继往开来、承前启后，使老龄人口与国家社会双双受益的好事。学术界有关老年问题的研究和调查也表明：老年教育是影响老年人个体生活和社会发展的重要因素。从稳定社会和建设和谐社会的角度分析，老年人对社会的积极态度也会直接或间接地影响到子女，所以，加强老年教育具有多方面的社会功能和积极意义。

1996年,中国通过的《老年人权益保障法》规定:"老年人有继续受教育的权利。国家发展老年教育,鼓励社会办好各类老年学校。各级人民政府对老年教育应当加强领导,统一规划。"老年教育是成人教育的一种,与其他形式的教育一样,从根本上说是人的建设,核心是全面提高老年人的素质,使老年人的身体素质、心理素质和人格、智力、能力、创造力全面协调发展,成为现代老年人。为此,必须从经济社会发展的实际出发,建立和完善老年教育体系。

一要构建终身教育体系。人在一生中都需要发展,因而人总在自觉或不自觉地进行有意或无意的学习;同时人又生活在动态的社会环境中,社会无时无刻不在变化,人要适应社会变化,要促进社会发展,要与社会在动态中达到平衡,就必须不断地学习,使学习贯穿人的一生。目前面向老年人的教育机构主要是老年大学。截至2010年,全国共有地市级群众艺术馆、文化馆馆办老年大学88个,县市级群众艺术馆、文化馆(站)馆办老年大学686个,远远不能满足老年人的需求。根据2006年中国城乡老年人口状况追踪调查数据,全国只有不到4%的老年人参加老年大学。一方面,应该加大地方老年大学的建设,争取做到老年大学入社区。另一方面,应该充分利用现有的教育资源。各级各类高等院校和教育机构要以终身学习的价值取向为指导向老年人开放,实现教育资源共享。要改变社会成员接受教育的年龄限制,改变传统的教育评价规则,形成不受特定年龄限制的开放式入学制度,为社会不同人群提供再学习再教育的公平机会。

二要完善技能和知识培训体系。开发老年人力资源不仅要利用老年人既得的人力资本,还要继续开发老年人身上潜在的能力。当前老年大学只是向老年人传授琴棋书画的技艺,而开发老年人力资源不应只培养老年人的"闲情逸致",更应该提高老年人的知识和技能水平。要联合职业技术培训学校,提高再就业老年人的专项技能;利用高等院校提高老年人的文化水平。搞好老年人力资源培训,对提高老年人的智能、挖掘老年人的潜能具有重要意义。要健全老年技能和知识培训网络,使老年人不断更新知识,适应新科技的发展,为参与社会劳动创造条件。

三要创新老年教育的教学内容和形式。国务院关于《老龄事业发展"十二五"规划》指出,创新老年教育体制机制,探索老年教育新模式,丰富教学内容。积极支持社会力量参与发展老年教育,扩大各级各类老年大学的办学规模。人类社会正处在前所未有的人口老龄化浪潮之中，没有历史经验可供借鉴，因而有关老年人的一切行动都不应该拘泥于旧形式。老年教育也不应当有固定模式，要与时俱进，求实与创新结合，需求与实际结合，不断提高质量和档次。要坚持“学以致用，有的放矢”的原则，教学手段可因势利导，采取讨论交流式、活动式、解难讲座式、调研式、个别辅导式等，不断提高教学水平。

四要规范老年教育办学体制。老年教育是一项带有公益性的朝阳事业。老年教育要想健康、稳定、持续地发展，必须走规范化建设之路。这就需要纳入政府规划，建立科学管理体制和保障机制。同时，要充分利用各种教育资源发展老龄教育，努力形成全社会支持老龄教育事业发展的局面。

(四)老年人社会参与法制体系的构建

政治和经济一直是人类社会参与的主题，但是随着公民社会的发育，社会建设的发展，社会组织、第三部门的新兴，在政治和经济领域之间的社会领域越来越大，纯粹基于公益的参与而非政治与经济目的的行为也逐渐增多，其中老年人已经成为社会领域参与的重要主体。老年人社会参与最重要的领域便是公益参与。公益参与的类别包括治安巡逻、义务劳动、志愿者活动、互助活动和青少年教育等。[①] 老年人公益参与的扩展不仅使整个老年人群体的公益参与意识日渐提升，同时也在形成权利意识，并逐渐上升为一种自由权与要求权混合的权利形态。从积极老龄化政策的角度分析，社会既要解决老有所养、老有所医、老有所为、老有所乐、老有所学的问题，也要探讨老有所为的具体实现途径，为他们的参与提供机会。社会各界就积极开发老年人资源、保障其社会参与权利等问题给予了广泛关注。[②] 不同的群体往往会选择不同的参与形式。老年人如何参与，应该根据个人的身体、经济、能力状况以及社会需求等选择不同的参与方式。我国《老年人权益保障法》第40条规定：“国家和社会应当重视、珍惜老年人的知识、技能和革命、建设经验，尊重他们的优良品德，发挥老年人的专长和作用。”第41条规定：“国家应当为老年人参与社会主义物质文明和精神文明建设创造条件。”这

---

① 参见张恺悌、郭平主编：《中国人口老龄化——老年人状况蓝皮书》，中国社会出版社2010年版，第237页。

② 参见赵宝爱：《从慈善角度看老年人的社会参与问题》，载丛晓峰、杨士林主编：《社会法与和谐社会建设》，中国人民公安大学出版社2008年版，第143页。

些法律条文实际上代表了国家对老年人参与社会公益事业的鼓励和倡导。

老年人社会公益参与权保障应包括如下四个方面：首先，保障老年人的公益选择权。老年人是否参加公益活动以及参加什么类型的公益活动，应当由老年人自主选择，国家、政府、相关单位不得干涉和强迫。现实中存在着老年人被“动员”参与或者“强迫”参与社会志愿服务活动的现象，对老年人的公益选择权产生了侵害，也使老年人参加公益的热情受到了影响。其次，保障老年人的公益参与权。公益参与并非仅凭一时热情，而往往是长时间的、系统的志愿服务活动，那么就需要有相应的人身和财产保障，即通过提供人身保险、医疗救助等方式保障老年人公益参与的安全。从直接的义务主体来说，组织老年人参与公益活动的组织应当为老年人的公益参与提供人身和财产方面的保障，并对做出突出贡献的老年人进行必要的物质奖励；从间接义务主体来，国家和社会应当通过政策和法律为老年人的公益参与提供制度保障。同时，老年人作为一类比较特殊的公益参与群体，其自身参与公益的目的可能并不同于其他群体，老年人更加注重参与中获得的快乐感受和精神满足。基于老年人的这一特点，动员老年人志愿服务行为的组织和个人应当充分理解和尊重老年人的这一生理和心理需要，为老年人参与公益活动提供良好的环境。最后，老年人具有公益参与平等权。平等是老年人社会参与的核心，公益参与同样离不开平等。老年人与其他年龄群体的平等是公益参与平等权的应然之义，而且这种平等权不仅具有形式的要求，更有实质的内涵。从形式上说，老年人应当被提供和年轻人相似的机会，不得歧视老年人参与公益活动；从实质意义上来说，老年人的平等参与必须建立在老年人自身特殊性的考量基础之上，要在充分保障老年人实质平等的基础上，使老年人参与到公益活动中。

搭建老年人志愿服务平台对于引导和鼓励老年人积极参与社会公益具有重要的意义。老年人参与志愿者活动的平台应该是一个能够满足不同层次老年人实现参与的综合性平台，既能满足一般老年人又能满足有特殊专长的老年精英的社会参与需求。一方面，应尽快搭建志愿服务供需信息协调平台，为老年人参与志愿活动提供信息，使老年人可以根据自己的能力、时间和爱好从事合适的志愿服务活动；另一方面，在老年人群中开展有针对性的培训，不断挖掘老年人的志愿服务潜力，同时进一步拓宽老年志愿服务领域，提高老年人志愿服务水平。在此基础上，如果能够针对老年人的个人特长和特点设计相应的志愿服务工作,则能够为老年人提供更多的志愿服务参与机会,进一步增强老年人的志愿服务能力;老年志愿者的角色和功能也将得到充分的发挥,进而将志愿服务工作融为老年人群体日常生活的一部分。总而言之,只有搭建更广泛的平台,才能为老年人的社会参与提供更加多样化的方式和途径,充分激发老年人的参与热情,最终实现老年人参与社会发展的愿望。

在许多国家,由于老年志愿者的广泛参与和非政府组织的迅速发展紧密联系,非政府组织已被纳入老龄事业的体系之中。① 我国政府相关部门应该重视并鼓励和协助老年人非营利组织的发展,把非营利组织纳入老龄事业发展规划当中,并通过构建志愿者组织体系,让一些单独的、零散的个体自发行为逐步向组织化、规范化方向发展。如通过居委会的有序引导和组织,让社区中原有的邻里互助性团体发展成为组织有效、行为规范的协会,使之能够更好地满足居民多方面的利益诉求。非营利组织和社区可以合作创设一些老年人志愿服务项目和方案,并提供更多的志愿岗位,鼓励更多老年人加入志愿者活动。又如,借鉴部分城市政府购买社工服务,依靠专业力量整合社区资源,提升社区服务水平的成功经验,政府可以在一些具体服务项目中采取向非营利组织购买服务的方式促进老年人非营利组织的健康、可持续发展。同时,将老年志愿者的志愿服务与专职社会工作服务结合起来,由专业社工提供前沿咨询与技术支持,让老年志愿者在社会工作者的指导下从事志愿性服务,以保证老年志愿者活动运行的良性状态。此外,社区社会工作者还可以与社区各类组织机构协作,提供一站式服务,合理有效统筹利用老年志愿者的志愿服务。

三、老年保障法制体系的构建

积极老龄化对个人来讲意味着保持身体健康和参与社会发展,对国家和政府来讲,则意味着要通过法律和政策体制保障老年人的身体健康和社会参与,保障老年人在身体失能或陷入困顿时能得到生存保障和照护,从而确保生存的质量和尊严。我国已经基本建立了覆盖城乡的医疗和养老保障体系。老年人的养老和医疗保障相对完善,针对老年人的社会救助法律制

① 参见陈茗、林志婉:《老年志愿者活动的理论思考和实证分析》,载《人口学刊》2003 年第 4 期。

度也已建立。但随着我国家庭养老功能的弱化，我国目前对失能老年人的照护问题应对严重不足。当前，迫切需要制定相关的法律和政策体系应对失能老年人的照护问题。

老年人长期照护作为一种体系化的制度安排是西方发达国家福利制度发展到一定阶段的产物，其根本功能和意义在于对老年人的人权保障价值。如同儿童一样，老年人尤其是失能、半失能老年人要维持有尊严的生存需要他人和政府的积极作为，需要政府和社会提供长期并充足的保障、救助和关爱。[①] 从人类个体生命周期来看，经过几千年的文明进步，我们已经建立了一系列的制度安排来应对生命周期不同阶段的生命事件，如教育制度、就业制度、养老保险制度、医疗保险制度等。但在老年阶段即个体生命的终端，面对普遍存在的失能忧患，我们却没有相应的照护保障体系。这就意味着人类对自己生命周期终端的制度安排并不完善。正是从这个意义上讲，老年人长期照护服务体系堪称人类个体生命周期中的最后一道安全网。它和养老保险制度、医疗保险制度共同成为个体生命周期中老年阶段的三项保障制度安排或三张安全网。

按照中国的社会传统，家庭是最重要的养老载体。老年人一旦失能，家庭成员就会承担起一切的照护责任。然而在现代中国社会，随着家庭结构的小型化趋势，特别是妇女对就业市场参与程度的普遍化，传统的家庭养老功能正在受到冲击。一旦老人生病或失能，不仅子女的工作和学习会受到深刻影响，而且整个大家庭的生活方式和生活节奏都会彻底改变。照料老年人的子女可能会心力交瘁，甚至积劳成疾。2008 年年底，中国大陆大约有 1400 万需要长期照护的失能老年人，其影响面涉及约 5000 万户家庭。当前我国 60 岁以上的老年人大多有两个或以上子女。然而我国实行计划生育后的第一代家庭中的父母即将步入老年。而再过二三十年，我国的第一代独生子女自己也将步入老年，我国的“四二一”甚至“八四二一”结构的家庭愈益增多。到那时，家庭照料失能老年人的功能几乎可以说微乎其微了，因为子女根本就没有能力照料那么多的老人。而我国当前的老年人长期照护服务体系的发展却远远落后于社会的需要，主要表现为：第一，失能老年人

---

① 参见杨雅华:《生存权保障的新课题:老年人护理福利之探究》,载《福建论坛(人文社会科学版)》2013 年第 1 期。

的快速增长超前于老年照护的发育步伐。整体上，我国的老年人照护服务体系发展严重滞后，市场对大规模失能老年人的长期照护需求反应迟滞。第二，失能老年人的有效需求严重不足，机构提供的养老服务收费标准远远超出了老年人的支付能力。第三，民办养老服务机构发展的政策环境较差。国家在培育养老社会服务市场上导向不明确，缺乏统一规划，现有的关于养老服务机构应当享有的税收、土地、信贷以及水电等方面的优惠政策在实践中无法得到落实，对发展民办养老服务机构的规定过于原则，缺乏可操作性，政策落实难的情况普遍存在。尤其是面向失能老年人的长期照护服务基本上还是一个空白。因此，我国应当未雨绸缪，积极谋划构建老年人照护服务体系，以应对迫在眉睫的老年人照护需求。

（一）老年人照护法制体系的构建

1. 老年人长期照护的概念

“长期照护”是指为失能人群提供生活照料、康复护理、社会交往、精神慰藉和临终关怀等综合性和专业化的服务。[①] 老年人长期照护即是为失能半失能老年人提供的长期照护。老年人长期照护具有丰富的内涵。在内容上既包括日常生活的照料、相对专业的康复护理，还包括更具人性关怀的精神慰藉、社会交往以及临终关怀等多元化的服务；提供照护的主体既包括家庭，还包括政府与社会组织；长期照护的对象是失能半失能人口，而老年人则构成此类人口中的绝大多数；长期照护的目标是满足失能半失能人口对日常生活和保健的需求。[②] 从长期照护的形式来看，长期照护包括机构照护、居家照护和社区照护。最早的老年人长期照护形式主要是机构照护即专门养老机构对老年人的照护。但机构照护费用高，而且在生活环境方面令老年人产生不适应感，因此很多国家如法国、英国和新西兰等开始发展社区照护和居家照护。社区照护和居家照护既可以使老年人在熟悉的环境中养老生活，又大大节约了照护费用和成本，而且可节省宝贵的机构照护资源供最需要的人使用。因此 20 世纪 80 年代，后发达国家在综合调整照护服

---

① 参见林艳：《为什么要在中国构建长期照护服务体系》，载《人口与科学》2009 年第 4 期。

② 参见裴晓梅：《形式多样的长期照护服务应贯穿养老过程的始终》，载《人口与科学》2009 年第 4 期。

务项目的过程中都把居家照护和社区照护放在了优先位置。[①]

2. 老年人长期照护中的家庭、政府与社会责任

传统的完全依赖国家福利系统来提供长期照护服务的模式给政府造成了沉重的财政负担，不具有发展的可持续性。因此，老年人长期照护并非仅仅是政府或家庭的单方责任，而是家庭、政府与社会的共同责任。当然，这三者在老年人长期照护中的责任分担机制在不同国家以及同一国家的不同历史时期具有不同的表现。

(1)老年人长期照护的家庭责任。不同于西方国家，我国传统的“孝道”文化决定了老年人长期照护中家庭责任的基础性地位。正是基于这种“孝道”文化的延续和反映，我国的《婚姻家庭法》和《老年人权益保障法》以及其他法律法规都规定了子女以及其他家庭成员对于老年人的赡养和照料义务。[②] 从传统和现实两个层面来看，家庭在我国老年人的赡养和照护中都发挥了第一位的责任。只有在没有家庭照护的情况下，政府才对老年人照护承担一种补充性责任，如孤寡老人免费入住政府开办的敬老院，而对于有家庭赡养和照料的老年人，政府一般不承担直接的照护责任。然而，随着我国老龄化情形的日益严峻，尤其是计划生育政策导致的家庭少子化情形的常态化，很多家庭将面临一对夫妻照料四个老人(双方父母)甚至八个老人(双方的祖父母)的情形。这种情形的家庭根本无法有效地承担对老年人的长期照护责任，我国传统的家庭养老模式已经不适应老年人照护的现实需求。随着我国老龄化进程的加快以及家庭养老模式和家庭照护功能的日益弱化，国家应当承担起老年人照护的协助责任，以更好地保障老年人的生存权。

(2)老年人长期照护的政府责任。患病或失能老年人单靠自身无法维持生存，需要他人的照护和协助，在家庭照护功能不足的情况下，作为人权保障责任主体的政府承担老年人的生存扶助义务责无旁贷。而且，老年人长期照护服务具有公共物品的属性。面对大量的失能老年人无人照料的情

---

① 参见陈卫民:《发达国家老年照护服务供给体制改革及其借鉴意义》,载《南开学报(哲学社会科学版)》2002 年第 3 期。

② 《中华人民共和国老年人权益保障法》第 10 条规定，老年人养老主要依靠家庭，家庭成员应当关心和照料老年人。第 11 条规定，赡养人应当履行对老年人经济上供养、生活上照料和精神上慰藉的义务。第 12 条规定，赡养人对患病的老年人应当提供医疗费用和护理。

况，政府提供公共服务的责任不可推卸。当然，各个国家由于历史传统以及经济社会发展水平的差异，政府对老年人长期照护服务的责任承担程度和方式并不相同。西方福利国家更强调政府在老年人长期照护中的责任，或者说老年人长期照护的责任主要由政府承担，家庭照护反而在老年人长期照护中起补充性作用。而我国的情形则恰恰相反。在政府承担老年人长期照护服务的具体方式上，政府可以直接开办养老机构为需要的老年人提供照护服务，也可以采取为社会养老机构和家庭照护提供补贴的方式。我国由于政府在老年人长期照护中的责任退位，导致老年照护制度设计滞后、养老设施投入不足，老年人的福利需求得不到有效的满足。① 在任何情况下，政府都不能放弃自己对人权保障和社会福利事业的主导责任。政府应当树立在老年照护事业中的责任观念，并发挥在老年照护事业中的主导作用，保证老年长期照护制度的法制化、照护体系建设的配套化和规范化、照护供给主体的专业化以及服务理念和照护设施的人性化。②

(3)老年人长期照护的社会责任。老年人长期照护不仅是家庭和政府的责任，同样也是社会共同体的责任。因为每个人作为社会的一员，无时无刻不处在社会连带关系中。社会连带是指个人与个人、个人与群体、群体与群体之间的相互渗透、相互依存的状态。在这种社会连带关系中，一个人的苦难会波及其他的人，一个人的幸福也会使所有的人受惠。③ 因此，每个社会成员底线意义上的基本权利和尊严都应得到切实的尊重和保障。“社会责任要求每一个共同体成员在维持和推进共同体利益方面发挥作用。一旦发生冲突，必须让共同利益高于个人利益。为满足这一要求，每个成员对社会合作关系负有责任。”④同样，社会共同体对于每一位社会成员也负有不可推卸的义务和责任。社会共同体及每一位社会成员对处于弱势地位的社会成员都有义务和责任给予必要的帮助。老年人尤其是失能半失能老年人很显然属于社会弱势群体，其生存权益的维护和保障需要其他社会成员对其

---

① 参见杨雅华:《生存权保障的新课题:老年人护理福利之探究》,载《福建论坛(人文社会科学版)》2013 年第 1 期。

② 参见施巍巍:《发达国家破解老年长期照护难点带给我们的启示》,载《西北人口》2013 年第4 期。

③ 参见董溯战:《论作为社会保障法基础的社会连带》,载《现代法学》2007 年第 1 期。

④ [英]A. J. M. 米尔恩:《人的权利与人的多样性——人权哲学》,夏勇等译,中国大百科全书出版社 1995 年版,第 162 页。

进行协助，只有这样才能维持社会连带关系的正常运转。而且，从更为现实和通俗的角度分析，每一个人都会步入老年，如果每个人都能自觉地为老年人长期照护事业贡献自己的能量的话，就会形成良好的老年人照护社会氛围，那么最终受益的还是将来步入老年阶段的每一位社会成员。

3. 老年人长期照护法制体系的具体内容

面对老龄化大潮裹挟而来的对老年人照护的强大需求，政府应当积极筹划构建有效的老年人长期照护服务体系。这是政府承担的人权保障义务和为社会提供公共服务义务的本质要求。我国政府已经认识到构建老年人长期照护制度的必要性和紧迫性。新修订的《老年人权益保障法》中规定，建立和完善以居家为基础、社区为依托、机构为支撑的社会养老服务体系。该法同时对家庭养老支持政策、长期护理保障工作、发展城乡社区养老以及养老服务标准和养老机构管理等问题作了原则性和倡导性规定。但现有的这些规定存在诸多问题，如社会养老政策有效性不足，社会养老法律体系性不够，相关法律责任不明确，实施机制不完善等。[①] 我国相关法律体系并不适应当前人口老龄化的严峻形势，尤其不适应家庭养老功能减退、养老社会化增强的趋势[②]，必须通过法规和政策将《老年人权益保障法》的原则性和倡导性规定具体化，才能建立起真正有效的老年人长期照护服务体系。

(1)建立老年人家庭照护的税收补贴机制。家庭照护具有社区照护和机构照护不可比拟的优点：从情感上分析，家庭照护可以使老年人在熟悉的环境中生活并充分享受天伦之乐和亲情的温暖；而从经济角度分析，家庭照护具有成本低、简单灵活以及效率高的优点。家庭照护无论在哪个国家都是不可替代的，即使是在社会照护比较发达的高福利国家，家庭照护也要占到老年人照护服务大约80%的份额，因此理应成为老年人长期照护体系的主体。传统的高福利国家也逐渐认识到家庭照护的优势并开始对其进行大力支持。

在我国，家庭尤其是子女承担失能老年人生活照料的责任已经经历了上千年的历史传承，而且在今后相当长的历史时期内，家庭仍然还将继续作为老年人养老的主要场所，成年子女也一直是老年人非正式支持体系中重

---

① 参见肖金明：《老年人权益保障法律制度研究》，山东大学出版社2013年版，第9页。

② 参见肖金明：《老年人权益保障立法研究》，山东大学出版社2013年版，第1页。

要的照护者。家庭照护是中国传统的老年人长期照护方式,是中华的传统美德,也是解决老年人养老问题的基本途径。家庭的养老资源是老年人可以利用的最直接、最便利同时也是最温情的资源。因此,依托家庭为老年人提供长期照护是人类道德伦理的基本要求,子女和其他家庭成员有义务对老年人进行赡养和照料。家庭仍是养老的最重要载体,老年人最愿意在自己家中养老。家庭对于老年人的照护作用很大程度上是靠家庭成员间的感情和道德力量来维系的。我国传统的以孝道为基础的伦理秩序强调家庭的整体利益和价值,强调家庭成员间的互助,使赡养照护老人成为一种家庭成员自觉自愿的行动。我国的文化传统和现实国情决定了家庭还必须在较长一段时间内承担相当大一部分的照护功能,因此家庭照护必须成为老年人长期照护政策的重要组成部分。为此,一要继续倡导养老、敬老、爱老的优良传统,大力弘扬家庭美德;二要通过有效的法律机制来保障家庭成员对老年人的照护责任得到落实,充分发挥家庭在老年人照护中的天然优势。

家庭养老一直是我国优良的历史传统,而且"未富先老"的现实国情也不允许我国建立以"机构照护"为主的老年人长期照护模式。正如哈耶克指出的,理想的社会制度将永远与传统紧密相连,并受到传统的制约,因此我国法律强调的是家庭照护的基础性地位。老年人"家庭照护"强调家庭成员对失能老年人的照料义务,虽然减少了照护成本,但给家庭成员带来了沉重的经济负担和身心压力。近些年来,受家庭结构小型化、城镇化进程加快以及传统价值观念遭受冲击等因素的影响,家庭照护功能不断弱化。在这种情况下,迫切需要制定相关法律和政策对家庭照护进行支持。

对家庭照护提供支持的方式主要有两种:一种是向失能老年人提供照护津贴。失能老年人除了可以用该津贴购买"机构照护"提供的照护服务外,还可以用于"雇佣"家庭成员为其提供照护服务。西班牙便是采用该种模式的典型。其做法是根据照护需求等级向需照护者每人每月发放300~520欧元的津贴,照护需求者可以用该津贴向为自己提供照护服务的家庭成员支付报酬。这样家庭照护失能老年人的负担大大减轻,同时社会照护及相关产业也随之拉动起来。[①] 另外一种做法是对家庭照护的提供者给予税

① 参见张盈华:《老年长期照护的风险属性与政府职能定位:国际的经验》,载《西北大学学报(哲学社会科学版)》2012年第5期。

收补贴。新加坡采用该种模式。根据新加坡税收法律,与老年人共同生活的成年人可以获得收入所得税的减免,这实际上是对老年人家庭照护的变相补贴。比较这两种不同的家庭照护补贴模式,新加坡的做法操作起来更加简便,而且我国与新加坡在文化与历史传统上具有相似性,因此我国更宜借鉴新加坡的做法,对与失能老年人共同生活并提供照顾的成年人给予收入所得税或其他税收减免。

(2)构建老年人社区照护法律制度。老年人社区照护符合"就地养老"的理念,可以使老年人在熟悉的环境中生活,提高老年人的生活质量;社区照护还可以为老年人家庭照护提供专业指导及其他支持,并能调动社区内的现有资源尤其是人力资源如低龄老人来为高龄老人服务,从而实现社会资源的最优配置;社区照护更能有效地降低政府和家庭对老年人的照护成本。总之,建立发达的老年人社区照护体系对于老年人照护事业同样重要。

日本作为一个严重老龄化国家,其社区照护在老年人照护服务中发挥了重要作用。日本社区照护中的家庭护理内容包括:(1)走进老年人家中服务。照护机构、福利机构等派遣专业工作人员照顾老年人的生活起居,服务内容有老年人个人卫生、助浴、上门做饭、代为购物等。如老年人及家属有要求还可以提供日、夜间服务。(2)上门医疗护理。社区卫生服务中心、老年人保健机构、访问护理中心派护士提供服务,内容有为老年人检查身体、诊断病情,发现问题及时告知医生会诊。(3)康复训练。这是由专门的康复人员上门为老年人进行康复训练和康复指导。(4)上门护理。由医生、药剂师、营养师等给老年人提供诊断病情、用药指导、营养指导等服务。(5)日间托管服务。这项服务的对象是行动不便、失智、身体虚弱无生活自理能力的老年人。除提供一般生活照料外还为老年人提供身体知觉康复训练、定期体检、营养指导、洗澡更衣等。(6)暂时托管。这个主要发生在老年人家属外出或患病时,原则上期限为1天至3个月。托管期间,老年人可享受从常规帮扶到医疗护理等系列服务。[①] 受中国传统儒家思想的影响,日本社会认为,家庭和社区应当为陷入困境的人提供帮助,因此社区参与老年人养老在日本具有悠久的历史传统。日本于1991年成立了第一家社区老年人照护

---

① 参见孟卫军:《英国和日本高龄老人社区照护养老服务的经验与启示》,载《黑龙江史志》2013年第21期。

机构。这种老年人照护机构通常是由小型的私人住所在不改变房屋结构的情况下改建而成的,目的是为了让老年人在这里更有家的感觉。每一个社区老年人照护机构通常每天能容纳 9～15 名老年人。除了服务老年人之外,日本社区老年人照护机构还为社区内的其他社会群体如残疾人或精神病人提供照护。到 2001 年,为了解决社区老年人照护机构发展中的资金困境,日本政府发起了一项常规性补助方案,即鼓励将城市的老建筑改建成老年人社区照护机构,其中的改建费用由政府承担。在这一补助方案的激励下,日本长野地区的老年人社区照护中心由 1999 年的 12 个发展到 2008 年的 362 个。[①] 这些社区老年人照护机构因为能够由政府补贴其成本,因此获得了稳定的资金支持,并为日本的老年人照护做出了重要贡献。

鉴于社区照护在老年人照护中的重要作用,我国应当通过立法形式明确对社区照护的扶持和补贴。立法应当对社区照护机构的成立规定较低的注册门槛,创新社区照护机构的法律形式,发挥社会企业在社区照护中的功能,并通过立法的方式明确规定社区照护机构应享受的政府扶持和补贴。

除灵活多样的社区照护服务机构外,稳定的志愿服务队伍对于实现老年人社区照护服务的可持续发展至关重要。志愿服务同样具备多重功效:从社会道德层面,志愿服务体现了无私的社会奉献精神,并能增强社区成员对社区的认同感和归属感,在全社会弘扬尊老爱老传统;从经济成本层面,志愿服务的无偿性能大大降低了社区照护的成本。如现在很多地区都很流行的"时间银行"制度。该制度鼓励低龄老年人志愿为高龄老年人提供无偿服务,并将其提供服务的时间进行记录;将来该低龄老年人需要时可以无偿得到相同时间的照护服务。目前,我国民政部正在起草《志愿服务促进条例》。该条例除了对志愿服务的一般原则和法律关系进行规定外,还对应对老年照护服务中的这种"时间银行"制度进行规范和鼓励。具体包括老年照护服务志愿者的登记、志愿服务时间的记录以及照护服务的返还规则等内容,通过立法手段保障和鼓励更多人志愿参与老年人照护事业。

(3)完善老年人机构照护法律制度。尽管家庭照护和社区照护具有成本低以及更适宜老年人在熟悉的环境中养老等优点,但仍然会有大量完全

---

① Rosario Laratta, "The Emergence of the Social Enterprise Sector in Japan," *International Journal of Civil Society Law*, Vol. IX, No. 6, 2011, pp. 35-54.

失能而家庭无力承担照护职责的老年人需要入住专门的养老机构，由养老机构为其提供机构照护。而我国对养老机构监管法律制度的缺失导致最近几年频频爆出养老机构虐待老人等丑闻，因此建立完善的机构照护监管法律制度，对于保障老年人合法权益、促进机构照护的健康发展具有重要作用。机构照护涉及养老机构和从业人员等基本要素，应当严格养老机构准入标准和程序，严格养老设施的建设标准和要求，严格从业人员的资格标准和条件。为保证老年人社会照护水平，必须加强对这一领域的监管。监管涉及养老设施建设规划和标准的执行和监督、社会养老机构的许可和登记、机构人员从业标准和培训等若干方面的内容。

养老机构从业人员的素质决定了整个养老机构的服务质量。因此，日本通过专门立法来确保老年照护从业人员的素质。日本于 1987 年制定了《社会福利士及看护福利士法》，对照护服务从业人员的专业技能作出了明确规定，并实行资格证书制度。1992 年，日本又通过了《福利人才保障法》。该法对社会照护从业人员的培养以及享有的经济社会权益给予了法律上的保障。日本的上述立法既保证了老年照护从业人员的素质，又吸引了更多的人从事老年照护事业，促进了老年照护事业的发达。老年照护不仅是一项社会福利事业，更是一项重要的产业，对于增加就业和促进经济增长都具有重要的推动作用。当前，老年照护从业人员质量不高以及数量不足成为制约我国老年照护产业发展的重要因素。我国可以借鉴日本的做法，通过立法方式规定老年照护从业人员的资格标准以及职业保障，提高老年照护职业的准入标准和职业吸引力，从而确保老年照护服务的质量。

处理好促进养老机构的发展和监管养老机构规范运作的关系非常重要。养老机构需要规范标准和严格监管，养老行业的发展也需要政府的支持和促进。[①] 为引导和促进社会力量参与老年照护服务，中国出台了《财政部、国家税务总局关于对老年服务机构有关税收政策问题的通知》《关于加快发展养老服务业意见的通知》等，针对发展社会福利事业及养老服务机构在土地供应、资金投入、税费减免、财政补助、社会融资、供水供电供热、免费服务等方面出台了一系列优惠政策和优待老年人的政策。但这些政策文件多以部门通知、意见、条例等形式存在，强制性较弱。而现实中优惠政策的

---

① 参见肖金明：《老年人权益保障立法研究》，山东大学出版社 2013 年版，第 20 页。

执行部门由于部门利益等原因不愿执行或有限执行，导致优惠政策落实难，严重影响了社会力量参与老年照护业的热情。老年照护行业扶持优惠政策难以贯彻落实是影响社会力量参与老年照护服务提供的重要原因。政府应出台规定更明确、执行力度更强的融资、税费、土地供应、供水供电等优惠扶持政策，创造良好的投资环境，推动社会力量积极参与老年照护行业发展。

目前，我国关于老年护理人员的资格标准和培训制度都没有相关的规定，这在客观上影响了老年照护机构对老年人提供的照护服务的水平和质量，也影响了老年照护产业的健康和持续发展。因此，当前我国的首要任务便是全面提高老年照护从业人员的素质及技能水平。首先，要吸引更多的具备较高文化水平及高素质的年轻人从事老年照护服务事业。因为从中国目前的情况来看，由于老人照护工作待遇及社会地位相对较低，不被大众所尊重和重视，因此导致了文化水平高的年轻人不愿意从事此类工作。由于照护人员的文化水平低，即使对他们进行老人照护技能培训，也难以达到预期的培训目的和效果。基于以上原因，要提高我国的老年人照护服务水平和促进老年照护产业的发展，首先要做的便是制定老年照护从业人员的培训体系，提供老年照护从业人员的职业技能和服务水平。随着其自身技能和素质的提高以及老年照护市场需求的增加，老年照护从业人员的社会地位及待遇必然会随着提高，也必将会吸引更多的高素质人员加入到老年照护服务产业中来。

（二）老年照护保险制度的构建

1. 长期照护保险的内涵、实施背景与模式选择

长期照护保险是发达国家在应对老龄化危机中，逐渐发展起来的一个全新保险险种。其基本内涵是对被保险人因为年老、严重或是慢性疾病、意外伤害等原因导致身体功能部分或全部丧失，生活无法自理，需要接受长期的康复和护理，对接受他人护理时支付的费用给予补偿的一种健康保险。[①]简单地说，长期照护保险是将失能人群的护理费用由保险系统来支付的一种保险制度。[②]

---

① 参见荆涛：《长期护理保险的概念界定》，载《保险研究》2005年第5期。

② 参见厉瑛、张静：《国外护理保险现状及对我国护理发展的启示》，载《护理管理杂志》2004年第6期。

老年人长期照护保险制度是在老龄化的大背景下实施的，其深层次原因包括如下几点：一是人口结构的改变，老年人口特别是高龄老人和失能老人的增长，导致长期照护需求的增加。二是老年人医疗费用不断攀升，医疗保险财政支出不断加大。随着患有各种慢性疾病的老年人的增多，医疗保险更多地用在了慢性病老年患者照护方面，导致医疗保险费用的增加和效率低下。三是不断增长的长期照护费用成为老年人家庭的巨大负担，导致老年人面临本人医疗费用负担过重和入住照护机构难的双重问题。四是家庭规模的缩小使得家庭对于老年人的照护功能日渐萎缩，依靠家庭成员来解决老年人照护问题的非正式渠道越来越有限，因养老纠纷和缺乏照护服务而导致的老年人自杀现象时有发生。

建立长期照护保险制度是现实所需，也是社会发展使然，但其模式选择取决于各国的社会制度和经济实力。目前，各国长期照护保障制度可分为以美国为代表的以商业保险为主的模式，以德国、日本等为代表的以社会保险为主的模式，以及以澳大利亚和北欧诸国为代表的以社会福利为主的模式。采取商业保险模式由于需要个人负担全部的保险费，因此不仅要求人均收入水平高，而且要求有发达的商业保险市场。美国雄厚的经济实力、发达的金融市场、先进的保险技术及完善的保险法规是推动其商业照护保险运行和发展的有力保障。但商业性长期照护保险有两个缺点：一是覆盖范围窄。商业保险运用市场机制面向的群体是有支付能力的中高收入者，主要是满足广大中产阶级的长期照护需求。在美国，低收入者只能接受医疗救助计划的帮助，但医疗救助计划和老年医疗辅助计划提供的护理时间最长只有100天，并不是真正意义上的长期照护。同时，对有支付能力者而言，多数人缺乏未雨绸缪的心理，不愿把老年长期照护问题作为优先考虑的风险来事先投资。二是风险性大。首先，保险公司无法控制照护费用，可能存在长期护理产品价格上涨甚至费用失控等问题。其次，被保险人的未来健康趋势难以预测，难以估算可能发生情况下的护理持续时间、护理等级等影响照护费用。[①] 而采取政府财政保障的社会福利模式则要求以政府强大的财政收入作为保障。除了高福利的北欧国家以外，其他国家很难有足够的财政实力和意愿实施该种社会福利模式的长期照护保险制度。

---

① 参见田杨：《日韩老年长期照护保险政策对我国的启示》，载《老龄科学研究》2014年第1期。

我国的商业保险公司已经开发了多款老年人长期照护保险产品。但自2005年中国商保公司推出第一款长期照护保险产品至今,购买人数寥寥无几。其根本原因在于高额的保费远远超出一般百姓的承受能力。即便是在以商业照护保险模式为主的美国,能买得起商业照护保险的也仅仅是中高收入者,低收入的失能者仍依赖政府的救济。另外,商业保险公司为规避风险,都要对被保险人的健康状况进行严格筛查,一些病重者或已失能者都会被排除在合格被保险人之外。当然,我国商业照护保险市场遇冷还与我国居民的保险意识薄弱有关。因此,单纯靠商业保险解决我国当前日益严峻的失能老年人照护问题是远远不够的。我们同样无法依靠政府财政和福利政策来解决老年照护问题。我国早已将"五保"老人和"三无"老人纳入政府的保障范围,由各地政府投资运营的敬老院和福利院接收这些老人。但一些地方政府财政窘迫,难以承担对这些特殊群体的照护保障。即便是那些财政状况较好的东部城市也无法与北欧等高福利国家相比。因此,我国的老年人长期照护难题根本不可能单靠政府财政来解决。比较现实的选择是借鉴德国、日本等国经验,建立低成本、广覆盖、强制性的长期照护社会保险。

2. 老年人长期照护保险的功能

国外实践表明,老年人长期照护保险制度能够更好地保障高龄或失能老年人的生存质量,同时有助于避免老年人及其家庭因支付照护费用而背负上沉重的经济和精神负担。其具体功能体现在以下几个方面:

(1)有利于减轻家庭的照护负担。老年人长期照护保险制度最直接的功能便是减轻家庭对失能老人的照护负担。在绝大多数国家,对失能老人的照顾和扶助是由家庭成员尤其是女性成员承担的;同时在传统的大家庭环境中,家庭成员尤其是多个子女可以轮流分担照护老人的职责。但随着家庭规模的日渐缩小和更多的女性加入劳动力市场,家庭成员对于失能老年人的照护将不堪重负。我国面临的老年人照护问题更加严重,因为实行计划生育国策以来,我国的家庭结构发生了巨大变化,家庭规模日益小型化,年轻一代承担的养老负担越来越重,一旦家中有老人出现失能、半失能状况,子女将不堪重负。目前,新中国成立后"婴儿潮"时期出生的"50后"人口正迈入老年期的门槛。这一代人中,相当一部分只有一个子女。这就是自20世纪90年代以来社会上广泛讨论的"一对夫妇,上面有4个老人,下面有1～2个子女”的赡养窘境。尤其是如果老人的日常生活完全不能自理，子女是绝对无法承担生活照料重任的。这样的状况大概会在今后5～10年间成为一种社会常态。而且随着现代社会人与人之间竞争的加剧和生活节奏的加快，中青年一代面临着工作和生活的双重压力，照护失能、半失能老年人更是力不从心。长期照护保险的建立，由个人与社会共同承担照护责任，能有效减轻家庭的照护负担，能让老年人生活得更有尊严、更幸福，从而有效化解广大老年人的后顾之忧，进而维护我国社会的和谐与稳定。

(2)有利于减轻医疗保险的负担。目前，我国已经实现了基本医疗保险的城乡全覆盖。许多老年人尤其是城市的老年人并不需要长期的医药治疗，但却选择到条件相对较好的二、三级医院长期住院。其主要原因是医院与养老机构、家庭病床享受的医保待遇悬殊，不需医疗服务的老年人因医保支付比例高，并能在医院得到较好的照护而不愿出院。这导致部分需要较多专业医疗护理的老年人和普通患者无法得到有效的医疗服务，造成医院床位紧张，政府医疗财政支出过高。而老年人长期照护保险制度则能满足老年人的照护服务需求，抑制医疗费用过高的情况。日本实施老年人长期照护保险的根本诱因便是解决医疗费用的过高支出问题。20世纪80年代开始，日本逐渐进入财政紧缩时期，必须对医疗费用进行限制。通过实施老年人长期照护保险，既可以使慢性病患者长期住院的问题得到解决，又可以减轻国家医疗负担。

(3)有利于促进老年服务产业的发展。目前我国的老年产业发展仍然比较落后，现有的老年照护机构(如养老院和老年公寓等)提供的养老服务项目主要针对自理老人和半失能老年人，远远不能满足生活完全不能自理老年人的需求。同时，公办老年照护机构的床位有限，民营照护机构收费高，大多数老年人由于受高额的长期照护费用或照护机构与护理服务人员数量和专业程度的限制，无法得到足够的、专业的照护服务，晚年的生存质量无法保证。长期照护保险制度是社会养老服务体系的重要组成部分，养老服务机构、人员、设施和床位等是社会养老服务体系的组成要素，也是长期照护保险运行的主要载体。随着我国老龄化的快速发展，居家养老和机构养老的市场需求必将越来越大，吸引了社会资本投入养老服务体系建设。但因大多数老年人退休金较低，而机构养老的收费标准普遍较高，导致养老服务市场供给与需求无法形成有效的对接，养老机构自身运营也步履维艰。

如果有社会照护保险基金作保障，这种老年服务机构运营困难的状况将从根本上改观。保险人购买保险后，一旦将来发生生活完全不能自理的情形，就由社会保险机构将其送入按照一定资质标准选定加盟的养老机构，享受免费或低收费的长期照护服务。这样养老机构只要能够按照规定的标准和条件提供照护服务，就不会有床位空置导致经营亏损的风险。有了社保基金的支付，中低收入的老年人才能住得起养老院，才能用得起居家照料服务，社会力量投入老年服务机构建设才能有利可图，也才能促进其持续发展。所以，老年人长期照护保险不仅能解决失能老人的长期照护问题，而且能解决养老机构的入住率问题，并且养老机构的发展还会带来大量的就业机会，有效地促进养老服务产业的发展。从国际经验来看，韩国政府之所以实施老年人长期照护保险，目的之一便是将老年人长期照护保险制度视为发展老龄产业的原动力，而实践也证明韩国的老年人长期照护保险制度的确促进了韩国老年产业的繁荣。

3. 长期照护保险制度的国际考察

目前，世界上实施长期照护保险制度较为成功的国家有德国、日本和韩国。考察这些国家实施该制度的背景以及制度的具体内容和差异，对于我国长期照护保险制度的构建具有很好的借鉴意义。

(1)德国的老年人长期照护保险。由于德国历史上便重视家庭在老年人照护中的作用，因此德国的长期照护保险政策有着明显的鼓励居家照护的倾向，这也与德国传统的以家庭为主导的社会保险传统有着密切关系。这一原则的特点是政府对于德国失能人士的照护只起到辅助性作用，将照护的责任主体首先规定为家庭。如果家庭或社区不能满足需求，政府或者非营利组织才会介入，但是还是需要家庭承担一部分责任。[①] 在长期照护保险立法之前，德国约有90%的护理需求者由家人进行居家护理，家庭是“最大的护理服务站”。立法前的社会调查显示，约有80%的公民希望当自己成为护理需求者时，能够在家中接受护理服务。德国立法者基于社会调查得到的数据和结论来制定政策和法律，鼓励和支持家庭护理和非正式护理人员提供服务，这不仅符合德国以家庭为中心的历史传统，而且能够更好地满

① 参见施巍巍、刘一姣:《德国长期照护保险制度研究及其启示》，载《商业研究》2011年第3期。

足护理需求者可以自由选择由“谁”来提供服务的权利。[①]

德国长期照护保险的筹资机制采取的是现收现付制，税收有上限，每年都会调整，保险费是毛收入的1.7%，费用在雇员与雇主之间分担，但是雇主在付完雇员的保费后会得到一定的政府补助。在接受照护服务时，个人需要承担部分费用。而且长期照护保险的受益人还包括被保险人的配偶和子女，如果雇员配偶与子女的月收入过少则可忽略，不需额外支付保险费。但是，从2005年1月1日起，保险费在有子女雇员和无子女雇员之间有所区别，即无子女雇员需要支付0.25%的补充保险费（最高上限额为8.91欧元），这意味着无子女雇员的保险费已经升至毛收入的1.1%。

关于享受长期照护保险的条件，《德国社会法》第11篇第14条明确规定，当身心生病或有障碍，日常生活需要持续性、规律性地被照顾至少6个月时，就具备“护理需求性”的条件，可以请求长期护理。同时，法律还规定，若当事人只剩下少于6个月的生命时，则其护理需求性也成立。从“需求权”的角度出发制定法律，体现了德国照护保险制度高发展水平及对社会权的重视。如何填补“护理需求”，使人们过着有尊严的生活，始终贯穿在制度建设和改革当中。当界定“护理需求”为一项非私人的社会风险之后，社会化的制度安排便变得毋庸置疑。

德国的长期照护保险实行“照护保险跟随医疗保险”的原则，所有参加法定医疗保险的人，在其法定医疗保险机构参加照护保险、购买私人保险的人，都必须参加一项商业保险公司的护理保险。[②] 申请人通过标准化的资格审核之后可知是否符合保险给付条件，以及享受哪一等级的护理服务。德国长期照护保险的给付项目分为居家护理和机构护理两种，给付方式则分为现金给付、服务给付和混合给付。其中居家护理分为由专业护理人员提供的护理服务（服务给付）和非正式护理人员提供的服务（现金给付），机构护理分为日间护理、夜间护理和全机构护理等。长期照护制度实施至2013年，全德国已经有259万人享受到此项保险给付，其中有115万人选择现金给付，13万人选择服务给付，剩下的40多万人选择了现金给付与服务给付

① 参见陈诚诚：《德国长期照护保险制度的特色及改革动态》，载《中国医疗保险》2014年第12期。

② 参见杨楠、胡守忠、贾萍：《国外长期照护保险计划比较分析——以德国、日本为例》，载《劳动保障世界》2013年第2期。

的混合方式。

德国确定申请人是否具备“护理需求性”的评估内容主要包括个人卫生、饮食营养、行动能力以及家务自理能力。保险的给付原则是根据被照护者的需求强度而定的。照护按需求强度分成三个级别:第一级别的被照护者的照护需求主要是指在个人饮食或日常行动方面,每日至少需要一次,一周至少需要几次的服务;第二级别的被照护者的照护需求主要是指一天内至少需要三个不同的时间内的三次服务,每日至少3小时,并且一周至少几次家务服务;第三级别的被照护者的照护需求是指被照护者需要日夜服务,并且一周至少几次家务服务。给付的形式分为三类:(1)给予非正式照护者,一般为家庭成员现金补助,并由照护基金会组织培训课程。(2)提供专业的照护服务。(3)给予机构照护现金补助。对需要日夜监护的申请人,长期照护保险给付金额不超过照护总费用的75%,而且不包括照护提供者的食宿费用。从2002年4月1日起,需要长期照护患有老年痴呆症的老人或有精神疾病患者的照护者,每年可以获得460欧元的额外照护补助金。在现金和实物补助之间的选择上,尽管实物补助的金额相当于现金补助的两倍,但是大多数人还是选择了现金补助。原因除了德国传统上强调家庭照护功能之外,还因为在政策实施初期,正式照护的服务供给还不充足,没有充分满足家庭的需求,另外失业率的居高不下也使人们更愿意选择现金补助。长期照护体系对于劳动市场也有很大的影响。在实行的第一年就有大约70000份新的工作机会,尤其是护士的工作机会。截至2006年,由于长期照护而创造的工作机会已经达到了250000多份。[①]

(2)日本的老年人长期照护保险。日本在颁布《照护保险法》之前主要依赖家庭成员对失能老年人进行照顾。但是,随着人口老龄化、生育率降低、家庭结构的转变、女性劳动参与率的提升、离婚率的增加以及整体环境因素的改变,长期照护的问题已由个人层面转移至社会层面,不可能单靠个人或家庭解决,必须依赖社会整体力量才能解决。而财政压力是实施《长期照护保险法》的根本原因,或者说经济原因是导致日本实施长期照护保险的最核心的因素。日本在实行长期照护保险制度以前主要靠医疗保险制度来应对长期照护这一社会问题。日本医疗保险体系的完善与慷慨导致大量的

---

① 参见施巍巍、刘一姣:《德国长期照护保险制度研究及其启示》,载《商业研究》2011年第3期。

医疗福利资源被占用。日本的医疗社会保险制度几乎覆盖了日本的所有国民，而且医疗服务的价格是固定的，人们基本可以免费选择任何医生或医院。由于有照顾需求的慢性病人久占病床，导致其医疗保险给付大幅增加，造成资源配置效率低下，使得本来应该由社会福利所负担的长期照护费用，转由健康保险财政来负担。可以说，日本实施老年人长期照护保险的压力更多的来自于医疗无偿化所带来的社会性住院问题。而比起"护理之家"的居家照护或者机构照护，医疗体系中的长期照护成本无疑更高，从而造成医疗费用的浪费以及巨额增长，大大增加了政府的财政负担。为了以更具效率的方式解决失能老年人的长期照护问题，日本仿效德国的做法，于 1997 年通过了《照护保险法》，并于 2000 年 4 月 1 日开始实施。

日本的《照护保险法》体现了一个重大的转变，就是从以往以弱势群体为对象的、政府主导的"行政性"服务变为以老年人为本的护理理念为支撑的、以社会保险为形式的新型的有偿服务。2004 年，日本又根据长期照护保险实施中出现的问题对《照护保险法》进行了修改，以确保该制度的健康发展和可持续性。此次立法改革之后，长期照护保险参保人数较 2000 年增加了 13%，护理申请者也增加 74%。日本长期照护保险的筹资体系是现收现付制，是一种混合式的筹资体系。资金的 50%来自于普遍税收，由国库、都道府县以及市町特别区各负担 25%、12.5%以及 12.5%；另外 50%来自于社会保险费。工作者和退休老年人的保费体现了互济性的原则，在地区之间稍有差异，支付也依赖于收入(低收入的人相对的付出较少)。除此以外，受益人在享受长期照护服务时也应承担 10%的服务费。[①]

日本的长期照护保险与医疗保险一样，都是强制性保险。日本的长期照护保险以年龄为基础，每位 40 岁以上的国民都要依法投保及缴纳保费。但和德国不同的地方是，日本的长期照护保险只有社会保险，没有商业保险。能够享受保险给付的受益人有两种：一种是 65 岁以上且有长期照护需要的老年人；另一种是 40～64 岁且具有保险需求的老年人，如患有失智、帕金森综合征等导致需要长期照护的个人。因意外事故导致失能需要长期照护的 40～65 岁的国民不属于长期照护保险的给付范围。受益人的认定由保险人(市政府)派专业人员到申请人居住地点对其是否符合照护标准进行

① 参见施巍巍：《日本长期照护保险制度研究》，载《经济研究导刊》2010 年第 35 期。

鉴定，并根据其身体失能程度确定其所属的照护等级，然后会指派一位专业人员作为该人的照护管理者，为该申请人拟定照护计划，之后每半年进行一次实地鉴定，以确定该人是否仍然符合照护标准和是否需要变更照护等级。然而由于照护管理者大多任职于民间专业照护机构，因此有人担心这样的双重角色或多或少会导致照护计划不完全符合照护申请人的需求，因此各市政府也在考虑聘用专职的社会照护管理者。日本长期照护保险的给付仅限于专业照护机构及人员，没有像德国那样的现金给付，因此日本的长期照护保险系统比较偏重机构式的照护。

(3)韩国的老年人长期照护保险。韩国国会于2007年4月通过了《老人长期看护保险法》。该法于2008年7月1日正式实施。《老人长期看护保险法》第1条明确表明，建立该制度的目的是增进老年人的健康及生活安定，减轻其家庭负担，提高国民的生活品质。韩国老年人长期看护保险给付资金来源由保险费、国家财政补助以及受益人自己负担金三部分组成。国家每年在预算范围内向国民健康保险公团补助该年度老人看护保险费预计收入的20%。韩国将老年人看护保险的保险费列入国民健康保险的框架内，在原健康保险费的基础上加收一定比例的看护保险费，目前加收的比例是4.05%(看护保险费＝国民健康保险费×4.05%)。

老年人长期看护保险给付的对象为65岁以上的患病老年人及年满40岁未满65岁但患有认知症、脑血管疾患等老年性疾病者。符合年龄要求的身体失能者要想成为保险给付对象，首先应当携带医师的意见书到健康保险公团(韩国长期照护保险的管理机构)申请“看护认定”。保险公团首先对申请者进行访问式调查，根据调查项目所得到的结果利用计算机进行第一次判定，然后由专门的等级判定委员会进行第二次判定。如果被确定为需要看护者，则会同时确定看护等级。看护等级按照身体失能状况分为三级：一级为最严重者，主要指因病卧床无法自理日常饮食和排泄的老人；二级为重症者，主要指那些虽然能够利用轮椅但无法保持坐姿，在饮食及排泄上需要援助，每日大部分时间在病床上度过的老人；三级为中等病症者，主要指饮食及排泄或者外出活动等需要一定援助的老人。当失能者被确定为保险给付对象后，健康保险公团应当根据该高龄者的选择及身体状况、生活环境、设施条件等制作长期看护计划书，并将该看护计划书与看护认定书一起送交被看护者。韩国的市、郡、区原则上均应设置看护等级判定委员会，但考虑到人口原因，也可以在一个市、郡、区设置两个以上看护等级判定委员会，或两个以上市、郡、区共同设置一个判定委员会，以方便申请人申请。委员会由15名委员构成，委员由健康保险公团理事长从医师、社会福利士、当地的公务员中委任。

韩国老年人长期照护保险给付的内容分为家庭看护给付、机构看护给付和特别现金给付。家庭看护给付适用于上门看护、洗浴、上门护理、日夜间护理、临时托付看护（将患病的老人临时托付给老人福利机构看护）等，还包括购买或租借福利用具的费用支援。机构看护给付是指入住长期看护机构（护理设施）接受看护服务所需费用的给付。长期看护机构一般指养老服务机构，不包括专门的老年人医院。特别现金给付是指居住在岛屿或偏僻之地的高龄老年人因看护设施严重不足而需要由家人看护时，由保险人给付"家族看护费"。特别现金给付还包括于指定机构之外进行照护的费用及在专门老年人医院住院的看护费。关于申请保险金给付的程序，保险金给付请求并不由申请者直接提出，而是由看护服务机关向健康保险公团提出。健康保险公团根据老年人看护委员会的审议及老年人看护报酬计算标准向看护机构支付看护费用。当然保险金给付并非全额给付，被看护者应当按照法律规定支付自己应当负担的部分。即在家庭看护给付时被保险人自己负担看护费用的15%，机构看护（入住老年人看护设施）给付时被保险人自己负担看护费用的20%，低收入者可以减少50%的自我负担比例，而享受国民基本生活保障者自己不承担看护费用。①

(4)上述三国长期照护保险制度的比较。从上述德国、日本和韩国长期照护保险的介绍可以看出其中的共同点：第一，德国、韩国的长期照护保险制度均为强制性社会保险。德国实行全覆盖，日本和韩国主要覆盖范围为老年群体。三者都以立法的形式保障公民的福利权利，实行义务和权利对等，无论是退休人员和在职人员都必须缴纳保费才能享受到相应福利待遇。第二，日本和韩国的审查认定程序都非常专业规范，都由专业人员用专业评估方法进行审查，再由相关审查认定委员会对护理等级进行认定。第三，德国、韩国的护理提供方都实行市场化运作，采取"竞争机制"，对不合格的护理机构和护理人员采取取消护理资格或营业资格的手段。

---

① 参见陶建国：《韩国老人长期看护保险法评介》，载《保险研究》2009年第2期。

除上述共同点之外，三国的长期照护保险在具体制度设计上也存在一定的差异。这些差异主要表现为如下几个方面：

首先，长期照护保险的筹资方式分为三种：社会保险方式、财政支出方式及保险费和国家财政相结合的组合方式。可见，长期照护保险的资金主要有三种基本的获得途径——税收、保费和收费。德国采取完全社会保险方式，日本采取保险费和国家财政补助相结合的方式，韩国则采用和日本相同的筹资方式——保险费和国家财政相结合。日本和韩国的资金筹集都社会化，由政府、企业、个人三方供款，只是国家财政补助的比例稍有不同。日本长期照护保险的资金由国家和个人承担。国家（税收）部分，由国家承担25％，都道府县承担12.5％，市町村承担12.5％；个人部分保险费用的缴纳额度由地方政府即保险主设定。韩国则是由政府承担照护费用的20％，受益人自己承担居家护理费用的15％，承担机构护理费用的20％，其余由保险费支出。

其次，关于长期照护保险的保障对象的范围，德国规定照护保险适用于全体国民，即使是年轻人，如果需要照护，也可申请使用照护保险。而日本规定长期照护保险的给付对象限定为老年人和部分准老年人，即65周岁以上的老年人和40岁以上不满65岁但因老年性疾病处于照护状态的人。韩国照护保险的受益人群则与日本基本相同，仅限于老年人。

最后，德国长期照护服务的服务组织分为正式组织与非正式组织，其中正式组织约占97％。家庭自行护理主要由非正式组织提供护理服务。长期照护保险基金直接将保险金一次性发放给保险对象，保险对象根据自己的需要自由选择和购买服务。日本长期照护服务的服务组织必须由都道府县知事指定，服务组织须具有法人资格。被保险者可以选择认定护理等级的相应服务组织与服务内容，护理费用个人承担10％，另外90％由保险部门向服务组织支付。韩国的做法则类似于德国。无论是居家护理还是机构护理都可以得到长期照护保险给付，即保险给付内容既包括直接提供护理服务，还包括由家庭成员护理时对护理者的现金支付。

4. 我国老年人长期照护保险的制度构建

（1）我国建立老年人长期照护保险的可行性。我国的社会现实和老年人长期照护保险制度具备的功能决定了我国实施该制度的必要性。但由于老年人长期照护保险需要资源投入，因此该制度的建立不能仅靠学者们的满腔热情，更要认真考察我国建立该制度的可行性。目前，多数学者和政府实务部门认为，我国建立老年人长期照护保险制度的时机已经成熟。

首先，建立长期照护保险的关键是照护资金的筹集。世界上实行长期照护社会保险国家的照护费用一般由政府、企业和参保人共同承担。我国企业的社会保险缴费已是世界上最高的，还有再提高的可能吗？个人还要缴费，老百姓能愿意吗？我国不少地方因医改和养老保险问题，财政已是捉襟见肘，政府还能拿钱建立新险种吗？这些都是建立老年人长期照护保险制度首先要考虑的问题。学者们经过考察和论证认为，只要对现行的医疗和养老保险制度进行一些改造，同时改进一下财政投入的方式，我国建立老年人长期照护保险制度可能并不会过多地增加政府、企业和个人的负担。

第一，可以从现有的职工医疗保险经费中提取一部分用于建立长期照护保险。现行职工医疗保险中的个人账户制度因缺少互济性，改造已势在必行。广州、青岛等地已开始通过推行门诊统筹逐步改造个人账户。目前，各地个人账户计入总额一般占基金征缴额的40%～50%。根据对青岛市职工医保门诊统筹运行情况的分析可知，如果将原个人账户基金的一半用于门诊统筹，即可保障职工普通门诊费用不低于80%的报销比例，剩余的部分可以用来建立长期照护保险基金。通过推行门诊统筹改造个人账户节省出的部分基金，绝大部分地区用于建立长期照护保险已绰绰有余，完全不必由企业和个人另行缴费。

第二，改进现行的财政投入方式，整合投入资源，为城乡居民建立长期照护保险基金。为应对老龄危机，近些年各级政府在财政并不宽裕的情况下已做了大量投入，如向超过一定年龄的老年人发放老年津贴或补助(一般为几十元到几百元不等)，但这样的财政投入并不具备效率。因为这样的老年津贴或补助对于健康老年人来说无足轻重，而对于需要照料照护的失能老年人来说却又杯水车薪，根本解决不了什么问题。再如，有的地方政府按每年每人150元的标准为60岁以上老人体检，后因组织工作量大，难以落实，又改为发体检补贴，根本谈不上投入效率。如果把这些财政投入集中起来，用于建立长期照护保险制度，则可以起到事半功倍的作用。社会保险的特点是由参保人缴费，互助共济共担风险，这比单纯依靠财政投入效率更高，保障力度更强。当然，与城镇职工不同，城乡居民难以实施以单位和个人为主的强制性缴费，但是，可以靠财政投入吸引居民参保，从而建立起长期照护保险基金。这种投入可以起到“四两拨千斤”的作用，德国、日本都通过这种办法建起了长期照护保险制度。

其次，我国已经具备相对完善的长期照护保险管理平台。对失能者的长期照护包括医疗照护和生活照护。不少国家在建立长期照护保险制度之前，只将医疗照护费用纳入医保支付范围，生活照护费用需要自理。有些家庭由于无力承担生活照护的负担而选择长期住院不出，致使医保基金的医疗照护支付成倍增加，最终入不敷出，濒于崩溃。日本2000年建立长期照护保险，很大程度是基于这个原因。可以说，长期照护保险是由医疗保险的延伸逐步发展起来的。德国、韩国的长期照护保险，虽是一个独立的险种，但却依据医疗保险确定参保范围和筹资办法，并由医保机构一并实施经办管理。这样既可减少矛盾，又可节省社会管理成本。我国医保改革起步晚但发展快，各地医保政策框架基本一致，且都由各级政府主导并经办，完全可以作为建立长期照护保险的管理平台。目前，一些地区已将失能参保人医疗照护的费用纳入了基本医保的支付范围，有的地区将老年照护机构纳入了医保定点，有的地区将社区医疗机构为居家失能老年人提供的医疗照护纳入了医保支付范围。青岛市近期出台了长期医疗照护保险制度，由医保结余和财政（含福彩公益金）共同出资建立专门基金，用于失能参保人医疗照护支付。这一制度距离将生活照护也纳入支付范围的完全的长期照护保险制度只有一步之遥。因此，在我国依托现行基本医保体系建立长期照护保险制度，在经办管理上是完全可行的。[①]

（2）我国老年人长期照护保险法律制度的具体设计。长期照护保险制度是一项涉及面非常广的一揽子计划，需要对保险提供者、受益目标人口和受益资格、受益资格的评定、保险待遇、法定计划的具体操作实施、资金筹集、覆盖面的确定、费用的控制等方面作出清晰的规定。为确保该制度的权威性和法定性，有必要通过专门的立法对其具体内容作出明确的规定。德国、日本和韩国都是通过专门立法的方式，对长期照护保险制度的内容和具体实施作出了明确的规定。通过考察德国、日本和韩国长期照护保险制度的具体内容，我们发现长期照护保险制度在上述三国具有很大的相似性。

---

① 参见姜日进、林君丽、马青：《我国建立社会长期照护保险的可行性分析》，载《中国医疗保险》2013年第5期。

这从某种程度上说明该制度的设计具有相似的规律可遵循，我们完全可以借鉴上述三国的共同做法和成熟经验，来设计我国的长期照护保险法律制度。

首先，关于长期照护保险的筹资途径。长期照护保险的资金来源是整个保险项目运行的前提和基本保障。如上文介绍的，长期照护保险的资金主要由财政补助、保险给付和个人支付三部分组成。德国采取的是纯保险模式，但财政不对照护费用进行补助，日本和韩国则对照护费用进行财政补助。日本长期照护保险费用由政府负担一半，中国如果采用这种筹资模式，由于缺乏预先的基金积累，且老年人口基数庞大，财政很难拿出预算予以支付。但可以借鉴日本从老龄和退休年金中直接扣除保险金的方法，或考虑将部分养老保险和基本医疗保险费用转化为照护保险费用。韩国长期照护保险基金也是放在医疗保险基金里，但为避免相互透支，设立专户管理。

关于缴费年龄和交费年限，我国可以借鉴日本的做法，规定从 40 岁到 60 岁共二十年的缴费年限，但并不提高社保缴费比例，而是从现行养老保险个人账户缴费中提取 10%，医保个人账户提取 10%，存入专设的个人长期照护保险账户。收入低、生活有困难的可申请免交，由国家财政予以补贴。

其次，关于保险对象的范围。与长期照护保险法律制度的筹资途径直接相对的一个问题便是享受照护保险的资格和条件，这两个问题是长期照护保险制度设计的两端（资金来源和资金使用）。如上文介绍的，德国长期照护保险的给付对象是具有照护需求的所有缴费公民，没有年龄限制，而日本和韩国长期照护保险法则对给付对象作了年龄限制，即 65 周岁以上或 40～65 岁之间身体失能达到一定程度的人，年轻残疾人不属于保险给付对象。我国长期照护保险对于给付对象的范围也存在三个可能的选择：一是因为需要长期照护服务的人不只限于老年人，所以给付对象范围可以覆盖所有年龄的人；二是为不同年龄群体制定单独的长期照护法规或设立单独的资格标准和受益水平；三是长期照护服务的提供只针对某个具体年龄段的群体。我们认为，就长期照护保险的设立目的来讲，其保险给付对象应当覆盖所有年龄段的人。但就资源的有限性和权利义务对等原则来看，如果我们把该保险缴费的初始年龄设定为 40 岁的话，保险给付对象同样应设定 40 岁的年龄下限。

再次，关于申请照护保险给付的条件和程序。在满足了年龄标准之后，申请长期照护保险给付的申请人还应符合法定的身体失能标准。长期照护保险的给付对象是只限于重度失能的人们还是包括那些中度失能者？通常健康和功能状况都是认定保险给付对象的重要标准，即失能程度决定受益资格。失能包括身体失能（日常起居困难）、心智失能（或认知困难）和感官失能（如视力或听力障碍）等。失能程度被换算成需要照护的程度，并决定一个人每天或每月需要帮助的小时数量。在申请和认定程序上，申请照护者需携带医师意见书到保险人处进行照护认定申请，随后专门的照护审查委员会派专业人员入户对申请人进行健康审查。此后，基于调查结果进行判定，确定是否需要照护及照护等级，施行照护甄别和等级制度，并定期对康复状况进行检查，防止产生道德风险和资源浪费。

关于确定长期照护保险的给付条件还有三个因素需要考虑：一是是否应把个人收入水平作为资格审查的条件。我们认为，如果保险的原则是普惠全民就不应该以收入水平作为受益资格条件。这样做的好处是避免了收入审查通常导致的受益人被歧视问题。二是有没有家庭成员和亲属照料是否应成为受益资格条件。如果排除有家庭成员照顾的人的保险受益资格，必然就会将照护保险服务更集中地提供给那些最需要帮助的人。而如果将有家庭成员照护的人包含在内，则可以使家庭成员有能力在更长的时间里照顾需要照顾的家人，也体现了社会对他们所付出的承认。我们认为，从发挥居家养老的基础性地位和鼓励家庭照护的政策定位来看，应当将有家庭成员照护的人包含在内。三是保险受益资格的评定机构和评定程序的建立。该问题解决的是受益资格的评定主体和评估责任以及执行评估的专业人员问题。通常这个责任会由保险机构或独立机构来承担。依法由独立机构来承担资格评定工作通常可以保证评定的客观性、自主性和统一性。

最后，关于长期照护保险的给付方式和标准。长期照护保险制度设计还需要考虑照护服务的供给方式、法律所涵盖的主要服务类别以及受益水平。有如下几种可供选择的照护服务供给形式：实物服务、无限制现金补贴和有限制现金补贴。实物服务指政府提供或购买照护服务提供给受益人。无限制现金补贴指由受益人决定如何使用得到的现金。他可以用这笔钱购买服务，也可以用它来支付提供照料的家庭成员，甚至可以用它来补贴家庭开支。有限制现金补贴是指该现金补贴必须被用于购买指定的照护服务。除了对该问题作出明确规定外，还需要进一步明确服务是只包括社区服务，或是只包括机构服务，还是两者皆可。二者皆可的优势在于可以比较灵活地根据个人的情况提供最适当的服务，依法提供的社区服务范围可宽可窄。范围较窄的社区服务包括个人日常生活照料、家庭病床或替换家庭照护者的缓解服务等。范围较宽的社区服务可以给予受益者更多的服务选择，从而使其获得的服务更有针对性。社会保险立法同样需要对个人和家庭协助和提供服务的责任作出明确的规定。虽然长期照护保险意味着国家和社会承诺减轻家庭照护的负担，但绝不意味着国家和社会承担替代家庭的角色，社会照护仍然应该是家庭照料的补充和有力支持。①

在对上述主要问题作出了明确规定之后，老年人长期照护保险立法的内容已经基本完备，但法律的生命在于实施。老年人长期照护保险立法要想取得预期的实施效果和立法意图，还必须具有相对完善的现实制度支撑和实施保障。一是要有足够的社会照护机构。如果没有足够的社会照护机构，就会出现照护服务有价无市的现象，失能老年人有钱却无法购买到足够的照护服务。二是制定严格的社会照护质量标准。照护服务质量是老年照护保险制度的根本所在，低质量的照护服务会降低该制度的信任度。三是重视社会照护专业人员的培养。大量合格的社会照护专业人员是照护服务质量的根本保证。没有合格的照护专业人员，就不会有社会照护质量的提高。日本和韩国都在长期照护保险制度正式制定、启动前，先行一步开展照护服务人员的培训计划，以保障有充足的专业服务人员，如社会福利师、老年照护师、照护管理人等。同时还建立了照护等级的鉴定人员培训制度。中国目前正处于从传统家庭照护逐渐向社会化正式照护转换的过渡时期，需要解决好照护服务人员的量与质的问题，充实服务人员队伍，提高服务质量。最后，我国还应完善社会照护服务人员资格的评定标准、照护机构的准入标准、收费标准，并建立起相应的监督管理机构，使之良性运作。

第三节 积极老龄化法律体系实施机制的完善

积极老龄化实施机制的完善需要形成政策和法律协作机制，这样才能够有效地动员、利用和分配各种社会资源，真正保障老年人的政治、经济和

① 参见裴晓梅：《长期照护社会保险的世界趋势与中国推展》，载《城市管理》2008年第2期。

社会权利。积极老龄化的过程是程序和监督互动的过程。合理的程序是老龄事业决策和组织运作的基本前提，而监督既包括程序公正的监督也包括实体公正的监督。积极老龄化需要实现责任和惩戒机制的相互衔接，责任机制直接影响积极老龄化的立法进程和立法质量，惩罚机制与责任机制不可分离，只有这样才能使责任机制落到实处。

一、积极老龄化的政策和法律协作机制

人口老龄化绝不是一个仅仅涉及养老事项的简单问题，而是涉及财政、医疗、教育、就业、住房和家庭等一系列事项的综合性问题。我国未来一段时期必然面对人口老龄化广泛而重要的挑战，因而也需要有应对该挑战的管理手段。法律和政策是不同的治理国家和管理社会的工具，政策是为完成一定阶段工作任务的行动计划，包括党的政策和国家的政策；法律是国家权力机关制定的调整社会关系的规范性文件。二者具有功能相似性、内容一致性和适用互补性的特点，同时在意志属性、规范形式、实施方式及稳定程度等方面有差异。积极老龄化法律的实施，应当构建政策和法律的协作机制，这样才能够有效地动员、利用和分配各种社会资源，真正保障老年人的政治、经济和社会权利。

积极老龄化法律的实施应以党和国家政策为依托。积极老龄化以提升老年人的生活品质为目的，强调老年人的自立自主并认可老年人的价值与贡献，体现了对老年群体的人文关怀。老龄事业的发展以健康、参与和保障的政策框架为基础，相关法律也应以老年医疗政策、教育政策、就业政策和住房政策等为依据，结合积极老龄化的现实需要加以制定和完善。许多积极老龄化的法律中都包含了若干政策性的规定。如《老年人权益保障法》中规定，将老年人教育纳入终身教育体系。其实施必然需要相应的政策配套，解决包括老年教育牌子、班子、师资、经费、场地和社会力量办学等具体问题。而且，积极老龄化问题属于典型的社会问题，其中的老年人教育、老年人就业和老年人社会参与等问题都可能需要随时应对变化的社会风险，相应的制度规范需要综合考虑社会的经济、政治背景进行调整。但法律的稳定性特征要求其在制定时应以基本的法律框架为主，无法有针对性地及时应对所发生的社会风险。而积极老龄化的政策具有灵活性的特征。比如，每年国务院和地方(县级以上)各级人民政府将老龄事业纳入国民经济和社

会发展规划，根据老年人口数量以及老年人实际需要将老龄事业经费编列财政预算，使老龄事业发展与经济和社会发展协调同步。政府统筹规划的老龄事业发展政策能够使资源得到有计划的合理配置，实现对积极老龄化过程的规范管理，体现政府的政策导向，引导社会力量参与积极老龄化的进程。

积极老龄化政策与法律协作机制的最终目标是实现积极老龄化政策的法律化。政策与法律的协调是实现依法治国的条件之一，其目的是使政策之治转换为法律之治，而实现法律之治的首要前提是建立健全科学的法律体系。[①] 十八届四中全会提出全面推进依法治国，这就要求在积极老龄化政策和法律的协作过程中，必须保证政策制定过程和政策制定内容的合法性和规范性，避免政策的制定与法治精神背道而驰，减少政策实施中与现行法律的冲突。应以法律为主导规范老龄事业的运作和发展，在相关政策实施成熟和稳定的基础上，选择经过验证成功的积极老龄化政策内容，在合适的时机将其上升为国家法律。其中，应当重点考虑将积极老龄化中的政策保障措施如经费支持、条件保障、制度保障和责任保障等转变为法律保障，形成政策法、责任法和社会法的高度关联。以责任推进政策的实施，以法律保证责任的落实，有利于构建完善的积极老龄化法律体系。具体而言，就是应当加强社区照料、就业制度、志愿服务制度、决策咨询制度、老年教育、长期照护、老年人才制度、退休制度、社会保险、社会救助、高龄津贴制度等积极老龄化方面的相关立法。法律具有规范性、强制性特征，以法律明确规定积极老龄化的主体、内容，强调政府和社会的义务和责任，能够实现政策和法律的有机衔接和有效整合，推进积极老龄化法律体系的健全和完善。

二、积极老龄化的政府与社会共担机制

积极老龄化对我国的社会管理方式提出挑战。老年人数量增加以及老年服务的变革必然要求社会管理方式的变革和创新。老年人社会参与、老年人健康和老年人安全保障等社会问题继续依靠主体功能同构、资源供给单一的政府已无法得到有效解决。积极老龄化下的社会管理应是政府主

---

① 参见陈庭忠:《论政策与法律的协调与衔接》，载《理论探讨》2001 年第 1 期。

导、多元主体共同参与的规范、协调和服务的过程。[①] 此处的多元主体包括社会组织、公司企业、家庭以及公民个体。这些主体应共同参与管理和服务积极老龄化事务，并在管理和服务过程中共同承担各自的社会责任。政府应当转变治理理念，通过释放更多的社会管理空间，实现多元主体管理内容的交互性和过程的合作性，保障老年人获得更多的社会权利，达到推进积极老龄化的目的。

在积极老龄化的过程中，政府应从社会管理体系、社会服务体系和社会保障体系等多个方面着手，发挥其主导作用并承担管理与服务的责任。在社会管理体系方面，政府应加快完善老年法律法规体系，加大老年法律法规的执法检查力度，以法治的理念保护老年人的合法利益；加强对老龄事业的财政支持力度，增加老年生活保障和教育、科技和养老服务等的财政预算，推动老龄产业和老年服务的发展；加强老龄事业的调研工作，掌握老龄化过程中的关键数据并做好信息公开，实现人口、资源、服务等的合理分配。在社会服务体系方面，政府应当构建完善的社会养老服务体系，以应对加速性的老龄化问题；以家庭养老为基础，大力发展社区养老和机构养老，不断提高养老服务队伍的专业化水平；构建照护服务和照护保险体系，实现老有所养；为老年人提供更多的老年参与、老年就业资源、老年教育，实现老年人自身资源的开发和再利用，实现老有所为，老有所乐。在社会保障体系方面，政府应当大力发展经济；在经济发展的过程中，化解老年人口比例增加和社会负担加重的问题，提高社会对老龄化的承受能力；构建完善的社会保障体系，形成以政府为主导的多支柱社会养老保险体系，通过政策引导社会成员和非政府组织、公益机构参加养老，引入市场机制激发活力[②]；实现城乡统筹，重点关注农村老年人的基本生活保障问题，通过现金救助、医疗救助、住房救助和养老救助等全面的救助机制预防老年贫困，化解老年人面临的社会风险。

广泛动员社会各界力量，发挥多元主体在积极老龄化过程中的作用，构建老年人的多元社会支持体系。作为公民社会产物的社会组织，能够成为

---

① 参见王绽蕾：《中国社会管理的责任共担：现实基础、困境和突破》，载《前沿》2011年第3期。

② 参见张莉：《“积极老龄化”：武汉城市圈政府应对人口老龄化的措施探讨》，华中师范大学硕士学位论文，2011年，第28页。

政府与市场之间的"安全阀",缓冲政府与市场之间的矛盾和冲突。社会组织应当继续发挥其结构性社会资本的作用,通过政府支持、社会互助等途径筹集资本,承担政府、市场和家庭的部分职责,成为老年人多元福利体系资源的重要供给者,推动参与老龄化事业发展。政府部门合作的对象还应扩及到公司企业,尤其是社区中的私立企业,这能够使老年人享受优质的老年生活,得到社会网络资源的分享以及社会支持的力量,从而实现积极老龄化。以社区养老和机构养老为例,在社区养老服务方面,在加强社区服务设施建设的同时,可以引入社会组织和家政、物业等企业,兴办或运营老年供餐、社区日间照料、老年活动中心等形式多样的养老服务项目;在机构养老服务方面,可以支持社会力量举办养老机构,改革运营机制,办好公办保障性养老机构,开展公办养老机构改制和公建民营试点。[①] 家庭是积极老龄化顺利推进的基础,是多元社会支持体系的重要环节,也是老年人晚年幸福的基石。家庭成员应当履行养老敬老爱老的责任和义务,通过适当的机制或措施鼓励家庭成员与老年人共同生活,保证老年人能够获得良好的生活照顾以及精神赡养。应当提升每位公民的社会责任意识,大力发展志愿服务事业,推动慈善事业发展,吸引更多的人参与到为老年人服务的事业中去,使老年人获得更多来自于社会的有力支持。

三、积极老龄化的中央与地方协同机制

当代社会发展是一个系统性的整体发展过程。积极老龄化战略的推进需要中央系统和地方系统之间密切合作,只有相互联系的各系统均良好运转,整体的老龄化战略才能以最低的成本产生最大的收益。中央和地方协同机制要求在积极老龄化过程中,中央提供强有力的合作纽带,强势主导老龄化的总体进程,在体现各地方政府主观意愿的同时,努力获得跨行政区地方政府的普遍认同,最大限度地发挥中央机构作用。同时,地方政府在尊重中央政府权威的前提下发挥其主动性,在努力执行中央部署的同时实现自身在积极老龄化工作中的创新,接受中央的监督,推动本地老龄化事业的发展。

---

① 参见李璠:《推动"积极老龄化"是未来养老模式的趋势》,http://www.cncaprc.gov.cn/contents/16/10601.html.

中央是积极老龄化具体制度的设计者和决策者，在推进过程中发挥着主导性作用。中央政府应当认识到推行积极老龄化战略是关怀老年人的重要政策，是应对老龄化社会中各种压力的民生措施。中央政府的工作在于做好顶层设计，做好法律、经济和文化的保障。法律方面，中央政府应秉承公法、私法和社会法并进的原则。公法方面，修订宪法，进一步完善老年人的政治参与权；修订行政法，进一步完善行政法规和行政规章，制定和完善老年人优待、救助、就业等方面的规章制度；修订刑法，完善对老年人犯罪从宽处罚的规定以及加大对侵害老年人权益犯罪的处罚力度等。私法方面，完善婚姻法中关于保障老年人结婚和再婚等婚姻权利的规定，完善继承法中关于保障老年人财产权利的规定。社会法方面，借鉴域外经验进一步制定老年人教育法、老年人就业法、老年人照护法等具体的积极老龄化法律制度。经济方面，中央应当运用其占有绝对优势的经济能力，加强对老龄化事业的物质供给。例如，通过中央统一采购老年服务的措施为老年人提供社会福利，通过统一的社会救助机制为老年人提供基本的生活保障等。在文化方面，中央政府应当加强老龄宣传教育工作，全面增进社会树立人口老龄化意识，全面实施积极应对人口老龄化的战略，积极营造敬老、爱老、助老的社会氛围，树立积极老龄化、健康老龄化的人生观、价值观并营造良好的社会法制环境和舆论引导氛围，形成老龄宣传教育工作的新局面。[①]

地方政府是积极老龄化战略的执行者和具体实施者。地方政府应当根据中央的老龄事业发展规划制定本地规划，落实中央的部署，完成各项任务。应当把老龄事业发展工作纳入地方政府责任目标考核体系，考核结果向社会公开，接受中央和公众的监督。地方政府部门要建立健全积极老龄化的工作协调联动机制，在明确责任分工的基础上做好各部门之间的配合，执行中央部署的老龄工作，形成应对老龄化问题的工作合力。财政的可持续性是地方政府执行积极老龄化战略的保证。应当进一步加强财税体制改革，理顺中央和地方关系，增强地方财政的平衡能力。地方政府应在完成积极老龄化公共服务基本指标的前提下，适当增加老年人教育、老年人就业和老年人社会参与的财政投入，实现对老年人健康、参与和安全的保障。地方

① 参见我国老龄工作委员会办公室、中宣部、教育部、民政部、人力资源和社会保障部等十部门联合印发的《关于培育和践行社会主义核心价值观，加强老龄宣传教育工作的通知》，2014 年 7 月。

政府也要根据本地实际情况加强和改进老年立法工作,更好地服务于本地老年人。如 2014 年《山东省老年人权益保障条例》中禁止"啃老"的规定,就对全国老年人权利保护法律起到了补充和重申作用,在不突破现行法律、司法解释规定的前提下增进了对老年人权利的保护。通过地方的先行立法和探索性实践,能够积累经验,也能为中央立法奠定实践基础。地方政府要充分发挥紧密联系基层老年服务组织、紧密联系老年群体的优势,加强调查研究,加大工作创新力度,积极探索积极老龄化工作的新载体、新路径和新方法,面向市场,面向社会,面向老年群体,做好积极老龄化的管理和服务工作。

四、积极老龄化的激励与竞争并重机制

社会组织、公司企业等社会力量参与积极老龄化是社会发展的必然趋势,是老龄化事业发展和社会力量的必然要求,是社会资源有效配置的有效途径。在社会组织参与积极老龄化的过程中,政府应当解决社会组织和公司企业等的原动力问题,不仅要将社会资本引入公共领域,提高社会组织积极参与老龄化事业发展的积极性,实现社会资本与老年人健康、老年人社会参与以及老年人保障的高度契合,而且要提高社会组织参与老龄化事业的服务效率,努力降低政府财政支出,实现政府和社会组织、公司企业的共赢。

政府应当努力采取措施激励社会力量参与积极老龄化事业。政府可以通过设立专项资金,发挥其导向作用和扶持作用,吸引和帮助社会组织和公司企业积极参与老龄事业发展,提升公共服务水平。改进社会力量参与老龄化事业的相关税收政策,完善相关减免税费的法律法规,使为老年人服务的社会组织或个人能够享受税收优惠,从而达到吸引社会资本进入老龄化事业的目的。在开展积极老龄化的福利供给主体资格招投标项目中,政府应逐渐转变为社会福利供给制度的资金支持者和服务购买者,扩大推动老龄化事业发展社会机构的资金来源。围绕社会福利供给的多元主体,政府应积极开展外围政策工作,间接提供相应的政策支持和税收优惠。[1] 政府还可以通过财政补贴等方式鼓励社会组织和公司企业参与积极老龄化事业。

---

① 参见齐龙:《社会组织参与社会福利供给的动力机制研究》,天津大学硕士学位论文,2013 年,第 49 页。

以机构养老为例，政府可以协调落实税费减免、土地供应、医疗服务等优惠政策，建立健全财政补贴、融资贷款等扶持政策。

竞争是积极老龄化过程中降低成本支出和提高服务效率的关键。积极老龄化涉及为老年人提供教育服务、照护服务、就业服务和养老服务等多种服务项目。为提高积极老龄化服务的效率，可以将政府直接提供的积极老龄化服务转变为政府向社会组织或公司企业购买服务。政府提供的服务具有明显的垄断性，这不仅导致服务效率低下，而且导致服务成本支出过大，无法实现有限老年服务资源的优化配置，降低了老年人的福利。因此，转换服务主体后，应该选择多家社会组织或公司企业向老年人提供养老服务、教育服务或照护服务等，这样才能够催生竞争。否则，政府面对“只此一家”，没有多大讨价还价的空间，实际上是被这家服务机构所“劫持”。服务组织的服务报价没有削减的压力，政府的积极老龄化支出就不会降低，效率难以提高，质量也难以保证。① 积极老龄化过程中的老年服务提供应当秉承市场竞争中的公开、公平和公正原则。具体而言，就是政府应当做到信息公开，通过市场的方式，如竞争性招投标、标价或通告等在服务组织之间开展竞争，保证程序的公正和结果的公开，鼓励老年人和社会公众的监督。

五、积极老龄化的程序和监督互动机制

合理的程序是老龄事业决策和组织运作的基本前提，是积极老龄化目标实现的途径和手段。老年健康、参与和安全目标的实现必然要求程序的科学性，只有程序的设置符合客观实际，符合客观规律，才能避免老年人具体权利实现过程中出现偏差，才能以最小的投入获得积极老龄化的最大收益。程序公正有利于保证实体公正。这是因为实体公正事实上实现的正义是非常有限的，必须通过程序公正弥补实体法的不足。② 监督既包括程序公正的监督，也包括实体公正的监督。通过监督，能够确保老龄事业决策管理的有效性，降低老龄事业发展的成本和避免积极老龄化过程中滥用权力的腐败现象。程序和监督的良性互动是积极老龄化法律实

---

① 参见袁维勤：《政府购买养老服务问题研究》，西南政法大学博士学位论文，2012 年，第 68 页。

② 参见汪振江：《能动司法：程序公正与实体公正的平衡》，载《兰州大学学报（社会科学版）》2011 年第 6 期。

施机制的关键环节。

我国全面推行依法治国，老年人的实体权利获得了一系列法律的保障。这些权利所产生的利益诉求需要通过一定的步骤和手续才能实现，因而积极老龄化的实现离不开程序的保障。由于积极老龄化中的老年立法涉及公法、私法和社会法等多个领域，因而涉及的程序可能是民事程序、刑事程序或行政程序，也可能是诉讼程序或非诉讼程序；涉及的程序参与主体可能是老年人，也可能是老年服务机构。要想实现程序公正，需要做到以下几点：一是赋予和保障程序参与主体平等的法律地位。不需要考虑主体身份或地位的高低，任何主体都应被抽象化为完全平等的个体。以参加政府招投标的老年服务机构为例，不论公办机构或者民营机构，都应当享有平等的参与权。二是做到信息公开透明，保证所有保障程序参与主体都能够充分地了解相关信息。以老年人福利申请程序为例，通常政府为老年人提供的福利经由申请才可获得。但老年群体相对闭塞，应明确公开机关、公开方式和公开区域，以最简便的程序便于老年人行使权利。三是应体现对程序参与主体的充分尊重。例如，在老年社会救助的申请和审核程序中，应当注重调查过程中老年人隐私的保护。在收入调查环节中，应改进传统的单一调查方式，采用多种手段，如入户访问、社区了解或查阅产权证书等方式进行经济确认；同时取消公示的做法，减少因公示对老年人尊严的损害。四是应保证程序参与主体对结果形成的充分参与，与裁决者展开充分而有意义的论证、说服和交涉。例如，在老年权利救济程序中，应当保证老年人的程序参与权，让老年人获得表达自己观点的机会。①

监督是老龄事业发展制度化、规范化和法制化的保证。没有上限和监督的权力会产生权力的自由膨胀。大量事实证明，绝对的权力必然引发绝对的腐败。② 我国在积极老龄化过程中应该做到以下几点：第一，加强监督机制的建设。具体而言，完善监督的内容体系，监督老年立法、司法和行政过程的合理性和合法性，监督老年服务过程中老年人权利的落实问题，监督政府和社会管理服务行为的效率，减少政府工作人员和老年服务机构工作人员的腐败行为和权力滥用现象。第二，完善监督的制度体系。在政府中

① 参见李祖军：《论程序公正》，载《现代法学》2011 年第 3 期。

② 参见石东坡：《论行政监督机制的完善》，载《行政与法》2001 年第 1 期。

进一步完善问责制度、引咎辞职制度等，在社会中建立职业资格限制制度、监护资格剥夺制度等，形成老年人权利保护的严密制度网络。第三完善监督的实施体系。通过政党监督、人大监督、行政监督、司法监督和社会监督等方式，内部监督和外部监督相结合，减少侵害老年人权利的事件的发生。第四完善监督的保障体系。进一步加强舆论宣传，推进社会道德建设，增强社会敬老、爱老、尊老的意识，培育老年人的主体意识；在全社会形成保护老年人的法律意识，减少侵害老年人权利违法行为的出现。

六、积极老龄化的责任和惩戒衔接机制

承担责任是任何政府管理或社会活动不可回避的义务，这已经形成共识。法律责任与义务相对应。积极老龄化的责任以义务为前提，具有必为性和当为性，体现出必须承担和实现的特征，具有预防、救济和惩罚侵害老年人权利的功能。责任机制直接影响积极老龄化的立法进程和立法质量，关系到积极老龄化各项活动的正义性与合理性，决定着老龄事业目标的实现，是老年法律制度发展的必然要求。积极老龄化过程中的责任运行机制以责任法定为基本要求，体现因果联系原则、责任自负原则和责任与惩罚相当等归责原则。惩罚机制与责任机制不可分离，应当相互衔接。只有这样，才能使责任机制落到实处。责任机制发挥着重要的预防性作用。它能够对侵害老年人的违法者起到宣示违法和震慑警戒的作用。惩罚的过程应当体现裁量性，由专业的裁决机构根据具体的法律法规确定具体的处罚措施，体现报应和特殊预防的需要。在惩戒的执行阶段，应当使违法行为人产生损失，支付违法成本，发挥惩戒的特殊预防功能，保障积极老龄化战略的顺利推进。

积极老龄化的责任机制建设离不开构建合理有效的老年人健康、参与和保障的法律体系。我国应当研究和借鉴国外老龄化的先进经验，改进监督机制、评估机制、安全标准、信息公开制度等老年人权利相关的法律制度，在法律法规中明确责任承担者和责任类型，制定科学、合理、可操作性强的老年法律和政策法规体系。应当明确积极老龄化中违宪责任、民事责任、行政责任和刑事责任等责任分类的具体规定，完善对法律责任的实际追究手段。在法律责任的内容上，填补老年立法规定中空白、不明确或不全面的法律后果的规定，使老年权利和义务的实施获得强有力的保障。在认定法律

责任时，应当区分侵害老年人权利法律责任的构成要件和承担条件，反映法律责任从产生到承担、实现的逻辑层次。[①] 应当明确积极老龄化过程中政府、社会和家庭应当承担的责任，建立对应的责任追究机制。这要求政府的责任更加明晰，要求公务员承担具体的管理责任，管理者为自己及行政机构的行为负责；社会组织和公司企业在提供服务的同时也应确立责任承担机制，明确权责一致的原则；家庭也应当明确自身所担负的职责，承担相应的物质赡养和精神赡养责任。

惩罚制度建立与实施的前提是对惩戒对象及其违规行为的界定和查证，核心是对违规行为者的惩治与处罚。积极老龄化中惩戒机制的建立健全要遵循扩展惩戒覆盖面、增大惩戒几率、加重惩戒强度、提高惩戒信息开放度的思路，尽量增大违规行为的查处概率，使违规者承担相应的违规成本与违规后果，并畅通信息渠道以提高惩戒案例的震慑效果。[②] 应当梳理老年人教育、老年人就业、老年人救助中的违法行为，在明确责任机制的基础上增加惩戒的对象。例如，针对歧视老年人的行为既要有对企业的处罚也要有对企业管理人员的惩戒，针对虐待老年人的行为既要有对家庭成员的惩戒也要有对养老机构服务人员的惩戒。应当增加惩戒的手段，增强惩戒强度，使违法者承担更多的违法成本。应当将违法的案例向社会公开，通过负面典型案例的宣传加强对老年人权利的保护，减少社会中侵害老年人权利案件的发生。

结　语

每个人都无法抗拒岁月的洗礼，尽管我们都愿意永葆年轻，但随着岁月的流逝而逐渐老去却是宇宙中的一个自然客观规律。诚然，人的老化过程无疑是消极的，会出现诸如容颜变老、新陈代谢放缓、生理机能下降、器官老化、感知能力降低、毛发变白、行动迟钝等现象。但随着岁月的积淀，老年人积累的深厚的生活经验和丰富的人生经历，又是一笔宝贵的财富。因此人口老龄化并非都是消极暗淡的，也有积极进步的一面。更为重要的是，人口

---

① 参见金秀丽：《法律责任的法理学研究》，辽宁师范大学硕士学位论文，2003 年，第 29 页。

② 参见朱方明、贺立龙：《惩戒制度与经济秩序》，载《社会科学研究》2007 年第 3 期。

老龄化本身就是社会进步的表现和结果。

首先，人口老龄化是经济发展的必然结果。老龄化是社会经济发展到一定阶段后人口再生产的转型。导致老龄化现象出现的因素虽然有很多，但其中起决定作用的还是经济因素。生产力的发展和经济方式的变革促进了人口再生产的转型。

其次，老龄化是社会和平的积极成果。战争与和平是影响人均寿命的两个最为重要的因素。在战争频发的年代不可能出现人口的老龄化，因为战争意味着更多的青壮年人口会战死沙场，更多的人无法活到老年阶段，所以中国古代才有“人生七十古来稀”的说法。反之，和平则会带来人口的增加和人均寿命的延长，才会使人类社会步入老龄社会。

再次，老龄化是科技特别是医学发展的巨大成果之一。回顾科学技术一百多年的发展历程，我们不难发现，科学发展不仅助长了人口增长，而且提升了人的平均寿命。曾经在人类历史上大肆剥夺人类生命的疾病，如天花、霍乱、肺结核等都已经随着医学的发展而得到控制，这大大延长了人类的寿命。

最后，老龄化是社会对人权高度重视的集中体现。从某种意义上说，人类史就是一部争取和实现人权的历史。在没有人权的社会，广大劳动者的寿命是短暂的，因为他们的生命随时可能被统治者所剥夺。而按照现代人权理念，任何人的生命都不得被任意剥夺。因此人类能够由低龄进入中龄，再由中龄进入老龄，这本身就是人类追求人权的必然结果。

人口老龄化无论对老年人个体还是对社会整体都具有非凡的积极意义。对个人来说，老龄是人成熟的标志。我们的先贤孔子就有“五十而知天命，六十而耳顺，七十而从心所欲，不逾矩”的精辟论述。从某种意义上说，老年阶段是人生境界的升华。对社会整体来说，老龄化意味着社会的进步，表明社会走向成熟。在人口日趋老龄化的过程中，社会经济发展并未停滞，而是仍然在向前发展。不难发现，当今世界上最发达的国家同时也是老龄化程度最严重的国家。这更好地证明了人口老龄化是社会进步的结果。世界上老龄化最为严重的国家是瑞典、日本和英国等发达国家，而老龄化程度最轻的国家却在非洲和拉美等贫困地区。经济合作与发展组织（OECD）原来的 24 个成员国中，除土耳其外，其余都是老龄型国家。这些国家的经济发展并未因人口老龄化而停滞不前，相反，绝大部分成员国都是高收入国家。因此,人口老龄化与社会经济发展完全可以相互协调,相互促进,从而走向良性循环。

人口老龄化尽管是社会文明进步的重要标志,但不可否认的是人口老龄化也会对社会经济发展产生诸多不利影响。尤其对发展中国家而言,冲击可能会更严重。当前,我国已经步入老龄化社会。我国的人口老龄化是在人均收入水平较低、养老保障体系尚不完善的情况下出现的,而且老龄人口基数大。这意味着我们要在社会经济尚欠发达的条件下解决比发达国家还要严重的社会养老问题。因此,我们必须走有中国特色的积极老龄化之路,坚持一切从实际出发。具体而言,首先,中国目前正处在经济体制转变和社会变革相叠加的特殊时期。面对复杂的社会经济格局,必须增强应对人口老龄化和老龄社会挑战的紧迫性和自觉性,努力消除人口老龄化带来的各种矛盾和问题。其次,中国将在未来一段时期内长期处于老龄社会。从这一未来的实际出发,要认真研究和预测人口发展趋势,及时调整政策和法律,从而延长人口红利,提升人口素质,促进经济可持续发展。再次,发展中国家特别是中国这样的人口大国,如何在尚未实现现代化的条件下应对老龄化的挑战,目前还没有成功的经验可资借鉴。因此,必须加强对老龄社会特点和规律的研究。要把人口老龄化和老龄社会作为国家的重大宏观战略课题,进行认真研究,为应对人口老龄化的严峻形势提供合理科学的策略。最后,要坚持在发展中解决老龄化带来的一系列挑战和问题。从中国老龄化发展进程看,必须牢牢抓住发展这个“第一要务”,用发展的思路解决面临的问题。这一方面是因为中国是“未富先老”的国家,发展的任务更重,发展的要求更迫切,发展的压力更大;另一方面是因为人口老龄化在对社会经济提出挑战的同时,也为社会的发展提供了新机遇,只有加快发展才能把握机遇。①

① 参见金易:《人口老龄化的理性思考》,载于《学习与探索》2011年第6期。

附　录

2002 年马德里老龄问题国际行动计划

一、导言

1. 在维也纳举行的第一次老龄问题世界大会通过的《老龄问题国际行动计划》，在过去二十年来各项重大政策和倡议不断演变的过程中一直主导关于老龄问题的思考和行动方向。1991 年制定《联合国老年人原则》时讨论了老年人的人权问题，该原则在独立、参与、照顾、自我实现和尊严等方面提供指导。

2. 在 20 世纪里，人口寿命发生了巨大变化。平均预期寿命从 1950 年延长了二十年，达到 66 岁，预计到 2050 年将再延长十年。人口结构方面的这一长足进展以及 21 世纪上半叶人口的迅速增长意味着 60 岁以上的人口将从 2000 年的大约 6 亿增加到 2050 年的将近 20 亿，预计全球划定为老年的人口所占的比率将从 1998 年的 10%增加到 2025 年的 15%。在发展中国家，这种增长幅度最大、速度最快，预计今后五十年里，这些国家的老年人口将增长为 4 倍。在亚洲和拉丁美洲，划定为老年的人口比例将从 1998 年的 8%增加到 2025 年的 15%，但是在非洲，同一时期内这一比例预计仅从 5%增加到 6%，可是到 2050 年这一比例将增加 1 倍。在撒哈拉以南的非洲地区，与艾滋病毒/艾滋病的斗争，以及与经济和社会贫困的斗争还在继续，因此这一比例将只达到上述水平的一半。在欧洲和北美洲，在 1998～2025 年期间，划定为老年人的比例将分别从 20%增加到 28%，以及从 16%增加到

26%。这种全球的人口变化已经在各个方面对个人、社区、国家和国际生活产生深刻的影响。人类的每一方面——社会、经济、政治、文化、心理和精神上——都将产生变化。

3. 目前正在发生的显著的人口结构转型变化，将在本世纪中叶在世界人口中造成年老的和年轻的各占一半的现象。就全球而言，2000～2050年期间，60岁以上的人所占的比例预计要增加1倍，由10%增加到21%，而儿童的比例预期将下降1/3，即从30%下降至21%。在若干发达国家和转型期经济国家，老年人人数已超过儿童人数，而且出生率已降到更替水平以下。在某些发达国家中，在2050年年底以前，老年人人数将比儿童人数多出1倍以上。在发达国家，每71名男性平均对一百名女性的比例预计会增加到78名。在较不发达区域，老年妇女超过老年男性的比例不如发达国家那样高，因为预期寿命性别差异一般要小一些。目前发展中国家两性的比率是，在60岁以上的人口中，平均每88名男性对100名女性，预计到本世纪中叶，将稍稍发生变化，成为87名男性对100名女性。

4. 人口老龄化即将成为发展中国家的一个主要问题，因为预计21世纪上半叶人口将迅速老龄化。在2050年年底以前，老人所占比例预计将由8%上升到19%，但儿童所占比例将由33%下降到22%。这种人口变化对于资源是一重大挑战。虽然发达国家是逐渐地老龄化，但这些国家仍面临着老龄与失业及退休金制度的可持续性之间关系所造成的挑战；而发展中国家却同时面临发展问题和人口老化问题。

5. 发达国家和发展中国家之间还存在人口结构方面的其他重要区别。目前在发达国家，绝大多数老年人生活在划定为城镇的地区，但在发展中国家，多数老年人生活在农村地区。对人口结构的预测表明，到2025年，发达国家82%的人口将生活在城镇；而发展中国家生活在城镇的人口不到其人口比例的一半。在发展中国家，农村老年人比率超过城镇地区老年人比率。对于老龄化与都市化之间的关系还需要做进一步研究，但目前的趋势表明，今后许多发展中国家的农村地区老年人比率将会增加。

6. 关于老年人所生活的家庭形态，发达国家和发展中国家之间也存在着显著区别。在发展中国家，许多老年人生活在几代同堂的家庭。这些区别表明，发展中国家和发达国家的政策行动也将会有区别。

7. 在老年人口中增长最快的群体就是最老的老人，即80岁以上者。在

2000 年,他们总共 7000 万人,预计在未来五十年内,将增加至 5 倍以上。

8. 老年妇女人数超过老年男子,而年岁越高超过越多。世界各地老年妇女的境况必须成为采取政策行动的优先问题。认识到老龄对妇女与男子影响的差异对保证男女地位充分平等以及制定有效措施来处理这一问题是必不可少的。因此,在所有政策、方案和法律中保证纳入性别观点是至关重要的。

9. 必须将全球老龄化发展过程纳入更大的发展过程。关于老龄化问题的政策应从更广的生命过程的发展观点以及整个社会的角度来仔细审查,并且考虑到最近提出的全球性倡议以及主要的联合国会议和首脑会议制定的指导原则。

10.《2002 年老龄问题国际行动计划》呼吁各部门各级别改变态度、政策和做法,从而可发挥 21 世纪内老龄化的巨大潜力。许多老年人的确有保障、有尊严地进入晚年,并增强他们本身参与家庭和社区生活的能力。《国际行动计划》的目标在于确保全世界所有人都能够人保障、有尊严地步入老年,并作为享有充分权利的公民参与其社会。虽然认识到健康充实的老年生活奠基于早年,《计划》旨在作为一个实际工具,来协助决策者侧重同个人和人口老龄化相关的主要优先问题。《计划》确认老龄化的性质的共同特点及其所带来的挑战,并针对每个国家大不相同的情况提出具体建议。《计划》认识到发展的许多不同阶段和目前在各不同区域发生的转型变化以及在全球化世界中各国的相互依存关系。

11. 1999 年国际老年人年的主题是"不分年龄人人共享的社会",包括下列四个方面:个人终身发展;多代关系;人口老龄化与发展之间的关系和老年人处境。国际年有助于提高全世界的认识、促进研究和加强政策行动,包括把老龄问题纳入各部门、创造人生各阶段应有的机会。

12. 主要的联合国会议和首脑会议及大会特别会议和审查后续进程已在各级确定了目标、目的和承诺事项,以便改善所有人的经济和社会状况。必须在这些框架内考虑老年人的特定贡献和关心事项。实施上述各项规定将能帮助老年人充分地为发展作出贡献、并平等地从中获得利益。《2002 年老龄问题国际行动计划》中贯穿了一些中心主题,与这些目标、目的和承诺事项一脉相承,其中包括:

(a)充分实现所有老年人的所有人权和基本自由;

(b)使老年生活安全无虞,这涉及重申消除老年贫穷的目标以及在《联合国老年人原则》的基础上作进一步发展;

(c)使老年人能够除其他外通过赚取收入工作和志愿工作,充分和有效地参与其社会的经济、政治和社会生活;

(d)通过诸如终生学习的机会和参与社区生活,为整个一生和晚年的个人发展、自我实现和幸福提供各种机会,但同时认识到,老年人并不是一个没有差异的群体;

(e)确保老年人充分享有经济、社会和文化权利以及公民和政治权利,并消除对老年人的一切形式的暴力和歧视;

(f)通过消除性别等方面的歧视来确保老年人的性别平等;

(g)认识到家庭、世代相互依存、团结和互惠对于促进社会发展极为重要;

(h)提供老年人所需的保健和支助,并对其提供社会保护,包括预防和康复性保健;

(i)促进各级政府、民间社会、私营部门和老年人本身各方间的合作,把《国际行动计划》变为实际行动;

(j)特别是在发展中国家内,利用科学研究和专门知识,并发挥技术的潜力,集中注意老龄化所涉及的个人、社会和保健等问题;

(k)认识到老年土著人的境况,其独特的处境,并认识到有必要设法使其对直接影响到自己的决定有实际的发言权。

13. 促进和保护包括发展权在内的所有人权和基本自由,对于建立一个能包容所有年龄者并使老年人能充分、不受歧视而平等地参与的社会来说,是必不可少的。制止基于年龄的歧视以及增进老年人的尊严,对于保证老年人受到应有尊重而言,至关重要。促进和保护所有人权和基本自由对于实现不分年龄人人共享的社会有着重要的意义。在这方面,必须通过广泛而有效的对话,培养、强调和鼓励世代之间的互惠关系。

14. 行动建议是按照下列三个优先方向安排的:老年人与发展;促进老年人的健康和福祉;确保有利的和支助性环境。老年人生活保障的程度大部分取决于在这三个方向取得的进展。这些优先方向的目的在于指导政策的制定和执行,以便实现成功地适应老龄化世界的具体目标,从而可以按照社会发展、老年人生活品质方面和维系一生幸福的各种,正式的和非正式,制度的持续性方面改善的程度来衡量成败。

15. 把老龄问题纳入全球议程的主流至为重要。必须作出一致努力，以便对政策一体化采取广泛公正的观点。其任务是把老龄化问题同其他社会经济发展和人权的框架联系在一起。虽然具体政策会因国家和地区而异，但人口老龄化是一种全球性力量，同全球化一样，足以改变未来。必须认识到老年人不仅有能力带头改善本身的情况，而且有能力带头改善整个社会，从而对社会作出贡献。前瞻性思考要求我们发挥老龄人口的潜力作为今后发展的基础。

马德里政治宣言

第1条 我们各国政府的代表，在马德里召开第二次老龄问题世界大会，决定通过一项《2002年老龄问题国际行动计划》，以应对21世纪人口老龄化所带来的机会和挑战，并促进发展一个不分年龄人人共享的社会。在该行动计划方面，我们承诺致力于在所有各个层面、包括在国家和国际两个层面、朝以下三个优先方向采取行动：老年人与发展；提高老龄健康和福祉；以及确保有利和支助性的环境。

第2条 我们认为，世界许多地区预期寿命不断延长是人类一项可喜的重要成就。我们认识到，世界人口正在发生前所未有的变化，到2050年60岁以上人口将从6亿增至近20亿，60岁以上人口所占比例预计增加一倍，从10%增至21%。增长最大、最迅速的是发展中国家。在今后五十年中，这些国家的老年人口预计翻两番。此种人口变化，将在促进更多的机会、尤其是促进老年人的机会、使之实现参与各方面生活的潜力方面，给我们各国社会提出挑战。

第3条 我们各国国家元首和政府首脑，在联合国主要会议和首脑会议及其后续进程以及《千年宣言》中作出承诺，决心创造有利的国际和国内环境，以建立不分年龄人人共享的社会。我们重申这一承诺。我们还重申联合国大会1982年核可的《老龄问题国际行动计划》各项原则和行动建议以及大会1991年通过的《联合国老年人原则》。这些原则和建议在独立、参与、照顾、自我充实和尊严等领域提供了指导。

第4条 我们强调，为补充国家努力以充分实施《2002年老龄问题国际行动计划》,加强国际合作至关重要。因此,我们鼓励国际社会进一步推动所有有关行动者之间的合作。

第5条　我们重申决心不遗余力地促进民主,加强法制,促进两性平等,并增进和保护人权和基本自由、包括发展权。我们决心消灭一切形式的歧视、包括年龄歧视。我们确认,随着人们年龄的增长,他们应当享受充实、健康和有保障的生活,并应积极参加各自社会的经济、社会、文化和政治生活。我们决心增进对老年人尊严的认识,并消除对老年人的一切形式忽视、虐待和暴力。

第6条　现代世界有着空前的财富和科技能力,也展现了各种特别的机会:增强男女的能力,使之更健康地进入老年,同时享受更加充分的福祉;力求使老年人充分融入和参与社会;使老年人能够更有效地为其社区和社会发展作出贡献;并且不断改善老年人所需要的照顾和支持。我们认识到,必须采取协调一致的行动,以便随着男女年龄的增长,不断改善他们的生活机会和质量,并确保他们的支助系统得以持续,从而为建设一个不分年龄人人共享的社会奠定基础。当老龄被视为一种成就时,对高龄群体人力技能、经验和资源的依赖就自然会被公认为成熟、充分融合及富有人性的社会发展过程中的一种资产。

第7条　同时,发展中国家,特别是最不发达国家,以及一些经济转型国家仍面临大量障碍,无法进一步融入和充分参与全球经济。除非社会和经济发展能惠及所有国家,否则越来越多的人、特别是所有国家甚至整个区域的老年人,仍将处于全球经济的边缘地位。因此,我们认识到,必须将老龄问题纳入发展议程,以及纳入消灭贫穷战略和争取使所有发展中国家充分参与全球经济的战略。

第8条　我们致力于有效地将老龄问题纳入社会和经济的战略、政策和行动中,同时确认具体的政策将因各国条件不同而有所差异。我们确认必须将性别观点纳入所有政策和方案,以便考虑到老年妇女和男子的需求和经验。

第9条　我们承诺在武装冲突和外国占领的局势中保护和协助老年人。

第10条　老年人的潜力是未来发展的强大基础,这使社会能够越来越多地依赖老年人的技能、经验和智慧,不仅是为了让他们在改善自身福祉方面发挥主导作用,也是为了让他们积极参与整个社会的改善。

第11条 我们强调,关于老龄和与年龄有关问题的国际研究十分重要,这种研究是根据特别是国家和国际统计组织拟定的可靠、协调一致的指标制定老龄问题政策的一个重要工具。

第12条 为了满足老年人的期望和社会的经济需求,应当让老年人参与社会的经济、政治、社会和文化生活。老年人只要愿意并有能力,应一直有机会工作,从事令其满意的生产性工作,同时继续有机会参与教育和培训方案。增强老年人的能力和促进他们的充分参与,是促进老有所事的基本要素。应当向老年人提供适当的、可持续的社会支持。

第13条 我们强调政府担负着主要责任,应促进、提供和确保获得基本社会服务,同时铭记老年人的具体需求。为此,我们必须与地方当局、民间社会、包括非政府组织、私营部门、志愿者和志愿组织、老年人自己、老年人协会以及家庭和社区共同努力。

第14条 我们认识到,必须逐步达到充分实现人人享受最高水平身心健康权利的目标。我们重申,实现最高水平的健康是全世界一项极为重要的社会目标,而要达到这项目标,除了卫生部门外,其他许多社会和经济部门也必须采取行动。我们致力于向老年人提供普遍、平等获得保健和服务、包括身心健康服务的机会。我们认识到,随着老年人口各种需要的增加,必须拟定新的政策,特别是给予照顾和治疗,促进健康的生活方式和有利的环境。我们将促进老年人独立自主,向其提供机会,使其有能力充分参与社会的各方面。我们认识到老年人作为提供照料者对发展作出的贡献。

第15条 我们确认,除了政府所提供的服务之外,家庭、志愿人员、社区、老年人组织和其他社区组织可在向老年人提供支援和非正规照顾方面发挥重要作用。

第16条 我们认识到,有必要加强各代人之间的团结和伙伴关系,对老年人和青年人的特殊需求都应铭记在心,并鼓励各代人建立相互照顾的关系。

第17条 各国政府担负着主要责任,应在老龄问题上以及在实施《2002年老龄问题国际行动计划》方面发挥领导作用。但是,国家政府和地方政府、国际机构、老年人自己和老年人组织、包括非政府组织在内的民间社会的其他方面以及私营部门之间开展有效协作是至关重要的。要实施

《行动计划》,就需要许多利益有关者,如专业组织、公司、工人和工人组织、合作社、学术研究机构及其他教育和宗教机构以及媒体等的合作和参与。

第 18 条　我们强调,联合国系统、包括各区域委员会可发挥重要作用,在《2002 年老龄问题国际行动计划》的实施、后续行动和国家监测方面,应政府的请求,为其提供协助,同时考虑到各国和各地区之间经济、社会和人口情况的差异。

第 19 条　我们邀请各国社会各阶层的所有人,个别和集体地同我们一道致力于实现不分年龄人人平等的共同理想。

主要参考文献

一、中文著作

瞿同祖:《中国法律与中国社会》,中华书局 1981 年版。

王浦劬:《政治学基础》,北京大学出版社 1995 年版。

谢联辉、宋玉华:《全球行动:迎接人口老龄化——联合国老龄话题文件总汇》,华龄出版社 1998 年版。

邬沧萍:《社会老年学》,中国人民大学出版社 1999 年版。

刘永富:《中国劳动和社会保障年鉴(2001)》,中国劳动社会保障出版社 2001 年版。

上海市老年教育协会:《上海老年教育现状及发展研究》,东华大学出版社 2002 年版。

陈可冀:《老龄化中国:问题与对策》,中国协和医科大学出版社 2002 年版。

何怀宏:《公平的正义——解读罗尔斯〈正义论〉》,山东人民出版社 2002 年版。

全国老龄工作委员会办公室:《第二次老龄问题世界大会暨亚太地区后续行动会议文件选编》,华龄出版社 2003 年版。

张文显:《马克思主义法理学——理论、方法和前沿》,高等教育出版社2003年版。

黄富顺:《高龄学习》,五南图书出版公司2004年版。

孙光德、董克用:《社会保障概论》,中国人民大学出版社2004年版。

姜向群:《老年社会保障制度——历史与变革》,中国人民大学出版社2005年版。

高志敏等:《终身教育、终身学习与学习化社会》,华东师范大学出版社2005年版。

高尔生、吴擢春:《医学人口学》,复旦大学出版社2005年版。

[日]坂脇昭吉、小原弘二:《现代日本的社会保障制度》,中国劳动社会保障出版社2005年版。

尹豪:《人口学导论》,中国人口出版社2006年版。

曲江川:《老年社会学》,科学出版社2007年版。

周玉萍等:《老年社会工作》,知识产权出版社2008年版。

侯世标、石义金、张泉:《老龄工作手册》,合肥工业大学出版社2008年版。

曹健、龚仁伟、李伟:《老年人协会工作手册》,中国社会出版社2009年版。

张恺悌:《中国农村老龄政策研究》,中国社会出版社2009年版。

陈涛:《老年社会学》,中国社会出版社2009年版。

范明林:《老年社会工作案例分析》,华东理工大学出版社2010年版。

陆学艺:《当代中国社会结构》,社会科学文献出版社2010年版。

张恺悌、郭平:《中国人口老龄化与老年人状况蓝皮书》,中国社会出版社2010年版。

全国老龄工作委员会办公室:《中国人口老龄化研究论文集》,华龄出版社2010年版。

全国老龄工作委员会:《国外涉老政策概览》,华龄出版社2010年版。

宋健敏:《日本社会保障制度》,上海人民出版社2012年版。

徐新、张钟汝:《城市老龄社会政策的演进及挑战》,广西师范大学出版社2012年版。

肖金明:《老年人权益保障法律制度研究》,山东大学出版社2013年版。

肖金明:《老年人权益保障立法研究》,山东大学出版社 2013 年版。

王诺、张占军等:《机遇还是挑战? 我国积极老龄化道路》,经济科学出版社 2014 年版。

杨燕绥:《中国老龄社会与养老保障发展报告(2013)》,清华大学出版社 2014 年版。

刘玉明:《老年人权益保护》,中国民主法制出版社 2015 年版。

二、中文论文和报纸

邬沧萍、姜向群:《"健康老龄化"战略刍议》,载《中国社会科学》1996 第 5 期。

王江:《家庭养老与社区志愿服务的立法》,载《同济大学学报》2001 年第 3 期。

穆光宗:《老年发展论——21 世纪成功老龄化战略的基本框架》,载《人口研究》2002 年第 6 期。

陈卫民:《发达国家老年照护服务供给体制改革及其借鉴意义》,载《南开学报(哲学社会科学版)》2002 年第 3 期。

洪朝辉:《论中国城市社会权利的贫困》,载《江苏社会科学》2003 年第 2 期。

王树新:《北京市人口老龄化与积极老龄化》,载《人口与经济》2003 年第 4 期。

蔡麟:《老龄化社会的代际连带与社会保障》,载《同济大学学报》2004 年第 5 期。

厉瑛、张静:《国外护理保险现状及对我国护理发展的启示》,载《护理管理杂志》2004 年第 6 期。

荆涛:《长期护理保险的概念界定》,载《保险研究》2005 年第 5 期。

颜君、尤黎明、刘可:《香港老年社区护理特点与启迪》,载《护理学杂志》2005 年第 21 期。

郭爱妹、石盈:《"积极老龄化":一种社会建构论观点》,载《江海学刊》2006 年第 5 期。

刘颂:《积极老龄化框架下老年社会参与的难点及对策》,载《南京人口管理干部学院学报》2006 年第 4 期。

王育忠:《关于健康老龄化和积极老龄化的思考》,载《积极老龄化研究之一——老龄问题研究论文集(九)》,2006年。

刘颂:《积极老龄化框架下老年社会参与的难点及对策》,载《南京人口管理干部学院学报》2006年第4期。

韩树杰:《美国老年教育的成功经验及其启示》,载《湖北大学成人教育学院学报》2006年第2期。

万俊海:《我国老龄产业发展对策研究》,哈尔滨工程大学硕士学位论文,2006年。

董溯战:《论作为社会保障法基础的社会连带》,载《现代法学》2007年第1期。

杜鹏、李兵:《生命进程理论和方法及其对老龄政策的意义》,载《浙江学刊》2007年第3期。

韩青松:《老年社会参与的现状、问题及对策》,载《南京人口管理干部学院学报》2007年第4期。

项龙:《2002年马德里政治宣言与国际老龄行动计划》,载《国际社会科学杂志(中文版)》2007年第4期。

陈超:《长期照护法律体系及其对我国的启示》,载《浙江树人大学学报》2007年第2期。

林子利:《树立积极老龄化观念,实施积极老龄化战略》,载《第八届亚洲/大洋洲地区老年学和老年医学大会"积极老龄化"中文论坛论文专辑》,2007年。

王娟:《美国老年教育及其对我国的启示》,载《湖北大学成人教育学院学报》2008年第4期。

吴帆:《认知、态度和社会环境:老年歧视的多维视角》,载《人口研究》2008年第4期。

朱建宏:《成功老龄化的研究概况》,载《中国老年学杂志》2008年第7期。

陈茗、林志婉:《城市老年人参与社会公益活动的意愿及其影响因素》,载《人口学刊》2008年第9期。

贺红梅:《关于赴英法考察老龄工作和社区养老状况的报告》,2008年。

裴晓梅:《长期照护社会保险的世界趋势与中国推展》,载《城市管理》

2008 年第 2 期。

陶建国:《韩国老人长期看护保险法评介》,载《保险研究》2009 年第 2 期。

王桂新:《应对人口老龄化挑战的几点战略思考》,载《大家思考》2009 年第 12 期。

董文勇:《立法保障老年人社会照料服务》,载《今日中国论坛》2009 年第 2 期。

杜作润:《普通高校应当积极开展老年教育——谈大学为社会服务的功能拓展》,载《上海老年教育研究》2009 年第 3 期。

刘颂:《积极老龄化框架下老年社会参与的现实难点及其对策研究》,载《中国心理卫生协会老年心理卫生专业委员会第九届学术年会论文集》,2009 年。

林艳:《为什么要在中国构建长期照护服务体系》,载《人口与科学》2009 年第 4 期。

裴晓梅:《形式多样的长期照护服务应贯穿养老过程的始终》,载《人口与科学》2009 年第 4 期。

党俊武:《长期照护服务体系是应对未来失能老年人危机的根本出路》,载《人口与科学》2009 年第 4 期。

王英:《中国社区老年教育研究》,南开大学博士学位论文,2009 年。

张松:《中国人口老龄化背景下的养老保险研究》,吉林大学博士学位论文,2009 年。

孙毅:《济南市老年人社会养老问题研究》,山东师范大学硕士毕业论文,2010 年。

韩彬翔:《社会转型期志愿服务组织运作机制初探——以绍兴市为例》,载《绍兴文理学院学报》2010 年第 7 期。

王桂新:《中国"未富先老"时代的"老有所养"》,载《宏观视野》2010 年第期。

陈社英:《积极老龄化与中国:观点和问题透视》,载《南方人口》2010 年第 4 期。

赵怀娟:《"生产性老龄化"的实践与启示》,载《安徽师范大学学报(人文社会科学版)》2010 年第 3 期。

陈社英:《积极老龄化与中国:观点与问题透视》,载《南方人口》2010年第4期。

李芹:《城市社区老年志愿服务研究》,载《中国社会科学》2010年第6期。

毛佩瑾:《养老志愿服务的现状分析及对策研究》,载《广西青年干部学院学报》2010年第3期。

施巍巍:《日本长期照护保险制度研究》,载《经济研究导刊》2010年第35期。

施巍巍、刘一姣:《德国长期照护保险制度研究及其启示》,载《商业研究》2011年第3期。

徐淑金:《积极老龄化框架下的老年人心理健康》,载《辽宁医学院学报(社会科学版)》2011年第2期。

彭希哲、胡湛:《公共政策视角下的中国人口老龄化》,载《中国社会科学》2011年第3期。

崔卓兰、赵静波:《我国老龄社会的法律制度及其法律对策》,载《吉林大学社会科学学报》2011年第3期。

科技智囊专题研究小组:《积极老龄化:从战略到行动》,载《科技智囊》2011年第10期。

杨宜勇、杨亚哲:《从人口结构变化看我国城市居家养老服务体系的发展》,载《经济研究参考》2011年第58期。

章晓英:《人口老龄化与养老保险基金支出关系实证分析》,载《商业时代》2011年第13期。

李春斌:《人口老龄化的法律应对——以老年法学的立法模式和体系构建为中心》,载《甘肃社会科学》2011年第2期。

杜鹏:《新时期的老龄问题我们应该如何面对》,载《人口与发展论坛》2011年第4期。

仇雨临、翟绍果、郝佳:《城乡医疗保障的统筹发展研究:理论、实证与对策》,载《中国软科学》2011年第4期。

李玉敏、沈明、柳洪杰等:《浅析推行居家养老医疗服务的关键环节》,载《现代医院》2011年第8期。

徐嘉亿、李玉敏、赵晓玲等:《社区居家养老医疗服务需求分析》,载《现代医院》2011年第11期。

崔卓兰、赵静波:《我国老龄社会的法律制度及其法律对策》,载《吉林大学社会科学学报》2011年第3期。

冯戚:《老年人社会优待政策法治化》,载《老龄社会法律应对与老年人权益保障立法学术研讨会论文集》,2011年。

胡继晔:《养老金体系在富裕国家的变化——以英国为例》,载《国际经济评论》2011年第6期。

潘小娟:《社会企业初探》,载《中国行政管理》2011年第7期。

黄耀明:《老龄化趋势下台湾机构养老模式的经验与启示》,载《台湾研究》2011年第5期。

吴东晖、蔡新霞:《台湾老年教育发展理念、模式及其对大陆的启示》,载《河南广播电视大学学报》2012年第3期。

潘晓:《第三部门法的社会企业运动——欧美两种路径下的制度演进》,载《北大法律评论》2012年第1期。

解韬:《英国应对人口老龄化的经验及对中国的启示》,载《战略决策研究》2012年第1期。

孙亚慧、谢兴伟:《社区卫生服务机构在居家养老中服务方式的探讨》,载《中国医疗前沿》2012年第7期。

陈可冀等:《积极应对我国老龄问题的建议》,载《中国老年学杂志》2012年第32卷。

胡湛、彭希哲:《老龄社会与公共政策转变》,载《社会科学研究》2012年第3期。

赵怀娟、朱艳松:《老龄化研究新视角及其政策因应》,载《中国老年学杂志》2012年第9期。

田艳玲、张瑾、崔江宁:《社会工作在居家养老服务中的介入研究——以山东省为例》,载《山东女子学院学报》2012年第2期。

赵俞云:《北京养老院生存现状调查:住不起的养老院》,载《中国经济周刊》2012年第27期。

贾红梅:《看德国立法变更退休年龄》,载《中国人大》2012年第13期。

屈毅博:《逐步加剧的美国人口老龄化问题探析》,载《社会学研究》2012年第5期。

张卫国:《美国养老社区研究》,载《世界经济与政治论坛》2012 年第 5 期。

唐咏:《去碎片化:中国老年长期照护政策的整体化路径》,载《深圳大学学报(人文社会科学版)》2012 年第 5 期。

张盈华:《老年长期照护的风险属性与政府职能定位:国际的经验》,载《西北大学学报(哲学社会科学版)》2012 年第 5 期。

龙晓杰:《我国老年人社会参与权研究》,山东大学硕士学位论文,2012 年。

王默璞:《国有改制企业中老年下岗职工养老和医疗保障问题研究》,东北师范大学硕士学位论文,2012 年。

王汝洋:《我国社会养老服务法律问题研究》,山东大学硕士学位论文,2012 年。

刘帆:《人口老龄化背景下我国城镇老年人再就业问题研究》,吉林大学博士学位论文,2013 年。

李中秋:《中国人口老龄化背景下的多元化养老模式研究》,西南财经大学硕士学位论文,2013 年。

代丽丹:《积极老龄化视角下的老年志愿者研究》,南京大学硕士学位论文,2013 年。

施巍巍:《发达国家破解老年长期照护难点带给我们的启示》,载《西北人口》2013 年第 4 期。

王南:《德国社会互助模式养老》,载《中国社会工作》2013 年第 20 期。

肖金明:《构建完善的中国特色老年法制体系》,载《法学论坛》2013 年第 3 期。

林宗浩:《韩国老年人长期疗养保险立法的经验与启示》,载《法学论坛》2013 年第 3 期。

相焕伟:《台湾地区老人福利法制及其借鉴》,载《法学论坛》2013 年第 3 期。

杨海坤:《宪法平等权与弱者权利的立法保障——以老年人权益保护立法为例》,载《法学杂志》2013 年第 10 期。

杨恒国:《论计划生育政策对我国人口老龄化的双重影响》,载《重庆第二师范学院学报》2013 年第 6 期。

顾小芳:《我国人口老龄化背景下老年护理的问题与对策分析》,载《中国保健营养》2013 年第 8 期。

岳海玉、翟清华、刘倩:《社区居家养老医疗服务存在的问题及对策》,载《医学与社会》2013 年第 9 期。

郭林:《香港养老服务的发展经验及其启示》,载《探索》2013 年第 1 期。

严志兰:《台湾社区居家养老的政策、实践及其启示》,载《台湾研究》2013 年第 5 期。

杨雅华:《生存权保障的新课题:老年人护理福利之探究》,载《福建论坛(人文社会科学版)》2013 年第 1 期。

李文琦:《积极老龄化视域下的社会化养老服务体系建设——基于陕西省养老服务现状的考察分析》,载《西北大学学报(哲学社会科学版)》2013 年第 3 期。

窦影:《老年人长期照护是解决当前就业问题的重要途径》,载《西北人口》2013 年第 3 期。

杨楠、胡守忠、贾萍:《国外长期照护保险计划比较分析——以德国、日本为例》,载《劳动保障世界》2013 年第 2 期。

姜日进、林君丽、马青:《我国建立社会长期照护保险的可行性分析》,载《中国医疗保险》2013 年第 5 期。

乜琪、李勇:《社会企业:价值与未来——第三届公益主题国际研讨会综述》,载《中国非营利评论》,社会科学文献出版社 2013 年版。

田杨:《日韩老年长期照护保险政策对我国的启示》,载《老龄科学研究》2014 年第 1 期。

陈诚诚:《德国长期照护保险制度的特色及改革动态》,载《中国医疗保险》2014 年第 12 期。

刘涛:《德国养老保险制度的改革:重构福利国家的边界》,载《公共行政评论》2014 年第 6 期。

王莉莉、吴子攀:《英国社会养老服务建设与管理的经验与借鉴》,载《老龄科学研究》2014 年第 7 期。

乔琦、蔡永洁:《非血缘关系的多代居——德国新型社会互助养老模式案例及启示》,载《建筑学报》2014 年第 2 期。

崔建文:《借鉴外国经验,积极迎接老龄化社会》,载《中国老年》2014 年第16期。

院程鑫、房志勇:《德国“多代屋”对我国城市养老和发展模式的启示》,载《城市住宅》2015年第5期。

刘文、焦佩:《国际视野中的积极老龄化研究》,载《中山大学学报(社会科学版)》2015年第1期。

程今越:《人口老龄化加剧　香港安老面临严峻挑战》,载《沪港经济》2015年第2期。

江海波:《英国社会企业不衰的秘密》,载2012年12月6日《华夏时报》。

沙勇:《社会企业如何改善农业转移人口发展现状》,载2015年1月28日《光明日报》。

三、外文译著

[美]戴维·L·德克尔:《老年社会学》,沈健译,天津人民出版社1986年版。

[美]里查得·克伦塔尔:《老年学》,毕可生等译,甘肃人民出版社1986年版。

[英]A. J. M. 米尔恩:《人的权利与人的多样性——人权哲学》,夏勇等译,中国大百科全书出版社1995年版。

[美]戴维·波普诺:《社会学》(第10版),李强等译,中国人民大学出版社1999年版。

[日]井上英夫:《高龄者的人推生地域》,东京自治体研究社1999年版。

[美]罗尔斯:《政治自由主义》,万俊人译,译林出版社2000年版。

[澳]欧·休斯:《公共管理导论》,彭和平译,中国人民大学出版社2001年版。

[美]苏珊·特斯特:《老年人社区照顾的跨国比较》,周向红、张小明译,中国社会出版社2002年版。

[挪]艾德等:《经济、社会和文化的权利》,黄列译,中国社会科学出版社2003年版。

[英]乔治·马格纳斯:《人口老龄化时代——人口正在如何改变全球经济和我们的世界》,余方译,经济科学出版社2012年版。

Ronald Lee,“The Demographic Transition: Three Centuries of Fundamental Change," *The Journal of Economic Perspectives*, Autumn, 2003, 17(4) : 167-190.

Joerg Hebsaeker, Akademie Europader CESI: Zukunft der Alterssicherungssysteme — in Berlin / , DEUTS CHEANGESTE LLTENZEITUNG , 2007(3).

Valerie Deorio. Kearsley Our Nation's First Retirement Community Keeps Growing. http: / /findarticles. com/p /articles /mi_m3830 /is_5_49 /ai_63543082 /? tag = content; col1.

后 记

人口老龄化大潮已席卷全球。除非洲和中东部分地区外，世界大多数国家和地区都不同程度地面临着人口老龄化所带来的复杂社会局势、难以估测的社会风险以及巨大的经济负担和政治压力。应对人口老龄化已经成为世界多数国家和地区必须共同面对的时代课题。中国自20世纪末进入老龄社会以来，人口老龄化进程不断加快，老龄人口规模加速增长，尤其是高龄老人、空巢老人、失能老人、失独老人数量激增，这无疑对传统养老体制、现行人口政策、政府社会管理与公共服务能力，以及社会文化、家庭道德等提出了严峻的挑战。确立和实施积极应对人口老龄化国家战略，不断完善老年人权益保障立法，加快构建老年人权益保障法律制度体系，有效推进老龄社会及其相关风险的法律应对，无疑具有重大的现实意义和深远的战略意义。

2011年5月，受邀参加由全国人大内务司法委员会组织的《老年人权益保障法》修改调研、论证和起草工作，山东大学为此成立了老年人权益保障立法研究课题组，组织部分青年教师、硕士和博士研究生，以及校外青年学者参与课题研究，围绕“老年法制”主题开始了长达五年的连续作业。从国内外老年法制资料整理到主办老年人权益保障立法学术研讨会，从单一的老年人权利保障立法研究到社会法视野中的老年法制理论创新，从侧重于国家立法和法律制度完善和发展到老年社会政策与老年法制融通和互动，从拟定《老年人权益保障法修改专家建议稿》到一系列老年法制研究成果的发表和出版，课题组前期在国家立法的牵领下，后期在山东大学自主创新项目和人文社科青年学者成长项目的支撑下，面向重大社会现实问题展开持续研究。尤其是在新的《中华人民共和国老年人权益保障法》颁行后，课题组在推进社会法学理论研究和学科建设的过程中，继续关注老年法制建设，保持着对老年人权益保障法律制度的后续研究，最终形成了包括老年人权益保障立法、法律制度、社会救助、社会参与以及应对老龄化对策与法制等在内的老年法制研究成果。《积极老龄化法律对策与法制体系研究》是“人口老龄化社会法制建设”的重要成果之一。本书的导论是在各章撰写基础上由主编整理而成。各章的分工如下：第一章，相焕伟；第二章，冯威；第三章，刘宇；第四章，王晨；第五章，董蕾红。

《积极老龄化法律对策与法制体系研究》一书入选“十二五”国家重点图书出版规划，并得到了国家出版基金的资助。在持续多年的人口老龄化社会法制建设研究中，全国人大内务司法委员会、民政部、全国老龄办的信任和支持为老年法制研究提供了不间断的动力。我们由衷地感谢全国人大内司委内务室于建伟主任，民政部许立群司长、张时飞副司长，全国老龄办朱勇副主任等，他们是老年法制研究真正的前沿专家；衷心感谢东南大学孟鸿志教授，西南政法大学陈苇教授，浙江工业大学张学军教授，山东政法学院刘炳君教授，山东大学李芹教授、申政武教授、王丽萍教授，他们基于不同学科的独到见解扩展了老年法制研究的广度和深度。作为课题组负责人，我要感谢五年来参与课题研究的每一位学者和学生。他们付出的努力保证了人口老龄化社会法制建设研究的进展和质量。感谢曾经的和现在的课题组成员李卫华、冯威、苗雨、相焕伟、张强、龙晓杰、胡明、王洁、陈爱敏、王珂瑾、苗红培、白玉荣、赵延聪、马驰骋、王汝洋、刘宇、陈铭聪、陈一远、王永、罗鑫、李成玲、田甜、左娟娟、王强、韩雨雷、董康伟、张允春、刘蕾、姚澍峥等，他们曾经或正在山东大学法学院、政治学与公共管理学院攻读硕士或博士学位，一直保持着令人满意的学习、工作和生活状态，他们的人生态度、处世风格以及常年保持的相互提携、彼此关照的风气尤其令人鼓舞。我还要特别感谢青岛大学李芳副教授、山东建筑大学董蕾红副教授、山东政法学院谢秀珍副教授的参与和带动作用，山东大学宪政专业博士研究生朱恒顺的筹划和推动作用，以及宪政专业与行政管理专业博士研究生杨志超、董菁、王晨在后期成果形成过程中的组织协调作用，这无疑是长达五年之久的老年法制课题研究能够做到过程愉快并且善始善终的重要保证。最后，必须感谢山东大学出版社长期以来对我所负责和主持的学科和团队的关爱和支持。

肖金明

2015 年 8 月 10 日